幼儿园

安全教育活动指导

大班

主　编	张继科	关彦然	陈晓鹭			
副主编	任金素	王云端	于学青	李　燕	李　炜	张培培
编　委	马红霞	庄向荣	高　丽	高密林	刘雪莹	陈雪芹
	张亚妹	李晓梅	田　玲	杨欣会	王雅静	王　笑
	李丽芳	燕静华	王军丽	闫伟园	闫丽娟	冯春肖
	孙彦娇	陈立媛	张　琳	李　娜	尹　莉	刘　璐
	刘红阁	陈瑞婵	纪翠红	段亚玲	王　莹	宋雪永
	张　钰	卢　坤	耿　旸	张　兰	苏玥姗	刘　芳
	刘　颖	谷　炜	王萌萌	郭慧慧	高　颖	吴春雪
	杨　树	汤秋菊	杨　艳	齐小菊	李银辉	马冬梅
	赵　欣					

世界图书出版公司

图书在版编目（CIP）数据

幼儿园安全教育活动指导．大班 / 张继科，关彦然，
陈晓鹭主编 . -- 北京：世界图书出版公司，2019.8
ISBN 978-7-5192-6634-9

Ⅰ．①幼… Ⅱ．①张… ②关… ③陈… Ⅲ．①安全教
育—学前教育—教学参考资料 Ⅳ．① G613.3

中国版本图书馆 CIP 数据核字 (2019) 第 176237 号

书　　　　名	幼儿园安全教育活动指导．大班	
（汉语拼音）	YOUERYUAN ANQUAN JIAOYU HUODONG ZHIDAO. DABAN	
主　　　编	张继科　关彦然　陈晓鹭	
总　策　划	吴　迪	
责　任　编　辑	邰迪新	
装　帧　设　计	赵廷宏	
出　版　发　行	世界图书出版公司长春有限公司	
地　　　　址	吉林省长春市春城大街 789 号	
邮　　　编	130062	
电　　　话	0431-86805551（发行）　　0431-86805562（编辑）	
网　　　址	http://www.wpcdb.com.cn	
邮　　　箱	DBSJ@163.com	
经　　　销	各地新华书店	
印　　　刷	小森印刷霸州有限公司	
开　　　本	710 mm × 1 000 mm　1/16	
印　　　张	37	
字　　　数	559 千字	
印　　　数	1—5 000	
版　　　次	2019 年 9 月第 1 版　　2019 年 9 月第 1 次印刷	
国　际　书　号	ISBN 978-7-5192-6634-9	
定　　　价	168.00 元（全 3 册）	

目 录

概　述

第一章　幼儿安全教育的重要意义

党的十九大报告中明确指出，要树立安全发展理念，弘扬生命至上，安全第一的思想。安全就是生命，安全是人类最基本、最重要的需求。

党中央、国务院高度重视中小学生和幼儿的安全工作。自 2006 年教育部、公安部等十部委共同发布《中小学幼儿园安全管理办法》，2007 年国务院办公厅转发教育部《中小学公共安全教育指导纲要》，到 2013 年教育部颁布《中小学校岗位安全工作指南》，2014 年 2 月印发的《中小学幼儿园应急疏散演练指南》，教育部对中小学校的安全工作提出了更具体化、可操作化的要求，为保障广大师生的安全又树起了一道坚固的屏障。2017 年国务院办公厅印发《关于加强中小学幼儿园安全风险防控体系建设的意见》明确要健全学校安全教育机制，将提高学生安全意识和自我防护能力作为素质教育的重要内容，着力提高学校安全教育的针对性与实效性，将安全教育与法治教育有机融合，全面纳入国民教育体系，把尊重生命、保障权利、尊重差异的意识和基本安全常识从小根植在学生心中。

《幼儿园教育指导纲要 (试行)》（以下简称《纲要》）中明确指出："幼儿园必须把保护幼儿的生命和促进幼儿的健康放在工作的首位。"幼儿安全教育是幼儿园教育工作的重中之重，是幼儿园教育工作的基础和关键内容。

《3—6 岁儿童学习与发展指南》（以下简称《指南》）中健康领域学习与发展目标：结合活动内容对幼儿进行安全教育，注重在活动中培养幼儿的自我保

护能力；减少意外伤害的发生，提高幼儿的生存质量，是家庭、幼儿园乃至整个社会关注的问题，关系到每个幼儿的健康成长，关系到家庭的幸福、社会的稳定。

一、重视安全教育就是重视生命

2010 年 2 月国家颁发《全国家庭教育指导大纲》明确指出"抓好安全教育，减少儿童意外伤害"。联合国《儿童权利宣言》原则二提及"儿童应受到特别保护……"。儿童应该享有安全教育的权利。

在日常生活中，不安全的隐患时有发生，如爬高时的意外坠落、误食有毒物品、摔倒、溺水等。当伤害发生时，我们经常会责备自己没有看好孩子，其实，我们更应该思考为什么不能做好预防工作，教会孩子认识到什么是危险以及遇到危险时自己该怎么做。

据调查统计，我国在 0 ~ 14 岁的儿童中因意外伤害而死亡的儿童数量每年大约 20 万人，而每三位死亡的儿童就有一位因意外伤害而身亡。经统计，意外伤害产生的原因有多种，主要原因有火灾、溺水、中毒、车祸等。现实中的例子或事件也足以引发研究者对幼儿安全的思考。如近几年经常被曝光的幼儿园校车事故、幼儿园喂药事件、幼儿教师虐童事件、幼儿食物中毒事件等，这些事件的频频发生，无时无刻不为幼儿在园安全敲响警钟。人的生命仅有一次，幼儿的生命安全和健康与否关系到民族的未来与希望，幼儿安全教育迫在眉睫、责任重大。

二、幼儿安全关系每个家庭的幸福

中国疾控中心慢病中心数据显示，全球平均每天有 2000 多个家庭因非故意伤害而失去孩子。在我国，伤害是 1 ~ 17 岁孩子的首位致死原因。主要包括道路交通伤害、跌倒跌落、打人或被人击伤、刺伤或割伤、溺水、烧烫伤、中毒、误吸伤害等，不仅给儿童造成了无法弥补的身体和心理创伤，也给社会、家庭造成了沉重的负担和巨大的经济损失。幼儿健康成长是父母的最大盼望，孩子的安全问题涉及千家万户，学校的安全事故以及对学生造成的伤亡会震动全社会，会给社会和谐稳定造成严重负面影响。孩子的安全关乎每一个家庭的希望和快乐，幼儿的安全教育是一项基本工作，也是其他工作的基础。

三、幼儿的身心发展特点凸显幼儿安全教育的重要性

学前期，幼儿的身心发展有着自身的特点。

1. 知识经验不足

幼儿知识经验不足使幼儿辨别是非能力差，有时意识不到危险状态的存在。例如，幼儿玩滑梯时应该从上往下滑，但有些幼儿偏爱从下往上攀，有时会被上面急速滑下来的幼儿踹伤。

2. 自控能力差

幼儿的神经系统发育不成熟，注意力的稳定性差，容易转移和分散。表现为活泼好动、爱跑爱跳，很容易脱离保教人员的视线，发生磕碰等事故。

3. 好奇心强

幼儿对新异刺激性事物容易感兴趣，探究欲望强，常常身不由己地用手触摸感兴趣的物体。但是，由于幼儿的知识经验不足，对处于危险状态的物体也会进行触摸，如可能触摸裸露的电源开关等导致事故发生。

4. 自我保护能力较差

由于幼儿知识经验和个人力量不足等原因，一旦发生危及自身安全的状况，他们不知道如何保护自己或者没有力量保护自己。

5. 抵抗能力差

由于幼儿身体发育不健全，身体功能较差、免疫能力低，同样的外力抗击或细菌感染，成人不会出现问题，幼儿则难以抵御。如幼儿骨骼发育不健全，容易发生骨折事故；幼儿消化系统发育不健全，容易食物中毒等。

由以上几点可以看出：幼儿是容易受到伤害的人群。这就凸显了幼儿园安全工作在幼儿园整体工作中的重要性，凸显了幼儿园保教人员对幼儿开展安全教育和对幼儿进行精心保护的必要性。广大教师要牢牢树立"安全第一"的教育观念，

把安全教育工作作为重要内容列入班级工作中。

四、系统化的安全教育能有效培养幼儿安全行为习惯

幼儿安全教育是根据幼儿动作发展、认知发展以及已有生活经验等方面的特点，加强幼儿对周围环境中潜在危险的认识，提高其预见性和保护技能，减少意外伤害发生，提高生命质量的教育。行之有效的安全教育能使幼儿避免许多伤害性事故的发生，幼儿园安全教育的实施也是学前儿童感知生命之不可逆的过程，防火、防电、防水等一系列防止灾害性事故的教育能使幼儿提高安全认知水平。

系统的安全教育，可以在潜移默化中不断提升幼儿的自我保护能力，培养幼儿的安全意识。例如，关于消防安全知识的掌握，让小班幼儿了解电是危险的，中班幼儿了解火的危险性，认识消防电话"119"，大班幼儿要初步掌握遇到火灾自救的能力，如"法定助我渡险情""逃生自救"等活动，让幼儿逐步学习和掌握基本的安全知识，具备一定的自我保护能力，形成安全的行为习惯。幼儿的安全行为习惯是保证自身生命安全、维护自身健康必备的基本能力。

总之，幼儿的安全工作是各项工作的重中之重，幼儿安全教育的有效进行，能增强幼儿安全意识和自我保护能力，减少事故的发生，确保幼儿健康成长，关乎亿万家庭的幸福和祖国的未来与民族的希望。

第二章 幼儿园常态化安全教育机制

近年来，中小学生和幼儿的安全问题已成为社会各界关注的热点问题。教育部每年下发《关于做好中小学安全教育的通知》要求加强中小学生和幼儿安全教育，并将中小学生安全教育摆在重要位置，不断增强安全教育工作的针对性和实效性，持续深入开展安全教育。各地市严格依据国务院的工作部署，深入贯彻落实《关于加强中小学幼儿园安全风险防控体系建设的意见》，深化安全教育，打

造安全、阳光的校园成长环境，促进幼儿健康快乐成长。

一、健全幼儿园安全教育制度，实行党政同责、一岗双责

制度是确保各项工作稳步开展的基础保障。幼儿园通过建立各项安全制度，整体提升幼儿园的安全工作管理水平。在安全管理中将教师履行安全管理和教育责任的情况纳入年度工作考核内容，与评优评奖结合起来，使安全工作与幼儿园的日常工作融为一体，做到逐级负责，实行安全工作"一票否决制"，通过"一岗双责制"的全面实施，督促各岗位人员自觉地执行各自的岗位安全责任，及时发现、控制、消除园内的各类安全隐患，形成幼儿园安全管理"全员参与、履职尽责、齐抓共管"的安全工作局面，减少各种意外伤害事故发生。

二、安全教育与法治培训有机融合，教师安全理念逐步提升

随着社会的发展，幼儿园的安全问题呈现出多样化，如意外伤害、暴力伤害、性侵、虐童等。家长维权意识逐步增强，多数家长把在幼儿园发生的安全问题归责于幼儿园。同时，越来越多的幼儿园管理者意识到依法办园的必要性和重要性，注重安全教育与法治教育相结合，从法律的角度明确幼儿受保护的权利及幼儿人格尊严，依法办园，依法对教师进行安全教育。制定了较为系统的教师安全教育工作。如每年开展两次教师安全急救技能的技术演练赛，通过每年重复练习使教师熟练掌握基本的安全急救常识，并固化为内在安全知识技能。重视岗前培训、岗位培训及师德培训，使教师的教育教学行为合乎规范标准。利用开学初、防灾减灾周、安全教育月、消防教育月及每周例会对教师进行安全教育，每月教职工大会联系身边发生的安全事件及媒体报道的安全事故进行分析，将安全意识入脑入心等，通过法律法规的培训从内心提高了教师的责任意识，提高了教师依法教学的意识和能力。

三、安全教育渗透在一日活动中

在一日活动中注重对幼儿进行安全教育，入园——"小刀、小物件我不带"；进餐——"细嚼慢咽不说笑"；睡眠——"外衣鞋帽摆整齐，上床躺好不逗闹"；行走——"轻声、慢步、礼让、右行、不猛跑"；游戏活动——"游戏规则要遵守，人数满了要等候"；如厕——"进出厕所守规则，看清标记不滑倒"；区域活动——"使用剪刀要注意，不用就要把口闭"；服药——"服药原因要记牢，吃多少要知道""如有不舒服要上报"；洗手——"七步洗手法"；离园——"小手拉大

我爱喝水

手，安安全全出校门""不跟陌生人回家"等。厕所、楼梯、盥洗室、区角等候区都贴有小脚丫的标志，通过标志传递给幼儿养成一种排队的行为习惯。抓小事、抓细节，把幼儿安全行为和安全习惯的养成作为日常安全教育的重点工作。

同时，教师在一日活动安全教育中要注意避免出现过度保护的现象，因为担心幼儿出现安全事故，采用限制幼儿自主活动的方法达到不出事故的目的，使幼儿束手束脚，束缚幼儿的发展。教师要保护幼儿的生命安全，最根本的还是要教育幼儿，告诉幼儿应注意的安全事项，让幼儿学会识别危险，远离危险和安全自救，把安全知识融入到游戏、儿童剧表演中，创新更多的安全教育模式和经验，使安全教育全面融入幼儿的日常生活，有效提升幼儿的安全防护能力。

四、安全教育蕴含在环境创设中

幼儿思维具有具体性、形象性，通过直观、形象的安全标志与幼儿对话，让环境发挥安全教育的作用。幼儿园在大型玩具、楼道、饮水处用幼儿看得懂、易明白的图片或照片制成步骤图示意幼儿在使用的过程中注意安全，在园内区域游戏和玩玩具时作为示例图，按提示操作步骤进行等，也可以通过集体讨论和孩子

们共同商量用绘画的方式来表示，如在幼儿园的电器插座旁，可以贴上幼儿自制的"小手禁止触摸"安全标志，"当心滑倒"的标志挂在易摔倒的盥洗室里，时刻提醒幼儿注意安全，这种安全教育的形式自然融于活动之中，幼儿积极参与，幼儿对自己讨论设计的标志更愿意遵守，逐步使幼儿从"要我这样做"转变为"我应该这样做"，内化为幼儿良好的行为习惯。

区域游戏注意事项

不能坐在护栏上

小手拉大手，排队走

指示方向过小桥

大人陪同去打水

幼儿园安全标志

五、开展专项安全教育活动

开展安全主题教育活动,如3月和9月开学"幼儿园生活安全"、4月交通安全、5月防灾减灾教育等,通过主题教育加大安全宣传与教育,营造安全教育氛围。

1. 开展道路交通安全课堂

结合"12·2全国交通安全日"活动,组织幼儿开展交通规则体验游戏活动,让幼儿知道安全过马路、安全乘车等交通安全知识。邀请交警在幼儿园开展道路交通安全课,直观、生动地向小朋友介绍交通规则,交通警察的任务。

2. 消防知识安全教育

充分利用"全国中小学生安全教育日""防灾减灾日""11·9消防日"等集

交警叔叔来了

中开展消防宣传教育活动,如参观消防中队,模拟消防游戏等,让幼儿懂得玩火的危险性以及让幼儿掌握简单的自救技能。引导幼儿了解消防栓、灭火器的用途,知道幼儿园的安全通道出口。

利用国旗下讲话、网站、电子显示屏、板报等,经常向家长和幼儿宣传消防安全内容和安全知识。组织家长和幼儿亲子制作《消防知识我知道》手抄报,制作家庭消防逃生疏散图等,通过活动引导家长积极了解消防安全知识,提高家庭消防安全的防护意识。定期组织开展教职工灭火演练活动、幼儿应急逃生演练等活动,指导教师学会查找火灾隐患、扑救初起火灾和组织幼儿疏散逃生的方法,确保全体教师掌握消防设施器材使用技能和全体师生应急逃生的能力。

3. 食品安全教育

邀请医生妈妈讲述我们饮食习惯的培养,让幼儿知道不吃腐烂的、有异味的、包装不完好的食物,同时还教育幼儿不随意捡拾别人遗弃或掉在地上的食物,也不能饮用不明液体,学会拒绝陌生人给的食品。

4.防溺水安全教育

溺水是造成孩子意外死亡的第一杀手。就溺水事故要开展防溺水安全教育专项行动，发放《致家长的一封信》，向家长宣传防溺水注意事项，增强家长防溺水安全的意识和监护意识，切实承担起监护责任，加强对幼儿的教育和管理，特别是加强放学后、周末、节假日期间和幼儿结伴外出游玩时的管理，认识常见的标志，做好预防溺水的安全教育。

六、定期组织应急演练活动

幼儿园每季度至少要开展一次应急疏散演练，内容有灭火应急演练、防震应急疏散演练、消防应急疏散演练、防暴力应急疏散演练等。演练前根据主题，通过专题会议等多种途径和方式，向全体教职工和幼儿宣讲疏散演练方案，让教师和幼儿熟悉疏散程序、疏散信号、疏散路线、疏散顺序、疏散后的集合场地和时间要求等。有针对性地组织教师和幼儿学习安全知识，掌握避险、撤离、疏散和自救互救的方法、技能。通过定期开展应急演练，锻炼教师和幼儿掌握快速应急逃生的方法。

七、开展"警校共建"，构建安全教育联合机制

开展"警校共建"活动，幼儿园积极主动地联系公安、消防、交警、辖区派出所等部门，有针对性地开展相关的安全教育、安全技能培训和紧急疏散演练等活动。定期组织幼儿参观警务站、消防中队，了解相关安全机构，可以把消防员叔叔、警察叔叔请进幼儿园，请他们指导幼儿学习专业的安全知识，通过"警校共建"，构筑专业的安全教育堡垒，进而起到"教育一个孩子，带动一个家庭，影响整个社会"的安全宣教作用。

第三章　适于其时的幼儿安全教育

《指南》中结合幼儿年龄特点，针对幼儿的生活环境和需要，从与他人的交往安全，对环境中危险物或事情的认识、活动与活动中的安全、交通安全以及求助，防灾等角度指出了各年龄段幼儿在安全和自护方面的典型表现。结合大班幼儿的年龄特点和安全教育工作实际，本书设定了幼儿园生活安全，人身安全，消防安全，交通安全，饮食安全，运动安全，社会安全，自然灾害安全，触电溺水安全和居家安全十个安全主题。在主题设计中体现出与幼儿生活、主题教育、认知发展规律紧密结合的三个特点。

一、与幼儿生活紧密结合

安全蕴藏在幼儿一日生活之中，幼儿的饮食、出行、游戏活动、家庭生活中处处存在安全的因素。培养幼儿的安全自护意识应从培养其良好的常规习惯开始，习惯养成好，终生受其益。生活是培养幼儿对安全的认知和自护能力的最佳渠道。

大班幼儿积累了一定的生活认知经验，该学段的幼儿求知欲强，喜欢接受新鲜的知识，活泼好动，对外界事物充满了好奇，总想亲自动手尝试体验，由于缺乏对危险事物和行为的辨别能力，自我保护能力有限，身体动作能力也有限，因而幼儿意外伤害事故时有发生。就大班幼儿年龄特点，安全教育重在培养幼儿自觉遵守基本的安全规则和交通规则的良好习惯和安全意识的建立，知道运动时能注意安全，不给他人造成危险，了解一些基本的防灾知识。

如大班居家安全案例"陌生人敲门不要开"，让幼儿学习在居家生活中如何正确应对有人敲门情况，知道居家生活中不可随意打开家门的安全常识，提升自我保护意识和能力。大班饮食安全案例"食品新鲜我喜欢"，引导幼儿学会观察食物包装上的生产日期和保质期位置、形式和含义，不吃腐烂、变质、过期食品，增强对食品安全的防护意识。

如"沙尘暴来了有办法""冰雹天别外出"等案例，让幼儿既了解了各种自然灾害产生原因，积累了自然科学认知经验，又学习了特殊自然现象中的安全保护方法，丰富了安全自护经验。"震灾逃生有诀窍"通过学习掌握躲、爬、钻、跑的集中逃生技能，开展多种应急演练活动，让幼儿亲身体验地震、火灾等多种灾害发生时的安全疏散方法，培养幼儿防震减灾的安全意识和自我保护能力。

本书就大班幼儿年龄特点，及时发现捕捉幼儿生活中的安全问题，从饮食、游戏、居家等生活环节入手，既贴近幼儿，又生动鲜活，潜移默化中培养了幼儿的安全意识，增强了自我安全防范的能力。

二、与安全主题教育紧密结合

为了增强全民安全教育意识，国家各部门设立了各类安全日、安全月，如3月是全国中小学安全教育月、5月12日是全国防灾减灾日、11月9日是全国消防日等，这些安全教育日、安全教育月的主题教育是幼儿安全教育的丰富资源。借助安全教育月和安全主题教育等契机，根据幼儿不同的年龄特点，可以开展丰富多彩、生动形象的安全教育活动。

结合防灾减灾主题教育月活动和夏季季节特征，让幼儿了解生活中安全用电、防溺水、防雷电等安全知识，掌握相应的安全防护方法。如大班案例"游泳安全我知道"聚焦幼儿喜欢的游泳运动，让幼儿通过认识常见的游泳安全标志，懂得游泳的相关知识，了解并掌握游泳时的规则及自我保护的方法。

结合消防安全主题教育月活动，让幼儿了解消防安全知识，增强幼儿的防火安全意识。如大班案例"逃生自救"在了解有关火的基本知识基础上，让幼儿知道怎样拨打火警电话及发生火情后正确逃生的方法，意识到火灾的严重危害性，做到在生活中不随便玩火。"电线安全我知道"通过观察图片，初步认识电线，了解电的产生及传输，知道什么样的电线可以安全使用，提高幼儿安全用电的意识。"溺水安全我知道"让幼儿了解溺水急救的有关知识，辨别生活中不遵守溺水安全的不良行为，提高对生活中违反安全规则行为的辨别能力，自觉做到守规则，保安全。

儿童交通安全既是一种安全行为，也是一种社会文明的体现。结合交通安全主题教育，开展安全文明出行等交通安全教育活动，让幼儿正确理解交通规则及交通安全常识，培养在幼儿危险状态下的应变能力，逐步提高交通安全防范意识和文明出行意识。如"恶劣天气安全行"知道雨天和雾天容易发生交通事故，讨论总结恶劣天气出行时要掌握的自我保护方法。"马路护栏不能钻"了解在马路上钻爬护栏的危险性，知道遇到护栏不钻爬、不翻越。"争做文明小乘客"通过游戏、观察图片让幼儿体验交通安全的重要性，知道下车前和下车后要做哪些工作，自觉做到安全文明乘车，养成良好的文明出行习惯。

三、与幼儿认知发展紧密结合

幼儿的成长是一个螺旋式提升的过程，不同年龄幼儿的思维发展水平不同，学习方式不同。小班幼儿以具体形象思维为主，动作能力较弱，中班幼儿仍以具体形象思维为主，动作能力有了一定提升，开始喜欢合作、探究，对新奇的事物感兴趣，大班幼儿开始出现抽象逻辑思维的萌芽，喜欢表达，有一定的判断推理能力。伴随着幼儿的年龄增长，在生活中的学习、实践中，幼儿的认知经验得到了一次次建构、重组、再建构，幼儿的认知能力也随之不断提升，形成了相对稳定的意识习惯。结合不同年龄幼儿的认知发展特点，安全教育内容采用递进式活动设计，同一内容小、中、大班各有6个教育案例，做到既有主线贯穿，又有不同梯度的教育内容，由浅入深、层层递进，适用于不同年龄段幼儿的安全教育需要。

以饮食安全为例，小、中、大班就同一主题设计了适用于该学段幼儿不同的教育内容：小班"细细嚼，慢慢咽""小餐具，我会用""洗洗手，吃饭香"等，从认识餐具，卫生饮食等饮食卫生习惯入手，培养幼儿良好的进餐习惯；中班"'垃圾'食品危害多""这些东西有危害""文明进餐静悄悄"等，通过认识多种食品，初步学会辨别健康食品，养成健康、文明的饮食习惯；大班"冷饮美味要适量""学做小小营养师""食品中毒需谨防"等，从营养膳食，饮食健康知识等方面，丰富幼儿认知经验，提高自我饮食安全的防护意识。

　　安全是人类最基本和最主要的需求。确保幼儿安全，重在帮助幼儿树立安全意识，重在教育引导幼儿具备对危险的预见性及保护技能，将意外伤害降到最低，提高生命质量。选择适合幼儿年龄的教育内容和方法，有目的、有意识地进行安全教育，提高幼儿自我保护能力，关系到每个幼儿的健康和安全，关系到每个家庭的幸福平安。只有牢记安全教育责任，避免幼儿危险和意外的发生，才能真正做到让每个幼儿健康、快乐地成长！

9月

幼儿园生活安全

活动一 跑步中的自我保护

设计意图

让孩子掌握跑步的速度和时间，是对孩子最有效的自我保护。当速度控制恰当以后，时间可用跑步的距离来制定。运动的安全是为了更好地发展，而不是阻碍发展或不要发展，否则就失去了安全的意义。希望我们的孩子能更好地学会保护自己，在快乐的运动中享受他们美好的童年时光。

活动目标：

1. 了解扭伤脚后的一些简单的处理方法。

2. 掌握一些预防性的小常识。

3. 增强幼儿的自我保护意识。

活动准备：

1.幼儿户外活动图片：踢球、跑步、跳绳、滑滑梯、玩游戏等。

2.活动前排练情景表演"脚扭伤了"。

活动过程：

一、组织幼儿观看情景表演"脚扭伤了"，了解扭伤脚后的一些简单的处理方法

一群小朋友在玩耍，玩得正高兴，突然，一个小朋友蹲下了，用两只手捂着脚哭着说："我的脚扭伤了，疼死我了！"一个小女孩跑过来说："明明，别怕，你坐下，我给你揉揉！"

组织幼儿讨论：

这个小女孩的处理方法对不对？你自己在跑步时遇到这类情况或看到别人遇到这类情况是怎么处理的？

1.提出刚才小朋友的做法不正确的理由。评价孩子们说的处理方法是否得当。

2.向幼儿介绍几种简单的处理方法，并请部分幼儿配合示范，其余幼儿两人或几人一组模仿练习。

二、如何在跑步中自我保护

1.跑步时眼睛要向前看，注意突然出现的车辆或人。人多的地方也不宜跑步，以免互相碰撞。应该避开土堆和碎石子、沙滩等，以免跌伤。

2.教会孩子一些卫生常识及跑步的技能技巧，逐步让他们学会避让，躲闪；教会孩子跑步的正确姿势及怎样呼吸，告诉孩子不要张口呼吸。

3.教会孩子跑步时控制自己跑步的速度和时间。

活动延伸：

游戏竞赛"团队快跑"。

游戏规则：从起点出发，跑向第一个红旗区并拿一面红旗，然后急

转身跑回起点并把红旗放在自己队的篮子里，然后继续跑向第二个红旗区并拿一面红旗后急转身跑回起点放到篮子里，然后继续跑向用线绳做的沼泽地，并用行进间高抬腿通过。过完沼泽地后，双脚跳过障碍物，然后跑到最后一个红旗区，拿一面红旗跑回起点并放在自己队里的篮子里（回去的时候直接跑回去就可以），按上述步骤一个跟一个依次进行，以最快拿完红旗的那组为胜。

活动反思：通过本次活动，幼儿初步掌握一些跑步预防受伤的小常识，增强了幼儿的自我保护意识。

安全提示：小朋友们走路时眼睛要看前面，跑步转弯时要放慢速度，高跳时膝盖要弯曲，摔倒时要用手臂撑地。

家长课堂：经常参加体育活动，会使孩子动作灵活，大大减少事故的发生。运动的安全是为了更好地发展，而不是阻碍发展或不要发展，否则就失去了安全的意义。

➤ 交流跑步时需注意的安全问题

交流跑步的要领 ◄

（教师　陈雪芹）

活动二　我不私自离园

设计意图

　　《纲要》指出：幼儿园工作应将保障幼儿的生命安全和身体健康放在首位。大班幼儿对自己的保护意识有了初步的了解，但在实际生活中孩子并没有真正意识到安全的问题。为保证孩子的健康和安全，防止意外伤害的发生，我设计了本次社会活动。通过讨论交流、创设情境等活动形式帮助幼儿了解自己不能随意离开幼儿园的重要性，如果遇到陌生人应该怎么办，增强幼儿的自我保护意识。

活动目标：

1. 了解私自离园可能产生的危险。

2. 培养幼儿动脑思考问题、解决问题的能力。

3. 体会私自离园的后果以及家长和教师焦虑的心情。

活动准备：

多媒体课件。

活动过程：

一、图片导入，引出主题

1. 仔细看图，看看小朋友在做什么？

2. 有一个小朋友正往幼儿园门口走呢，他要做什么？

3. 什么时候我们才能离开幼儿园，能自己走出去呢？

小结：不能私自离开幼儿园，在家长接的情况下才能离开。

二、讨论私自离园的危险性

1. 讨论：如果私自离园，还会有哪些危险？

（1）教师：除了可能碰到的坏人，私自离园还可能产生哪些危险？

（2）小结：小朋友还没有保护自己的能力，如果自己偷偷地离开幼儿园，可能会遇到紧急情况，又没有人知道，如有可能被车撞伤、被人贩子拐卖或者迷路等。所以，为了我们自己的安全，不能私自离开幼儿园。

2. 分析：如果私自离园，爸爸妈妈和老师会怎样？

（1）教师：请小朋友想一想，如果你偷偷地离开幼儿园，爸爸妈妈和老师会怎么想，会怎么办？

（2）引导幼儿展开讨论，体会亲人和教师对自己的关爱以及自己走丢后他们的心情。

（3）小结：小朋友刚才说得都很好。如果你从幼儿园跑丢了，爸爸妈妈和老师都会非常着急，会非常担心你的安全，会非常伤心，会报警或者到处找你，没有办法安心工作，老师就顾不上班里的其他小朋友。总之，会产生很大的混乱。

3. 离园时，我们应该怎么做？

教师：每天放学时，小朋友能不能自己跑过去找爸爸妈妈？

小结：引导幼儿在离园时要拉紧家人的手。离开幼儿园后不能随意乱跑乱跳，以免与路上行驶的车辆碰撞发生意外。不要随便买零食。在小区内玩要要注意安全，不要和陌生人说话。

三、情景剧表演

1. 请幼儿观看情境表演《陌生人来了》。

情境内容：放学了，陌生人到班级来接小朋友。

陌生人：我接静静和乐乐。两位幼儿坐着不动，充满怀疑地看着陌生人。

陌生人：我是你们妈妈的同事，跟我走吧，我带来了好吃的给你们吃（拿出很多零食），这时静静和乐乐走向陌生人。又有几个幼儿有点嘴馋也想要陌生人手里的食品。

陌生人继续说：还有谁想跟我走？我买很多好吃的带你们去她们家里玩！

（又有两个幼儿跟着陌生人走）

教师（拦住问）：你们干什么去啊？你们认识她吗？幼儿摇摇头。

教师：这位阿姨，你知道这些小朋友的妈妈叫什么名字？

陌生人：不知道。

教师：你知道小朋友的家住在哪里吗？陌生人回答不上来。

教师：这位阿姨不认识你们的妈妈，不知道你们的家住在哪里，你们还跟陌生人走吗？

幼儿：不能（小朋友纷纷回到自己的座位）。

2. 提问引导：为什么不能和陌生人走？

3. 再次观看表演，请幼儿说说故事里的陌生人都用了哪些方法来欺骗小朋友的。（谎称是小朋友妈妈的同事，买好吃的东西给小朋友，带小朋友去玩）

（1）不认识的阿姨说是你妈妈的同事，妈妈没有交代能跟着去吗？为什么？（骗人的说法）

（2）为什么不能吃陌生人买的东西？（可能有毒）

（3）陌生人说要带你们去小朋友家里玩为什么不能去？（也是骗人的说法，可能骗到外面被带走）

（4）教师小结：不认识的人就是陌生人。陌生人来接时千万不要跟着走。如果陌生人拿出好吃的，要带我们去玩，我们也不要跟着走。

（5）我们要等谁来接才走呢？（要等家里人来接，爸爸妈妈没来的时候不要急，要跟老师在一起）

（6）如果你看见家人来接了，又该怎么做呢？（如果家里人来接时，也不要急，要等老师看到爸爸妈妈后，叫自己的名字或者你要跟老师说清谁来接，和老师说再见了，才能离开）

四、不应私自离园

1. 教师：请大家仔细想一想，我们应不应该私自离开？（通过讨论：引发幼儿的安全意识）

2. 总结：幼儿园外面有很多诱惑，也存在很多危险。小朋友在幼儿园有事要

跟老师说，不能自己偷偷地离开幼儿园，不然会让关心你的爸爸妈妈和老师既担心又伤心的。

活动延伸：

如果走丢，遇到了陌生人，该怎么办呢？请幼儿创编故事《陌生人我不怕》内容，然后分角色进行情境表演。

活动反思：

1.离园时要拉紧家人的手，不要到处乱跑，以免走丢。

2.不要和陌生人说话，不要陌生人的食物。

3.在老师的视线范围内活动，远离幼儿园大门口的位置。

家长课堂：

1.幼儿离园后，拉紧幼儿的手。

2.幼儿在玩耍时，不要让幼儿离开你的视线。

3.熟悉每天上幼儿园的路线，及周边的建筑物和标志。

▶▶▶▶ 离园时拉紧大人的手和老师说再见

小朋友不能自己出幼儿园门口 ◀◀◀◀◀

（教师 赵博茹）

活动三　高处攀爬要小心

设计意图

　　大班幼儿对于体育运动总想——尝试，根据幼儿的年龄特点引导幼儿掌握一些基本的自我保护意识，进一步提高幼儿攀爬安全意识，让幼儿懂得如何避免危险。知道在攀爬的过程中，如果抓扶的物体突然松动了，会从高处摔下来，或者被掉下来的东西砸伤。看到其他小伙伴攀爬时，一定要及时劝阻，如果他不听劝告，应尽快告诉老师，加以制止。为了培养幼儿自我保护的安全意识，我开展了本次教学活动。

活动目标：

1. 掌握攀爬的正确方法，并能在日常活动中遵守。

2. 在攀爬的过程中如果遇到危险知道怎样保护自己。

3. 培养幼儿在运动中自我保护的意识。

活动准备：

攀爬墙、绳梯、窗户、栏杆、扶手图片。

活动过程：

一、活动导入：通过谈话了解相关问题

1. 攀爬的时候要注意哪些事情？

2. 怎样玩才是安全的？

二、观看图片，教师玩的各种示范图，正确的和错误的

1. 我们应该怎样玩？出示攀爬墙的图片。

2. 这样玩对吗？出示正确和错误的攀爬图片。

3. 我们在玩的时候如果攀爬墙不小心倒了，怎么办？立即告诉老师，听老师的指挥，有秩序地撤离。

4. 如果有人受伤了要及时告诉老师。

三、幼儿玩攀爬墙，教师观察指导

我们在玩攀爬墙的时候要排队一个接一个玩，等前面的小朋友爬过去了再爬，不要拥挤，以免发生危险。

活动延伸：

一起去户外玩攀爬墙，在活动场地进行攀爬练习。教师注意巡回指导，重点关注能力弱的幼儿、选择难度较大的器械进行攀爬尝试的幼儿，爬网练习时应该集中指导。

活动反思：本次活动通过观看图片、PPT、讨论等形式，让幼儿知道了攀爬的过程中应注意的事项，培养其自我保护安全意识。

安全提示：小朋友不能随意攀爬阳台、护栏、楼梯这些地方，因为它们都比地面高，一旦掉下去，就会让自己受到伤害。

家长课堂：陪孩子外出玩耍时，要多引导孩子懂得不攀爬高墙或栅栏等，让他们知道攀登到高处时，一旦没有扶稳或抓牢，摔下来很容易受伤，甚至导致生命危险。

 尝试攀爬方法

自由尝试，探寻方法

（教师　田玲）

活动四　跳绳时要注意

设计意图

　　跳绳活动，不仅可以锻炼幼儿的体质，还有利于幼儿心智发展，有助于幼儿体力、智力和应变能力的协调发展；能培养幼儿身体的平衡感和动作的节奏感。是幼儿冬季锻炼、增强体质、提高免疫力、预防感冒等的一种很好的锻炼方式，深得孩子们的喜爱。跳绳是比较剧烈的全身运动，摇绳练臂力，跳绳练腿劲，快摇练速度，多跳练耐力。孩子手脚协调配合，还可以促进幼儿的协调性。在跳绳时容易发生扭伤、摔倒等危险，所以应让幼儿了解跳绳时的注意事项。

活动目标：

1. 知道跳绳时应注意什么。

2. 掌握跳绳时正确的基本动作。

3. 培养幼儿的自我保护意识。

活动准备：

折叠跳绳、跳绳进行中图片、PPT 课件。

活动过程：

一、教师示范跳绳方法

　　1. 幼儿拿到跳绳以后不要乱扔。绳子最好是团成一个球给孩子，这样拿着也方便，而不会缠住其他的小朋友，绊住别人或者自己。

　　2. 每个幼儿拿到跳绳之后，老师要开始做示范。老师在做示范动作的时候，要尽量与幼儿保持安全距离。

二、幼儿练习跳绳并寻找方法

1. 老师让幼儿练习的时候，要让他们的距离尽量离得远一点，避免相互干扰或者造成受伤。

2. 幼儿跳绳结束后，老师要教会幼儿怎样将绳子缠绕起来，然后放在筐子当中。不要乱放，因为这样可能在下一次跳绳的时候，就会造成不必要的麻烦——解绳子。

3. 老师如果看到幼儿用跳绳相互打闹，一定要立即制止，绝对不能让幼儿受到伤害。

三、通过实践寻找好的方法

1. 选择适合的场地。

2. 穿着适合的服装。

3. 充分做好准备活动。

活动延伸：

幼儿刚开始接触跳绳时，动作要由慢到快，由易到难。先学单人跳绳的各种动作，然后再学较复杂的多人跳或团体跳绳动作。引导幼儿在注意安全事项的同时探索跳绳的多种玩法：

1. 单人双脚跳：幼儿两人或三人一组，有一人单脚跳绳，其他人跟着节奏数数。看一看谁跳得多。

2. 双人双脚跳：两人一根绳子，幼儿面对面，两人同时双脚一起跳，跳得多者为胜。

3. 幼儿自由结伴，两人、三人或多人合作探索跳绳的玩法。长绳一根，两名幼儿在两头摇动绳子，其他幼儿（2~3）人一起跳。看谁跳得多，多者为胜。

4. 请幼儿相互交流合作玩游戏的方法。

活动反思：本次活动中，让幼儿知道了跳绳时应注意什么，并掌握跳绳正确的基本动作，培养幼儿的自我保护意识，同时幼儿通过跳绳活动，不仅可以锻炼身体，还有利于其心智发展，有助于幼儿体力、智力和应变能力的协调发展；能培养幼儿身体的平衡感和动作的节奏感。尽管在活动中有些幼儿动作不是很灵活，但是重在参与。通过跳绳活动，我们培养了幼儿的合作意识和合作能力，让幼儿体验合作游戏的快乐。培养了幼儿的安全意识。

安全提示：小朋友们要记住，饭前和饭后半小时不适宜跳绳。

家长课堂：家长可以陪孩子一起练习跳绳，在反复的练习探索中，孩子可以找到正确的姿势和技巧进行跳绳活动。久而久之，幼儿就可以自己说出跳绳时的安全注意事项了。

|)>>>>───▶ 幼儿体验跳绳的乐趣

教师指导后幼儿再次尝试练习跳绳 ◀───<<<<|

（教师　郭欣）

活动五　跑步时向前看

设计意图

《指南》指出："幼儿发育良好的身体需要有强健的体质和好的习惯，所以幼儿每天的户外活动时间不应少于 2 个小时。"户外活动中幼儿的跑跳是避免不了的，而我园每天户外活动会有适量的跑步活动。通过每天在这短短的两个小时内以及日常生活中对幼儿的观察，发现大部分幼儿在跑步的时候不是东张西望就是低头跑步，所以时常会有摔倒或者相互碰撞的现象发生，会对身体造成伤害。所以，希望通过此活动让幼儿了解到跑步向前看的重要性。

活动目标：

1. 让幼儿了解跑步向前看的重要性。

2. 能够养成跑步时向前看的自我保护习惯。

3. 激发幼儿安全跑步的意识。

活动准备：

视频、海绵垫、音乐。

活动过程：

一、让幼儿初步了解跑步时要注意什么

1. 让幼儿了解跑步时摔倒的严重性。

（1）教师做跑步动作，幼儿猜测教师在做什么，请幼儿回答有没有小朋友在跑步的时候不小心摔倒或者不小心碰到别人？

（2）如果不小心摔倒或者碰到别人，会导致什么后果呢？

轻一点的可能会擦伤、跌伤、划伤，严重的话可能会骨折。

2. 探讨跑步时为什么会有摔倒的现象。

左顾右盼，注意力不集中等。

二、小小游戏很重要

1. 请幼儿一起来观看一段视频，小朋友们仔细观察。并说说看到了什么。

2. 有的小朋友边说话边跑步，有的小朋友跑步时低头向下看，有的小朋友爱回头看或者四处张望，还有的小朋友向前看。这么多种情况，哪种有利于我们安全跑步？

3. 幼儿分组进行跑步比赛的游戏，在教室内铺上海绵垫，让幼儿在海绵垫上跑步。

4.游戏结束，请幼儿根据跑步时分的小组进行探讨，通过跑步和观察同伴跑步你发现了什么？哪种跑步最健康最安全？

5.我们在跑步的过程中，挺胸抬头会减少我们摔倒受伤的可能，正确的跑步姿势，对跑步又会有什么帮助？

抬头，双眼注视前方，这样不会对颈椎造成伤害，也会减少摔倒、撞伤等现象。正确保持抬头跑姿，可以维持呼吸道顺直通畅。

三、正确姿势抬头跑步

1.通过这次活动，我们已经了解到正确的跑步姿势，现在用我们新学的姿势去尝试跑步，认真享受这次跑步，去感受和之前的跑步姿势有什么不同之处。

2.正确保持抬头跑姿，可以维持呼吸道顺直通畅，让呼吸更深远悠长，使得人体呼吸循环系统在跑步时，能获得更多的氧气并维持呼吸畅通，有助于强化并维持人体的运动时间和运动协调能力。

活动延伸：
　　利用户外活动时间，一起用安全健康的方法跑步，并且一起研究更有利于身体健康的方法。

活动反思：通过此活动，可以让幼儿在户外活动时得到相应的保护，减少受伤的概率，使幼儿可以健康快乐地成长。

安全提示：我们在跑步时要集中注意力，向前看，避免撞伤、摔伤、骨折。

家长课堂：平时可以多带孩子去爬山、户外跑步，锻炼身体的同时，还可以正确引导幼儿安全健康地活动。

教师指导幼儿跑步时的正确姿势

竞赛游戏：练习跑步向前看并养成习惯

（教师　赵笑乾）

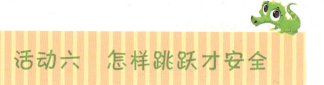

活动六　怎样跳跃才安全

设计意图

　　幼儿喜欢活动，喜欢新鲜的具有挑战性的游戏活动，还会创造性地使用玩具，丰富游戏内容。跳跃是幼儿体育游戏活动的一项基本内容。跳跃训练对幼儿的身体素质，运动能力的提高有特别的帮助。但是由于连续性的跳跃动作对身体的体力和体能要求较高，幼儿在跳跃的过程中容易发生危险，并产生兴趣上的疲劳和怕苦怕累的情绪，于是我们设计了这次活动，以达到玩中学习，学中练习，乐中锻炼，同时培养幼儿安全意识的目的。

活动目标：

1.学习双脚并拢跳、跟节奏跳、双臂双脚模仿跳绳动作。

2.发展幼儿双脚夹物跳，促进幼儿跳跃能力的发展，知道在跳跃中如何自我保护。

3.体验与同伴合作游戏带来的快乐,愿意积极想办法解决活动中遇到的困难。

活动准备:

PPT、图片。

活动过程:

一、播放 PPT

1.让幼儿观察正确跳跃姿势。教师引导幼儿观察,并叙述。

2.教师讲解正确跳跃方法。通过提问的方式,让幼儿自己表达什么是正确的跳跃方法。

3.请个别幼儿上台模拟正确动作,教师引导和鼓励。

二、出示图片

1.教师提问图片中的幼儿怎么了,他们为什么会摔倒。

2.幼儿讨论。

3.教师提问怎样避免跳跃时发生危险。

三、教师讲解跳跃时应注意游戏安全事项

活动延伸:

带幼儿去户外实践正确的跳跃方法,组织跳格子游戏:

1.讲解游戏玩法。

2.幼儿自由组合尝试摆各种形状的格子,小组间共同商讨游戏的规则。

3.鼓励幼儿寻找合作伙伴大胆尝试跳格子,对幼儿在游戏过程中出现合作、交往方面的问题及时进行指导。

活动反思:通过活动,让幼儿知道在跳跃活动中如何保护自己,在整个教学活动过程中,幼儿的参与兴趣十分高涨,自主性强。有一些不正确的跳跃方法也经过纠正得以解决。通过活动延伸的游戏"跳格子"满足了幼儿喜爱玩民间游戏的欲望，发展了幼儿的弹跳能力。

安全提示：小朋友们跳跃时一定要将双手放在身体两侧，如果摔倒可以用手作为支撑保护。

家长课堂：家长带幼儿练习时，要特别注意孩子的安全。跳跃场地要平整，从高处往下跳时器械要牢固，落地点最好有垫子或在沙坑内，动作发展弱或胆子小的孩子初学跳跃时，成人可给予适当的保护和帮助。如拉着孩子的手或扶着腰帮助他向上跳和轻轻落地。

|◊》》》》教师指导幼儿学习跳跃的技巧和方法

教师指导后陪同幼儿一起练习跳跃的动作◄《《《|◊

（教师　任怡）

10月

人身安全

活动一　保护我自己

设计意图

《纲要》明确提出："密切结合幼儿的生活和活动进行安全、保健等方面的教育，以提高幼儿的自我保护能力。"随着社会的日益开放，儿童与社会的接触日益广泛。近年来，儿童性骚扰这个问题已逐渐浮出水面，女孩和男孩都可能遇到，此类报道也经常见诸媒体。幼儿身体隐私部位的自我保护，是典型的幼儿安全、保健教育问题。如何在大班开展相应的活动，让幼儿知道身体的哪些部位是隐私部位，如何保护幼儿身体隐私部位的安全保健教育问题迫在眉睫，针对这一情况，我设计了这一教学活动。

活动目标：

1. 认识身体的隐私部位，知道要保护自己的身体。

2. 能表达我的身体只属于我自己，拒绝任何人侵犯自己的身体。

3. 掌握遇到危险时自救的方法。

活动准备：

1.《蜡笔小新》动画片，[美]黛比伯尔绘本《休想伤害我》。

2. 人体图PPT，洋娃娃一个，每人一张身体图片，红笔。

活动过程：

一、观看《蜡笔小新》片段，讨论小新随便脱裤子的行为，导入话题

1. 讨论：蜡笔小新在干什么？别人看到是什么反应？可以这样出去玩吗？为什么？

2. 通过讨论让幼儿了解不能随便脱衣服让人看，更不能让人随便摸。

小结：我们身体的某些部位是不能随便给别人看的，我们要尊重自己和别人的身体，因为那是我们的隐私，随便暴露自己的隐私是不礼貌的行为。

二、出示洋娃娃和PPT图片，感官认知人体的隐私部位

1. 通过PPT图片让幼儿了解身体的隐私部位。

2. 找一找娃娃身体上哪些部位不能让人随便看，更不能让人随便摸。

3. 每人发放一张身体图片，引导幼儿将不能让人随便看、随便摸的部位用红笔圈起来。

4. 展示自己的图片，说一说"用红色的笔标记出的是自己的隐私部位，不可以随便让别人看、随便让人摸的"。

小结：让幼儿知道自己的胸部、腿、屁股、生殖器等部位都是小朋友身体的隐私部位，不能随便露出来，不能让人随便看、随便摸。

三、一起阅读绘本《休想伤害我》的部分内容，讨论遇到坏人时应该怎么办

1. 提问：绘本里苏莎拉给了小珮利什么提醒？

小结：一个人的身体，从头到脚都是属于自己的，身体上的一些部位是特别私密的，就是你穿背心裤衩的地方，除非有正当理由，否则，绝对不能允许别人触摸那些地方，我们也不能随意触摸别人的隐私部位。

2.设定以下这些情境来让幼儿说一说该怎么办：

（1）如果有陌生人问你的名字、地址、电话，你该怎么办？

（2）如果有位叔叔要求你帮他去找丢失的小狗，你会怎么办？

（3）放学在回家路上，有人紧跟着你，你该怎么办？

（4）如果邻居的叔叔抓住你，摸你的大腿内侧，你觉得不舒服，你会怎么办？

（5）如果你遇到一个男人脱自己的裤子给你看，你该怎么办？

（6）如果有人要跟你玩游戏，摸你隐私部位，并且说这是秘密，不能告诉任何人，你会怎么办？

教师引导幼儿大胆地发表自己的看法（打电话给父母、报警、向可信任的成人求助、大声呼叫求救……）

小结：如果身边有可能保护的人，就一定要勇敢地大声斥责对方，不要因为不好意思而忍让那种坏人，一定要大声呼救。如果势单力薄，就尽可能躲避这种人，或用随身的物品用来遮挡。如果遇到有人对你们不利，一定要及时回避和报警，要在第一时间保护自己不受伤害才是最重要的。

四、做游戏"找朋友"，模拟情境，体验与朋友的亲密接触

讨论哪些接触是友好、善意的，哪些是不友善的接触。

小结：如果有人违背我们的意愿，强行要看或触摸我们的隐私部位，一定要立刻离开或者大声叫喊，能离开的立刻离开。除了发生病症，我们的隐私部位别人不能碰；如果有人叫你单独去没人的角落或屋子，千万不要去。

活动延伸：

1.在科学区，继续探索有关身体的知识。

2.了解本班幼儿关心的话题，提供教育素材，继续开展有关自我保护的主题活动。

活动反思：这次活动利用身体图片认识隐私部位，与孩子一起讨论哪些部位是人的隐私部位，不可以被他人触摸。并让孩子在不能被触摸的部位画上标记，加深印象，孩子们对自己身体中的隐私部位都基本了解，知道了保护自己身体的简单方法。特别是讨论小新随便脱裤子这一环节，孩子们的积极性很高，都说出了自己的看法，从中知道随便脱裤子是不对的，是不尊重自己的表现，在日常生活中不仅要尊重自己的身体，也要尊重别人的身体。在玩"找朋友"游戏时，个别幼儿不遵守纪律，存在不友好现象，通过讲解知道自己的行为是不对的。在活动开展之前，幼儿对相关知识的掌握程度还不够充分，形式还应该再丰富些，力求与各个领域相结合，可以配上朗朗上口的儿歌、形象有趣的谜语等，来唤起幼儿对自己身体的求知欲，效果会更好。

安全提示：

1. 自己的身体不可以随便让人看、摸，也不可以随便看、摸别人的身体，那样做是不礼貌的。

2. 背心短裤覆盖的地方别人不能摸，要重视保护自己的身体和别人的身体的隐私。

3. 小朋友一定要小心陌生人，不能让他们摸我们的隐私部位，随意触碰我们的身体，随便亲我们、抱我们！

4. 自己不愿意做的事情，也不可以强迫别人做。若与他人之间发生不愉快和不舒服的接触，要赶快告诉老师和爸妈。

家长课堂：

1. 我们要告诉孩子，这个世界上不只有鲜花，还有很多"大灰狼"；我们的身体是属于自己的，任何人都不能随意触碰；如果觉得不对劲，一定要大胆拒绝，回到家要勇敢告诉父母，父母是孩子最强大、最可靠的后盾。

2. 坚决制止戏弄孩子的行为。有些家庭，特别老人和亲戚朋友，喜欢逗弄男孩子的生殖器，或突然拉下孩子的裤子，以此来取笑孩子，这是非常不良的习惯！不仅会让孩子在当时感到羞辱，更有可能让孩子在长大后对自己的身体产生强烈的自卑。

3.在孩子3~4岁时，爸爸妈妈可以给孩子购买幼儿性教育绘本，或者下载性教育卡通片，陪伴孩子一起看时，要给孩子讲解，并认真回答孩子的提问，绝对不可以敷衍。正视孩子对于异性的好奇心理。

4.3岁后选择与性别相符的卫生间或更衣室，如果爸妈一起带孩子出门，需要上卫生间或去更衣室时，应由爸爸带儿子，妈妈带女儿，而不是男孩儿一直跟随妈妈去女卫生间或女更衣室。

▶▶▶▶绘本《休想伤害我》

小朋友在阅读绘本《休想伤害我》◀◀◀◀

（教师　谷炜）

活动二　宠物可爱，也会伤人

设计意图

《指南》中在生活习惯与生活能力目标3中指出"幼儿应具备基本的安全知识和自我保护能力"。近些年来养宠物的家庭越来越多，路边的流浪猫猫狗狗也较为常见，孩子们活泼好动，对小动物充满好奇心，但如果不注意和动物相处的方式与方法，可能会引起事故的发生，如意外的咬伤和抓伤。幼儿年龄小，他们不知道或不清楚被动物咬伤后的严重后果。所以，在这次安全教育活动中，教师和幼儿会共同探讨与小动物相处的方式和事故发生后应采取的紧急处理方法，让幼儿学会更好地保护自己。

活动目标：

1. 能够关爱小动物，懂得与宠物保持距离，安全相处，以免受到伤害。

2. 了解被动物咬伤、抓伤后紧急救护的方法。

3. 提高幼儿的安全意识与自我保护意识。

活动准备：

有关宠物安全的课件、幼儿关爱宠物的照片。

活动过程：

一、谈话活动

1. 师：小朋友们，你们养过宠物吗？养过什么宠物？

2. 师：你喜欢它吗？说一说你的理由。

二、教师进行小结并引出话题

1. 师：小朋友们都知道动物是我们的朋友，我们要爱护、保护它们。有个叫亮亮的小朋友也养了一只宠物，我们来听一听他们之间发生了什么事情吧。

2. 教师讲故事《亮亮家的小狗》，并提问。

（1）故事中的亮亮怎么了？

（2）他是怎么受伤的？

（3）那么温顺的小动物为什么会咬他呢？

通过幼儿回答，教师小结：动物不同于人类，每种动物都有自己的习性，不管多温顺的动物都有兽性大发的时候，有些动作对于它们来说是不友好的，尤其是在宠物进食的时候，都有很强的攻击性，这时候一定要远离。如果不注意与猫猫狗狗接触的方式，就会有被抓伤咬伤的可能。

3. 教师提问：怎样才能避免被小动物伤害？

教师小结：和宠物玩耍时要有成人的陪伴；不要做令猫猫狗狗产生恐惧或愤怒的手势、动作，如捏、拧、拉拽它们的身体部位；不引逗、追赶、欺负小动物；了解小动物的习性，如哪些部位可以触碰，了解它们生气时释放的几种信号。

4. 如果不小心被猫狗咬伤，你们知道会有什么样的后果吗？幼儿思考回答，教师对正确的给予肯定。

三、分组讨论

幼儿讨论后，教师小结被猫狗咬伤、抓伤后的危害性。

小结：人若被普通的猫狗咬伤，一般会造成局部皮肤损伤，如果及时去医院处理并接种疫苗，不会有生命危险；倘若被疯狗或感染狂犬病的猫咬伤抓伤后，没有及时有效地处理，会引起狂犬病发作并危及生命。

教师提问：如果你遇到这样的问题，应该怎么办呢？鼓励幼儿大胆表述自己的想法，教师对正确的处理方法给予肯定。

小结：遇到事情一定要沉着冷静，不要惊慌。首先用肥皂水清洗伤口，然后再用干净的布进行包扎，必须及时就医，注射狂犬疫苗。

四、看图讲述

幼儿逐图讲述，教师小结。

宠物的陪伴会使我们的生活充满快乐。狗狗不仅能协助警察叔叔侦破案件，还能为我们看家护院。它们能为我们的生活带来快乐和方便，我们要友好地对待它们；但是一定要注意保护自己，学会用正确的方法与宠物相处。

活动延伸：

1.请有宠物的小朋友带来宠物照片，与其他幼儿分享与宠物的欢乐故事。

2.学习安全儿歌：

宠物可爱须提防

小狗小猫很可爱，友善相处勿逗弄。

亲密接触要洗手，以防病菌来侵袭。

若被宠物咬伤后，紧急处理把水冲。

肥皂泡泡能杀菌，及时送医打疫苗。

活动反思：本次活动内容贴近幼儿的生活并且幼儿对动物比较感兴趣，所以给幼儿创造了自我表达欲望的机会，很符合中大班幼儿年龄特点。幼儿通过故事、图片不仅满足了他们对小宠物的好奇心，还学会如何正确与小动物相处，以此来保护自己不受伤害。通过此活动，幼儿还了解了被宠物咬伤之后的处理方法，增强自我保护意识。

安全提示：

1. 身边有宠物的朋友，要按时给它们注射疫苗，减小感染狂犬病概率。

2. 和宠物接触后，要及时洗手，保持良好的个人卫生习惯。同时也要做好自家宠物的卫生清洁工作，及时为它们洗澡、修剪毛发。

3. 了解一些猫狗的简单生活习性，如狗不喜欢被别人摸爪子，猫生气时的动作信号等，要适当和流浪猫、流浪狗保持安全距离，不要去挑逗、吓唬和追赶它们，避免被咬伤、抓伤。

4. 若被狗猫咬伤、抓伤后，要及时进行简单的伤口处理，把脏血挤出来，防止病菌进入体内。立即用肥皂水清洗受伤的部位，除去伤口内的动物唾液及残余病菌。冲洗完毕后，用无菌绷带或清洁的布条绷紧伤口，赶紧去医院就医。（伤口较大或伤势严重就要尽快送医院救治）

5. 要在24小时之内注射狂犬疫苗。

家长课堂：

1. 幼儿与小动物玩耍时家长一定要陪伴在身边。

2. 家长在给孩子购买或领养宠物时，一定要通过正当途径，保证宠物的健康。

3. 在养宠物前，家长一定要阅读有关养宠物的相关知识，并准备好应急药品。

（如碘伏、纱布、棉球等）

4.要提前将有关宠物的知识告诉幼儿，告知幼儿关爱小动物的同时，懂得与宠物保持距离，安全相处，以免受到伤害。

5.让幼儿了解被动物咬伤、抓伤后紧急救护的方法，或及时通知家长，请家长尽快处理伤口。

（教师　曹晓虹）

活动三　安全我知道

设计意图

《纲要》指出：要为幼儿提供健康、丰富的学习和生活活动，满足幼儿各方面发展的需要，要让幼儿知道必要的安全保健知识，学习保护自己。作为老师如何在日常生活中渗透安全教育，让安全教育成为幼儿生活的一部分，结合幼儿的日常生活细节，在幼儿原有的生活经验基础上，让幼儿明白哪些是危险的，变教师被动地预防事故为幼儿主动地自我保护。为了让孩子感悟到生命的珍贵，萌发保护自己的安全意识，减少幼儿身心受到意外伤害的可能性，我开展了本次活动，让幼儿在活动中，学习一些安全常识，学会保护自己。

活动目标：

1.懂得一些保护自己的简单常识，知道不做危险动作。

2.树立自我保护意识，掌握简单的自我保护方法。

3.尝试创作安全标志，乐于表达自己的看法。

活动准备：

1. 关于自我保护和安全标志的 PPT，危险动作视频。

2. 美工材料：水彩笔、三角形黄色纸、圆形红色纸。

3. 收集常见的安全标志，并把这些标志贴到展板上供幼儿参观。

活动过程：

一、教师出示 PPT 图片和播放视频，请幼儿说说其中的危险动作

师（依次出示危险图片和视频）：孩子们，我们来看看这些小朋友都在做什么？

片段一：一个小朋友从座位上站起来，手持铅笔乱跑。

片段二：餐桌上两个小朋友拿着筷子打闹。

片段三：做手工时，一个小朋友拿着剪刀给同伴剪头发。

片段四：一个小朋友往阳台外抛东西。

师：他们这些危险的行为会带来什么样的伤害呢？鼓励幼儿大胆回答。

幼儿观察并回答。

师：图上这些小朋友的行为可真危险！

二、分组讨论，想想预防危险的方法

师：那我们应该怎样做才能不让这些危险发生呢？请在小组内讨论一下。

幼儿分组讨论，教师巡回指导。

师：谁来说一说？

各组代表发言。

师：我们要遵守规则。在用餐时，注意不要拿筷子打闹，容易扎伤自己和他人；不能用尖利的剪刀、铅笔对着自己或他人挥舞，如果别人正在做这些危险动作要避开；走动时应将铅笔、剪刀等文具放在桌子上。

三、自由发言，讨论一下身边危险的事情

1. 说说在幼儿园中会遇到的危险。

除了图片中的危险，在你们的生活中还会发生哪些危险呢？

引导幼儿回答。

（1）滑滑梯时趴着头朝下滑，如果没有控制住，头部先冲下去，易发生脸部挫伤或脖子扭伤。

（2）有的小朋友会拿着带有绳子的沙包或者其他投掷类玩具抢来抢去，如果没有抓住甩出去，就会砸到其他幼儿并造成伤害。

（3）幼儿在练习跳绳的时候，用跳绳抢着玩，绳子一抢就可能抢到其他幼儿的头或眼睛上。

（4）在上下台阶、攀爬或者从大型器械上往下跳、从滑梯上向下滑时很容易发生危险……

师：孩子们，刚刚你们说的这些都是在生活中经常发生的危险，可见生活中危险的事情还真不少。

2.议议避免危险发生的做法。

师：那你们说说应该怎样做才能避免发生危险呢？

幼儿回答：滑滑梯时遵守规则；玩沙包、跳绳时和小朋友距离拉开；不从高处往下跳……

师：孩子们，有危险并不可怕，只要我们有安全意识，懂得保护自身安全，危险就会离我们远远的。

四、参观展览，交流安全标志的特点

师：人们为了避免危险的发生，设计了很多安全标志，提醒大家注意安全。让我们一起来看看常见的安全标志吧。

幼儿自由参观安全标志展览。

师：看过这些安全标志后，你们有什么发现？

幼儿说说自己的看法。（标志分为三角形和圆形，有红色的、黄色的……）

师：安全标志最突出的特点是易于识别，所以它们的色彩强烈醒目，图形简练清晰，非常容易引起人们的注意。安全标志分为禁止标志、警告标志、指令标志和提示标志四类。例如，红色圆形标志的中间有一个斜杠，表示禁止大家做的事情，像禁止吸烟、禁止游泳等；黄色三角形的标志是提醒大家有危险、要注意，像当心有电、注意安全等。

五、动手操作，制作班级的安全标志

师：在我们班会发生什么危险呢？孩子们，你们也来为班级设计个安全标志吧，提醒大家注意安全。

1.讲讲班里存在的危险。

师：孩子们，在什么情况下你们容易发生危险呢？

幼儿回答。（在教室里乱跑，使用剪刀、铅笔比画，边走路边喝水，吃饭时说话……）

2.讨论安全标志的制作。

师：你们想设计什么样的安全标志呢？

幼儿组内讨论后个别幼儿回答。（我想制作一个安全标志，把它放在喝水的地方，可以提醒大家排队；提醒大家正确使用剪刀；提醒大家吃饭时要保持安静……）

师：那我们赶紧动手制作班里的安全标志吧。

幼儿动手操作，教师巡回指导，展示作品。

活动延伸：
幼儿把设计好的安全标志贴在活动室里。

活动反思：在开展活动之前，我在全面、充分地了解幼儿现有能力和发展水平的基础上，积极寻找与主题相关的适合幼儿学习的故事、图片、照片等可利用资源，分析幼儿已有经验和知识，记录与主题相关的问题、事件，及时补充修改主题网络和活动系统；同时，我们还积极寻求家长的合作，请家长利用家庭生活中积累的经验督促、指导幼儿注意安全，加强幼儿安全意识的形成。在活动中，有时会出现考虑不周的问题，这时我会随时捕捉，发现其中有价值的因素，及时进行调整，使活动得到不断发展和完善。

安全提示：

1.教师应对将要做的游戏有充分的估计，如果游戏中跑动较多、活动量较大，就应选择较宽敞的场地，如有翻滚动作，最好在场地上铺上软地垫。

2.游戏前跟幼儿一起说说游戏中存在的安全隐患，让幼儿有意识地控制、保护自己。

3.活动时提醒幼儿要遵守规则。

4.在活动室活动时，提醒幼儿不猛跑，慢慢走以免发生碰撞。

5.大班幼儿活动能力增强，有些孩子特别爱跑爱跳、爱打爱闹，教师应对经常有这种行为的孩子加强关注，一旦他们有危险行为应马上制止。

6.教师可让幼儿通过角色扮演、实际演练等多种形式感知游戏中存在的安全隐患，培养幼儿的自我保护意识。

家长课堂：

1.勤给幼儿剪指甲，以防挠伤抓伤他人。

2.如果宝宝有什么特殊病史，如心脏病之类的不能做剧烈运动，及时向老师说明情况，防患于未然。

3.幼儿来园时请家长检查是否携带危险物品，如扣子、小刀、小饰品、手镯、项链等。这一项很重要，因为孩子看到好吃好玩的东西，就会带来幼儿园给小朋友分享，这个过程易发生误食误伤的危险，必须严加防范。

使用筷子等尖利物品要注意安全

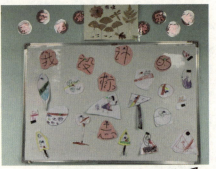

小朋友们设计的安全标志

（教师　谷炜）

活动四　远离弹射玩具

设计意图

《指南》中指出："幼儿应具备基本的安全知识和自我保护能力。"当今社会，科技发展飞速，幼儿接触的新鲜事物也越来越多，尤其孩子们的玩具更是五花八门，但是，所有的玩具都是安全的，对幼儿身体没有伤害的？答案是否定的。"远离弹射玩具"这一活动，就是希望幼儿在活动中认识到一些玩具的伤害性，能够自觉远离它们，从而更好地保护自己的人身安全。

活动目标：

1. 认识现在玩具手枪与以前玩具枪的区别，了解弹射玩具的危害。

2. 能主动自觉拒绝不安全的玩具和行为。

3. 丰富幼儿的安全知识。

活动准备：

双眼蒙住纱布的小朋友照片、安全的玩具手枪、具有安全隐患的玩具手枪、弹弓、飞镖、牙签弩等关于不安全玩具分类介绍的 PPT。

活动过程：

一、图片导入

出示双眼蒙住纱布的小朋友照片，启发幼儿思考"他怎么了？"

小结：小朋友被弹射玩具射伤了眼睛，大家一定要远离弹射玩具。

二、观察两把手枪的不同

1. 教师出示安全的玩具手枪。

幼儿可以通过观察、触摸等说出它的特点。引导幼儿说出怎么使用才是安全的。

2. 出示具有安全隐患的玩具手枪。

引导幼儿说出它具有威力大、射程远等特点，知道它对我们的身体有伤害，是不安全的。

三、出示弹弓、飞镖

请幼儿自主讨论并发言，说出它存在的安全隐患。

四、播放 PPT

教师播放 PPT，边看边进行讲解，让幼儿更好地理解不是所有的玩具都是安全的。

五、请幼儿自由发言

1. 说一说自己在生活中还见过哪些"弹射"玩具。

2. 如果在生活中遇到了这些玩具，你会怎么办？

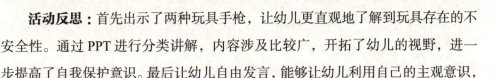

活动延伸：
整理自己家的玩具，将不安全的玩具归类整理并存放到安全的地方。

活动反思：首先出示了两种玩具手枪，让幼儿更直观地了解到玩具存在的不安全性。通过 PPT 进行分类讲解，内容涉及比较广，开拓了幼儿的视野，进一步提高了自我保护意识。最后让幼儿自由发言，能够让幼儿利用自己的主观意识，主动远离不安全的玩具，与不安全的行为说不。

安全提示：
1. 在展示这些具有安全隐患的玩具时一定要注意幼儿和教师的人身安全。
2. 活动时要准备一些具有保护措施的材料。

家长课堂：
1. 家长给幼儿购买玩具时一定要考虑安全性，包括功能和制作材料。
2. 孩子玩具要考虑实用性，不能只图数量。

弹珠手枪

牙签弩

弹 弓

（教师　高惠方）

活动五　雷雨天要小心

设计意图

《指南》中指出：引导幼儿关注和了解自然与人们生活的密切关系，结合幼儿的生活需要，引导他们体会人与自然的依赖关系，如常见灾害性天气给人们生产和生活带来的影响等。通过本活动，让幼儿知道打雷是自然现象，提高幼儿预防雷电伤害的意识，使幼儿初步了解雷电的形成和危害，掌握防止雷电伤害的基本知识。

活动目标：

1.巩固幼儿原有经验，在此基础上引导幼儿了解雷电的危害性。

2.培养幼儿养成良好的自我保护意识，掌握防止雷电伤害的基本常识。

3.通过游戏表演的方式，提高对雷雨天气的防范意识。

活动准备：

雷雨、闪电的录音，自制雷、电、云等教学图片。

活动过程：

一、播放雷雨闪电的录音，导入活动

请幼儿认真听一听，这是什么声音？（打雷，闪电）

雷电会在什么时候出现？请幼儿模仿打雷的声音，描述闪电的情景。

二、出示教学挂图，帮助幼儿初步理解雷电的产生和危害

三、依次出示教学图片，引导幼儿观察讨论图片中的做法是否正确？应该怎样做？

1. 图上有雷电和雨点，一个小朋友在大树下躲雨。

2. 雷雨天，一个小朋友在空旷的地方踩水。

3. 雷雨天，一个小朋友在家看电视。

四、教师提供情境，幼儿自由表演

轰隆隆，打雷了，下雨了，小朋友们赶快躲！

请幼儿讲述自己躲在了哪里？

教师小结：雷雨天，不能躲在大树下，不能躲在电线杆下，不能躲在潮湿处，我们要学会远离危险，懂得保护自己。

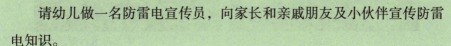

活动延伸：

请幼儿做一名防雷电宣传员，向家长和亲戚朋友及小伙伴宣传防雷电知识。

活动反思：幼儿对参与表演性质的游戏非常感兴趣，幼儿在玩中学得更好，更快。可以在以后的户外活动中，安排插入这个游戏让孩子们玩。

安全提示：

1. 教育幼儿打雷、闪电时，不要站在高处，不可以躲在潮湿的地方。

2. 打雷、闪电时，千万不要到树下或建筑物墙边躲雨。

3. 打雷、闪电时，尽量避开电杆电线，不要站在电线杆和变压器下，不要从电线底下通过，更不要用手去触摸电线。（包括看似安全的高压电线设施下面）

4. 打雷、闪电时，尽量穿鞋子，不要赤脚在室外行走或玩水。

家长课堂：

夏天来了，防雷电，一定要告诉孩子：

1. 不要在楼顶或树下避雨，不要在建筑物顶部玩耍，也不能进入孤立的棚屋、岗亭、大树下避雨，如万不得已，则须与树干保持3米距离，下蹲并双腿靠拢。

2. 不要在水面和水边停留，在河里、湖泊、海滨游泳，在河边洗衣服、钓鱼、玩耍等都是很危险的。

3. 不要快速移动，雷雨中最好不要奔跑，更不适宜开摩托车、骑自行车，在雷雨中快速移动容易遭雷击；雨中快速奔跑也是很危险的。

4. 不能玩手机，雷雨天气告诫孩子不能玩手机。尽量别拨打或接听电话，家里的座机也避免使用。

⮞⮞⮞⮞ 穿上雨鞋，远离有井盖的地方

穿上雨衣防淋雨 ◀◀◀◀◀

（教师　王萌萌）

活动六 遇到绑架巧应对

设计意图

　　学期即将结束，对幼儿进行安全教育十分必要。另外，孩子暑假在家，会增加许多外出的机会，因此，让孩子了解一些保护自己的方法，培养幼儿的安全意识，显得尤为重要。

活动目标

1.了解被绑架后的自救方法。

2.能够保持镇定和勇敢，随机应变。

3.提高警惕，形成用知识和智慧自救的意识。

活动准备：

1.图片。

2.演习用的道具（刀、面具、帽子）。

活动过程：

一、活动导入：观看图片

教师出示图片，引导幼儿观察并提问。

1.教师：仔细看看图上的小朋友怎么了？发生了什么事？

2.引导幼儿讨论画面内容并说出自己的想法。

3.教师小结：图上画的是一名小朋友被坏人绑架的情景。万一小朋友遇见绑架该怎么办呢？让我们一起来看看。

二、活动展开：逐幅讨论小图上的内容

1.观察第一幅图。

（1）师：第一幅图上坏人拿刀威胁被绑架的小朋友，这个小朋友是怎么做的？

（2）她有没有哭闹，或是反抗呢？

（3）幼儿观察图中描述并回答。

（4）教师小结：这个小朋友乖乖地坐在座位上看着坏人，我们看到这个小朋友很勇敢，她没有大哭大叫或是反抗，而是比较安静。这样做可以使坏人不伤害他。面对歹徒，记住不要哭闹和直接反抗，否则可能被坏人打伤。

2.观察第二幅图。

（1）教师：第二幅图上的小朋友在干什么？仔细观察图中描述内容，说说你有什么发现？她这样做有什么用？

（2）幼儿观察图中描述并回答。

（3）教师小结：坏人在开车，趁坏人不注意，小朋友将头上的发卡取下来，悄悄地扔出车窗外。小朋友万一被绑架、被歹徒拉上车时，要尽量留下自己的物品、记号，方便家长和老师及警察寻找，同时要记下路线。

3.观察第三幅图。

（1）教师：这是哪里？被绑架的小朋友在干什么？

（2）幼儿观察图中描述并回答。

（3）教师小结：坏人在便利店买食物，小朋友趁他不注意，乘机跑到人多的地方，向路过的警察（或保安及其大人）求助。如果有机会到人多的地方，可以乘机逃跑，或找周围的大人、警察求助。

4.观察第四幅图。

（1）教师：这幅图上小朋友到了哪里？她在做什么？

（2）幼儿观察图中描述并回答。

（3）教师小结：警察叔叔将小朋友送到公安局，小朋友根据自己的记忆向执勤的警察叔叔描述坏人的特征。在遭遇歹徒时要牢记歹徒的外貌特征以及曾走过的路线、到过的地方等情况。

5.幼儿自由阅读幼儿用书，和旁边的小朋友讲一讲被绑架时自救的方法。

活动延伸：

被绑架演习。

（1）教师：现在我们来模拟一下被绑架的情境，谁愿意来试一试？配班教师扮演绑匪，主班教师扮演保安，另找两名幼儿扮演人质和警察。

（2）让班上幼儿分组进行演习，请其他组幼儿根据表现进行评价。

活动反思：如果遇到被绑架的情况，一定要勇敢镇定，随机应变，想办法保护自己不受伤害，运用我们所学的知识以及自己的智慧保护自己和解救自己。

安全提示：

被绑架时的自救方法。

如果小朋友被坏人绑架了，首先要镇静，不要慌张，不要哭闹和直接反抗，要机智应变，牢记坏人的特征、车牌号、走过的路线等，尽量沿途留下自己的物品、记号，趁坏人不注意时跑到人多的地方求助等。记住一切方法都是为了保护自己。

家长课堂：

1.家长尽量不要让孩子落单，不要给坏人可乘之机。

2.出门之前一定要给孩子重复一遍出去玩要注意什么，要拉紧父母的手，跟紧父母。

3.一定要让孩子牢记父母的联系方式。

请警察叔叔来帮忙

陌生人搂抱赶紧跑

（教师　刘丹丹）

11月

消防安全

活动一　勇敢的消防员

设计意图

　　《纲要》中指出："幼儿园必须把保护幼儿的生命和促进幼儿的健康放在工作的首位。"消防安全知识应该普及，开展这样一系列活动很有必要。日常教育活动中发现幼儿对消防员充满了好奇，通过"勇敢的消防员"帮助幼儿了解消防的装备和用途，了解发生火灾自我保护的常识与方法，增强自我保护的意识。

活动目标：

1. 了解消防员的基本装备及用途。

2. 初步了解发生火灾自我保护的常识与方法，提高自我保护能力。

3.激发幼儿对消防员的热爱之情。

活动准备：

消防鸣笛声、着火、消防员、消防员的装备的图片。

活动过程：

一、以声音的形式导入，激发幼儿了解消防员的兴趣

1.引导幼儿听声音，感受消防员的工作。

听听看是什么声音？（点击声音——火警鸣笛声）

对！火警鸣笛声！（消防车来了）发生什么事情？（着火）

发生火灾了是谁来扑灭呢？（消防员）

2.增进对消防员的敬佩之情。

消防员厉害吗？他们使用什么工具来灭火？

消防员为什么不害怕火？他们从头到脚的灭火法宝有哪些？有什么用途呢？

二、通过图片，了解消防员的基本装备及用途

我们一起看看，消防员都有哪些装备？它们有什么作用呢？

对讲机：联系火灾情况。

消防衣：耐热、耐高温的保护衣和头盔。

消防手套：保护双手不受伤。

照明灯：帮助照明，看清火场的情况。

空气面罩：联结空气瓶里空气，防止吸进火场的浓烟。

空气瓶：背上空气瓶才不会吸进浓烟和毒气。

消防靴：耐热、防火的靴子，有的还可以防强酸强碱。

消防员因为有专业的装备、受过专业的训练，才能保护好自己。小朋友们没有专业的装备，那遇到火灾时我们该怎么做呢？

三、与幼儿一起讨论，发生火灾时自救的常识与方法

1.发现火灾，迅速拨打"119"火警电话。说清楚报警人的电话，派人到路口迎接消防车。

2. 火灾来袭时要迅速逃生，不要贪恋财物。

3. 不要惊慌，火势小的时候先利用现有的灭火器材进行扑救，等待消防员的救援。

4. 打开窗户，可以用鲜艳颜色布条呼叫，寻求帮助。

5. 穿过浓烟，打湿毛巾捂住口鼻，要尽量让身体贴近地面，往安全出口撤离。

6. 身上着火时，千万不要奔跑，可就地打滚或用厚重的衣服压灭火苗。

7. 遇火灾不可乘坐电梯，要向安全出口方向逃生。

活动延伸：

消防员除了灭火，还需要哪些工作呢？我们回家以后去找找资料。

活动反思：安全教育也是一个长期、连续的过程。幼儿园的孩子年龄小，自我保护意识差。每次活动前的安全教育必不可少，因此在幼儿原有认识的基础上及时提醒幼儿并巩固已有的知识，获得更深层次的认识，让安全意识逐渐在幼儿心里扎根。

安全提示：

1. 让幼儿知道不能随意玩火，增强防火意识。

2. 引导幼儿遇到火情不慌张，能够沉着冷静。

3. 让幼儿了解相关的消防知识，提升自我保护意识。

家长课堂：

1. 家长带幼儿参观消防大队，通过观察、互动形式帮助幼儿了解各种消防器具及消防员叔叔的训练、生活情况。

2. 激发幼儿对消防员叔叔的敬佩、热爱之情。

（教师　黄岩）

活动二　消防知识要牢记

设计意图

　　为了增强幼儿消防安全意识，使幼儿从小接受消防安全教育，不断深入对消防知识的了解，加强幼儿消防自救能力，我设计了此次活动。《指南》中明确指出："体验是幼儿重要的学习方式，是认识和态度形成的基础。"消防车开进校园，与可敬可爱的消防员叔叔进行"零距离"接触，使幼儿更加直观地了解消防车、消防工具、消防员叔叔的工作及消防知识，拓展幼儿的视野，萌发对消防员的敬佩与热爱之情！

活动目标：

1.了解消防员，对工作有初步的认识，并产生尊敬、热爱之情。

2.通过活动的开展，了解几种常见的灭火方法、简单的消防知识，提高安全防火、自救意识。

3.通过实物观察，认识消防车的外形和特征，了解消防车的用途。

活动准备：

1.与消防队联系、邀请消防员叔叔开消防车来园。

2.火灾图片及消防设施。

活动过程：

一、火灾事件导入

1.运用幻灯片展示各种火灾现场图片，幼儿谈观后感受。

2.教师总结：生命如此美丽，又是如此脆弱，爱惜生命，提高防火意识。

二、介绍几种灭火、自救常识

1. 猜谜语：一位英雄，浑身通红，平常日子，坐着不动。一见着火，发起冲锋。

2. 向幼儿介绍一些简单的灭火常识及自救方法。（用水、沙、灭火器、湿毛巾等）。

3. 教师总结：通过学习，大家都看到了大火给我们带来的危害，懂得了用火安全。

三、消防车大揭秘

1. 刚才谜语中的"一位英雄"讲的就是消防员叔叔，咱们一起来认识一下消防员叔叔吧！

（1）观看消防员叔叔穿战斗服，了解战斗服的功能。

（2）消防员叔叔是用什么来帮忙灭火的？

2. 你见过消防车吗？消防车是什么样的？

3. 消防车和我们平时见到的车有什么不同？消防车为什么是红色的？

4. 消防车上为什么要安装警报器？学一学警报器的叫声。

5. 消防车上有哪些灭火器材？还有哪些设施？

6. 车厢里有什么？它们有什么用？

7. 消防员叔叔的工作辛苦吗？谁以后长大了想做消防员？为什么？

注：在活动中请消防员叔叔操作相应的器材设施，简单介绍，供幼儿了解和认识。

活动延伸

简单了解幼儿园的消防设施的安放地点以及正确的逃生路线，适时在园内举行消防演练。

活动反思：通过本次活动，幼儿对消防设施有了更多的了解。此次消防车的到来，让幼儿直接了解消防车的外形特征，对消防员的工作也有了新的认识，对如何自救有了新的理解，依据火的不同种类，用不同的灭火装备。不管自救还是灭火，最重要的还是人身安全。

本次活动家园都得到了提升，也得到了家长的支持，除了从幼儿口中了解了灭火、自救的相关知识，还主动带领幼儿去生活中寻找消防器材。

安全提示：

1. 遇到火情，及时拨打"119"报警电话。

2. 遇到火灾时要迅速正确逃生，不乘坐电梯，不盲目跳楼逃生。

3. 通过浓烟逃生时，要用湿毛巾捂住口鼻，弯腰低姿前行。

4. 如果被困无法自己逃生，要尽量靠近窗户、阳台等容易被人发现的位置。通过呼救、挥舞衣物、用手电筒往外照射等方法，发出求救信号。

家长课堂：在居住的小区中寻找消防设施

消防员叔叔在介绍消防设施

消防员叔叔在讲解战斗服

（教师　史力）

活动三　逃生自救

设计意图

　　火灾是对人们的生命和财产安全的巨大威胁，对于火灾，我们不仅要预防，更要学会在火灾发生时，保护自己及家人，因此学会逃生与自救就显得尤为重要了！为了减少人们生命和财产的损失，我们开展了一系列的消防安全教育活动，让幼儿掌握一些自救逃生的方法和技能，为保护生命财产安全做好充分的准备。

活动目标：

1.培养幼儿临危不乱、机智勇敢的品质，增强安全意识，提高防火自救的能力。

2.初步掌握一些自救逃生的方法和技能。

活动准备：

火灾视频、逃生自救视频、图片、湿毛巾。

活动过程：

一、视频导入

请幼儿观看火灾危害视频。

讨论：火灾的发生对人类有哪些危害？

总结：在社会生活中，火灾是威胁公共安全，危害人们生命财产的灾害之一。火灾给国家和人民群众的生命财产造成了巨大的损失。

二、火灾发生时

提问：火灾危害着我们的生命及财产，那么发生火灾后，我们应该怎样做？

1. 保持镇静，第一时间拨打"119"火警电话。

2. 不要贪恋钱财和其他物品，逃命最重要。

3. 逃离火灾时，注意做一些简单的防护。

4. 逃离火灾现场时，一定不能乘坐电梯，走安全通道。

5. 如不能自救，应尽量待在容易被发现且能够避开烟雾的地方，及时发出声响或有效的求救信号，引起救援人员的注意。

三、逃生与自救

火灾的发生随时随地，那么，在不同的地方发生，就采用不同的逃生自救方法，让我们一起来看看吧！

1. 教室失火

（1）火势尚小时，可以帮助大人用衣物将火压灭。

（2）火势发展，立即跑到室外。撤离时，用手绢、衣袖、湿毛巾等捂住口鼻，并弯腰低姿势快行。

（3）一层教室失火，烟火封住教室门时，可以从窗户逃生，二、三层教室失火，烟火封住门时，可用窗帘、衣物等拧成长条，制成安全绳，一头拴在桌椅或暖气管上，两手抓住安全绳，从窗口缓缓下滑至地面逃生。

（4）别的教室发生火灾时，当火势尚未蔓延至楼道时，应立即离开教室，迅速进入安全通道向外疏散。

（5）室外着火门发烫时，千万不要开门，退回室内或卫生间，并用毛巾、衣物或床单塞住门缝，关闭门窗，不断向门窗浇水。

2. 家里着火

住在高层建筑的居民被火围困时，要赶快向室外抛沙发垫、枕头等小物品，夜间则用手电发出求救信号。在逃生时，不能乘坐电梯，必须走安全通道，用手绢、衣袖、湿毛巾等捂住口鼻，并弯腰低姿势快行。

四、模拟操作

五、教师总结

我们今天学习并实践了几种火灾来临时的逃生自救的方法，当危险来临的时，相信小朋友们一定会想办法救自己和身边人，我们去把这些好办法和身边的人一起分享吧！

活动延伸

回家和爸爸妈妈讨论火灾自救的方法。

活动反思：在第一个环节视频导入中，幼儿通过视频对火灾的危害有了充分的了解，意识到火灾对我们的影响。在第二、三环节中，火灾发生时，幼儿能通过教师的讲解知道在火灾发生时应该怎样做，尤其是在逃生与自救的环节中，幼儿能用肢体等表现出正确的应对方式。在制作安全绳的时候，还需要多加练习。在第四环节实操中，由于是模拟操作，而且幼儿没有亲身的体验，孩子们难免有些兴奋，对于教师的讲解有些忘记，我感觉这也是正常的，可以理解的，毕竟经验还是很重要的。因此，在活动结束后，我让孩子们再次观看了火灾危害视频，让孩子们感触到火灾不是我们的实操，它一旦发生，就是我们不可想象的，不可控制的，需要我们认真对待。

安全提示：

1. 提醒幼儿在模拟操作中，在帮助灭火的过程中，需要在成人的帮助下用衣物灭火，不可自行操作。

2. 在撤离时，不仅用手绢、衣袖、湿毛巾等捂住口鼻，弯腰低姿势快行，还须注意不要拥挤，一个紧跟着一个前进，走安全通道，不要乘坐电梯。

3. 在制作安全绳时，一定要保证安全绳的安全牢靠，绑的时候，也要保证安全。

家长课堂：

1. 家长们一定要先让幼儿了解安全逃离路线。

2. 家长合理引导幼儿安全逃离，不拥挤，一个跟着一个走。

3. 学习制作安全绳，学习绑绳。不要顾及钱财和其他物品，逃命最重要。

不贪恋钱财

讲述高层自救

（教师　赵文哲）

活动四　法宝助我渡险情

设计意图

　　火灾是幼儿生活中可能遇到的非常危险的事情，如果在火灾事故中幼儿不会保护自己，后果将不堪设想。在我们身边也时有火灾发生。因此，让幼儿学会在火灾中自保尤为重要。《指南》中指出："幼儿园必须把保护幼儿的生命和促进幼儿的健康放在工作的首位。"为了让幼儿在面对火灾等突发状况时从容不迫，可以第一时间采取正确的措施保护自己的生命安全。结合本班幼儿的年龄特点，设计本次课程，让幼儿在了解法宝的过程中，学到火灾发生时的应对策略。

活动目标：

1. 提高幼儿自我保护意识和应对突发状况的能力。

2. 学习火灾逃生的本领。

3. 知道火灾报警的方法。

活动准备：

毛巾、水、手机模型、图片。

活动过程：

一、谈话导入

师：消防员叔叔在救火时会用到哪些东西呢？（幼儿说，教师出示相应的图片）

师：这些都是消防员叔叔的法宝，他们可以用这些法宝迅速地扑灭大火，得到了人们的称赞。

二、法宝介绍

1. 师：在发生火灾的时候，我们是如何告诉消防员叔叔的呢？

师：在拨打"119"之后，应该怎么说呢？

小结：我们要说明什么地方，什么部位着火了。例如，××街道，××小区，2号楼203厨房着火。请幼儿用手机模型模拟拨打"119"电话，其他幼儿判定是否正确。

师：消防员有灭火法宝，我们也有自己的逃生法宝，这"119"就是我们的第一大法宝。这个法宝你们会用了吗？

2. 教师出示毛巾和水。

师：第二大法宝就是毛巾和水啦，谁知道这第二个法宝怎么用呢？

经过幼儿讨论之后，每个幼儿一块毛巾，请幼儿尝试正确的用法。

师：这个法宝在用的时候需要弯腰甚至匍匐爬来配合，这是为什么呢？幼儿进行讨论。

3. 师：冒出来的烟哪儿都是，我们看不清前面，不知道从哪儿逃生怎么办呢？这就用到我们第三个法宝啦，它一直在墙上等着我们，你们知道是什么吗？

出示安全出口标志图片。

师：它在墙上的什么位置？箭头指向哪里？

63

三、火灾逃生演练

教师带领幼儿进行一场安全逃生演练。

活动延伸：

1.请幼儿自己设计安全出口标志。

2.回家与爸爸妈妈讲一讲着火时安全逃生用到的法宝。

活动反思： 安全教育也是一个长期、连续的过程。幼儿园的孩子年龄较小，自我保护意识差，应对突发状况，更是显得无所适从。因此在幼儿浅层经验的基础上对幼儿进行主题式的集中教学尤为重要。让幼儿巩固已有的知识，并获得更深层次的认识。

本次活动的目的很明确，将火场逃生用到的物品以"法宝"的形式展现出来，更加吸引了幼儿的注意力。让幼儿在轻松与自然、积极与主动、认真与严肃的活动中了解"法宝"及使用方法。学会了火灾发生时的应对方法。结合陶行知先生的生活教育理论，最后以一场消防演练的方式将学到的知识进行巩固，在实践中深化学习内容。

安全提示：

1.在逃生时听从指挥者指挥，不推不挤，防止自己或同伴摔倒，发生踩踏事故。

2.虽然情况紧急，但是要保持一种从容的心态，尽量做到不急不慌。

3.在确保自己安全的情况下再拨打"119"报警电话。

家长课堂：

1.平时跟孩子讲火灾逃生方法。

2.一起观看相关视频，让孩子多学习应对策略。

▶ 认识安全出口标志

学习逃生时毛巾的叠法 ◀

（教师　陈晓丹）

活动五　小小消防员

设计意图

　　在孩子眼中，警察、消防员和解放军是最伟大的人，孩子们对警察、消防员和解放军都特别崇拜。在日常生活中，他们喜欢扮演这类人物进行游戏。为此，我们根据大班幼儿动作发展的水平及兴趣，设计本节健康活动。本次活动，以游戏形式展开，注重创设有趣的运动情境，鼓励幼儿大胆尝试新奇、有趣的活动，发展基本动作能力，增强安全意识和初步的自我保护能力，培养幼儿坚强、勇敢、不怕困难的意志品质，提高幼儿对运动的兴趣和积极性。

活动目标：

1.使幼儿初步了解消防安全常识。

2.锻炼幼儿攀爬、跳跃和平衡的能力。

3.培养幼儿敢于战胜困难、勇敢、坚强、自信的意志品质。

活动准备：

音乐、木梯、自制灭火器、毛绒小动物、火灾现场情境模拟道具等。

活动过程：

一、准备活动

幼儿随《解放军进行曲》入场。

师：小朋友们，我们是消防员，现在让我们先来个热身运动。

二、认识安全标志

1. 观察标志图片，了解其意义。

师（出示"119"的图片）：战士们，你们知道这是什么吗？（幼儿答"119"）你们知道在什么情况下打这个电话吗？（幼儿答着火了）

2. 通过提问，让幼儿了解安全常识。

三、动作训练：探索梯子的玩法，练习攀爬、跳跃、平衡、钻爬等基本动作

1. 探索梯子的玩法，分享交流运动经验。

师：小朋友们，你们知道这个叫什么吗？（幼儿答：云梯）

师：你们知道这个是干什么的吗？（幼儿答：着火的时候爬上去救人的）

师：现在请你们用自己的方式来通过这个云梯。

2. 逐次增加梯子高度，鼓励幼儿大胆通过梯子并勇敢地跳下。

师：现在我来把这个云梯增加难度，用轮胎把它垫高了，看看哪个消防员可以勇敢地往下跳。

3. 练习攀爬和从高处跳下，组织竞赛活动。

师：现在我们来进行比赛，分男生队和女生队，看看哪一队先完成任务。

四、游戏："小小消防员"

1. 交代任务

师（铃声响，师接到群众求救电话）："消防员"们，现在我们接到求救电话，小熊家着火了，需要我们的救援，我们赶紧出发吧。（幼儿背上灭火器）

2.越过障碍到达现场救火。

师："消防员"们，大火已经被我们扑灭了，小熊得救了！（幼儿欢呼）

五、放松活动

师："消防员"们，我们的任务已经执行完毕，现在回"消防队"待命吧！（幼儿整队出发）

活动延伸：

家长可以带领幼儿参观消防队，懂得一些安全知识，具有自我保护的意识。遇到火灾首先要保护好自己，要拨打火警电话或者寻求人帮助。

活动反思： 在本次教学活动过程中，幼儿一直处于积极的状态，消防员是他们心里的骄傲，能帮助别人，让自己也变得像消防员一样勇敢是小朋友投入游戏的出发点。大班的孩子已具有强烈的竞争意识，比赛活动让孩子们显得更加勇敢，不怕困难！幼儿为了突破难点，解决跨跳的几个关键动作，我在材料投放和场地的设置上花了一番心思，遵循"循序渐进、由易及难、由浅入深"的原则，既有完整连贯的动作练习又有分解动作的讲解示范。例如，第一次探索助跑跨跳的挑战点为"宽度"，设置了一条宽窄不一的"沟涧"，目的是让幼儿掌握"跨大步"的要领；第二次助跑跨跳的挑战点为"高度"，设置了一堵高低不一的"矮墙"，目的是让幼儿掌握"抬高腿"的动作要领，鼓励幼儿大胆尝试不同高度的跨跳；第三次解决的是落地缓冲动作，我在场地一端设置了终点，目的是使幼儿在助跑跨跳后能自然地落地缓冲，继续向前跑一小段距离，使整个动作更加连贯、协调、灵活。

安全提示：

1.遇到火情，及时拨打"119"报警电话。

2.遇到火灾时具有一定的自我保护意识。

3.幼儿越障碍救火时，不能推不能挤。

4.爬行时要手脚并用，保持身体的平衡，注意安全。

家长课堂： 带领幼儿一起参观消防队，了解相关知识。

▶▶▶▶ 小小"消防员"日常练习

小小"消防员"越过障碍救火 ◀ ◀◀◀◀

（教师 殷丹祺）

活动六 预防火灾我行动

设计意图

《纲要》中指出："幼儿园必须把保护幼儿的生命和促进幼儿的健康放在首位。"《指南》指出："幼儿要具备基本的安全知识和自我保护能力。"大班幼儿有着强烈的求知欲和好奇心，对熠熠生辉的火光总感到好奇，想看一看、摸一摸、试一试。然而由于年龄的限制和生活经验的缺乏，他们对防火知识、安全用火了解不足，常常因为好奇和贪玩，致使小火成大灾，酿成无可挽回的悲剧。为此，本节活动根据日常生活中常遇到的消防安全问题，采用幼儿喜欢的情景游戏、互动讨论、情景体验等方法，帮助幼儿了解周围环境中的火灾隐患，对幼儿进行消防安全教育，从而提高幼儿的安全防范意识和自我保护能力。

活动目标：

1. 了解火的用途，知道生活离不开火。

2. 懂得基本安全防火知识，做到日常生活不玩火。

3. 锻炼幼儿面对危险时的勇敢精神，增强自我保护意识。

活动准备：

1. 消防车多媒体课件（火灾现场录像片段、"有用的火"图片）。

2. 毛巾、电话、防火安全标志。

活动过程：

一、导入

1. 出示"火苗"图片，观察图片说一说：这是什么？是什么在燃烧吗？

2. 小朋友想一想生活中哪里见过"火"，火可以帮助我们做哪些有用的事情？（火可以烧菜、煮饭、取暖、发电、照明等）

3. 出示"有用的火"图片，让幼儿知道人类生存和发展离不开火，了解火的重要作用。

二、常见火灾带来的危害及预防避免火灾的常识

1. 创设情境表演。（新年到了，东东和乐乐好高兴，两个人在一堆稻草旁放鞭炮，玩着玩着，突然草堆冒起了浓烟，他大叫起来："不好啦，着火了！"）说一说火灾怎么发生的。

2. 了解生活中容易引发火灾的因素，（玩火、电器、吸烟、放鞭炮等）讨论生活可能导致火灾的危险行为。

3. 游戏：出示各种图片，找出易引起火灾的物品。

4. 在生活中应当怎样做才能避免火灾的发生呢？引导幼儿说出预防火灾的方法。（让幼儿了解生活中常见易引发火灾的物品，知道不玩插座、插头和电线、不能随便燃放烟花爆竹、提醒爸爸不乱扔烟头等，丰富幼儿安全防火知识，培养安全意识。）

5.认识"防火"标志。（认识严禁烟火、安全出口、灭火器等标记）

三、火灾逃生自救方法

1.讨论逃生的初步方法。如果幼儿园发生火灾，小朋友应该怎么办？如何保护自己？（幼儿讨论逃生自救方法：拨打火警电话"119"；用湿毛巾捂住口鼻，以免浓烟熏着；要有秩序走安全出口等。）

2."火灾现场"逃生自救。设置"火灾"现场，划定危险区域，巩固简单逃生自救方法。邀请几名幼儿做"志愿安全员"，协助教师疏导幼儿进行逃生演练。

四、活动结束

有秩序到达安全地点，清点幼儿人数。

活动延伸：

在美工区开展"我是消防员"创意画活动；在图书区投放绘本《消防站的一天》《小象消防员》《消防车吉普达》《大象消防员帕尔》等。

活动反思：安全是幼儿园的头等大事，消防安全更是重中之重。此活动教师在安全内容上选择与幼儿生活经验密切相关的"火"，先感知了解"火"在生活中的用途。结合幼儿生活经验"两个小朋友春节高兴放鞭炮引起火灾"，巧妙抓住这一生活例子并对幼儿进行了火灾安全教育，让幼儿在真实情感中感受，更加容易接受。

活动中，就幼儿生活经验，让幼儿主动探索，寻找日常生活中易引发火灾的物品、行为，并让幼儿自主地说出不能玩的原因。发展幼儿语言表达能力，丰富幼儿安全防火知识，从小培养安全意识。最后，以逃生演练结束，让幼儿相互协助、熟记自救知识，勇敢、安全地逃离"火灾现场"。

安全提示：

1.生活中注意远离火源避免危险，不随意玩火柴、打火机等。

2.消防演习幼儿有序撤离"火场"，提示幼儿上下楼注意安全、不慌乱、不推挤。

3.安全撤离后，确保幼儿无遗漏、无丢失、无伤害。

家长课堂：

1.要求家长教育孩子不玩火：火柴、打火机、鞭炮等火种，不在双休日及放假期间将小孩反锁家中；家人经常检查家庭的用电、用火器具，安全地使用电器，注意查看有无异常现象，做到人走"火熄、电断、水停"，还要检查家庭周边的防火环境是否安全。

2.教会孩子如发生火情迅速拨打报警电话"119"或"110"。带幼儿外出游玩时，家长一定还要管好自己的孩子，节假日期间不野炊、不在野外烧火取暖，不在山中烧纸玩火。

3.在家庭中配备必要的灭火器材，并学会正确使用，妥善保管好家中易燃可燃物，保证公共通道、安全出口的畅通。

┠》》》━━━━━▶ "火灾现场"逃生自救

（教师　王莹）

12月

交通安全

活动一　我是交通小卫士

设计意图

　　为了培养幼儿的交通安全意识，让幼儿了解交通信号灯以及交通安全标志与人们生活的密切关系，培养幼儿自觉遵守交通规则的意识，选择此次活动希望幼儿建立交通安全意识，养成遵守交通规则的好习惯。

活动目标：

1. 认识常见的交通标志，并按照标志遵守交通规则。

2. 通过游戏让幼儿亲身体验过马路，并能做出正确的选择。

3. 初步养成遵守交通规则，注意交通安全的习惯。

活动准备：

课件、红绿灯、禁止标志、指示标志、警示标志、郊游卡。

活动过程：

一、认识常见的交通标志

教师出示交通标志，幼儿说一说这是什么标志，有什么作用？

二、游戏"小兔去郊游"

教师出示路线图，请扮演小兔的幼儿按照路线图找到去郊游的地方。

三、游戏"我是交通小卫士"

1.通过教师抽取决定小交警和小司机的人选，根据郊游地图，小交警陪同小司机和大家一起找到郊游的地方，游戏过程中小交警要看是否按照地图寻找。

2.说一说你们是怎样找到的，在路上都遇到了哪些交通标志。

3.下一组继续游戏。

活动延伸：
绘制新的郊游路线图，讲述路线中遇到的交通标志。

活动反思： 在活动开始让幼儿对交通标志进行了复习，在理解的基础上帮助小兔子按照郊游地图卡寻找郊游地，在寻找的过程中巩固对交通标志的认识，为了让每一名幼儿都能认识和理解交通标志，以游戏的形式调动幼儿的积极性，积极地参与到活动中，让幼儿在游戏中掌握各种交通标志。

家长课堂：

1.家长在日常生活中巩固幼儿对交通标志的认识。

2.在马路上行走时，教育幼儿按照交通标志行走，遵守交通规则。

▶▶▶▶ 游戏：小兔去郊游

游戏：我是交通小卫士 ◀◀◀◀

（教师　丁云）

活动二　争做文明小乘客

设计意图

随着社会的高速发展，交通工具给我们的生活带来了便利，也给我们带来了危害，对幼儿进行交通安全教育已经成了必要的活动，本次是针对幼儿文明乘车而设计的一节活动，通过活动让幼儿知道怎样正确乘车、上下车才会安全。

活动目标：

1. 能够安全文明乘车，知道如何正确乘坐公交车。

2. 通过游戏、观察图片让幼儿体验交通安全的重要性，知道下车前和下车后要做哪些工作。

3. 培养幼儿在外出时要注意安全，愿意做一名文明的小乘客。

活动准备：

课件、圆形长绳车厢、自制车票。

活动过程：

一、谈话导入

小朋友们，今天是谁送你来的幼儿园，你是乘坐什么交通工具来的？

二、出示课件，了解文明乘车

教师请幼儿说一说怎样文明乘坐公交车。

1. 在站台上安静等待公交车。

2. 排队上车，不拥挤。

3. 车上要扶好、坐好，不打闹，不把头手伸出窗外。

4. 提前到下车门处等待下车。

5. 车辆停稳后，确认后面没有车辆才下车。

6. 下车后拉好爸爸妈妈的手，安全下车不乱跑。

三、出示课件，对幼儿行为进行分析

1. 说一说图片中发生了什么事？小朋友在做什么？

2. 小朋友下车的方法对吗？为什么？如果是你，你会怎么做？

教师小结：在乘坐公交车下车时，首先要等司机叔叔把车停稳，车门已经全部打开后再从车门右侧下车，不要争抢推挤，注意观察周围来往车辆，确保安全后方可下车，下车后不要跑，要拉好爸爸妈妈的手安全通过马路。

四、游戏：争做文明小乘客

画有1~5号的马路，教师扮演公交车司机，幼儿扮演乘客玩游戏。幼儿根据车票号文明上车，蓝色数字为上车点，红色数字为下车点。

活动延伸：

幼儿和爸爸妈妈一起乘坐公交车，实地感受文明乘车。

75

活动反思：活动开始以谈话导入，了解幼儿是如何来园，鼓励幼儿大胆说出自己的经历和想法，再看图分析幼儿行为时能够把画面故事表述清楚并能正确判断图中幼儿的行为，从而知道如何文明乘车。活动之后通过游戏让幼儿更加深入地理解如何文明乘车。

家长课堂：

1. 坐公交车时家长要起到监护作用，要及时提醒幼儿文明乘车。

2. 上车后要领好幼儿，不要让幼儿在车厢内来回打闹。

3. 下车时要领好幼儿，确定后方没有车辆后，方可下车。

（教师　丁云）

活动三　恶劣天气安全行

设计意图

　　夏季的雨天，冬季的大雾常常会出现在我们的生活中，这样的天气会对我们造成怎样的影响，在这样的天气我们又应该怎样保护自己，开展本次活动就是为了让幼儿掌握恶劣天气中如何自我保护。活动中提高幼儿的安全意识，加强自我防范能力。

活动目标：

1. 知道雨天和雾天容易发生交通事故，尽量不要外出。

2. 通过观看课件，讨论总结出恶劣天气出行时要掌握的自我保护方法。

3. 通过回忆性、创造性的讲述，提高幼儿的自我保护意识和能力。

活动准备：
课件、记录表。

活动过程：

一、出示视频，认识雨和雾

1.请幼儿观看视频，说一说视频中出现了几种天气？分别是什么？

2.雨天是什么样子的？雾天是什么样子的？

二、恶劣天气的不利影响

说一说图片中在雨天和雾天会有什么危险的事？

教师小结：雨天路滑、雨衣影响视线，雾天会让视线范围变小。

三、观看视频，说一说雨天、雾天人们是怎样出行的

四、讨论总结

1.教师请幼儿自由结组，选取一个恶劣天气进行讨论，说一说这样的天气如果外出，你会怎么做。

2.教师请幼儿进行分享并总结。

教师小结：雨天外出时准备好雨具；行走时要靠人行道内侧行走，避免车辆行驶中轧过雨水溅到自己身上；要时刻注意脚下的路，避免滑倒；行走过程中不要跑，以免和他人发生碰撞。

雾天：影响人们的视线，要穿鲜艳的衣服；遵守交通规则，留意鸣笛的汽车；外出时要戴好口罩，不仅保暖还能保护呼吸系统。

活动延伸：
了解大自然中还有哪些自然灾害？都带来了哪些伤害？

活动反思：对于雨天孩子们比较熟悉，但是如何保证自己外出时的安全还是不太清楚，通过本次活动，幼儿对雨天出行有了初步的了解，知道如何保障自己的安全。对于雾天孩子们不是很熟悉，不知道如何在雾天保护自己，通过观看视频和讨论，对在大雾天气外出时保护自己掌握了一定的方法。

家长课堂：

1. 观看有关自然灾害的视频，让幼儿知道如何保护自己。

2. 恶劣天气外出时，要做好自身和幼儿的防护措施。

▶》》》➤讨论恶劣天气出行注意什么

分享雾天、雨天注意事项◀《《《|·|

（教师　丁云）

活动四　交通标志记心间

设计意图

　　大班的幼儿具有活泼好动、好奇、模仿力强等特点，是最容易引发交通事故的群体。虽然他们出去一般有成人监护，但稍有不慎，就会严重影响幼儿的身心健康甚至酿成悲剧。孩子们虽然对交通安全方面的知识略知一二，但对其危害程度了解不够。通过此次活动，让幼儿了解交通安全标志与人们生活的密切关系，初步养成自觉遵守交通规则的意识，提高了自我安全防护能力。

活动目标：

1. 认识常见的几种交通标志并知道它们的用途。

2. 通过观看课件、游戏等方式让幼儿了解生活中的交通标志。

3. 通过学习交通标志，知道一些交通安全常识，培养幼儿的自我保护意识。

活动准备：

课件、交通标志图片。

活动过程：

一、谈话导入

请小朋友说一说你都知道什么交通标志，它们都是什么样子的？

二、播放课件，认识信号灯及交通标志

1. 在生活中我们每天都会过马路，过马路时都要看信号灯，信号灯都有几种颜色？都有什么作用？

2. 在穿梭马路的时候，除了看信号灯外，还要看很多交通标志，我们一起来看看它们。图片中的标志你都认识吗？看到这个标志我们要怎么做？

三、给标志分类

请你认真观察，说一说这些标志都是什么颜色的？代表什么意思？这些标志我们应该怎么分类呢？

1. 指示标志：蓝色上面画有不同的白色图案的是告诉人们可以做的事情。

2. 禁止标志：红色圈里画着不同图案或符号，有一条明显的红色斜线的是告诉人们不能做的事情。

3. 警示标志：黄色三角形里不同的画面是告诉人们此处有危险，要远离。

四、游戏：找朋友

教师请幼儿上前手拿标志牌，当唱到找到一个好朋友时，请拿着相同类型的知识牌的小朋友站在一起，分别说一说自己的标志。

活动延伸：

　　和爸爸妈妈一起找一找生活中其他的交通标志，并了解它们的名字以及作用。

　　活动反思：通过本次活动幼儿对常见的交通标志有了一定的了解，通过游戏让幼儿能够更加感兴趣地融入到活动中，认真观察这些交通标志，知道这些标志在生活中的应用。活动中能够根据自己已有的生活经验来进行表达讲述。

　　家长课堂：

　　1.家长和孩子了解生活中其他的交通标志并了解所代表的意思。

　　2.和孩子一起巩固"禁止标志""指示标志""警示标志"。

➤禁止标志举起来

指示标志举起来◀

（教师　丁云）

活动五　马路不是游乐场

设计意图

　　对于大班孩子来说，他们马上就要上小学了，每天放学都会和同伴一起走在马路上，设计这节活动就是让幼儿知道马路不是游乐场，在马路上玩耍不仅会对自己造成危险，也会给他人造成困扰，还会影响交通秩序。

活动目标：

1. 知道马路不是游乐场，在马路上玩耍的危险性。

2. 通过幼儿亲身情景表演，让幼儿知道在马路上玩耍不仅是危险的行为，还会影响交通秩序。

3. 培养幼儿自护自救的观念，增强自我保护意识。

活动准备：

课件、方向盘、球。

活动过程：

一、提问导入

教师针对"能否在马路上玩耍"进行提问，请幼儿说一说自己的想法。

二、教师情景表演，幼儿观看

请小朋友们观看表演，说一说在刚刚的表演中，发生了什么事情？有没有遇到危险？是什么原因导致的？

三、幼儿尝试情景表演

教师请10名幼儿，分成三组，一组扮演小司机，一组扮演马路上玩耍的小朋友，一组扮演行人，表演结束后，请表演的小朋友分别说一说。

1. "马路上玩耍的小朋友"说一说在马路上玩耍时遇到了什么事，自己当时的心情，当时都想了什么。

2. "小司机"说一说开车过程中遇到了什么困难，当时的心情是怎样的。

3. "行人"说一说在行走的过程中你遇到了什么困难。

四、再请一组幼儿，再次表演体验

五、观看课件

说一说图片中的小朋友在做什么，他们做得对吗。如果小朋友约你去马路上玩，你会怎么做？

教师小结：小朋友们，在马路上玩耍不仅会让自己遇到危险，也会影响交通秩序，给司机、行人造成危害，甚至会有生命危险，所以在马路上是坚决不能玩耍的。

活动延伸：

请小朋友跟爸爸妈妈一起观察在马路上发生的故事，并用画笔记录下来和同伴进行分享。

活动反思： 活动中通过幼儿自身角色情景体验，让幼儿很快掌握并了解在马路上玩球的危险以及会对他人造成的危害，增强幼儿遵守交通规则的自觉性。

家长课堂：

1. 在日常出去玩前对幼儿进行交通安全教育。

2. 寻找合适的玩耍场地。

马路玩耍会遇到的危险

（教师　丁云）

活动六　马路护栏不能钻

设计意图

在马路上行走时，我们常常会看到有人从护栏上翻越，本次活动就是要告诉幼儿马路上的护栏具有保护作用，不可钻、爬、跨。通过此次活动让幼儿对于钻爬护栏的危险有一定认识。

活动目标：

1. 理解钻爬护栏的危险，知道遇到护栏不钻爬、不翻越。
2. 通过观看视频和图片知道马路护栏的作用。
3. 掌握基本的交通规则，提高自我保护意识。

活动准备：

课件视频、儿歌《马路护栏不能钻》。

活动过程：

一、播放课件，了解护栏的作用

1. 图片上是什么？你见过护栏吗？在哪里见过？

2. 你觉得护栏有什么作用？

教师小结：马路、公园、停车场、湖边、楼梯、阳台等很多地方有护栏，护栏有很多用处。马路护栏防止行人乱穿马路发生意外，并能把双向通行的车辆分开，让它们各行其道。

二、播放课件观察并讨论钻爬、翻越护栏的危险

图片上这个人在做什么？这样做会发生什么危险？应该怎样做？

教师小结：翻越和钻爬马路护栏可能会摔伤或被来往的车辆撞倒发生车祸。

所以，翻越、钻爬护栏很危险，看到有人钻爬护栏时要告诉他："太危险！不可以乱钻爬护栏！"

三、学习儿歌《马路护栏不能钻》

教师播放儿歌图片，幼儿根据图谱理解儿歌内容，学习儿歌。

活动延伸：

1. 和幼儿一起制作不能钻爬护栏的宣传海报。

2. 学习儿歌。

马路护栏不能钻

大马路，宽又宽，中间设有防护栏。

小朋友，站路边，要去对面幼儿园。

小眼睛，左右看，要走人行横道线。

东瞅瞅，西看看，不能嫌远费时间。

走天桥，过地洞，马路护栏不能钻。

活动反思：活动开始播放课件让幼儿知道马路上是有护栏的，引出活动的主题，通过讨论，幼儿对护栏的作用有了一定的了解，在观察翻越护栏的危害时，幼儿积极讨论商讨，知道了护栏不可钻、爬、跨。

家长课堂：

1. 了解生活中除了马路护栏外还有什么护栏，它们的作用是什么？

2. 家长日常出门时要对幼儿及时进行安全教育，给孩子树立正确的榜样。

（教师　丁云）

1月

饮食安全

活动一　冷饮美味要适量

设计意图

　　《指南》中指出："幼儿园必须把保护幼儿的生命和促进幼儿的健康放在工作的首位。"保护幼儿生命、促进幼儿健康都离不开饮食教育，幼儿阶段是儿童身体发育和功能发展极为迅速的时期，也是形成安全感和乐观态度的重要阶段。为有效促进幼儿身心健康发展，成人应为幼儿提供合理均衡的营养，保证充足的睡眠和适宜的锻炼，满足幼儿生长发育的需要；创设温馨的人际环境，让幼儿充分感受到亲情和关爱，形成积极稳定的情绪情感，帮助幼儿养成良好的生活与卫生习惯，提高自我保护能力，使其形成终身受益的生活能力和文明生活方式。

冷饮是一种幼儿爱吃的饮品，尤其是夏天天气热的时候，不爱喝水只想吃又凉又甜的冷饮，如冰激凌、冰糕、凉饮料等。这节活动使幼儿知道天越热，越应该多喝白开水，最好的饮品就是白开水，并且让幼儿知道冷饮好吃要适量，吃多对肠胃不好，会引起好多疾病。

活动目标：

1.了解冷饮中的一些成分，知道冷饮的一些小常识，能够有选择地食用冷饮。

2.结合一些具体的事例，了解多吃冷饮害处多。

3.在自制冷饮的过程中，体会操作的快乐。

活动准备：

1.活动前请家长帮助幼儿了解有关冷饮的一些小常识。如冷饮中的多种成分——对身体有利的和不利的甚至是有害的成分……

2.自制冷饮的材料：奶粉、不同口味的果珍、苹果汁、蜂蜜、糖、筷子……

3.教师收集一些冷饮的外包装。

活动过程：

一、组织幼儿进行谈话活动，建议提出下列问题

1.你们都吃过哪些冷饮？

2.你最喜欢吃哪些冷饮，它们是什么味道的？

3.你为什么喜欢吃冷饮？吃冷饮有什么作用？

4.吃冷饮有哪些不好的地方？（幼儿自由讨论）

二、了解冷饮中的成分和营养量

1.教师：你们吃过许多冷饮，你知道冷饮有哪些口味的？你知道制作冷饮需要哪些原料吗？

2.教师向幼儿介绍冷饮包装上显示的营养成分，每说一种成分便让幼儿了解其中营养成分的含量。这样可以让幼儿更清楚地了解哪种冷饮更健康。

3. 教师小结：不同口味，不同名称的冷饮所需要的原料也不一样，而且冷饮的营养含量不够丰富。

三、启发幼儿结合自己的生活经验，讨论什么最解渴

提问：当你口渴的时候，你喝过什么？你觉得选择什么样的水最解渴？（让幼儿知道喝白开水是一种很好的选择）

四、幼儿观看情境故事表演

1. 明明在家吃了一盒冰淇淋后就下楼拍球去了，拍了一会儿球后，觉得又热又渴，就回去吃了一根大雪糕。吃完雪糕，他说："我怎么还是觉得渴呢，再喝一点冷饮吧。"说着明明又在冰箱里拿了一罐冰可乐"咕咚咕咚"喝了起来。明明边喝可乐边看书。一会儿妈妈下班回来了，开心地迎上前去帮妈妈拿包，还向妈妈汇报在家的表现。说着说着，明明的肚子疼了起来，妈妈赶快帮明明揉肚子，扶他到床上休息，明明刚躺下，就"哇"地一下吐了好多东西，身上还直冒冷汗，妈妈赶紧带明明去了医院。医生看了看，摸了摸，又用听诊器听听，说："你吃了太多的冷饮，伤了肠胃。冷饮要少吃，热了渴了多喝水才对。"

组织幼儿讨论：明明为什么肚子疼？妈妈带他到医院干什么？医生对明明说了些什么？能不能一下吃很多冷饮？

2. 教育幼儿很热很渴的时候，应多喝白开水，也可喝点新鲜的果汁。白开水是最适合小朋友喝的饮料。

3. 请个别幼儿谈谈在又热又渴的时候，自己是怎样做的，或准备怎样做。

教师小结

活动延伸：
　　幼儿由于年龄小，想更加健康地吃雪糕，最好自己制作，如把水果肉直接冻成冰就是不错的选择，但注意要使用正规厂家的模具。

活动反思：通过这次活动使孩子懂得了冷饮要适量，多吃容易得病，并且知道了夏天喝白开水比喝冷饮更健康，在喝冷饮时选择卫生干净的冷饮，如果可以的话，能不吃就不吃。

安全提示：

1.吃一些奶制类的冰品。

2.每次吃时选择量少的。

3.少吃硬冰品，吃一些软的冰品。

4.尽量选择用小勺吃的冰品，别选择带木棍的冰品以免扎破伤嘴危险。

家长课堂：

1.家长一定要先检查冷饮是不是三无产品。

2.引导孩子少喝或不喝冷饮。

3.家长引导孩子们喝冷饮时选择合适的时间。

4.家长最好自己给孩子制作健康的冷饮。

（教师　崔彦红）

活动二　学做小小营养师

设计意图

随着生活水平的提高，人们越来越重视饮食的科学与合理搭配，吃得营养成了饮食的方向。《指南》健康领域中指出："幼儿阶段是儿童身体发育和功能发展极为迅速的时期。""为有效促进幼儿身心健康发展，成人应为幼儿提供合理均衡的营养。""生活习惯与生活能力教育建议提出：帮助幼儿养成良好的饮食习惯。帮助幼儿了解食物的营养价值，引导他们不偏食不挑食、少吃或不吃不利于健康的食品。"为了能让幼儿初步了解合理的饮食结构和科学饮食的重要性，知道饮食不科学对身体的危害，大胆尝试科学的搭配营养餐，培养幼儿对配餐的兴趣，设计了本活动。

活动目标：

1.初步了解食物的营养价值和合理的饮食结构，懂得饮食不科学对身体的危害，尝试搭配营养餐。

2.通过认识和初步应用营养膳食金字塔，能够将日常饮食与金字塔知识对应，知道每天应该吃什么，多吃什么，少吃什么。

3.通过对比自己喜爱的食物与营养膳食金字塔，主动调整自己的饮食习惯，提高自控能力。

活动准备：

多媒体课件、儿童膳食金字塔图片、膳食金字塔模型、笑脸、哭脸娃娃贴纸若干。

活动过程：

一、看多媒体课件听故事，了解饮食不科学对身体的危害和合理搭配饮食的重要性

（一）听故事《他们为什么会这样？》前半部分。

（二）根据故事内容提问幼儿：

1.圆圆和豆豆分别爱吃什么食物？

2.他们每天都吃什么？吃多少？

3.他们最后怎么了？他们为什么会这样？

（三）教师小结，帮助幼儿回忆日常生活饮食习惯。

师：圆圆爱吃肉，豆豆只吃菜，他们每天只吃自己喜欢的食物，圆圆越来越胖，豆豆越来越瘦，最后都生病了。

（四）听故事《他们为什么会这样？》后半部分。

（五）根据故事内容提问幼儿。

1. 圆圆和豆豆后来每天吃什么？

2. 他们有什么变化？

3. 他们最后怎么了？他们为什么会这样？

老师小结：圆圆和豆豆最后听医生的建议，每天合理的饮食搭配，圆圆变瘦了，豆豆也变胖了，身体越来越健康。

二、通过膳食金字塔让幼儿了解合理的饮食结构

（一）幼儿讨论：小朋友的身体每天都需要哪些食物的营养呢？

（二）教师出示营养膳食金字塔，请幼儿观察后提问：

1. 这个金字塔一共有几层？

2. 从下到上每一层分别有什么，他们都有什么营养？

3. 这些食物对我们的身体有什么好处？身体缺了它们会怎样呢？

4. 看上去什么食物多，什么食物少？

5. 猜一猜，为什么会这样安排呢？

教师小结：这幅图是营养膳食金字塔，从下到上，每一层的食物越来越少，也就是每天我们身体需要的这些食物的数量，如最下面这层是米饭、馒头、玉米之类的碳水化合物，是我们身体每天需要最多的食物，他们能够提供给我们需要的糖分。但是，金字塔上的食物我们每天最好都要吃到，这样吃进去的营养才丰富，身体才更健康。

（三）出示膳食金字塔模型，通过摆放食物的练习，巩固幼儿对饮食结构的认识。

教师取出每层食物，请幼儿重新把每层的食物摆放好，其他幼儿进行检核。

三、贴纸游戏，对幼儿合理搭配饮食进行检核

（一）幼儿对操作手册中的几种配餐进行判断，搭配科学合理的就贴上笑脸，反之贴上哭脸。

（二）幼儿说一说自己的结果，为什么这样贴。

四、幼儿尝试搭配营养

（一）请幼儿在操作手册中画出自己设计的营养餐。

（二）幼儿和同伴讲一讲自己的营养餐都有什么，为什么这样设计。

活动延伸：

在日常三餐中，请幼儿尝试介绍食物的名称、营养，说一说这样搭配的好处。

活动反思：食物的营养价值比较抽象，大班幼儿不好理解、记忆，在介绍自己的配餐时，较难说出食物的营养价值。膳食金字塔上的食物种类比较多，尤其下面三层，导致幼儿在记忆时会出现混淆，摆放时放错层级。幼儿基本能判断出配餐是否合理。幼儿尝试设计配餐时，个别幼儿还是按照自己平时喜好来搭配，忽略了科学合理搭配。经过教师引导幼儿再次观察膳食金字塔，幼儿能及时调整自己的配餐，使自己的配餐尽量做到科学、合理。

安全提示：

1.幼儿在饮食中避免偏好某一种食物，从而导致某一营养的缺乏，引起疾病。

2.幼儿搭配了营养餐后，可以尝试让幼儿进行简单的制作活动，在制作中要注意：提供给幼儿的工具要适宜，交给幼儿使用工具的方法和注意事项，避免发生危险。

家长课堂：

1.家长在家可以和孩子一起设计一日三餐的搭配。

2.家长要养成良好的饮食习惯，家中饮食搭配尽量合理、科学。

（教师　王雅静）

活动三　购买食品要注意

设计意图

　　日常生活中，形形色色的食品安全问题，给人们的生命健康带来了严重的影响，尤其是对幼儿身体的损害，更是大家担忧的问题，对幼儿的食品安全教育已迫在眉睫。遍布街道的超市、小卖部里，琳琅满目的食品，吸引着幼儿，教会幼儿如何安全购买食物，就会减少幼儿因食品安全问题受到的伤害，所以我设计了本次活动。

活动目标：

　　1.学会查看食品包装上的生产厂家和地址、生产日期、保质期。

　　2.通过查找食品包装有无生产厂家和地址、生产日期、保质期，能判断食品是否是合格食品。

　　3.增强食品安全意识，拒绝食用不合格食品，提高自我保护能力。

活动准备：

　　印有生产日期和地址、保质期、生产厂家的食品包装放大图若干、不合格食品包装放大图若干、班级布置小超市摆放合格、不合格食品若干、幼儿有购买食品的经历。

活动过程：

一、幼儿观看情境表演：买食品，引起幼儿兴趣和思考

　　（一）观看表演。两个幼儿分别扮演卖"三无食品"和合格食品的老板，另外两个幼儿扮演购买食品的人，购买了合格食品并食用的幼儿安然无恙，购买了不合格食品的幼儿食用后肚子疼被送往医院。

（二）幼儿讨论：为什么一个小朋友吃了食品没什么事，而另一个却肚子疼去了医院呢？

二、通过观察食品包装，发现包装上的秘密，辨别合格、不合格食品的生产日期和保质期

（一）出示不合格、合格食品包装放大图，幼儿观察后提问：

1. 这些是什么？（食品包装）

2. 你发现这些包装有什么相同和不同的地方吗？（有的有数字和文字，有的没有）

3. 吃了哪种包装食品的小朋友生病去医院了呢？（包装上没有数字和文字的食物）

4. 这些数字和文字代表什么意思呢？

（二）教师小结：这些文字写的是这个食品的生产厂家和它的生产日期、保质期。保质期就是这个食品的最佳食用期，超过这个期限，食品就会变质不能食用。包装上有文字说明和产品配料表，并标明生产日期的食物是合格食品，没有生产厂家和地址、生产日期、保质期的食品是不合格食品，又叫作"三无食品"，食用了"三无食品"对我们身体会有伤害，小朋友千万不要购买和食用哦！

三、辨别"三无食品"和合格食品的生产厂家、生产日期、保质期

（一）认识"生产厂家""厂家（生产）地址""生产日期""保质期"这几个词。

（二）学习看生产日期。

（三）学习看保质期。

1. 具体保质日期标注法。

2. 保质时长标注法。

（四）学习根据生产日期和保质时长推算保质期。

（五）请幼儿操作手册中不同食品包装袋进行辨别分类，"三无产品"的画"×"，合格食物的画"√"。

四、游戏：超市购物，巩固幼儿对"三无食品"、合格食物的辨别

（一）师：请小朋友们到我们的超市购买一样合格的食品，送给自己的好朋

友，好朋友一定要仔细看看收到的礼物是不是合格的食品哦！

（二）幼儿到超市购买食品，送给好友。

老师小结：刚才老师看见，小朋友们送出去的礼物包装上都写着生产厂家、生产地址、生产日期和保质期，都是合格的食品，你们有孙悟空一样的火眼金睛，一定不会再买到"三无食物"，让自己的身体受到伤害了。回去后，要把这个本领告诉家长哦！

活动延伸：

日常继续开展小超市区域活动，幼儿在购买食品时巩固辨别食物、认识生产日期和保质期。

活动反思：幼儿在活动中兴趣很高，能根据文字辨别生产厂家、厂家地址、生产日期和保质期。但有的食品包装生产日期的年月日不是用文字而是用斜杠隔开或者连在一起，有的幼儿就看不明白了，保质期写着保质时长时，有的幼儿不会根据生产日期推算出保质期，这方面还需要多练习。

安全提示：

1. 有的厂家生产假冒伪劣食品，要提醒幼儿到正规的超市购买食物，不要到流动地摊购买食品。

2. 有的合格食品颜色鲜艳、气味甜香诱人，多是色素、香精等添加剂食用过多，要提醒幼儿，不要购买此类食品。

3. 合格食品食用时也要适量。

家长课堂：

1. 家长在日常生活中要给孩子自己选购食品的机会。

2. 食用食品时，请孩子帮忙看看是否是合格食品、是否已过期。

3. 购买食品前，家长要跟孩子商量好购买食品的数量，不能过分满足孩子无止境的购买要求。

（教师 王雅静）

活动四　果蔬安全我知道

设计意图

《指南》中指出："为幼儿提供营养丰富、健康的饮食。""民以食为天"，饮食安全教育紧密结合生活常识。目前，食品安全涉及环节较多，从种植、采摘、保存、售卖、加工等方面均需加强质量监控。我们建议小朋友多吃自然食品，尤其各种水果和蔬菜，富含生长发育的多种营养元素，因此，关于水果、蔬菜的安全知识，幼儿应持续关注和了解。大班"果蔬安全我知道"是以小朋友常吃的草莓和土豆为例，学习从外形特征、颜色、味道等方面判断是否营养健康，从加工步骤学习怎样确保入口的果蔬洁净安全。大班幼儿具有一定的社会经验，但是在参与家务劳动方面可能机会较少，因此，我想通过此次活动，鼓励小朋友从每天吃的餐食当中，学习知识、练习技能，养成良好的卫生习惯，习得自我保护措施，提高安全意识。

活动目标：

1. 通过观察和实践，初步学习判断草莓和土豆是否达到食用安全、健康的标准。

2. 通过看图片、比较实物、动手操作等方法，积累判断果蔬新鲜无害、洁净卫生的方法。

3. 从学习中建立为自己和家人服务的自豪感，愿意参与家务劳动。

活动准备：

多媒体课件，草莓、土豆实物，清洗用的淘米水、小苏打、面粉、软毛刷等。

活动过程：

一、假设一个情境

一个小朋友要请客，朋友喜欢吃草莓和土豆，我们帮她去市场选购安全又美味的水果和蔬菜吧。

1. 看视频，了解草莓和土豆的生长过程、外形特征、成熟季节及保存、加工方式。

2. 引导幼儿根据视频内容讨论。

（1）草莓和土豆是在哪里生长出来的？什么时候、什么样子就是成熟了？

（2）为什么要吃自然成熟的果蔬？药物催熟的果蔬吃了后会有哪些危害呢？

（3）在什么情况下，成熟的草莓和土豆就不能食用了？

老师小结：帮助幼儿梳理生活中的零散经验。

可以从颜色、形状、大小、闻起来的味道、上市售卖的时间等方面判断草莓和土豆是否新鲜，确保食用安全。

二、观看视频

为了让我们吃到种类、数量充足的水果和蔬菜，在种植环节，果农、菜农会采取一定措施，防止病虫害及早成熟；运输、保管环节会采取措施加固，或涂抹药物保鲜；售卖环节，商家也会通过喷水等方式给果蔬"美容"。这些措施从一定程度上，可能会影响果蔬的新鲜和口味。

根据课件逐幅讨论：

（1）果农、菜农采取什么措施让水果、蔬菜防治病虫害？这种做法可能带来哪些问题？能怎么办呢？

（2）保管蔬菜、水果时是怎么做的？这种做法可能有哪些问题？能怎么办？

（3）商家向蔬菜、水果上洒水，可能会怎么样？能怎么办？

教师小结：进一步帮助幼儿增加选购草莓和土豆的知识。

选购草莓和土豆时，要看一看形状、大小、颜色，摸一摸软硬，闻一闻是否有异味。

三、实际操作，试着把草莓和土豆洗干净

1. 分组尝试用清水、淘米水、小苏打水、撒面粉再冲洗等常见清洗方式，哪种比较节省时间？哪种比较节省水？哪种去除农残效果好又比较干净？哪种比较省力？

2. 观看视频：生活小妙招，通过实验，判断猜测的结果。

教师小结：有些水果和蔬菜在清洗过程中容易划伤手，需要采取轻柔的清洗方式，如浸泡，软毛刷刷洗等；有些比较坚硬，就采取比较简单的搓洗、冲洗的方式。

活动延伸：

练习将草莓做成水果沙拉、奶昔等，试着将土豆刨皮，用西餐刀切片、块、丝。

活动反思： 幼儿对这两种常见的水果和蔬菜非常熟悉。但是对于它们是怎么长出来的，以及如何判断新鲜、安全，关注得比较少。另外，幼儿阶段也很少有机会去选购、清洗、加工食材，因此对于这样的果蔬了解途径比较单一。通过观看视频，幼儿有机会了解水果、蔬菜从种植到食用的主要过程，通过比较，运用一些方法判断食材的新鲜与安全，并亲身体验了清洗和加工食材的过程，体会到掌握劳动技能的自豪感。

安全提示：

1. 发现食材看起来或摸起来有异常或者闻起来有异味，一定不能继续食用。

2. 清洗食材，尤其是生吃的食材，一定要多次清洗，借助工具把缝隙也清洗干净。

家长课堂：

1. 经常带小朋友去菜市场选购菜品，并随机介绍判断不同菜品新鲜、安全的方法。

2. 让小朋友有机会参与家务劳动，能够参与清洗菜品、加工菜品。

3. 总结家庭当中快速、高效的清洁菜品的方法。

（教师　李晓梅）

活动五　食品新鲜我喜欢

设计意图

　　民以食为天，食以安为先。一日三餐是人们生活中必不可少的。幼儿平时接触的食品也是花样繁多，那是否想到这些食品对幼儿的身体是不是健康安全的？幼儿经常在路边摊买一些自己喜欢吃的食品，也不看是否新鲜，是否在保质期内。可见幼儿对食品健康安全知识还是不太重视，特别是幼儿本来抵抗力就弱，就更容易受伤害。于是我选择"食品新鲜我喜欢"作为大班安全健康教育课，让幼儿增强食品健康安全的意识。

活动目标：

1.观察食物包装上的生产日期和保质期位置、形式和含义。

2.通过讨论总结出几种常见的保存食物的方法，如冷藏、冷冻、干燥、罐装等。

3.在生活中要增强食品的安全意识及自我保护。

活动准备：

视频（不同渠道购买的食物及食用后产生的后果）、食品包装袋若干、发霉食品与安全食品图片若干。

活动过程：

一、教师引导幼儿初步了解食物的生产日期和保质期

1.看课件《不同渠道购买的食物及食用后产生的后果》。

2.引导幼儿根据视频内容讨论

（1）这两组家庭分别在哪里购买的食物？最后他们都发生了什么？

（2）小朋友认为应该去哪里买食物？买食物时要注意什么呢？

老师小结：通过看视频大家知道了在不卫生且没有食品安全保障的地方买食物，后期食用可能会引起身体的不适。所以购买食物应该去正规的有营业执照的商店，不要在路边摊买。我们要注意食品的新鲜与安全，做好自我保护。

二、看图片，通过幼儿观察找出食品生产日期并巩固经验

1.图中的食品包装袋和牛奶盒上的黑色数字？它们有什么用？

2.除了生产日期，还有一个保质期，大家找一找在哪里？代表了什么意思？

教师小结：黑色数字代表了生产日期，前四位数字代表的是年份，紧挨着这四位数字的后两位数字是月份，第七、八位数字代表了日期的意思，代表食品是哪一年、哪一天生产的。保质期代表了食品在这些天内食用是安全的。

这些黑色数字能够告诉我们所购买的食品是不是安全的，能否放心食用。在保质期内的食品是安全的，过了保质期口感会变差不宜食用。如果你不会计算保质期，请问问销售人员。

三、幼儿学习分辨食物的新鲜度

看图片：馒头上面有什么？还能吃吗？为什么？

粥上面有什么？还能吃吗？为什么？

火腿肠上面有什么？还能吃吗？为什么？

教师小结：刚才看了面点类的馒头、液体的粥和独立包装的火腿肠都是发霉的不能再吃了。在吃食物之前，我们要检查食物是否新鲜安全，我们可以通过仔细观察食物有没有发霉或有异味，颜色有没有变化。如果有变化，说明这个食物已经坏掉，就不能再吃，请把它扔进垃圾桶。

四、怎样保存食物

出示图片：馒头、粥、面包、瓜子、水果、牛奶、肉。

讨论：图片上这些食物应怎样保存？

教师总结：我们可以把食物放到保鲜袋里，然后放到冰箱冷藏起来，有的食物可以放到罐子里密封起来，有的食物可以放冰箱冷冻起来，只要找到了适当的保鲜方法，我们就能吃到新鲜的食品。

活动延伸：

回家后可以做一些力所能及的事情。在家中的食物包装袋上找一找生产日期，看一看是不是在保质期内，不是请扔掉。再对家中一些食物进行处理，保持食品的新鲜度，做一些力所能及的事情。

活动反思：本节课以幼儿观察讨论为主。在课堂中，我引导幼儿学会倾听老师的要求及总结，学会学习，学会与同伴之间讨论。鼓励幼儿将他们自己的认知及经历过的事情"带到"课堂中来。这节课上完之后，幼儿的参与热情积极，能够知道怎样看生产日期及保质期，还知道没有生产日期、保质期的食品是不安全的，这样的食品不能吃。本节课能够达到教学目标。

安全提示：

1. 摸到变质食物要及时洗手。

2. 不要吃摸起来变软，变黏；闻起来变酸，变臭；看起来变色，长霉斑或长毛的变质食物。

3. 杜绝在路边无证小摊购买食物。

家长课堂：

1. 家长们一定要带幼儿去正规商店买食物。

2. 买食物前看生产日期。

3. 及时处理掉过期不新鲜食物。

（教师　张卜元）

活动六　食品中毒需谨防

《指南》中指出："幼儿阶段是儿童身体发育和功能发展极为迅速的时期，

也是形成安全感和乐观态度的重要阶段。幼儿园必须把保护幼儿的生命和促进幼儿的健康放在工作的首位。"近几年，中小学幼儿园群体食物中毒事件时有发生，在日常进行饮食安全教育活动时，很多孩子提到了食物中毒，"中毒了就快死了"是他们对食物中毒的理解。因此，我设计了"食物中毒需谨防"活动，旨在让孩子了解哪些东西容易引发食物中毒，怎样预防食物中毒和中毒后的简单处理等。

活动目标：

1.通过观察图片知道食物中毒的症状有腹痛、伴有恶心、呕吐，甚至腹泻，昏迷、发热等，轻的可损伤肠、胃，严重的还会损伤肝、肾等器官，有的还可能会留下终身的病根……后遗症，甚至有的可能会失去生命。

2.通过讨论知道食物中毒的危害及如何防止食品中毒。

3.具有初步的自我保护意识。

活动准备：

《食物中毒》动画、各种食品头饰、三组食品中毒图片。

活动过程：

一、视频导入

今天，老师给大家带来一段动画，大家一起来看一看，看完以后说一说：视频中的小朋友怎么了？他都干了什么？

引导幼儿讨论：

师：谁能说一说这位小朋友怎么了？是什么原因造成肚子痛？

让幼儿根据自己的经验发表观点。

师：你有没有遇到过这样的事情？

幼：老师，我有一次吃了一个烂苹果，后来也肚子痛了，还拉肚子了呢。（幼儿自由回答）

师：看来有的小朋友还真有过这样的经历，那为什么会出现这样的事情呢？

二、观察图片

了解食物中毒的种类，知道食物中毒对我们身体造成的危害。

1. 出示第一组图片。

夏天，天气炎热，各种病菌繁殖最快，这时候人如果吃了被细菌污染的食物，就容易生病，比方说痢疾、霍乱等。这就是食物中毒，我们把它叫作细菌性食物中毒。

2. 出示第二组图片。

小朋友看这张图片，谁来说一说，你看到了什么？（一位叔叔在给苹果树喷药）看了这张图你有什么想法呢？（不敢吃苹果了）

如果吃了沾有农药的水果蔬菜也会引起中毒，这种叫化学性食物中毒。这是不是说以后我们再也不能放心地吃水果蔬菜了？不是的，喷药后只是在蔬果上滞留一定时间，等这些药液挥发了，并且吃之前我们再把它好好洗一洗，浸泡一会儿，这些水果蔬菜还是可以安全食用的。

3. 出示第三组图片

这是一些有毒的蘑菇、野菜，吃了有毒的动植物，也会中毒，叫作有毒动植物食物中毒。食物中毒后，对人体健康有什么损伤呢？谁来说一说？

幼儿自由讨论。

师：凡是食物中毒，对人们的身体伤害都很大，一般会出现腹痛，伴有恶心、呕吐，甚至腹泻，还会出现昏迷、发热等，轻的可损伤肠、胃，严重的还会损伤肝、肾等器官，有的还可能会留下终身的病根……后遗症，甚至有的可能会失去生命。

三、自由讨论

怎样防止食物中毒？

师：食物中毒这么可怕，我们怎样才能防止食物中毒呢？

幼儿自由讨论。

师：第一，要养成良好的卫生习惯，勤洗手特别是饭前便后。第二，不吃生、冷、不清洁食物。第三，不吃变质食品，不喝变质饮料。第四，少吃或不吃冷饮，少吃或不吃零食。第五，不吃来历不明的食物。第六，不到无证摊点购买油炸、烟熏食品。第七，采购时注意生产日期和保质期。

四、游戏"蹲一蹲"

今天老师还带来了一些食品宝宝，我们和食品宝宝一起来玩个蹲一蹲的游戏吧。四个幼儿一组，幼儿将食品头饰戴在头上，老师说儿歌："萝卜蹲，萝卜蹲，萝卜蹲完青椒蹲"说到哪种食品的名字，戴该种食品头饰的幼儿就要蹲一蹲。依次进行。

活动延伸：
回家跟父母分享预防食品中毒的方法。

活动反思： 幼儿年龄小、缺乏生活经验与自我保护意识，尤其喜欢吃一些颜色鲜艳、价格低廉、口感好的零食，所以对其进行饮食安全教育十分必要。活动中，我先以动画入手引起孩子们的注意力，通过小猴子的形象引发孩子们的思考，小猴子为什么会出现那样的表情，通过讨论引发食物中毒的几种形式，进而引导幼儿了解食物中毒的应对策略。

安全提示：

1. 新鲜的黄花菜是有毒的，食用时，一定要煮熟，不能生吃。

2. 土豆发芽后，芽孔周围就会含有大量的龙葵素，会导致中毒，所以发芽的土豆不能吃。

3. 不食用未煮熟的豆浆、豆角。

家长课堂：

1. 请家长和幼儿一起搜集关于食品中毒后怎样处理的资料，和孩子一起了解。

2. 请家长注意家里的腐烂变质食物及时扔掉，不吃隔夜饭。

3. 带领幼儿购买食品时，让幼儿帮忙查看是不是正规厂家生产的、是否在保质期内。

（教师　杨欣会）

3月

运动安全

活动一　袋鼠跳跳跳

设计意图

　　安全重于泰山。幼儿园的头等大事就是安全工作。做好安全工作是保证入园幼儿身心健康发展的首要任务。而幼儿户外活动时最容易出现安全问题。跳绳这项集游戏、锻炼于一体的运动，既符合《指南》中要求的"动作协调、灵敏"的运动发展目标，也深受大班幼儿的喜爱。为了培养幼儿参加运动的兴趣和习惯，促进幼儿动作的协调性，大班幼儿开始学习跳绳。但是，跳绳这个常见的体育运动有很多需要注意的安全问题。因此，我根据大班幼儿的年龄特点，设计了本次活动，通过讨论、切身体验和游戏的方法，增强幼儿不伤害他人和自我保护的安全意识。

活动目标：

1. 学习原地双脚跳绳，增强幼儿的弹跳力、协调性、敏捷性。

2. 通过讨论、实际体验和游戏活动，知道跳绳时要与他人保持安全距离，防止甩伤他人。

3. 引导幼儿积极主动参与跳绳活动，并喜欢体育运动。

活动准备：

跳绳若干、小号敏捷圈2个、小布球10个、哨子。

活动过程：

一、热身运动与伸展

徒手操：头部运动、扩胸运动、振臂运动、腹背运动、膝关节运动、弓步压腿、仆步压腿、腕踝关节运动，依次运动，每环节四个八拍。

教师小结：跳绳前要监督孩子做好热身运动。如果准备工作不足，运动中幼儿很容易扭伤。

二、实际感受并讨论跳绳时应该保持距离

1. 猜谜语导入活动。

有一种动物，它生活在大草原上，肚子上面有个大口袋，它的小宝宝在里面，它走路的时候是跳的。你们知道它是什么动物吗？（袋鼠）

现在小朋友们都变成了一只喜欢跳一跳的小袋鼠，去跳到一个跳绳的后面吧。

队形安排如右图所示：

2. 和幼儿一起讨论如何保持安全距离。

（1）你们觉得现在这个距离跳绳会不会甩到其他小朋友？为什么？

（2）不跳绳的小朋友在看到有人跳绳时应该怎么做？

（3）在跳绳时有哪些问题需要注意？

教师小结：跳绳时要确定前后左右是否已经与他人保持了安全的距离，确认无误后才可以开始跳。没有参与跳绳的人，在看到有人跳绳时也要保持距离，不能靠近，以免自己受伤，还会干扰到他人跳绳。

三、每排轮流尝试并练习原地双脚跳绳

一排一排轮流尝试原地双脚跳绳，教师要巡视幼儿的位置是否合适。提醒幼儿确定好位置后，尽量在原地跳绳，否则会伤害自己，也会影响他人。

教师小结：强调与他人保持安全距离。在原地双脚跳绳。要观察幼儿动作是否正确，巡回指导。

活动延伸：

教师组织游戏，讲解规则。通过游戏活动，加深幼儿的距离感，练习原地双脚跳绳。

今天袋鼠们要搬家，他们现在很忙，所以需要更多的袋鼠朋友们来帮忙。我们一起去帮帮他们吧！

游戏规则：将幼儿分成两队，在起点原地连续跳绳五个，将跳绳缠好放到敏捷圈里，双脚跳至终点，手拿一个小布球双脚跳至起点放下。回到队伍的最后面站队，依次进行。

队形安排如右图所示：

注意：

1. 在起点跳绳的幼儿一定要与后面的保持安全距离。

2. 跳完绳要将绳子缠好放到敏捷圈里。

3. 游戏结束后，组织幼儿站好队，放松全身肌肉群。

活动反思：本次活动需幼儿有跳绳的前期经验，教师可根据幼儿情况，适当

加减跳绳个数。通过讨论和实际体验，让幼儿知道跳绳时要与他人保持距离，防止甩伤他人。结合游戏活动，引导幼儿积极主动参与跳绳活动。

安全提示：

1. 不要在灰尘多、有砂砾的场地及凹凸不平的水泥地上跳绳。

2. 掌握幼儿的身体状况与精神状态，询问并判断是否适合参加本次课程。本次课程主要是下肢训练，须确定下肢肌肉、膝关节、踝关节的情况，如有损伤不能参加本次课程。

家长课堂：

1. 家长应给孩子穿适合跳绳的衣服和鞋子，要求须穿运动鞋、宽松有弹力的长裤。

2. 家长在家和幼儿一起练习跳绳，并能做示范动作。

（教师　贾红然）

活动二　小猴学本领

设计意图

　　孩子活泼好动，有强烈的好奇心，什么都想看一看、摸一摸、玩一玩。然而，幼儿的能力和体力有限，往往会诱发危险。他们对突发事件不能作出准确的判断，也缺乏保护自己的能力。但这不意味着应该将孩子塞进保险箱，处处时时护着孩子。所以我设计了这节课，以讲故事、做游戏的形式，在运动的过程中对孩子提出要求并使其习得自我保护的方法。孩子的安全意识提高了，自我保护能力提高了，他们的整体素质才能得到全面的发展。

活动目标：

1.知道运动过程中有哪些动作可以保护自己的身体免受伤害如扶滚、撑、躲、扶等。

2.通过听故事、做游戏的方式，亲身尝试并掌握滚、撑、躲的动作要领，并能在实际运动过程中运用这些动作保护自己。

3.体验游戏的快乐，知道在户外活动时要关爱他人，遵守活动规则。

活动准备：

1.沙包、海绵垫子。

2.多媒体课件《小猴学本领》图片。

活动过程：

一、引导幼儿倾听故事并理解故事内容

1.播放多媒体课件《小猴学本领》的图片，教师讲述故事。（小猴子在外面玩的时候总是摔倒，弄得浑身都是伤。后来棕熊老师教小猴子几个动作，让小猴子在摔倒时，运用不同的动作保护了自己免受伤害。）

2.请幼儿说一说：小猴为什么要学本领？小猴学到了哪些本领？这些本领对小猴有哪些帮助？

二、引导幼儿学习滚、撑、躲等自我保护的方法

1.组织幼儿学习滚、撑、躲的动作。教师逐一讲解演示动作要领，供幼儿学习模仿。

2.引导幼儿讨论：小朋友在什么情况下会用这些本领？

三、练习滚、撑、躲等自我保护的方法

1.游戏"小刺猬滚一滚"。组织幼儿一个跟着一个，双手抱头，弯腰屈膝，向后倒向海绵垫。倒下的同时双手抱头，尽量把身体蜷缩成一个球，在垫子上滚一下。

2.游戏"看看你会怎样做"。幼儿围坐在垫子周围，教师让幼儿将身体向垫子倾斜，快要摔倒时双手快速撑到垫子上，撑住身体。反复练习。

3.游戏"看谁反应快"。幼儿围成一个大圆圈，选几名幼儿站在圆中心，圈上的幼儿拿沙包依次向圆心的幼儿投掷，看谁可以快速躲开投来的沙包。

活动延伸：

分组讨论：如果你是棕熊老师你还会教小猴子哪些动作可以保护我们的身体。让孩子们自由讨论，亲身尝试，互相学习。

活动反思：本节课主要是通过游戏、讨论、亲身体验等方式，让幼儿初步掌握一些在户外运动时保护自己身体的小技巧，有助于幼儿体力、智力和应变能力的协调发展，培养了幼儿的安全意识。

安全提示：在运动的过程中一定要注意掌握平衡，动作不宜过大过猛，要注意观察周围的环境是否安全。

家长课堂：家长在保护孩子美好想法的同时，要意识到成人有责任保护幼儿的生命安全，但不可能时时刻刻在孩子身边，关键在于在日常生活中对幼儿进行安全知识教育，提高其自我保护的意识，让孩子学会一些自我保护的方法。

游戏"小刺猬滚一滚"

游戏"你会怎么做"

游戏"看谁反应快"

（教师　向华）

活动三　快乐跑跑跑

设计意图

　　《指南》中指出："幼儿园要开展丰富多样、适合幼儿年龄特点的各种身体活动，如走、跑、跳、攀、爬等，鼓励幼儿坚持下来，不怕累。"《指南》中明确指出大班幼儿能快跑25米左右。跑步不仅可以锻炼幼儿体质，利于幼儿心智发展，同时可以使幼儿提高免疫力，预防感冒等疾病，是一种很好的锻炼方式。在跑步时，容易发生扭伤、摔伤等危险，所以应该让幼儿了解跑步时的注意事项。

活动目标：

　　1.了解一些跑步前的热身活动，学习正确的跑步姿势，增强幼儿的体力、耐力。

　　2.通过讨论、实际体验和游戏活动，幼儿知道跑步时扭伤脚后的一些简单的处理方法。

　　3.增强幼儿的自我保护意识。

活动准备：

标志桶、敏捷圈、小布球。

活动过程：

一、活动前讨论，如何在活动前自我保护

　　1.跑步前要准备拉伸活动，尤其是脚腕，或跳一段音乐带动热身操。

　　2.跑步时眼睛要看着前面，与前面的小朋友保持一定的距离，防止撞到前面的小朋友。

3.跑步时脚扭伤了，要马上停下来，找老师拿冰袋冷敷，随后去医院做检查。

二、指导训练

1.教授跑步的技能技巧，逐步让他们学会避让、躲闪。学会跑步的姿势及怎样呼吸，告诉幼儿不要张口呼吸，知道张口呼吸的危害性。

2.幼儿跑步时学会控制速度掌握时间。

3.10米折返跑，幼儿两路纵队，同时出发跑向标志桶，用手触碰标志桶，再迅速返至起点。快到标志桶时，速度放慢，重心降低，防止摔伤。

三、游戏巩固训练

幼儿从起点拿起小布球，运到小河对面的敏捷圈里，速度快的一组获胜。强调在安全的前提下，加快速度，增强幼儿自我保护意识。

四、放松结束

放松上肢与下肢的肌肉群。

活动延伸：
根据幼儿的情况适当增大距离。

活动反思：通过本次活动，幼儿初步掌握了一些跑步预防受伤的小知识，增强了幼儿的自我保护意识。

安全提示：

1.场地安全确认，确保场地无障碍物及其他安全隐患。

2.幼儿在折返跑时注意安全，避免相撞或摔倒。

3.标志桶的摆放，确保安全。

家长课堂：

1.家长要带孩子经常参加体育活动，会使孩子动作更加灵活，大大减少事故的发生。

2.为孩子穿合脚舒适的鞋，尽量选择相对柔软的场地。

3. 不要以为平坦的地方对孩子来说是最好的选择，有一些自然坡度和不十分平坦的小草坡更是增强孩子感统训练及奔跑运动发展的好环境。

4. 孩子练习跑时，要注意环境是否防滑，周围有无尖锐物。

|»»»——➤ 跑步前的热身

折返跑 ◄——《《《|

（教师　王丹）

活动四　小小蜘蛛侠

设计意图

　　《指南》中指出："结合活动内容对幼儿进行安全教育，注重在活动中培养幼儿自我保护能力。"户外活动是幼儿在园一日活动的重要内容，幼儿在运动中，自我保护和保护同伴的意识和能力较弱，经常会出现绊倒、碰撞等现象，从而造成意外事件的发生。设计本活动方案，旨在教育幼儿知道在运动时要关爱他人，保护自己，遵守游戏规则并掌握基本的自我保护方法。

活动目标：

1. 学习攀爬，增强双手抓握的能力。

2.通过讨论、实际体验和游戏活动，知道攀爬过程中遇到危险，先移动手，后移动脚保护自己。

3.引导幼儿喜欢体育运动，增强幼儿在攀爬中的自我保护意识。

活动准备：

攀爬网、海绵垫。

活动过程：

一、活动导入：通过谈话了解攀爬

1.你们有过攀爬的经历吗？攀爬的动作是怎样的？

2.攀爬的时候要注意哪些事情，怎样玩才是安全的？

二、掌握正确的攀爬要领（教师示范各种动作，包括正确和错误的）

1.我们应该怎样玩？展示正确的攀爬动作：两手两脚交替向上攀登，先移动手，后移动脚。

2.这样玩对吗？展示不规范的动作（在架子上打闹）。

3.如果在攀爬的过程中，手臂没力气了怎么办？（及时告诉老师）

三、组织幼儿游戏

蜘蛛侠有一个特别厉害的本领那就是会飞檐走壁，今天老师就把你们变得和蜘蛛侠一样厉害。

架子下面铺开彩色海绵垫幼儿一路纵队，前面的小朋友爬过去了，另一个再爬，不要挤在一起，依次进行。

活动延伸：

反复进行攀爬练习，加入游戏，可以两组比赛进行。在练习过程中，教师反复提醒幼儿正确的攀爬技巧及安全防范意识。重点关注体力弱小的幼儿。

活动反思：本次活动通过谈话，演示、尝试等形式，让幼儿知道在攀爬的过程中应该注意的事项，培养了幼儿的自我保护意识。

安全提示：

1.场地安全确认，确保场地无障碍物及其他安全隐患。

2.教师站在攀爬网下面保护幼儿安全。

3.攀爬下面两边放海绵垫子，保护幼儿安全。

家长课堂：陪同孩子外出时，告诫幼儿，游乐场里，在有安全防护的设施上攀爬是可以的。但是，阳台、高墙、栅栏这些地方很危险，攀爬到高处时，身体的平衡很难掌控，容易摔下来受伤，而且地面很硬，摔下来也会受伤。

▶手脚配合攀爬

排队做准备◀

（教师 王丹）

活动五　羊宝宝过桥

设计意图

《指南》中指出："结合活动内容对幼儿进行安全教育，注重在活动中培养幼儿自我保护能力。"户外活动是幼儿在园一日活动的重要内容，幼儿在运动中，自我保护和保护同伴的意识和能力较弱，经常会出现绊倒、碰撞等现象，从而造成意外事件的发生。设计本活动方案，旨在教育幼儿知道在运动时要关爱他人，保护自己，遵守游戏规则并掌握基本的自我保护方法。

活动目标：

1.学习两臂侧平举走过独木桥，增强幼儿的平衡能力与协调性。

2.通过讨论、实际体验和游戏活动，知道即将要跌倒时，双手快速扶地保证自己的脸部不受伤害。

3.引导幼儿积极主动参与感统协调活动，并喜欢体育运动。

活动准备：
独木桥、海绵垫。

活动过程：

一、活动导入：通过谈话了解幼儿是否走过独木桥

1.你们走过独木桥吗？感觉怎么样？

2.走独木桥的时候要注意些什么？

二、交流谈论：我们怎样走才能保持平衡？（教师示范各种动作，包括正确动作和错误动作）

1. "我们应该怎样走过独木桥？"教师和幼儿共同讨论，最后展示正确的走独木桥动作（两只胳膊侧平举，保持平衡，两只脚交替缓慢前进）

2. "这样做对吗？"展示错误动作（大步从独木桥上快速走过去），再与幼儿讨论这样做会有什么后果。

3. 如果在走独木桥的过程中，突然失去了平衡要摔倒怎么办？（双手快速扶地保证自己的脸部不受伤害）

三、组织幼儿游戏

"今天有一群羊宝宝要走过这座独木桥，桥下有鳄鱼游来游去，我们要小心一些哦，不被鳄鱼吃掉！"

教师在独木桥两侧铺好海绵垫，幼儿一路纵队，接力进行，回来时拍下一个幼儿的手，依次进行。

活动延伸：

幼儿反复进行在独木桥上走路，加入游戏，可以两组比赛进行。在练习过程中，教师反复提醒幼儿正确的走独木桥方法及安全防范意识。重点关注平衡能力弱的幼儿，多加练习。

活动反思：

本次活动通过谈话、演示、尝试等形式，让幼儿知道在走独木桥的过程中应该注意的事项，增强了幼儿的自我保护意识。

安全提示：

1. 场地安全确认，确保场地无障碍物及其他安全隐患。

2. 教师站在独木桥两侧保护幼儿安全。

3. 独木桥两边放好海绵垫，保护幼儿安全。

家长课堂：

1. 家长们带孩子在公园等地方玩独木桥时，告诉孩子两只胳膊侧平举能保持平衡的方法。

2. 告诉孩子快要摔倒时用手掌扶地，能让自己的脸和嘴部不受伤害。

➤➤➤➤ 双臂打开，保持平衡

不慎摔倒，用手掌扶地 ◀◀◀◀

（教师 崔秀男）

活动六　运动前准备

设计意图

对于幼儿来说，运动可以很好地锻炼他们的四肢发展，也能促进他们的身体健康。在运动的过程中我们经常会提醒幼儿小心应对，注意运动安全，不要让自己和他人受伤。但是，我们往往会忽略在运动前的准备工作。大家都知道运动前要做准备活动是为了预防在运动中受伤，而这些准备活动不仅仅是对关节和肌肉的预热，还应该有对运动装备或设备的检查，如系好鞋带，检查衣服口袋里是否有尖利物品等。所有的安全都是要以预防为主，让孩子们习得运动前的安全准备工作，学会自我保护是非常必要的。因此，我根据大班幼儿的年龄特点设计了本次活动，通过直观的课件、积极的讨论和亲身体验，使幼儿轻松学习、自然习得，增强幼儿的自我保护意识。

活动目标：

1. 知道运动前要做准备工作，如热身运动和整理衣物等，了解这些准备工作是为了保护自己在运动过程中免受伤害。

2. 通过听故事、集体讨论和做游戏的方式，学会做热身运动和检查自身安全隐患的方法。

3. 乐于参与活动，能积极表达自己的想法。

活动准备：

多媒体课件、热身操音乐、空白挂图纸。

活动过程：

一、引导幼儿观看视频，组织幼儿讨论

教师播放视频前半段（老师带领小朋友们做热身操）。

1. 教师：仔细看看，小朋友在做什么？

2. 教师：他们为什么要做操呢？他们做的操和我们平时做的操有什么不一样吗？

二、引导幼儿观看视频后半段，组织幼儿讨论

1. 教师：小朋友刚才都表达了自己的想法，那你们说得对不对呢？让我们来接着看视频，看能不能找到答案。

教师播放前半段视频（老师带小朋友们做热身操，有一个小男孩觉得很没意思，不认真做，结果在运动的过程中扭伤了脚。）

2. 教师：这个小男孩怎么了？你觉得是什么原因造成的？

3. 教师总结热身操的重要性：防止小朋友在运动的过程中关节和肌肉受伤。

三、引导幼儿自主学习热身操

1. 教师：做热身运动，我们可以活动哪些部位？这些部位怎么活动呢？

幼儿集体讨论，亲身尝试，大胆示范。

教师根据幼儿回答以简笔画的方式总结出"热身运动步骤图"。

2. 教师：做热身运动我们要以从上到下的顺序来活动各个关节部位。现在让我们边看总结的"热身运动步骤图"，边做运动吧。

幼儿跟随音乐和老师一起集体做热身运动。

活动延伸：

引导幼儿讨论在运动前除了做热身，还可以做哪些准备工作来保证我们在运动的过程中不受伤（如系好鞋带，检查衣裤大小是否合适，衣兜里有无异物等）。以图片的方式总结幼儿的讨论结果并制成表格。

活动反思：通过这节课，孩子们意识到了运动前需要做准备活动的重要性。

在讨论的过程中孩子们能积极大胆地表达自己的想法，思维开阔，但有些想法不太切合实际或是不合理，需要老师和小朋友一起来检验纠正。在这个过程中孩子们由于是亲身体验，所以参与度很好，也很有成就感。整节课的体能锻炼也基本达到了要求。

安全提示：做热身运动时幅度不宜过大，速度不宜过快，动作以自己能承受的强度为宜，时间5~10分钟即可。

家长课堂：陪孩子运动时，不要只注重让幼儿习得运动过程中的如何保护身体，更重要的是让孩子学会怎样预防受伤。经过长时间、多次的教育和实践，孩子的安全意识会逐步增强。

做热身运动

固定好鞋带

检查衣兜是否有异物

整理好衣物

（教师　向华）

4月

社会安全

活动一　健身达人

设计意图

《指南》中指出："激发幼儿参加体育活动的兴趣，养成锻炼的习惯，经常和幼儿一起在户外运动和游戏。"在发展幼儿基本动作，鼓励幼儿加强体育锻炼的同时，更要将活动中的安全教育上升到新的高度。想要达到安全教育的目的，是需要我们无数次的安全演习及一系列安全教育活动开展来实现的。大班幼儿有了一定的自我认知，对外界事物都很好奇，见到什么都想尝试一下。然而他们对于什么可以玩、什么可以试一试，应该怎么玩这个"度"时常把握得不是非常好。所以我们需要有目标地引导幼儿，对幼儿灌输公共场所里健身器材的安全使用常识，帮助他们积累更多的安全经验，最大限度消除安全隐患。

活动目标：

1. 通过观察图片，了解使用健身器材时应该注意哪些安全。

2. 通过体验部分健身器械，发展幼儿动作的灵敏性及协调性。

3. 喜欢参加健身活动，体验运动健身的快乐。

活动准备：

跷跷板、双杠、攀爬架、玩各种公共健身器材的图片。

活动过程：

一、导入

通过出示公共健身器材的图片，吸引幼儿对活动的兴趣。

1. 出示图片并提问：

（1）小朋友们见过这些吗？它们是做什么用的？

（2）小朋友们在哪里见过这些健身器材？它们是谁家的？

2. 教师小结，由此引出"公共"的意思，让孩子们了解到健身器材是属于大家的，再喜欢也不是个人的。玩耍时，我们需要排队耐心等待。

二、观察图片，认识健身器材

出示不同健身器材的图片，师幼共同讨论玩法。

1. 小朋友们谁知道这个器材的名字叫什么？

2. 图片中的两个小朋友玩得开心吗？你是从哪里看出来的？

3. 你认为两个小朋友谁的玩法是正确的？

教师小结：通过图片的对比，引导幼儿了解不同健身器材的不同玩法，并引导幼儿仔细阅读每个健身器械上的说明，或者请大人帮忙讲解玩法，以免发生危险。

三、实地体验玩健身器材，体验运动健身的乐趣

（一）教师带领幼儿到器材场地玩耍，让幼儿进一步了解不同器械的不同玩法及注意事项。

1. 通过男孩、女孩分组的形式，促进幼儿安全意识的提升，并做好器械解说员。

2. 当小朋友在玩耍时遇到问题，可以找器械解说员，将使用健身器材中需要注意的事项，运用在实际游戏中。

（二）教师小结具体健身器材玩耍时的注意事项。

1. 玩跷跷板时，要两人合作一起来玩，在玩的过程中不能突然站起来，因为这样另一个小朋友容易受伤，要学会与他人分享，大家一起玩。

2. 玩双杠时，小朋友要在家长的看护下才可以用胳膊向上撑起，注意向上撑的时间不宜过长。

3. 小朋友们玩攀登架时，一定注意排队，不可以你推我挤。

活动延伸：

通过玩游戏及部分图片的展示，掌握适龄健身器材的玩法，培养幼儿自我保护能力，体验运动健身的快乐。

活动反思： 该年龄段的幼儿对于幼儿园的体育器械已经非常熟悉了，所以玩起来就会没有顾忌，而这一点，也正是我们工作中的安全隐患。孩子大了，什么都敢动，什么都想尝试，所以我们需要以实际案例图片作为引导。另外，大班幼儿开始接触公共场所的健身器材了，应该让幼儿了解公共健身器材及其正确使用方法。在亲身体验到户外玩体育健身器材时，提升了幼儿的兴趣，使其在轻松的环境运用教师刚才讲解的安全知识，体验了与同伴共同玩耍的快乐。

安全提示：

1. 3~6岁幼儿在使用健身器材的时候，一定要有大人的陪护。

2. 玩健身器材时要排队，耐心等待。一个一个玩儿，不要拥挤。

3. 玩健身器材前要阅读器材使用说明，严格按照说明进行玩耍。

家长课堂：

1. 幼儿使用健身器材前，家长要检查器材是否完好，如果有损坏请不要使用。

2. 请家长根据自己孩子的年龄，选择适龄的健身器材。

3. 家长要合理引导幼儿在玩耍时不争抢器材，避免发生不愉快。

◆》》》▶玩攀爬架时手抓紧、脚踩稳

（教师　宫彦伟）

活动二　被锁车里怎么办

设计意图

　　随着社会的发展，物质生活的逐步提高，轿车已成为大部分家庭的主要交通工具。外出游玩时，很多家庭也会选择自驾出门游玩。近几年，总有媒体报道一些粗心的家长，由于各种原因将熟睡的孩子遗忘在车里；或者幼儿园的校车也会因为工作人员的疏忽，把孩子遗忘在车内；个别调皮的孩子自己偷偷上车玩耍，车被锁后，不知道怎么开车门出来。不管是哪种情况，幼儿被锁车里后，尤其是在高温情况下，会直接导致幼儿受伤或者死亡。根据皮亚杰的认识发展理论，幼儿期的孩子处于前运算思维阶段，看待事物更多依赖他们的感知，经常想到什么就去做什么，不会考虑其后果，自我保护意识和能力较差，使其很容易受到一些意外事故的伤害。我们针对被锁车里后的情况，展开安全教育活动，旨在让幼儿掌握被锁车里的求救技能，知道如何保护自己，不让自己受到伤害。

活动目标：

1.通过观察图片让幼儿了解并掌握被锁车里时的求救方法，认识车里一些按钮标志及其功能。

2.通过讨论活动提高幼儿的安全意识，养成初步的自我保护能力。

3.能够大胆表达自己的想法。

活动准备：

孩子被困车里的图片、车里的按钮标志图片、表演场景。

活动过程：

一、导入环节：引导幼儿观察图片，激发兴趣

有个叫乐乐的小朋友，今天他不能上幼儿园了，家长请假告诉老师他住进了医院，到底发生了什么事情？我们一起去看看吧！请幼儿观察图片。

二、观察图片，并进行讨论：被锁车里怎么办

教师引导幼儿观察图片，并进行提问：

1.乐乐发生什么事情了？（被锁车里了）

2.乐乐被锁车里后，为什么会住院呢？幼儿进行发言。

教师进行小结：被锁在封闭的车里，尤其是夏季，15分钟内温度可达到50℃，因为高温会引起中暑而导致窒息或者死亡，小朋友的年龄小，对身体的伤害会非常大。

3.被锁到车里我们应该怎么办呢？如何向别人求救呢？幼儿自由回答。幼儿每说出一种方法，教师和小朋友就一起讨论这种方法是否可行。

教师小结：刚刚小朋友说出了被锁在车里后的求救方法：可以按车喇叭，引

起别人的注意，让别人来救自己，因为车熄火后，车喇叭是可以摁响的；如果喇叭不响，可以敲打车窗，发出声音。尽量爬到前车窗座位上，这样容易被人发现；也可以使用安全锤敲击车窗玻璃的四角。不要在车里哭泣，因为这样没有人知道你需要帮助。

三、通过观察图片，认识车里的一些按钮，知道它们的功能

教师出示图片，幼儿进行观察：

1.认识喇叭按钮位置。

刚刚小朋友说按喇叭求救，你们知道喇叭在车里的什么位置吗？怎么才能把它按响？如果小朋友力气小，可以躺在座位上用脚来按响喇叭。

2.认识危险报警闪光灯位置。

（1）请幼儿观察图片，向幼儿提问。

这是什么按钮呢？危险报警闪光灯，也是我们常说的双闪。按下按钮，车灯会一闪一闪，引起别人的注意。

（2）重点提示：开启危险报警闪光灯的同时，敲击前车窗玻璃或者按喇叭更容易被别人发现，能够获得别人救助。

3.车门按钮。

车子被锁后，很多车除了驾驶员位置的车门可以打开外，其他座位的车门都是锁死的，可以爬到驾驶员的座位上，打开车门。与幼儿一起观看图片，了解不同车的车门的打开方法。

四、了解被锁校车内的求救方法

1.现在好多小朋友会乘坐校车到幼儿园，如果被锁校车里该怎么办呢？幼儿自由发言。

2.教师小结：如果被锁校车里，小朋友可以爬到司机位置，按方向盘上的喇叭；如果喇叭不响，小朋友可以到校车前边，寻找车上的安全锤或者硬物敲击玻璃；寻找车里颜色鲜艳的东西在车里晃动，引起别人的注意。

五、场景操作

教师将幼儿带到操场，教师和幼儿一起来寻找车里的一些重要按钮。幼儿熟悉后，请幼儿进入车内进行被锁车里的求救操作，教师进行指导。

活动延伸：

教师与幼儿一起观看图片，一起讨论图片上小朋友被锁车里的求救方法是否正确。

活动反思： 活动过程中幼儿能够结合已有经验，对小朋友说出的求救方法进行讨论验证。活动的开展，让幼儿学到了被锁车里的多种求救方法，在实践操作时，幼儿将学到的求救方法进行了尝试操作，部分幼儿能够很快从被锁的车里逃出或是被人发现并解救出来。幼儿通过操作，将学到的内容进一步巩固掌握。根据幼儿本次活动的认知情况，相应地开展家园工作，让家长意识到幼儿安全教育的重要性。

安全提示：

1.被锁车里时不要慌张大哭，保存体力，想办法向别人求救。

2.知道车里一些按钮的位置及其功能。

3.在没有大人在的情况下，不可以自己进入车内玩耍。

家长课堂：

1.幼儿园校车在接送孩子时进行点名制度，对上车和下车的幼儿进行登记核实，确保每个上车的幼儿安全下车，关车门之前一定仔细检查车里还有没有孩子。

2.家长在接送孩子或者外出游玩下车时，一定要回头看一下后座位的孩子是否下车。

3.用完车后，将车钥匙放在孩子拿不到的地方。

4.生活中家长要教导孩子不要单独进入车内玩耍，要教给孩子一些简单的求救方法。

主动打开主驾驶的车门

按危险报警闪光灯按钮

（教师　段亚玲）

活动三　开开心心去郊游

设计意图

　　春秋两季，气温适宜户外活动，是幼儿出门踏青的美好时刻。为了开拓幼儿视野，满足幼儿对于大自然的好奇，我们常常会组织一些郊游活动，家长朋友们也会利用休息日带领孩子外出游玩，然而这样的外出活动，存在着很多安全隐患。《指南》中要求："我们要结合实际生活对幼儿进行安全教育，帮助幼儿了解周围环境中不安全的事物，不做危险的事。"所以在郊游前我们以聊天的方式导入，吸引幼儿的注意力，以郊游的情境图片引导幼儿主动参与到积极的讨论中，为孩子们创造想说、敢说的轻松氛围，在老师的主线引领下，孩子们你一言我一语的聊天中，安全小常识已经走进幼儿的心里。

活动目标：

1.通过谈话活动引发幼儿对郊游活动的兴趣，主动与他人分享快乐，有初步的自我保护意识。

2.通过观察图片，帮助幼儿了解郊游中需要注意的事情，培养幼儿有初步的自我保护意识。

3.初步培养幼儿用已有的生活经验解决问题的能力。

活动准备：

欢快的音乐、郊游情境图片、若干数字卡片。

活动过程：

一、导入——出示幼儿郊游的照片

师：照片中的小朋友是谁？你愿意跟大家分享一下这是在哪儿拍的照片吗？你是和谁一起郊游的？你喜欢郊游吗？为什么？

教师小结：小朋友们说郊游时心情特别好，可是今天有几个小朋友哭了，我们一起看看他们遇到了什么事？（由此引出接下来的图片）

二、出示郊游时不开心的图片

1.第一幅图：一片森林中，有一个小朋友在哭。请幼儿讨论小朋友哭的原因。

幼：他和爸爸、妈妈走丢了，小朋友郊游时不可以单独行动，要和家长在一起。

2.第二幅图：草地上摆放了许多好吃的，但是有一个男孩站在草地旁边哭泣。

师：小朋友们猜猜他遇到什么事了？

幼：他和其他小朋友闹矛盾了，他摔倒了，他想吃的零食爸爸、妈妈没有给他带？所以他伤心地哭了。（孩子们各种猜测……）

师：大家一起看看他穿的什么衣服，半袖、短裤。他的腿怎么了？（好几个红点。）

幼：老师，他肯定是坐在草地上吃零食了，虽然铺着地垫，但是仍然会压得小草很疼，而且草地里的小虫子也会咬他的。

3. 第三幅图：小朋友周围有一只蜜蜂。

师：如果你们遇到蜜蜂，要怎么做？

幼：我会找爸爸妈妈把蜜蜂轰跑或者打它。

师：如果遇到蜜蜂，请小朋友们千万不要招惹它们，最好小心地绕开，不激怒它，这样蜜蜂就不会攻击小朋友了。

4. 第四幅图：小朋友的手被花扎破了。

幼：郊游时，我们看到鲜花只可以欣赏，不可以摘，以免被刺扎手。

幼：我妈妈说过："公园的花不可以摘，那样是不文明的行为。而且有些花和蘑菇都是有毒的。"

5. 第五幅图：大家快看，那有一只羊驼。

幼：我也看到过什么小动物，我也喂过什么小动物。

师：你们见到的小动物是随便跑的？还是有工作人员看管着的？

幼：都有饲养员看着，妈妈说过："如果没人看着的小动物，我们是不可以靠近的。"

教师小结：郊游本来是件开心的事，如果不注意安全问题，我们还能快乐地玩耍吗？

三、游戏"郊游"

1. 跟着欢快的音乐，我们一起去郊游，坐在车上出发时，我们要坐稳系好安全带——到达目的地，我们要排队跟着家长、老师一起郊游。不可以单独走远了。——在目的地玩耍时，要注意之前那些小朋友遇到的不开心，我们想遇到吗？（不想）。老师和小朋友一起总结玩耍时需要注意哪些安全问题？

师：如果在郊游时，我们和家长走散了，我们要怎么做？

教师小结：站在原地不动，等待家长按原路找回来，或者找穿工作服的工作人员，把爸爸妈妈的电话告诉他们，请他们及时与家长取得联系。（请小朋友用数字卡片摆出爸爸妈妈的电话号码）

2.请小朋友回家做小老师，把我们今天想到的安全问题，回家讲给爸爸妈妈听。

活动延伸：

1.鼓励小朋友们将郊游情境中你认为安全的做法画下来，并大胆地讲给同伴听。

2.给幼儿足够的时间，让幼儿之间进行讨论：怎样更好地去郊游。

活动反思：通过这次活动激发了幼儿对郊游的兴趣，培养了安全意识及自我保护能力。通过图片的直观呈现，让幼儿知道一些郊游时的安全常识，为他们用已有经验解决郊游中遇到的问题奠定了基础。在游戏中平衡了亲近自然的想法与幼儿身心安全之间的关系。

安全提示：

1.集体郊游行进中，要有序前进，一个跟着一个，注意脚下，不要拥挤，更不要脱离集体。

2.出发前提醒幼儿，在郊游中不适宜玩捉迷藏的游戏。尤其是在树林里、假山上等不太平坦的地方。

家长课堂：

1.选择温度适宜的天气出行，孩子们在活动时容易出汗，家长要随身携带一些干毛巾和干燥的衣物，及时帮助幼儿擦汗并及时更换，以免被风吹而引发感冒。

2.家长可以适当为幼儿准备一些小零食，但有些食物是不适宜由孩子携带的，如果冻、有核的食物等。

3.活动中家长要与孩子保持距离，不奔跑、不拥挤、不掉队，不远离队伍单独行动。

请不要在草地上野餐

喂食小动物时一定注意是否圈养

（教师　许国英）

活动四　畅游植物园

设计意图

　　《指南》中社会方面指出："应引导幼儿喜欢积极参加集体活动，能感受到家乡的发展变化并为此感到高兴。"教学建议里还提出：要运用幼儿喜闻乐见和能够理解的方式激发幼儿爱家乡、爱祖国的情感。并建议和幼儿一起外出游玩，和他们一起收集有关家乡、祖国各地的风景名胜、著名的建筑、独特物产的图片等。让幼儿从小产生对家长、对祖国的热爱之情。但外出游玩，都存在一系列的安全隐患。我们应引导幼儿从小树立起基本的安全意识和基本的安全自救方法。这样，当真的遇到危险时，我们就可以把风险降到最低。植物园是我们短期外出旅游选择安全性比较高的场所，所以，要想安全愉快地畅游植物园，前提就是我们应提前做好相关的安全知识的预见与防护措施。

活动目标：

1.通过观看视频让幼儿懂得去植物园时需要注意的安全事项。

2.通过游戏活动让幼儿明白安全隐患下会发生的不好的后果，培养幼儿基本的安全防护意识。

3.通过组织幼儿参与喜欢的外出游玩活动，同时能产生热爱家乡、热爱祖国的情感。

活动准备：

1.植物园的图片或视频。

2.一些有毒植物的图片、湖泊和小河的图片。

3.不安全不文明游园的图片。

活动过程：

一、谈话活动——出示植物园图片或视频引起幼儿的兴趣

师：出发去植物园前我们是不是应该先做些计划呢？那我们都需要做哪些准备工作呢？（幼儿自由发言，教师将幼儿的发言可做简单的整理）

教师小结：出门前应做的准备：

1.一定要穿舒适的衣物和运动鞋。

2.带好自己的水杯。

3.在家吃好早餐，外面的食物尽量不要买来吃。

二、观察图片，引导幼儿了解游植物园时的注意事项

教师出示一些有毒植物的图片、湖泊和小河的图片、陌生人的图片、人特别多的某一个景点的图片，引发幼儿思考（利用这些图片在黑板上组建成一个小型的植物园的场景，更能提升幼儿的观察兴趣）。

1.师：这些植物长得这么好看，我好想上手去摸一摸啊！（声情并茂地引发幼儿联想，这些到底可不可以摸呢？）

教师小结：为幼儿讲解一些有毒的植物的危害和如何简单地分辨它们。

2. 师：咦？快看快看，那里有一条小河，我们去玩水吧？还有鱼啊！

幼：不可以不可以，得让妈妈带着去，不可以不可以，水太凉了！

3. 师：你看你看，前面那么多人，我们快去看看他们都在干吗吧。

幼：太危险了，容易被踩到的。

4. 教师小结：游植物园时的安全注意事项。

（1）有些美丽的花朵和绿植是有一定毒性的，所以尽可能地告知幼儿不要去触碰，更不要去食用。

（2）植物园里有水池和湖泊，家长一定不可放任幼儿自己自由地去水池戏水和玩耍，小朋友一定要记住，喂鱼时切不可将手和胳膊全部伸进水里。

（3）不要听陌生人的话和吃陌生人的食物。

（4）拉好家长的手，植物园面积大，并且有些植物体积也很大，有可能一转身便谁也看不见谁。

（5）不要到人多密集的地方。

（6）想要去哪里玩，一定要告知大人，不可自己偷偷跑去玩耍。

三、游戏环节：藏卡片游戏

玩法：一名幼儿拿起其中一张安全卡片放置在一位幼儿的身后（其他幼儿全部闭上眼睛不许偷看），全部幼儿睁开眼睛，另一名幼儿开始寻找卡片，其他小朋友不可以告知，直到他找到并取出卡片，并将卡片内容进行简单的讲解。游戏依次进行。

活动延伸：
家长可带幼儿亲身体验游植物园并做后期游记，将安全事项补充得更完善。

活动反思：活动中幼儿积极参与，但应将日常教学和实际生活相结合才能使幼儿更好地掌握生活中的一些基本技能。还有一些安全小自救的方法没有讲到，应将安全教育融入到日常生活的点点滴滴。让幼儿更好地掌握安全小常识，从小树立安全意识和学会安全防护自救小措施，逐渐成为保护自身安全的一项基本技能。

安全提示：生活中常见的有毒植物：

1.铃兰各个部位有毒，特别是叶子，甚至是保存鲜花的水也会有毒。中毒者面部潮红，紧张易怒，头疼，幻觉，红斑，瞳孔放大，呕吐，胃疼，恶心，心跳减慢，心力衰竭，昏迷，死亡。

2.相思豆亦称红豆，分布于我国南方的广东、广西、云南等地，为木质藤本，枝细弱，春夏开花，种子米红色。其根、叶、种子均有毒，种子最毒。

3.马蹄莲花有毒，内含大量草酸钙结晶和生物碱等，误食会引起昏迷等中毒症状。

家长课堂：

1.出门前应先和宝宝讲好出行安全注意事项。

2.路线规划，因为宝宝年龄小耐力没有成人好，所以应提前规划好路线，保证中途有能够让宝宝休息，和去卫生间的方便路线。

3.幼儿年龄小，自控能力也不好，所以为避免特殊情况发生，家长要提前为幼儿备好一套干净衣物。

4.植物园里各种植物很多，不知是否对某些植物过敏，所以不要给孩子穿太短的衣物，要做好防护。

ⵯ)))）喂鱼时切记不可将手和胳膊全部伸进水里

漂亮的花朵切记不可随意用手去触摸◄──ⵕⵕⵕ

（教师　吴雪红）

活动五 安全乘坐电梯

设计意图

　　所谓"安全第一，预防为主"，幼儿园必须把幼儿的安全放在首位。幼儿园新《纲要》中指出："要密切结合幼儿的生活和活动进行安全保健等方面的教育，以提高幼儿的自我保护能力。"新时代的来临，社会条件在不断地完善，我们的生活水平也在不断地提高，电梯的出现给我们的生活带来了方便，也成为了幼儿每天使用的"亲密"朋友。但这个"亲密"的朋友，除了为我们带来便利，还会为我们的生活带来一些安全隐患。幼儿好奇心强，愿意接受新鲜事物，但他们缺乏安全常识，缺乏自我保护意识。近几年总有媒体报道居民电梯或商场直梯伤人的事件，每每发生这样的安全事故，看到有人为此付出代价，人们都感到非常痛心。为了减少或避免电梯伤人的悲剧再次发生，为了教给幼儿安全乘坐电梯的方法和自救的方法，为此我们设计了大班安全教育活动"安全乘坐电梯"，旨在让幼儿重视隐藏在身边的危险，从而健康安全地成长。

活动目标：

1.通过观察图片帮助幼儿了解不同的电梯，认识电梯里的标志及乘坐电梯的安全标志。

2.通过谈话活动让幼儿进行自主学习和探究，学会安全乘坐电梯的方法。

3.让幼儿初步了解乘坐电梯遇险时的急救措施，感受自我保护的重要性。

活动准备：

楼梯图片、高楼大厦图片、不同电梯图片、电梯安全标志图片、乘坐电梯小视频。

活动过程：

一、谈话导入

1. 教师出示楼梯图片，提问幼儿这是什么，我们每天户外活动要从教室到操场需要走楼梯，那你们觉得走楼梯累不累？

2. 出示第二张图片（高楼大厦），提问幼儿这幢高楼高不高，你们觉得我们走楼梯可以吗，为什么，我们应该怎么办呢？

3. 出示不同电梯图片（商场扶梯、观光电梯、一般电梯），你们见过这些电梯吗？坐过电梯吗？乘坐电梯时应该怎样做呢？现在让我们去参观吧。

二、认识电梯里的标志

1. 小朋友们，电梯里面的这些标志你们见过吗？看看有没有你认识的标志？这些标志表示什么意思？

（1）警铃，这个按键是为乘电梯时遇险，让电梯内人员报警用的，所以叫警铃。如果我们在乘坐电梯时没有发生故障，能按警铃键吗？

（2）超载这个标志是什么意思？电梯里最多只能坐几个人？因为每个电梯的承重是有限度的，超载了怎么办？

（3）幼儿认识乘坐电梯的安全标志（如禁止扒门，禁止倚靠，禁止蹦跳、看好儿童等）。

2. 观看视频中的小朋友是怎么乘坐电梯的，并说一说正确乘坐电梯的方法。

视频中乘坐电梯的错误行为：

（1）用身体挡住电梯门。

（2）乱按电梯按钮。

（3）在电梯里又蹦又跳。

（4）用手扒电梯的门。

3. 请幼儿说一说视频中的小朋友应如何乘坐电梯。

三、学习乘坐电梯时遇险的急救措施

1. 请幼儿讨论：如果电梯出现故障了应该怎么办？

2. 教师总结：首先应该保持冷静，不要慌。然后我们可以按警铃，与电梯轿厢门保持一定距离，以防轿厢门突然打开；打"119"或者拍打电梯门，向外边的人求助；如果我们发现电梯运行突然加快时，我们要迅速按下每一层楼的按键，做好自我保护的动作。

活动反思：在活动中，幼儿积极参与，大胆回答问题，通过播放小视频，幼儿根据自己的生活经验能够自主学习和探讨，说出正确乘坐电梯的方法、乘坐电梯遇险时的急救措施。相信通过这样的安全教育活动，幼儿在乘坐电梯时，一定能保护好自我，避免电梯伤人的悲剧。

安全提示：

1. 认识乘坐电梯的安全标志（禁止电梯内打闹、乱按按钮、禁止扒门等）。

2. 正确乘坐电梯，懂得先出后进，互相谦让，不拥挤。

3. 乘坐电梯时，查看电梯门口是否有维修维保护栏。

4. 电梯超载警报报警时，不要挤入轿厢内。

家长课堂：

1. 孩子乘坐电梯时家长要陪同。

2. 家长要正确引导孩子乘坐电梯。

3. 多教给孩子一些电梯自救的方法。

电梯遇险急救口诀

（教师　李光普）

活动六　安全快乐去做客

设计意图

　　《指南》中社会领域的人际交往中，目标之一就是鼓励幼儿愿意与人交往，有自己的好朋友，也喜欢结交新朋友。教育建议里指出，要为幼儿创造交往的机会，让幼儿体会交往的乐趣，如利用走亲戚、到朋友家做客或有客人来访的时机，鼓励幼儿与他人接触和交谈。鼓励幼儿参加小朋友的游戏，邀请小朋友到家里来玩，感受有朋友一起玩的快乐。但是，无论是作为小客人到别人家做客还是邀请小朋友来家里做客，孩子们在相处的时候会有一定的安全隐患存在，需要引起大人的关注。同时也需要小主人和小客人懂得一些基本的与人交往相处的礼仪，因此，我设计了这次模拟做客的游戏情境，通过故事，让孩子们在快乐的体验中学会基本的待客之道和一些应注意的安全事宜。

活动目标：

1. 了解去别人家做客时需要注意的安全常识。

2. 在做客游戏中培养幼儿自我保护的意识。

活动准备：

　　图片：小区门口照片、小朋友边说笑吃东西的照片、捉迷藏的照片、餐具、布置模拟家庭环境、KT板做的门。

活动过程：

一、导入

出示一张两个小朋友串门的照片。（幼儿："老师，这是我家，放学后文文去我家里玩，我妈妈还给我们做蛋糕吃呢……"）这时不用教师提问，孩子们对话题的关注度马上就提升了。

二、教师由提问引起幼儿的讨论（其中附图片）

1.师：你们有没有去其他小朋友家做过客？

孩子们积极举手，和大家分享曾经去过别人家或者别的小朋友来自己家的趣事。

（教师出示大门照片）

师：这是……

幼：老师，这是大门，这是谁家啊？（孩子们的好奇心马上就进入故事情节了）

师：这是小美家，今天乐乐要去小美家做客，如果你是乐乐，走到门口，你会怎么做？

幼：敲门。

师：好，我找一位小朋友来敲门，在屋里当小美开门。

（游戏中，小朋友敲门后还会习惯性站着等门开，教师用 KT 板做门猛地一开，门假装撞到敲门的小朋友。）

师：敲门的小朋友为什么会受伤？

幼：平时我们敲门没有注意啊。

教师小结：当我们去别人家做客，敲门的时候一定要小心，敲门后稍微往后站一些，以免里面开门时会碰到。

2.乐乐进到小美家，两个小朋友都特别开心，乐乐的妈妈也给孩子们准备了很多好吃的（出示图片：边看电视笑，边吃零食）。

师：哇，看乐乐和小美好开心啊。

幼1：老师，他们正在看动画片呢，笑得好开心。

幼2：老师，这样太危险了，妈妈说过吃东西时要安静，不可以说说笑笑的。

师（追问一句）：如果吃东西时说说笑笑容易发生什么事？

幼：会被呛到。

教师小结：小朋友在吃饭或者喝水时，都不可以说说笑笑，容易被呛到，后果非常严重。

3. 吃完零食，乐乐说："小美，我们玩捉迷藏的游戏吧。"小美说："好啊。"于是小美找，乐乐藏。可是数完10个数后，小美一直找不到乐乐。小朋友，你们猜猜他藏在哪里了？

幼：沙发上、桌子底下、床上被子后面……

师：嘘，听，谁在哭？哪里传来的，这时出示图片，乐乐藏在大衣柜里哭？

教师小结：小朋友在家里，玩游戏一定要注意安全，厨房、大衣柜等不安全的地方不可以藏进去，厨房里是爸爸妈妈做饭的地方，小朋友不可以自己过去。大衣柜打开容易，有些大衣柜的门为了避免尘土进入是有吸力的，所以一旦藏进去，小朋友从里面是推不开的。

师：小朋友玩捉迷藏时，可以藏进厨房吗？

幼：不可以，厨房有油锅太危险。

师：小朋友玩捉迷藏时，可以藏进大衣柜吗？

幼：不可以，进去就出不来了。

三、教师组织幼儿看图讲述

体验乐乐做客时发生的小事情，并让大家学习简单的礼貌用语：请进、请坐、谢谢、不客气、再见、欢迎下次再来等，还要将做客时遇到的不安全的情形记在心里，等到自己去做客时要学会用正确的方法保护自己。

活动延伸：

1. 小朋友可以把今天学到的安全常识回家讲给爸爸妈妈听，如果他们有更好的建议，可以第二天上幼儿园时分享给小朋友。

2. 小朋友可以把自己平时做客的情境编成故事讲给大家听。

活动反思：去好朋友家做客是生活中经常出现的场景，由身边孩子做客的实景照片导入，马上吸引幼儿注意力。幼儿最感兴趣的，是在活动中设计了角色表演，可以让幼儿通过自己亲身的体验完成活动目标，完成活动重点和难点。如果有机会可以让孩子们真正地来一次生活体验加深孩子和家人的感情，了解不同家庭中的主要设施，体会交往带来的愉快，同时提高孩子们解决问题的能力，逻辑思维能力及合作和交往能力在实践中，能有更好的表现，学到更多的安全常识，在做客时遇到安全隐患可以保护自己。

安全提示：

1. 到别人家做客时，敲门后要往后站。

2. 注意时间，不要太晚了还去别人家做客，影响他人休息。

3. 如果想去朋友家做客，首先应征求父母的同意，如果父母不同意，不可以去。

4. 想去朋友家做客，应事先与同伴约定好时间，并准时赴约。

5. 拜访的时间不可过长，在朋友家玩游戏时要注意安全，不可以乱动电源、厨房的燃气。

家长课堂：

1. 家长在日常生活中需要教给孩子待客、做客之道。

2. 注重家庭环境中的不安全因素，及时和孩子进行沟通。

3. 去朋友家做客或者接待好朋友来家里，一定要经过大人的同意。

我和伙伴们在安全的地垫上玩耍

（教师　韩闪闪）

5月

自然安全

活动一　冰雹天，别外出

设计意图

　　夏季来临之际，有许多季节性的灾害也会随之而来，虽然大家都知道要防范，但具体怎么防范呢？不要说幼儿不清楚，有的大人也不见得自己能弄明白，在暴雨雷电天气的时候尤其要注意，每年因为雷击身亡的人也不在少数，所以懂得一些安全知识很有必要。根据大班幼儿的年龄特点设计了"冰雹天，别外出"这一活动，让幼儿通过观看天气预报，提前预知冰雹天气的到来，掌握防冰雹的方法。

活动目标:

1. 知道天上为什么会下冰雹,冰雹是怎样形成的。

2. 知道通过观看天气预报可以预知冰雹天气的到来,从而用正确的方法预防冰雹,保护自己的安全。

3. 增强幼儿安全意识,知道冰雹天气减少外出,提高自我保护能力。

活动准备:

关于冰雹是如何形成的视频、冰雹的图片。

活动过程:

一、观看冰雹形成视频,了解冰雹是如何形成的

观看视频,讨论冰雹的形成条件。

(1)强烈的、不均匀的上升气流。

(2)充足的水汽。

(3)云体温度在0℃或零下几十摄氏度(冷却水滴、冰晶、雪花)。

教师小结:冰雹的形成过程又称为"滚元宵",由上升气流和积雨云两个必备条件才得以形成的。冰雹在积雨云这个"大工厂"里上下翻滚,当上升气流不能托住它时,就掉落下来形成冰雹。

二、倾听学习《冰雹》儿歌,巩固幼儿对冰雹灾害的认识

冰雹

小冰雹,不学乖,高高天上冲下来;

碰到我,砸坏菜,砸痛娃娃小脑袋;

小冰雹,你真坏,花草动物都伤害;

小冰雹,没人爱,钻进土里不出来。

三、游戏:"我是气象播报员"

名称:角色游戏。

道具:雨伞、硬纸板、书包、小房子图片等。

玩法：请一名幼儿当气象播报员，播报明天是什么天气，温度是多少，其他幼儿根据播报员播报出的天气（小雨、大风、冰雹等）来用不同的道具和正确的方法保护自己。

四、逃生演习："冰雹来了我会躲"

玩法：教师带领幼儿在户外玩游戏，另一位教师发布"冰雹来了"的信号，幼儿要迅速找到可以躲避冰雹的安全地方。讨论谁找的地方最牢固、最安全。

活动延伸：
可以请家长和幼儿一起搜集，遇见冰雹时应做哪些防护措施。

活动反思： 幼儿对冰雹这一自然灾害了解较少，缺少相关经验。在活动初，幼儿认为冰雹很可爱，认识不到它的危害。在了解冰雹的形成过程后，幼儿才认识到冰雹对农作物产生的危害巨大，对人来说更是危险，最后通过游戏"我是气象播报员"，在玩中学到面对不同天气的正确应对方法。

安全提示：

1.暴雨冰雹来临前请找好一个安全的地方，并停留至结束为止。暴雨冰雹中的安全地方是指牢固的建筑物，地势较高的建筑物。

2.暴雨冰雹伴随雷电时，注意防雷。尽量待在安全的建筑物中，保持身体干燥。如果无建筑物可躲避，在马路上淋雨的话，请不要站树下，电线杆下，也把手中的雨伞扔掉。此外，在室外时切勿使用手机。

家长课堂：

1.雷雨冰雹天气时尽量不要外出。

2.如冰雹加上打雷，则要采取防雷措施，如关闭电视等。

冰雹来了我会躲

我是气象播报员

（教师　闫伟园）

活动二　有备无患防暴雪

设计意图

　　《指南》中提出：幼儿科学学习的核心是激发探究兴趣，体验探究过程，发展初步的探究能力。成人要善于发现和保护幼儿的好奇心。大班幼儿思维活跃，对科学活动充满兴趣。本次活动意在让幼儿多方位了解"暴雪"，并认识天气预报的重要性。让幼儿通过观察图片认识暴雪预警信号图片。

活动目标：

1.引导幼儿认识暴雪预警信号，让幼儿明白暴雪预警信号的划分方法。

2.知道防御暴雪的方法措施，从而提高安全意识。

活动准备：
暴雪图片，《暴雪》视频，橙、红色暴雪预警信号图片。

活动过程：

一、引导幼儿观察图片，了解暴雪天气

引导幼儿观察图片，提问：

1.这是什么天气？你经历过这种天气吗？听大人说过这种天气吗？

2.这种持续性暴雪会对我们的生活造成什么样的影响和危害？

教师小结：持续性的暴雪，容易发生低温冻伤，在生活中可能会发生交通事故，或者发生意外。

二、观看《暴雪》视频，了解它给人们造成什么危害，什么影响

通过观看《暴雪》视频，引导幼儿讨论：暴雪给人类带来的危害。

三、出示暴雪预警信号图卡，引导幼儿认识暴雪预警信号

1.出示橙、红色暴雪预警信号图卡，提问：这是什么？你认识吗？（认识橙、红色暴雪预警信号图卡）

2.提问：这是什么机构发出的？气象台为什么要发出暴雪预警信号？（提前预防暴雪的准备）

3.不同的颜色，分别代表什么意思？

四、游戏"我是小小预报员"

请幼儿模仿气象台预报员，手持不同颜色暴雪预警信号图卡，进行气象播报，请其他幼儿做听众并进行评价。互换角色，游戏重新开始，巩固所学知识。

活动延伸：
教师组织幼儿讨论"暴雪来了我不怕"。

活动反思： 在整个活动中利用幼儿的好奇心引起他们的学习兴趣，并且达到了预期目标，效果非常好，甚至超过了预期效果。整个活动既让幼儿体验了实验成功时的快乐、增强了自信心，也知道了保护环境的重要性。这个活动在大班开展是非常有意义的。

安全提示：

1. 汽车减速慢行，路人当心滑到。

2. 必要时封闭道路交通。

3. 雪停后，道路湿滑，车辆慢行。

家长课堂：

1. 老、幼、病、弱人群不要外出，注意防寒保暖。

2. 注意收听天气预报，做好防寒准备。

（教师　杨茜）

活动三　震灾逃生有诀窍

设计意图

　　为了进一步提高幼儿的安全意识和应急避险的本领，加强幼儿面对地震时的自我保护能力。设计本次安全教育活动帮助幼儿正确认识地震及其危害，学习不同场所逃生方法，激发幼儿关爱地震灾区人民的情感。

活动目标：

1. 引导幼儿掌握躲、爬、钻、跑的集中逃生技能。

2. 通过逃生演习，幼儿能按照安全疏散通道标志，迅速有序地逃离危险区域。

3. 培养幼儿防震减灾的安全意识和自我保护能力。

活动准备：

1.地震图片以及逃生场所的准备。

2.急救箱及物品：手电筒、饼干、水、跳绳、书、玩具、收音机、手套、口罩、哨子。

3.课前了解基本自救知识。

活动过程：

一、教师出示地震图片，让幼儿了解地震危害及形成过程

二、地震来了怎么办？

1.如果地震就发生在我们的身边，怎么办？

2.地面出现剧烈的晃动，我们躲在哪里安全些？

3.教师出示图片，请幼儿判断谁躲的地方最安全。

注：教师用硬纸板演示形成的三角区，让幼儿明白什么地方比较安全。

4.地震后什么时候往外跑？逃跑时应该注意什么？（有秩序，沿墙角跑，保护头部。）可以用什么来护住我们的头？

三、逃生演习小游戏

小朋友，听！是谁的声音？（放图片）他没有跑出去，被困在了里面。

他可以用什么办法让别人知道自己被困在里面？

什么时候喊？（有人时喊）

为什么没人时不要喊？（保持体力）

没有劲喊怎么办？（吹哨子、敲击、寻找食物、想办法自救）

教师小结：如果地震发生在我们身边，我们要先躲后跑，如果被困住好几天了，都没有人来救你，不要灰心，相信肯定会有人来救我们。

四、模拟小游戏："我的急救备用箱"

幼儿分组讨论急救箱里放什么？

1.选什么东西放急救箱里？用它干什么？

2.水和饼干我们需要吗？

3. 手电筒能派上什么用场？

4. 收音机也能帮助到我们吗？

5. 小小哨子有什么用？

6. 手套能有什么用？

教师小结：必要时，可以利用急救备用箱里的这些东西及时帮助我们。

活动延伸：

  幼儿可以和爸爸妈妈一起准备家里的急救箱备用，并和爸爸妈妈讨论急救箱里的物品都有什么作用。

  活动反思： 基础教育的目标是让幼儿学会生存、学会做事、学会做人、学会学习。幼儿安全自救教育，重在模拟、练习及游戏，学习自然灾害应急避险技能。幼儿在活动中通过急救箱的小游戏懂得在生活当中应提前预备好急救物品。如何灵活自救，对于幼儿来说是一个难点，也是今后工作中的重点。

  安全提示：

1. 在进行地震紧急逃生演习中，幼儿不拥挤不推拉，注意上下楼梯的安全。

2. 室内避震练习中幼儿躲在桌子底下时要注意头不要碰到桌角，以免碰伤自己。

3. 在急救箱游戏中，幼儿要了解物品的用途和用法，为地震做好安全预防工作。

4. 注意在室外避震时的地点，避免广告牌、大树、危房等危险地方。

  家长课堂：

1. 家长可以和幼儿一起巩固学习避震的逃生技巧，防患于未然。

2. 为了家人的安全，请家长在家和幼儿一起进行避震的实操演习，加深幼儿的印象。

3. 请家长和幼儿在家一起准备一个急救箱，让全家人都知道急救箱里的物品及放置地点。

（教师　高密林）

活动四　遇到暴雨如何做

设计意图

　　大自然的力量是伟大的，暴雨就是其中最具代表性的一种。每年夏天都会有几场突然而至的暴雨，暴雨天气很容易给我们的生活带来各种不便。本次活动意在让幼儿认识到暴雨带来的危害及认识暴雨预警信号。

活动目标：

1.通过观看视频，了解暴雨天气带来的危害。

2.通过讨论活动，引导幼儿认识暴雨预警信号和作用。

3.通过活动培养幼儿自我保护意识。

活动准备：

暴雨图片，《暴雨》视频，蓝、黄、橙、红色暴雨预警信号图片。

活动过程：

一、引导幼儿观察图片，了解暴雨天气

引导幼儿观察图片，提问：

1.为什么图中的人这么狼狈？这是什么天气？

2.你遇到过这种大雨吗？

3.这种持续性大雨会对我们造成什么样的影响？

教师小结：持续性大雨可能造成洪灾、山体滑坡等，会发生交通堵塞，影响出行。

二、观看《暴雨》视频，了解它给人们造成什么影响

通过观看《暴雨》视频，引导幼儿讨论：暴雨给人类带来的灾害。

三、出示暴雨预警信号图卡，引导幼儿认识暴雨预警信号

1. 出示蓝、黄、橙、红色暴雨预警信号图卡，提问：这是什么？你认识吗？（认识蓝、黄、橙、红色暴雨预警信号图卡）

2. 提问：这是什么机构发出的信号？气象台为什么要发出暴雨预警信号？

3. 不同的颜色，分别代表什么意思？气象台发出哪两个暴雨预警信号，就可以不用上学了。（橙色和红色预警信号）

四、游戏"我是小小预报员"

请幼儿模仿气象台预报员，手持不同颜色暴雨预警信号图卡，进行气象播报，其他幼儿做听众，进行评价。

活动延伸：

　　每次暴雨时，交通会发生堵塞。请幼儿设计下雨行车路线，帮助大家安全出行。

活动反思： 在活动中，大部分幼儿有躲雨的经验，这说明，家长朋友都有教育幼儿相关的知识经验。在讨论环节，幼儿主动发言，积极表达自己的想法。对事情有自己的判断力，思维活跃。

安全提示：

1. 暴雨来临前请找好一个安全的地方，并停留至暴雨结束为止。

2. 如果路面开始水浸，请不要贸然涉水，不要试图过水。

家长课堂：

1. 暴雨一般都伴随雷电，请注意防雷。

2. 暴雨持续时，及时评估藏身之处的安全性。

（教师　杨玲）

活动五 预防中暑有方法

设计意图

夏天到了，孩子们天性爱玩。烈日下，一玩起来就顾不上什么热不热、累不累的，高温下很容易中暑。我设计了本次活动，通过活动让幼儿了解什么是中暑，如何预防中暑，提高幼儿的安全防范意识。

活动目标：

1.通过观看图片，知道中暑的原因，掌握预防中暑的简单知识。

2.通过看图片，了解中暑后如何简单处理，知道中暑后身体不舒服要及时告诉大人。

3.增进防中暑的安全意识，提高自我保护能力。

活动准备：

高温中暑以及预防中暑的图片。

活动过程：

一、观看图片，引导幼儿讨论什么是中暑

1.故事中的天气怎么样？

2.小朋友们在干什么？

3.发生了什么事？

教师小结：夏季天气炎热，活动量不宜太大，要避免在阳光下剧烈运动。活动量过大、流汗过多，就容易中暑。

二、观察图片，讨论如何预防中暑

幼儿观察图片，教师进行提问：高温天气如何预防中暑？

教师小结：

1.多喝水。大量出汗后，要及时补充水分。

2.避开高温时间段，减少运动，利用物理降温设备降温。

3.外出活动前，应该做好防晒的准备，太阳伞、遮阳帽、穿浅色透气性好的服装。一但有中暑症状，立即寻找阴凉通风处避暑。

三、讨论中暑了怎么办

幼儿讨论，在高温天气中暑了怎么办。

教师小结：身体不舒服时，要及时告诉父母。

活动延伸：

游戏"中暑了怎么办"，老师带领幼儿情境表演中暑了，假设有人中暑了，尽快把患者带到阴凉处，避免太阳直接暴晒，用冷毛巾敷额头和大腿，给患者喝水、扇风。通过表演来巩固所学知识。

活动反思：对于本次活动，幼儿有一些生活经验。在讨论环节，大部分幼儿主动发言，分享自己的经验。大班幼儿思维活跃，语言表达逻辑清晰，对于防中暑，个别幼儿能分享一些小妙招。

安全提示：

1.夏季户外活动量不宜太大，要避免剧烈运动。

2.活动量越大，流汗就越多，容易中暑，要及时饮水。

3.夏季昼长夜短，天气炎热，人们的睡眠不足，午睡能够有效地补充睡眠，同时可以避开中午高温期，减少中暑的可能。

家长课堂：一旦发生中暑，应采取应急措施：首先，将中暑者移到通风、阴凉、干燥的地方休息；其次，让中暑者仰卧，解开衣扣，脱去或松开衣服。还可以用凉湿毛巾冷敷患者头部、颈、腋下以及腹股沟等大血管经过的部位，用温水或酒精擦拭全身，意识清醒的中暑者或经过降温清醒的中暑者可饮服绿豆汤、淡盐水或其他含盐的清凉饮料等。还可服用人丹、十滴水和藿香正气水等中药。一般患者经治疗后30分钟到数小时内即可恢复。对于重症中暑者，如出现高热不退、神志不清、抽搐等症状时，立即拨打"120"急救电话，求助医务人员紧急救治。

|》》》━━━▶中暑有哪些症状

情境表演：中暑了怎么办◀━━《《《|

（教师　王军丽）

活动六　沙尘暴来了有办法

设计意图

　　春季是沙尘暴的高发期，幼儿体弱容易生病。沙尘暴天气携带的大量沙尘使天气阴沉，会影响幼儿的健康，导致患呼吸道及肠胃疾病。因此，设计"沙尘暴来了有办法"这一活动内容，意在让幼儿了解并认识沙尘暴，了解相应的保护措施，做好自我保护，培养幼儿的环保意识。

活动目标：

1. 通过观看视频认识沙尘暴这一天气现象以及对人类的危害。
2. 通过观察图片及谈话让幼儿了解，当出现沙尘暴时该如何自我保护。

3.提高幼儿自我保护的安全意识以及环保意识。

活动准备：

1.通过视频，引导幼儿观察"沙尘暴"的天气特征。

2.收集"沙尘暴"的危害图片。

活动过程：

一、导入活动：幼儿讲述自己认识的沙尘暴

幼儿观看沙尘暴的录像，进行讨论：

1.这是什么样的天气？

2.你是怎么知道"沙尘暴"这种天气的？

二、讨论活动："沙尘暴"形成的原因及怎样减少"沙尘暴"

1."沙尘暴"的天气特征是什么？

教师小结：风很猛，风中还有很多沙子，时间有时长，有时短。

2.讨论"沙尘暴"给人们带来的危害。

（1）为什么会出现沙尘天气？

（2）沙子是从哪儿来的？

（3）了解"沙尘暴"形成的原因。

教师小结：沙尘暴就是漫天刮风时到处飞着砂石和尘土，给人们的生活带来了危险。沙尘暴来的时候满天都是沙尘，人们行走都眯眼了。沙尘暴在城市里到处刮，没有东西可以让它减少。沙尘多了有可能淹没了城市。

三、幼儿讨论遇到沙尘暴的时候我们怎么保护自己

我们可以选择戴上口罩、帽子或蒙上能够挡住眼睛的衣物，如果有可能我们可以进入封闭的空间、房屋等躲避。

教师小结：我们要保护环境，多种树，减少水土流失，遇到沙尘暴的时候要躲避和保护好我们的身体。

活动延伸：

教师可以组织幼儿进行小实验：

1.请幼儿想办法把一盘沙"吹"起来。

2.请幼儿将废旧轮胎中种植小麦的土吹起来。

比较看，哪个能被吹起来呢？

活动反思：幼儿对周围事物和现象感兴趣，有强烈的好奇心和求知欲。沙尘暴对于我们大人来说也许不陌生，但对于幼儿园的孩子们来说，几乎是很遥远的。更不用说对它有所了解了。本次活动主要是让幼儿了解沙尘暴会带给人们什么样的危害，沙尘暴是怎样形成的，怎样不让沙尘暴发生，从而提高幼儿保护环境，珍惜大自然的情感。

安全提示：当人处于沙尘天气中时，含有各种有毒化学物质、病菌等的尘土可进入到口、鼻、眼、耳中。这些含有大量有害物质的尘土若得不到及时清理，将对这些器官造成损害，引发各种疾病。

家长课堂：

1.及时关闭门窗，必要时可用胶条对门窗进行密封。

2.外出时要戴口罩，用纱巾蒙住头，以免沙尘伤害眼睛和呼吸道，还应该注意交通安全。

3.发生强沙尘暴天气时不宜出门，尤其是幼儿及患有呼吸道过敏性疾病的人。

（教师　闫丽娟）

6月

水电安全

活动一　电线安全我知道

《指南》中明确指出："幼儿应具备基本的安全知识和自我保护能力。"有资料显示，少年儿童因为触电而死亡的人数占儿童意外死亡人数的10.6%，加强幼儿用电安全教育刻不容缓。本节活动结合本班幼儿年龄特点和已有经验，通过活动让孩子们了解电线的安全知识，有效避免孩子们因知识匮乏带来的危害，降低电器使用中安全事故的发生。

活动目标：

1. 通过图片分享简单了解电的产生及传输。

2. 初步认识电线，知道什么样的电线可以安全使用。

3.提高幼儿安全用电的意识，预防触电事故的发生。

活动准备：

1.幼儿经验准备：

了解电是从哪里来的，并准备图片介绍。

了解电是怎样传输到我们家里的。

了解什么能发电。

2.物品准备：电线、损坏的电线、绝缘胶布。

活动过程：

一、幼儿经验分享

1.请幼儿讲述自己了解到的电是从哪里来的。

2.老师帮助幼儿梳理脉络。

电是发电厂发的，经过电线传送到我们家里的。我们国家有很多不同的发电厂，如风力发电厂是利用风来发电的，水力发电厂是利用水来发电的，太阳能发电厂是利用太阳的热量发电的。

二、看图了解电线的作用和内部结构

1.帮助幼儿了解电线内部基本结构。

（1）这是什么？你们在哪里见过它？

（2）它是什么样的？有什么用处？

2.老师讲解电线的内部结构和作用。

（1）这就是电线，它分为几层：最里面的是铜线，是电流经过的地方；中间有绝缘层，是防止电流泄漏的；最外面的是保护套，保护电线不被损坏的。

（2）电线就是把电运送到我们家里的传输工具。

三、了解什么样的电线是安全的

1.观察图片，提问幼儿：

（1）这里有两段电线，小朋友们仔细观察，这两段电线有什么不一样的地方。

（2）哪一段是安全的可以用的？哪一段的不能使用的？为什么？

2. 教师小结，讲解什么是安全的电线。

电线需要正规厂家生产的，外表没有破损的才能正常使用。

四、了解使用带有安全隐患的电线会发生的危险

1. 引导幼儿猜测使用不安全的电线会发生的事情。

（1）出示使用电线外皮破损的图片，请幼儿猜猜使用这样的电线会发生什么事情。

（2）我们应该如何避免事故的发生呢？

2. 观察图片，验证猜测结果。

3. 老师小结使用带有安全隐患的电线会发生的危险。

使用带有安全隐患的电线容易引起火灾，最危险的是电线在漏电的情况下，人们不小心碰到了，有可能会危及生命。

五、了解老化和破损电线的处理方法

1. 了解破损的电线应该怎样处理。

提问幼儿：破损的电线应该怎样处理？

2. 小结：破损厉害的电线可以报废不再使用了，只是保护套损坏的可以用绝缘胶布进行修补，然后检测没有问题了才能正常使用。

六、自由操作活动——我是小电工

1. 幼儿尝试用绝缘胶布对破损的电线进行修补，体验修补的意义和过程。

2. 老师指导幼儿正确的缠绕方法。

七、活动总结

电在我们生活中是必不可少的，我们要学会安全使用它，让它为我们服务。家中有破损的电源线路一定要及时更换或维修，保证用电安全。现在我们还小，如果发现电线有安全隐患存在，一定要第一时间远离危险并及时通知大人，不能自己处理。

活动延伸：

带领幼儿对幼儿园内的电源线路进行检查，发现无三标产品和老旧破损线路要及时更换。

活动反思： 本次活动让孩子们先搜集资料，了解电的来源和产生，充分调动了孩子们的积极性，提高了孩子们对活动的参与性。并通过认识电线，了解什么样的电线可以安全使用和使用带有安全隐患的电线会产生什么样的后果，帮助孩子们意识到安全用电的重要性。

安全提示：

1. 使用正规厂家生产的电器产品，定期检查杜绝安全隐患。

2. 发现有电线或电器发生故障的一定要第一时间远离危险并及时通知大人，不能自己处理。

家长课堂：

1. 有机会和父母一起去发电厂参观，了解发电的过程。

2. 父母和孩子一起检查家中线路是否老化和损坏，发现问题及时解决。

（教师 苏玥姗）

活动二 游泳安全我知道

设计意图

每到夏季，游泳是不可或缺的游乐活动。每一个幼儿都喜欢与水为伴，那么在戏水的欢乐时光中如何保护自己的安全便是我们现在需要重视的问题。《指南》中指出："为了有效促进幼儿身心健康发展，成人应帮助幼儿提高自我保护能力，形成使其终身受益的生活能力和文明生活方式。"为此我们设计了"游泳安全我知道"的安全课程，就是想通过图片、情景表演等形式让幼儿了解游泳时的规则及注意事项。通过视频短片让幼儿知道游泳不仅能锻炼身体、防暑降温、使其身心愉悦，游泳也是最容易发生溺水事故的。所以，我们利用游戏帮助幼儿梳理注意事项，让幼儿在轻松愉悦的氛围中习得知识，增进幼儿的安全意识和防范意识。

活动目标：

1. 了解并掌握游泳时的规则及自我保护的方法。

2. 认识常见的游泳安全标志，懂得游泳的相关知识。

3. 增强安全意识，了解溺水的自救知识。

活动准备：

1. 游泳安全标志图片。

2. 游泳安全、溺水课件。

3. 九宫格。

活动过程：

一、谈话导入

师：你们喜欢游泳吗？

师：游泳时需要注意什么？

二、观看情景表演，让幼儿自主总结游泳需要注意的事项

幼儿根据自己已有的游泳经验，发现其中小朋友做得不对的地方，从而总结出游泳时需要注意的事项。

三、游泳时怎样才能既开心又安全

1. 幼儿自由讨论。

2.教师总结：要在安全的游泳池中游泳，不去危险的地方；一定要在成人的陪同下，不能一个人去游泳；在还没有掌握安全技能的情况下，要使用防护用品；一旦在水中有不舒服的情况下，要赶快上岸并大声呼救。

四、认识游泳安全标志

师：张老师去游泳馆游泳的时候发现了几张图片，可不明白是什么意思，小朋友们能帮帮我吗？

根据标志上所画内容——认识（禁止游泳、当心落水、当心溺水、深水区、浅水区）等标志。

游戏：九宫格。

通过九宫格游戏进一步加深对游泳安全标志的认识。

五、播放溺水视频，学习溺水自救方法

1.你知道游泳时会发生什么危险吗？你是通过哪些方法指导有关溺水事故的？

2.观看有关溺水的情况报道，救人的过程等，并互相交流自救知识。

教师小结：溺水时不要慌张，发现周围有人时立即呼救；放松全身，让身体漂浮在水面上，将头部浮出水面，用脚踢水，防止体力丧失，等待救援；身体下沉时，可将手掌向下压；如果在水中突然抽筋，又无法靠岸时，立即求救。如周围无人，可深吸一口气潜入水中，伸直抽筋的那条腿，用手将脚趾向上扳，以缓解抽筋。

六、知识问答

总结以上所学知识点，将幼儿分为两组进行判断正误抢答活动。

活动延伸：
请幼儿自己设计游泳安全标志。

活动反思：夏季天气炎热，是幼儿玩水的季节，安排此次活动的目的是使幼儿一方面能了解游泳的相关知识，另一方面培养幼儿的自我保护能力，遇到突发

状况能进行自救。后面通过玩游戏的方式能够帮助幼儿更好地记住其中包含的知识点，以更好地运用到生活中。

安全提示：

1. 下水前应先穿好泳装，戴好泳镜、泳帽，准备好游泳圈。

2. 游泳前要做热身运动，下水前要先适应一下水温再慢慢入水。

3. 在浅水区游泳，不要离开家长视线。

4. 在游泳过程中突然觉得不舒服应及时告诉家长。

家长课堂：

1. 提醒幼儿在游泳前后不要吃太多食物。

2. 提醒幼儿在厕所内小便，不要在水池内小便污染水中环境。

3. 提醒幼儿从泳池楼梯处上下泳池，不在水池边追逐打闹。

4. 提醒幼儿游泳时不去深水区。

活动三　神气的雷电

设计意图

　　随着自然环境的被污染，自然灾害随之增多。其中雷电安全事故现象也时有发生。在炎热的夏天，雷雨天气越来越多，雷击经常发生在我们身边。为了让小朋友了解雷电的基本知识，在雷雨季节不再害怕雷电，让幼儿从小就认识如何防雷电和在家时如何安全用电，是我们教师必不可少的教育工作。于是，根据大班幼儿的年龄特点设计了此活动。

活动目标：

1. 引导幼儿了解雷电的危害，学会如何防雷电。

2. 提高幼儿对事物正确的判断能力和想象能力，增强幼儿的自我保护意识。

3.通过表演游戏的形式，让幼儿在玩中学，在学中感受到活动的乐趣，并更快、更好地掌握防雷电的安全知识。

活动准备：

1.材料准备：自制大树一棵、电线杆一根、电线一条、小房子一座、用锡纸剪成一条条细小的长带、小兔子头饰若干、篮子一个。

2.音像准备：打雷的声音、动画《你了解雷电吗？》和《雷电不可怕》、音乐《下雨了》。

3.儿歌准备：《安全避雷电》。

活动过程：

一、认识雷电

1.教师设置情境引导幼儿感受雷电。

"小朋友们，今天老师要做你们的小司机，送你们去幼儿园好不好？现在我们出发吧。"

2.躲雷雨闪电的情景。

（1）老师带着幼儿上学的路上（场景布置好），突然传来一阵雷雨闪电的声音（用音频播放），"孩子们，下雨了，打雷啦，赶紧躲一躲呀！"仔细观察孩子们躲在哪里。

（2）雨停了，继续走，到了幼儿园，请小朋友们入座。

3.教师围绕刚才躲雷雨闪电的情景进行提问：

（1）刚才我们在来幼儿园的路上遇到什么事情啦？

（2）那你们平时遇到过雷雨天气吗？见到过闪电吗？

4.与幼儿一起观看动画《你了解雷电吗？》并共同讨论：

（1）雷电是怎样形成的呢？

（2）雷电都有什么形状？

（3）为什么我们总是先看到闪电后听到雷声呢？

（4）雷电造成的危害有哪些？

5. 教师小结：雷电是经常发生的一种自然现象，高空中的云团在相互摩擦中产生大量的电荷，当达到一定的程度时，就会穿过空气放电，这就是雷电。它的形状多种多样，有的呈树枝状，有的呈片状，还有的呈条状。因为闪电发出的光在空气里的传播速度要比雷声快得多，所以我们总是先看到闪电后听到雷声。雷电虽然非常壮观，但也会给人类带来危害哦！它能够引起森林火灾，破坏高压输送电路，还能够击毁房屋，给人们的生活带来了很多不便。

二、如何防雷电

1. 教师帮助幼儿回忆刚刚上学路上遇到雷雨天气时躲在了哪里。

"小朋友们，你们还记得刚刚我们来幼儿园的路上遇到雷雨天气，你躲在了哪里吗？"

2. 与幼儿一起观看动画《雷电不可怕》，将幼儿分四组讨论一下4个问题并请幼儿代表回答。

（1）雷雨天气可以看电视吗？要怎么做呢？

（2）如果在户外活动时遇雷雨天该怎么做？

（3）如在野外遇雷雨天气该怎么做？

（4）如果在野外遇到雷雨天并且又找不到避雨的地方该怎么做？

3. 教师小结。

（1）打雷时，如果你在家，最好关掉电视并请大人拔掉电源以防雷电造成漏电危险。

（2）打雷下雨了要立即停止户外活动，赶快回到家里或躲到建筑物内，不要停留在楼顶或者一棵树下，否则很危险。

（3）打雷时，如果你在野外，记住，不要在旷野中奔跑，要走慢一点，步子小一点，也不要躲在单独的一棵大树下，这样会很容易被雷击。

（4）打雷来不及躲避时，要先摘除身上的金属物品，它们是容易导电的物体，还要远离高压线和小河等有水的地方。

（5）打雷下雨时，如果在野外没有躲雨的地方，或者周围也没有比自己身体更干的物体时，要双脚并拢蹲下，这样降低自身高度，头伏在膝盖上，但千万不要跪下或卧倒哦！

4. 教师提问：你还知道哪些事情是不能在雷雨天气做的吗？

5. 教师小结：不要接打电话，及时切断各类电器设备的电源，不要靠近门窗和金属管道，不要收晒在铁丝上的衣物等。

6. 引导幼儿学习儿歌《安全避雷电》。

"小朋友们，你们还想知道要怎样躲避雷电吗？跟老师一起来学习一首儿歌吧！"

三、表演游戏《下雨啦！》再次巩固怎样躲避雷电最安全

情景设计：自制场景摆好，播放音乐《下雨啦！》，兔妈妈（教师扮演）和小兔们（幼儿扮演）随着轻快的音乐去采蘑菇，突然下雨了，打雷了，兔妈妈和小兔们赶快躲雨。雨停了，兔妈妈表扬躲得好、躲得对的小兔。

活动延伸：

请小朋友们回家后和爸爸妈妈一起搜集一些防雷电的预防措施，然后再来和老师与小朋友们分享。并尝试将搜集的知识创编到儿歌当中。

活动反思：本次活动过程中孩子们的参与积极性还是很高的，课程的开始和结束都采用了游戏手段，让孩子们在玩中学，在学中玩。尤其是在游戏时，孩子们玩得不亦乐乎，既参与了游戏，又学到了知识。在观看动画课件时更聚精会神，说明孩子们对这个还是很感兴趣的。在讨论环节，每个小朋友都想表达自己看到的，希望在今年如果孩子们遇到雷雨天气不会再害怕，并且知道该怎样做是最安全的。

安全小提示：

1. 遇雷雨天气时，不要收晒在铁丝上的衣服，不靠近门窗和金属管道，不宜在旷野高举雨伞、锄头等物体。

2. 尽量不要在雷雨天气淋浴、洗头、冲凉。

家长课堂：

1.家长们在家要陪孩子一起搜集一些防雷电的措施，让孩子们了解丰富的防雷电知识。

2.家长们可以通过此活动扩展知识面，了解一些家居的安全用电须知，从而避免或减少家居的危险用电事故。

（教师　李丽娜）

活动四　停电了怎么办

设计意图

《指南》中指出："幼儿园必须把保护幼儿的生命和促进幼儿的健康放在工作的首位。"保护幼儿生命、促进幼儿健康都离不开安全教育，生活中的安全问题无处不在，为了让孩子能与同伴快乐游戏，获得运动经验，培养幼儿良好的品质和安全意识，我们在降低户外游戏设施危险性的同时带领幼儿开展一系列安全教育活动。大班安全活动"停电了怎么办"就是活动之一。孩子大都怕黑，应让孩子明白黑暗并不是真有那么可怕，学习适应黑暗，并知道停电了应该怎么做。如果发生突然停电，让幼儿知道电话使用独立电源，通常不受影响。尽可能关闭停电时处于开启状态时的家电，至少要开一盏电灯，这样才能知道何时恢复供电。

活动目标：

1.通过看图，知道停电时要注意安全，不随意走动，不要碰倒燃烧的蜡烛。

2.乐意参与模拟演习，并能将所学的安全知识落实在行动中。

活动准备：

1.图片、游戏场地。

2.提前让孩子预演家里停电后的场景。

活动过程：

一、谈话导入

小朋友们都在家进行了模拟停电，停电以后你有什么样的感受？

1.请小朋友说一说停电以后眼前的世界。

2.停电给我们带来了哪些不便？

3.停电之后我们首先要做的是什么？

二、讨论

家里都有哪些东西离不开电？这些电器停电以后会怎么样？

1.炎热的夏季没有了空调我们应该怎么应对？

2.停电后冰箱里的食物应该怎么储存？

3.停电之后会有哪些安全隐患？我们应该怎么做？

4.为了应对停电，家中应常备哪些物品？

小结：如果发生突然停电，电话使用独立电源，通常不受影响。尽可能关闭停电时处于开启状态时的家电，至少要开一盏电灯，这样才能知道何时恢复供电。不要关掉冰箱电源，停电时，食物可保存至少12小时不变质，冰箱储存得越满，保存越久，满载的冰箱如果不打开，食物能保存48小时。用毯子和报纸包裹住冰箱底部，可防止热气渗透到冰箱里。要预防火灾，燃气泄漏，在室内注意通风。为确保安全，拔掉电源插销把电线收好，以免把人绊倒。床边放一支手电筒，客厅放一盏应急灯，以备不时之需。遇到大范围停电，如果正在家，千万别出去，此时，家里才是最安全的。

三、结论

停电后面对无边的黑暗，小朋友们应该怎样战胜黑暗的恐惧感？

1.现在我们知道停电以后该怎么办了，我们来玩一个"停电"的游戏，好吗？

169

停电啦，我们先原地等一会儿，我们要小心地去上厕所。注意不要撞到桌椅，也不要撞到小朋友。请小朋友说一说自己的感受，分享自己的经验。

2. 打开手电筒，一起来玩手影游戏，感受微光下的美好和快乐。

活动反思：现代社会很少会遇到停电的情况，一旦停电面对无边的黑暗，尤其是夏季，没有空调，闷热难受怎么办？其实孩子们面对黑暗表现出来的更多的是兴奋，尤其是大面积停电带来的新奇经历，在难得的黑暗中捉迷藏，观看月光下的树影，其实一切都非常美好。当然在享受停电带来的新奇体验的同时，我们更需要重视幼儿的安全教育，知道停电后不要随意走动，远离蜡烛防止烫伤，学会用手电筒等照明设备。了解停电后应该做哪些应急工作，如家中的电器需要断电，冰箱里的食物怎样更好地储存等。

安全提示：

1. 在黑暗的世界里我们看不清周围的环境，所以停电后不要随意走动。

2. 不要害怕黑暗，不要惊慌，安静地等待大人找来照明的物品。

3. 知道停电后家用电器要断电，冰箱不要断电，尽量不要打开冰箱，让食物尽可能保鲜。

家长课堂：

1. 平时锻炼孩子自己睡觉，适应黑暗，让孩子能够克服对黑暗的恐惧。

2. 在家里备上手电等应急照明设备，告诉幼儿放置的位置并教会他们如何使用。

3. 带孩子体验停电时的乐趣，可以到户外看星星，玩捉迷藏和手影游戏等体验微光的美好。

（教师　杜洁）

活动五 小心别碰我

设计意图

电器在幼儿生活中随处可见，用电安全也是我们防止幼儿意外伤害的重要工作之一。在教会幼儿正确使用电器的同时，为了防止儿童触摸电器、电源发生事故，也为了教育幼儿具备防电意识，设计了防触电安全活动，让幼儿了解电器的使用安全和自我保护方法，减少意外伤害。

活动目标：

1. 了解电器的正确使用方法，避免意外伤害。

2. 知道自己不能单独使用电器设备，培养幼儿的安全意识。

3. 活动中能够积极表述自己的意见，并认真倾听他人讲述。

活动准备：

几种常见的电器设备、接线板、幻灯片。

活动过程：

一、导入，提问幼儿

1. 你认识这些标志吗？它们代表什么意思？

安全用电、有电危险、当心触电、小心有电等标志。

2. 在什么地方见过这样的标志？为什么这些地方会有这些标志呢？

提醒人们注意有电，安全用电，起到注意警告的作用。

二、观看幻灯片，说说电与我们生活的关系

1. 生活中有哪些常用的电器？

电视、电扇、空调、手机、电脑、微波炉、烤箱、洗衣机、冰箱、电水壶等。

2.电与我们的生活息息相关，使我们的生活便捷，但是如果不安全使用，也会给我们带来伤害。

三、认识电源插口和插线板，了解他们正确的使用方法

1.使用这些电器时应该注意什么？

2.这些电源插口和接线板应该如何使用？

教师小结：这些电器和接线板等物，最好在家长陪同下使用。不要用湿手摸电器，接线板不能超负荷使用。

四、看幻灯片，了解电器的正确使用方法，发现不正确的并能帮助改正

1.观察图片中电器的使用方法中哪些是不正确的，应该如何正确使用？

2.老师小结电器的正确使用方法：接线板不能超负荷工作，供电线路上不能挂重物，热水器应关掉电源再洗澡，湿手不能摸电源，手机充电时不能接打电话，不玩灯及电线插头等。

3.认识了解电源总开关，学会在紧急情况下切断总电源。

五、讨论

1.哪些物品不导电（绝缘物品）？有干燥的木棍、橡胶等。

2.万一有人触电了，如何帮助触电的人？

3.教师小结：不能用手去拉触电的人，要及时切断总电源，用绝缘物将触电者与电源分开，告诉大人或打电话叫医生。

活动延伸：

电器发生故障着火了怎么办？了解电器火灾的救火方法和自我防护方法。

活动反思：对于电器如何正确使用，幼儿都能够有所了解并能说出方法和问题所在，证明大部分家庭有防触电这方面的安全意识，但在已经发生触电的情况下，如何进行营救及自我保护这方面意识薄弱，需继续加强，并做好这方面的安全普及工作。

安全提示：

1.雷电时最好不要使用电器，避免雷击损坏电器。

2.电器周围不宜潮湿，易发生漏电现象。

3.纸、书等易燃物不能长时间和电器放在一起，易发生火灾。

4.不要用湿手摸电器，电器通电时不能用湿布擦。

5.使用洗衣机时，要等到洗衣机的转筒停下，才能打开拿取衣物。

家长课堂：

1.家长离开家前要关掉所有电器电源。

2.对家庭中易发生触电的隐患要及时检修。

3.室内电源插座应安装在孩子摸不到的地方。

4.不随意拆卸安装电源线路、插座、插头等。

5.家里备一支灭火器，不要超负荷用电。

（教师　王娜娜）

活动六　溺水安全我知道

设计意图

　　保护幼儿生命、促进幼儿健康都离不开安全教育。生活中的安全问题无处不在。幼儿园传统的课堂里，我充分利用形象直观的图片，选择了幼儿比较熟悉的生活场景，设计了这节安全教育课，使孩子们在自然、宽松、和谐的气氛中学习，认识安全标志，掌握一些必要的安全规则、急救措施等让幼儿通过学习懂得了如何保护自己。

活动目标：

1. 提高安全意识，了解溺水急救的有关知识。

2. 幼儿尝试溺水急救的方法。

3. 自己能改变生活中不遵守溺水安全的不良习惯，提高对生活中违反安全原则的行为的辨别能力。

活动准备：

经验准备：游泳泳姿。

材料准备：安全标志图片、溺水急救图片、防溺水儿歌。

活动过程：

一、防溺水教育

小朋友们，请你们先来观察一张图片。

你们看到了什么？发生了什么事情呢？

二、出示安全警示图片

你认识这个警示标志吗？它是什么意思呢？

教师讲解安全标志。

三、溺水急救

1. 教师提问，发现溺水者如何将其救上岸？（请幼儿思考）

教师进行详细讲解：

方法一：可将救生圈、竹竿、木板等物抛给溺水者，再将其拖至岸边。

方法二：若没有救护器材，可以入水直接救护。（要告诉孩子只有大人可以下水救人）小孩发现有人溺水，不能贸然下水营救，应立即大声呼救。

2. 如何开展岸上急救？

教师详细讲解急救步骤：

第一步：当溺水者被救上岸后，应立即将其口腔打开，清除口腔中的分泌物及其他异物。

第二步：控水。救护者一腿跪地，另一腿屈膝，将溺水者的腹部放到屈膝的大腿上，一手扶住他的头部，使他的嘴向下，另一手压他的背部，这样即可将其腹内的水排出。

第三步：如果溺水者昏迷，呼吸微弱或停止，要立即进行人工呼吸，通常采用口对口吹气的方法效果较好。

第四步：注意要在急救的同时，迅速打急救电话"120"送医院或者向附近的大人寻求帮助。

孩子按照教师的讲解方法，全班孩子每2人分成一个小组，进行模拟演示，1人扮演溺水者，1人扮演救护者。每个小组轮流进行，其他同学细心观察，最后做出总结，指出优点和缺点。

四、安全总结

孩子小结：　通过这次活动，你懂得了什么？

教师小结：　生命只有一次，幸福快乐掌握在你的手里，希望孩子们通过这堂安全教育课，学会珍惜生命，养成自觉遵守防溺水安全原则的好习惯。不和哥哥姐姐等小孩去危险的池塘、江河、水库，不单独跑到危险的地方玩水。

五、学习防溺水儿歌

安全戏水早知道

春天来，桃花开，蜜蜂采蜜蝶舞蹈，

这个世界多美好，珍惜生命最重要。

夏天来，河水涨，波涛汹涌浪潮高，

不去河岸不玩水，绕水而行主意妙。

小朋友，爱生活，上学放学不打闹，

远离水边不追逐，平安回家要记牢。

活动延伸：

请家长利用周末时间，用查找书籍、上网等方式让孩子深入了解防溺水的知识，并编成故事与孩子分享。

活动反思： 通过一节课的学习，大部分幼儿基本了解不可在河边、池边奔跑或追逐，以免滑倒受伤甚至发生溺水。知道哪些地方不能去游泳，以及应注意的安全问题。安全教育需要家园共育，需要家长的协助。

安全提示：

1.如有大雨或雷雨，应尽快远离湿滑的水边。

2.不要勉强做长时间闭气潜泳，以免因缺氧而突然晕倒及遇溺。

3.不可在池边奔跑或追逐，以免滑倒受伤。

4.不可推他人下水，以免碰撞受伤。

家长课堂：

1.要注意不要让孩子到没有安全人员值守的河里、湖里游泳、戏水。

2.带孩子游泳时家长要注意看管小孩子不要到深水区，一旦发现孩子有溺水症状应立即施救。

3.切记提醒孩子当遇到他人溺水时，也勿冲动行事，沉着冷静帮助呼救，找大人帮忙。

4.教育孩子不在水中互相嬉闹，防止溺水窒息。

（教师　王颖）

7月

居家安全

活动一　爆竹危险应远离

设计意图

　　燃放烟花爆竹能够营造节日的气氛，是我国传统的民间习俗，是人民最喜欢的节日活动之一。但是燃放烟花爆竹存在一定的不安全因素，因此我们设计此活动，让幼儿知道燃放烟花爆竹的注意事项，做到自我保护，进而减少不必要的安全隐患。活动中，孩子们通过生活经验和图片分享了解随意放鞭炮的危险，最后我们还设计了游戏"走迷宫"，让孩子们在玩中加强规则意识。

活动目标：

1.通过图片让幼儿了解不正确放鞭炮有哪些危险。

2.在走迷宫的过程中认识到正确燃放烟花爆竹的安全常识。

3.讨论中发现安全无小事，处处需谨慎，提高自我保护意识。

活动准备：

视频、图片、迷宫。

活动过程：

一、观看新年视频，和幼儿一起感受节日的气氛

教师和孩子一起观看过新年放鞭炮和放烟花的视频，一起感受新年的快乐。

教师提问：你们放过鞭炮吗？你见过谁在放鞭炮？放鞭炮时你在做什么？

二、通过图片了解放鞭炮带来的危害

今天老师也带来了几张图片，我们一起看看图片中的小朋友在干什么？他这样做有什么危险？

图1：小朋友放鞭炮时炸伤自己的手。

图2：两个小朋友把鞭炮放进玻璃瓶中结果炸伤自己的眼睛。

图3：小朋友把点着的鞭炮扔向宠物狗。

图4：小朋友放鞭炮点燃了周围的杂物。

教师小结：通过图片我们知道不正确放鞭炮是很危险的，不仅会伤到自己也会伤到别人，所以小朋友在放鞭炮时一定要有大人的陪同。燃放地点一定要空旷，不能靠近人员密集场所、建筑物、易燃易爆场所、树木、草丛等，以免发生火灾，给他人带来危险。燃放烟花时的点燃方式要正确。在感受新年的快乐的同时注意安全。

三、游戏"走迷宫"加强巩固安全意识

过年了，小志要去小美家拜年，不过他在去小美家的路上会遇到家家户户在放鞭炮。要求：小志只能走安全的通道，如小朋友在大人的陪同下放鞭炮，大人放鞭炮时小朋友远离等。不能在危险的通道，如在树木、草丛、柴草堆放鞭炮，在阳台上和楼道里放鞭炮等。小志能安全顺利地到达小美家吗？我们一起来帮助他吧。师幼一起"走迷宫",寻找安全燃放爆竹的方法。

教师小结：小朋友在"走迷宫"的过程中不仅判断出了哪些做法是危险的，哪些做法是安全的，还懂得了在规定的时间、区域内燃放炮竹的规定。安全无小事，处处需谨慎。

活动延伸：

一起用彩纸制作鞭炮，并把鞭炮送给弟弟妹妹，给他们讲放鞭炮的安全知识。

活动反思：本节活动让幼儿在讨论中掌握有关放鞭炮的危险，尤其是在分享图片中，孩子们一个个惊讶的表情，学习的过程中才知道原来用不正确方式用放鞭炮是很危险的。其中孩子们最喜欢尝试"走迷宫"了，在亲身体验中把知识掌握得更加牢固。

安全提示：

1. 成人放炮，宝宝远离，以免被鞭炮四射的火星伤到。

2. 小朋友需要家长的陪同，燃放危险系数小的烟花炮竹。

3. 小朋友不要把鞭炮拿在手里放，以免炸伤自己。

4. 不要向人群、车辆、建筑物、输油管、下水道等抛掷点燃的烟花爆竹。

家长课堂：

1. 家长不要给孩子买大鞭炮，不能让孩子独自放。

2. 家长要教给孩子正确的点燃方法，避免用不正确的方法炸伤自己。

3. 家长一定要把买回来的鞭炮存放在孩子拿不到的位置。

（教师　孙彦娇）

活动二　躲猫猫

设计意图

　　躲猫猫是孩子们喜欢的游戏，躲藏寻找的环节给孩子带来惊喜和乐趣。在家里玩躲猫猫，有的孩子会躲到橱柜里，有的会藏在门后，还有的会藏到靠近电源的地方，一不小心就会发生危险，因此我们要让孩子们了解家中的危险区域，知道自我保护。本节活动让幼儿在游戏中体验躲猫猫的快乐，同时了解到家里的危险区域是不适合玩耍的，让孩子在玩中学、学中玩。

活动目标：

1.通过故事表演了解躲猫猫游戏时，藏身地点的选择可能会发生潜在危险，提升幼儿自我保护意识。

2.能预见危险并能正确处理，提高幼儿自我保护的能力。

3.激发幼儿热爱生命，珍惜生命的情感。

活动准备：

故事、图片、头饰、"视觉大发现"游戏卡。

活动过程：

一、玩游戏"躲猫猫"，引起幼儿的兴趣

小朋友们，我们一起玩个躲猫猫的游戏吧。一名小朋友开始数数，其他小朋友赶紧找地方躲藏。

二、在故事表演中，知道躲猫猫也存在危险

师：今天有两个好朋友也在玩躲猫猫的游戏，我们看看他们是怎样躲藏的。

教师请配班老师一起进行表演，分别扮演小猫和小鸭。小鸭来躲藏，小猫负责找。

情景一：小鸭躲在柜子里，可柜子怎么也打不开了，小鸭呼吸越来越困难。

情景二：小鸭躲在门后边，小猫用力推门，小鸭的头被碰伤了。

情景三：小鸭躲在冰箱里，小猫怎么也找不到它，可是小鸭越来越冷。

情景四：小鸭躲在窗帘后面，紧挨窗户，窗户大开。

教师提问：说说家中哪些地方不适合躲猫猫？为什么？

教师小结：玩躲猫猫的游戏，一定不要藏在狭小的地方。因为在狭小的空间里，容易缺氧。家里有些地方是不能躲猫猫的，如有电源的地方、橱柜里、电冰箱等，这样很有可能造成触电、窒息、冻死的危险。所以我们一定要记牢，哪些地方能藏哪些地方不能藏。

三、讨论：怎样帮助小鸭脱离危险

师：小鸭子躲藏的地方很危险，很容易发生生命危险，我们怎么帮助它脱离危险呢？

情景一：小鸭子被困在柜子里了，它应该怎样做？

教师小结：小鸭应通过击打柜子门，引起外面人的注意；不要大声喊叫，否则空气有限，很容易窒息；还要做到不能在衣柜里睡觉，会延误外人发现、解救自己的时间。

情景二：小鸭躲藏的房间门被反锁、打不开了，它应该怎么做？

教师小结：不要紧张害怕，要大声呼救，一定不要转动门上的锁，以免影响家长开锁。

四、游戏"躲猫猫"，提升幼儿自我保护的安全意识

一群小动物在玩躲猫猫的游戏，我们一起找找小动物们藏在哪里吧。

出示"视觉大发现"的图片，幼儿根据小动物身上的特征找到它们，同时判断它们躲藏的地方是否正确，并说出不正确的原因是什么。两组幼儿或多组幼儿进行比赛，用时最短的获胜。

活动延伸：

户外玩躲猫猫的游戏，提升幼儿安全意识，学会选择安全、有趣的躲避地点。

活动反思： 在活动中，老师通过情景表演、讨论和游戏活动，让幼儿学会避开具有潜在危险的躲藏地点，掌握一些正确处置、脱离危险的方法。整个活动能够吸引幼儿主动参与，说出自己的见解。同伴分享过程中了解了更多的安全知识，在快乐中实现了自我提升。

安全提示：

1.游戏时小朋友不要藏进衣柜、能反锁的房间、冰箱、门后面等。

2.如果小朋友被困在柜子里要学会控制呼吸，还要通过击打柜子门，引起外面人注意。不能在衣柜里睡觉，否则空气有限，很容易窒息。

3.游戏时小朋友不要藏在窗台上，那样容易失足掉到窗外，酿成大祸。

家长课堂：

1.家长要看护好孩子，有危险的柜子要上锁，避免危险发生。

2.如果幼儿被困在狭小的空间，家长一定要安抚孩子的心情，让他知道爸爸妈妈会帮助他，不要紧张、害怕。

（教师　孙彦娇）

活动三　陌生人敲门不要开

设计意图

　　现在父母工作繁忙，有时家长会把孩子单独留在家里，给犯罪分子可乘之机。来敲门的陌生人情况复杂，幼儿需要对不同情况进行综合分析作出判断，并寻找应对陌生人的方法。活动中通过故事引起幼儿的兴趣，同时在谈话和情景表演中，轻松学习，习得应对陌生人的方法，学会自我保护。

活动目标：

1.通过生动的故事讲解，让幼儿知道给陌生人开门是很危险的事情。

2.通过情景模拟练习，学习陌生人敲门时的应对方法，学会保护自己。

3.初步了解被陌生人带走的危险，加强幼儿的防范意识。

活动准备：

故事、图片。

活动过程：

一、欣赏故事《三只小兔》，理解故事内容，建构经验

　　教师提问：为什么小兔子们没有被大灰狼吃掉？如果你是小兔子会不会给大灰狼开门呢？为什么？

　　教师小结：不是所有的成人都是友善的，给陌生人开门是很危险的事情。

二、情景模拟练习，学习陌生人敲门时的应对方法

　　今天也有陌生人来敲门了，我们该怎么办呢？我们一起来想办法解决吧。

　　1.教师扮演快递员，请幼儿模拟应对方法。

教师：你好，我是送快递的，请开门。幼儿做出相应的回答和处理的办法。教师对幼儿不同的应对方法进行讲评。

教师小结，快递员敲门时可以这样做：（1）小朋友可以保持安静不出声，让敲门人误认为家中无人。（2）和陌生人说等家长回来了再收取。（3）告诉陌生人把快递放到小区门卫室。（4）无论陌生人说什么，都不能给陌生人开门。

2.教师扮演父母的朋友，请幼儿模拟应对方法。

教师：小朋友好，我是你妈妈的同事，她现在在加班，她让我过来带你去单位找她。幼儿做出相应的回答和处理的办法。教师对幼儿不同的应对方法进行讲评。

教师小结，爸爸妈妈的朋友敲门时可以这样做：（1）假装家中有人，大声喊叫家长，把陌生人吓走。（2）打电话给家长，确认来人信息。但不要轻易开门。（3）如果陌生人不走，可以找家长、邻居或报警。

3.教师扮演幼儿的亲戚，请幼儿模拟应对方法。

教师：你好啊。我是你的小姨。上次我们还一起吃饭呢，你说你最喜欢我了，今天小姨给你带来好多好吃的，快开门吧。幼儿做出相应的回答和处理的办法。教师对幼儿不同的应对方法进行讲评。

教师小结，如果陌生人说是你的亲戚时，我们可以这样做：（1）是吗？可能是我忘记了，爸爸妈妈把门反锁了我开不开，你给爸爸妈妈打电话吧。（2）给家长打电话，请他们快回来。（3）家长不在时，坚决不给任何人开门。

我们在情境中知道了一些应对陌生人敲门时的方法。除此之外，小朋友还要做到遇事不紧张，要勇敢地面对坏人。

三、学儿歌《陌生人》提高幼儿安全意识

师：如果小朋友被陌生人骗走会发生什么事情呢？我们一起学习儿歌《陌生人》，在儿歌中了解被陌生带走的危险。

陌生人

小孩儿小孩儿快开门，叔叔带你去公园。

给你糖果陪你玩，还带你去游乐园。

　　只要小孩儿你开门，后果自负没亲人。

　　父母之言不能忘，老师教导记心间。

　　这是一条"大灰狼"，专门欺骗小朋友。

通过儿歌知道，如果听信陌生人的话就会被陌生人带走，找不到自己的爸爸妈妈了。所以小朋友一定不要随便给陌生人开门。

活动延伸：
分享故事《危险的陌生人》，让幼儿了解到跟陌生人走之后的危险。

活动反思： 孩子们对故事内容很熟悉，他们能够积极地配合老师一起讲故事。尤其是在狼来了，小朋友们都一起大声说千万别开门。这说明孩子们有一定的生活经验。在情境表演中，孩子们针对陌生人敲门时的问话也是积极谈论，积极发表自己的看法，想出了各种各样的应对方法。孩子在体验中学习起来会觉得更加有趣，更加喜欢参与，掌握起来也会更容易。

安全小提示：

1. 小朋友知道自己单独在家时不能给陌生人开门，也不能听信陌生人的话。

2. 当自己遇到危险时要给父母打电话，或者拨打"110"请警察来帮忙。

家长课堂：

1. 家长不要单独把孩子留在家里，要有陪护的成年人。

2. 教孩子记住家人的电话，并学会使用联系工具。

3. 家长根据家庭情况，和幼儿一起区分熟悉的人和陌生的人。

4. 家长和孩子一起分享有关被拐骗的案例，加强幼儿的自我保护意识。

（教师　孙彦娇）

活动四　火苗危险不要玩

设计意图

在孩子们的眼中，火是很神奇的东西。我们通过故事、情景模拟让幼儿在亲身体验中了解玩火的危害，做到远离火源，同时孩子们在演练中还能掌握一些逃生的方法。

活动目标：

1. 通过故事让幼儿知道偷偷玩火容易引发火灾。
2. 通过观看视频深刻感受火灾的危害，树立不能玩火的意识。
3. 掌握几种发生火灾时的处理方法，懂得珍惜生命。

活动准备：

故事、幼儿毛巾、图片。

活动过程：

一、欣赏故事《过生日》，知道玩火能引发火灾

幼儿听故事后，教师提问：谁过生日？为什么桌布会烧着？

教师小结：玩火容易引发火灾，尤其是偷偷玩火。

二、看图片，找出可以产生火的物品

让幼儿说出生活中哪些物品可以产生火，如蜡烛、打火机、煤气灶、电器等。

教师小结：原来生活中除了打火机、火柴、蜡烛可以产生明火之外，天然气灶、爆竹、电器的使用不当也可以引起火灾，所以不可以把这些物品当玩具玩。

三、观看视频，讨论火灾的危害

教师提问：火灾是怎样发生的？火灾的危害是什么？

教师小结：火灾是由于火苗引燃周围易燃品，如窗帘、床单、衣服等发生的。火灾会烧毁房屋中的一切，带来财产损失。住楼房的可能会蔓延到邻居家，给别人造成损失。火灾中浓烟滚滚，会给生命带来极大危险。为了自身和他人的安全，坚决不能玩火。

四、模拟练习发生火灾时的处理方法

佑佑独自在家玩，他发现家里的打火机，就学着爸爸的模样拨动开关，火苗打开后，他又学着大人的样子去烧玩具开关上的绳子。结果绳子点着了，他害怕地把玩具一扔，正好扔在了窗帘上，窗帘被点着了，眼看着火苗越来越大，佑佑该怎么办呢？我们快来帮帮他吧。

1. 赶紧呼救，找成人帮忙。

2. 找到家用灭火器灭火。

3. 拨打火警电话"119"，学习把家庭住址表述清楚。

4. 火势无法控制时，用湿毛巾捂住口鼻并迅速蹲下，沿着安全出口指示的方向逃生。

师幼共同练习，提醒幼儿沉着不慌张。

活动延伸：
寻找生活中的易燃易爆品，学会寻找公共场合发生火灾时的安全出口。

活动反思：活动中根据故事情节，让幼儿了解到玩火的危险。根据生活经验让幼儿寻找日常生活中的易燃易爆品，并说出不能玩的原因，不仅发展了幼儿的语言表达能力，还丰富了幼儿安全防火知识。最后我们通过模拟火情场景，让幼儿在真实情感中感受，更加容易接受和加强。

安全提示：

1. 不玩火，远离易燃易爆的物品。

2. 如果遇见火情，及时叫家长帮忙。

3. 火情太大需要逃生时要沿着安全出口标志的箭头方向逃生，并且用湿毛巾捂住口鼻，减少热力和烟对身体的危害。

4. 不拿打火机或火柴当玩具，以免烧着物品，烧伤自己。

5. 点燃蜡烛应远离窗帘、爆竹、煤气罐等易燃易爆物品。

家长课堂：

1. 告诉孩子不要玩火，同时把火柴和打火机放到孩子看不到的地方。

2. 和孩子一起寻找家里的安全出口。

3. 禁止孩子去厨房乱动煤气灶开关。

4. 禁止在家里堆放纸盒、易燃易爆物品，以免发生火灾。

⮕ 用湿毛巾捂住口鼻，有序撤离

及时撤离到户外，并打"119"求救 ⬅

（教师 孙彦娇）

活动五 浴室安全我知道

设计意图

幼儿总是好奇好动，即使到了浴室也闲不住，丝毫意识不到浴室的地滑、洗澡水很烫等危险。本此活动，通过谈话活动帮助幼儿理解浴室潜在的危险，知道进入浴室后应该注意什么。通过游戏加强幼儿的自我安全意识。

活动目标：

1.通过图片使幼儿了解浴室里玩水会带来哪些危险。

2.通过游戏"争做安全小卫士"，加强幼儿的自我安全意识。

3.在游戏中培养幼儿互相合作，共同完成任务的团队意识。

活动准备：

音乐、图片、彩色卡纸若干。

活动过程：

一、随音乐做律动《我爱洗澡》

二、出示图片，了解在浴室戏水的危险

夏天到了，需要洗澡，你们喜欢洗澡吗？今天有一个小朋友也喜欢洗澡，我们一起来看看吧。

图1：小明来到卫生间，伸手就要开热水阀门。

讨论：他这样做，行吗？会有什么危险？

教师小结：小朋友不能自己开热水阀门，以免烫伤自己。

图2：小明一边洗澡一边玩水，还把浴液、洗发水弄到了地上，满地都是水，整个浴缸里外全是泡沫。

讨论：他这样做，行吗？会有什么危险？

教师小结：满地都是水湿漉漉的容易滑倒，碰伤自己，泡沫过多时，小朋友站起来时极容易打滑摔伤自己。

图3：小明洗完澡，用沾了水的湿手去摸电插座。

讨论：如果你看到了这种情况，你想怎么说？

教师小结：水可以导电，用湿手碰电插座容易触电，会被电击。

图4：浴缸里玩玩具，打水仗、打打闹闹。

讨论：他这样做，行吗？会有什么危险？

教师小结：在装满水的浴缸里打闹，最容易造成溺水，很危险。

三、游戏"我是安全小卫士"加强幼儿的自我安全意识

幼儿分成两组面对面坐好，第一个幼儿手中拿着玩具，教师放音乐《我爱洗澡》，幼儿开始依次传递手中的玩具，当音乐停止时手中持有玩具的幼儿要说出一句有关浴室安全的话，两组不能内容重复。要求：表述完整，吐字清晰。如果幼儿说不出来，可以请本组一名幼儿帮助。说对的一组得到一颗星星，得星星最多的一组获胜。

活动延伸：
和幼儿讨论公共浴池里的安全注意事项。

活动反思：浴室是我们经常要去的地方，可是孩子们往往不知道浴室里还存在一定的危险。活动中孩子们一开始并没有觉得浴室有什么危险，通过图片孩子们逐渐了解到自己生活的周围到处潜在着危险，只要不小心就会出现危险。自我安全意识逐渐增强。

安全提示：

1. 不在浴室里玩水，以免滑倒。

2. 不玩浴室里的热水，以免烫伤。

3. 不在浴缸里跑跳，以免摔倒磕伤自己。

4.不用湿手摸电源开关，以免触电。

家长课堂：

1.如果孩子出现溺水的情况，家长要迅速清除孩子的口鼻异物，保持呼吸顺畅，并将舌头拉出，以免堵塞呼吸道。

2.家长要让浴室地面保持干燥。

3.和孩子约定，如果爸爸妈妈不在家，不能一个人到浴室洗澡，以免发生意外。

4.浴室的清洁用品应摆放到高处，不能让幼儿随手拿到。

（教师　孙彦娇）

活动六　看不见的气魔鬼

设计意图

孩子们要放暑假了，在家玩的时间也多了，这时候告诉孩子家里的天然气不能玩是很重要的。有的孩子会好奇地打开天然气开关，如果忘记关掉就会带来危险。因此设计此次活动，通过探索、讨论让幼儿一步步地掌握所学的内容，让孩子们在谈论中丰富自己的安全经验。

活动目标：

1.通过生动的故事讲解，让幼儿知道天然气也存在危险性。

2.了解使用天然气的正确方法，做好安全预防。

3.鼓励幼儿运用已有生活经验，积极参与探索实验，建构安全意识。

活动准备：

故事书、图片、气球。

活动过程：

一、欣赏故事《看不见的气魔鬼》，认识天然气的危害

教师提问：什么使大灰狼晕倒的？幼儿发表自己的观点。

教师小结：使大灰狼晕倒的是做饭用的天然气。天然气是一种无色、无味的气体，当房间充满这种气体，轻微时人会晕倒，严重时会让人中毒死亡。因为它无色无味，不易被觉察，就像看不见的"气魔鬼"。

二、认识天然气灶、天然气管道及阀门，了解天然气的用处

1. 出示天然气灶、煤气灶、天然气管道及阀门图片，提问这是什么，他们是什么颜色。

教师小结：这是运输天然气的管道，以及相关使用设备。黄色是醒目的颜色，黄色的管道是提醒人们不能随意破坏。天然气可以燃烧，在燃烧的过程中产生的有害物质极少，是清洁能源之一。天然气可以用来做饭、烧水，在带给我们便利的同时减少了环境污染。

2. 了解家庭中的天然气。

教师提问：家中的天然气在哪里？

教师小结：每个家庭的天然气都设置在家中的厨房里，是家庭必备的生活设施。通过管道（硬管和软管）输送到燃气灶，点燃后就能制作食物。

三、幼儿讨论：怎样预防家中"气魔鬼"出来捣乱

幼儿说，教师出示图片。图一：天然气阀门。图二：燃气灶开关。

教师小结：小朋友在家中不能动天然气阀门、燃气灶开关，以免发生气体泄漏或更大的危险。虽然天然气无色无味，但是为了使用安全，家庭使用的天然气注入了增臭剂，如果出现漏气或其他情况，便于及时发现。所以，家里每个人包括小朋友都要经常关注家中有无异味，如果闻到家中有臭味，就要及时告知成人。

居家外出时，小朋友要提醒家长及时关闭燃气阀门。

四、天然气泄漏后的应对方法

教师提问：如果家中发现了天然气漏气情况，要怎么处理？

教师小结：（1）我们在保证自己安全的情况下，请成人关闭天然气阀门。（2）轻轻打开家中所有的窗户，让空气对流，减少天然气的密度，切记不可以在室内接打电话。（3）在室外等待，同时拨打天然气公司电话请求帮助，等天然气散去再回家。

五、小组探究《哪里在漏气》，用气球做一个寻找漏气源的实验

1. 幼儿先观察老师手中的气球，进行讨论气球是否漏气。

2. 老师把幼儿的猜测结果和猜测的方法写在黑板上。

3. 一起来验证气球是否漏气：

感官法：听有没有漏气的声音。

涂抹法：把肥皂水抹在气球的检漏处，若有气泡发生，则能断定漏气。

气球膨胀法：往气球里注水，漏出水的地方就是漏气处。

教师小结：原来检查是否漏气的方法有很多，我们可以分享给家长，当家里有难闻的气味时就可以用以上方法检查天然气是否漏气了。

活动延伸：
分组制作天然气的安全使用宣传画。

活动反思： 孩子们对天然气并不陌生，已有生活经验中比较了解它的特点，在分享过程中，孩子们了解到更多的关于天然气使用常识和安全知识，大家在讨论中提出问题，在老师的引导下自己进行探索，这样孩子们会更容易理解，所学的内容也更加深刻。

安全提示：

1. 小朋友不能乱动煤气灶的开关。

2. 当闻到家中有异味时一定要告诉家长。

3. 做好家庭使用天然气的"小卫士"。

家长课堂：

1. 日常生活中不要让孩子接触和使用明火，这样也是一种预防的方式。

2. 教给孩子不能动燃气阀门和燃气灶的开关，避免危险发生。

3. 使用燃气时，成人不可离开厨房，预防汤水溢出导致燃气熄火，造成燃气泄漏。

4. 做到定期检查燃气的接口是否损坏或脱落。

5. 使用燃气时一定要勤开窗通风，避免因为室内的空气不流通而发生中毒的情况。

▶️》》》➡️不能动煤气灶

不能动煤气开关 ◀️《《《◀️

（教师　孙彦娇）

幼儿园

安全教育活动指导

中班

主　编	张继科	关彦然	陈晓鹭			
副主编	任金素	王云端	于学青	李　燕	李　炜	张培培
编　委	马红霞	庄向荣	高　丽	高密林	刘雪莹	陈雪芹
	张亚妹	李晓梅	田　玲	杨欣会	王雅静	王　笑
	李丽芳	燕静华	王军丽	闫伟园	闫丽娟	冯春肖
	孙彦娇	陈立媛	张　琳	李　娜	尹　莉	刘　璐
	刘红阁	陈瑞婵	纪翠红	段亚玲	王　莹	宋雪永
	张　钰	卢　坤	耿　旸	张　兰	苏玥姗	刘　芳
	刘　颖	谷　炜	王萌萌	郭慧慧	高　颖	吴春雪
	杨　树	汤秋菊	杨　艳	齐小菊	李银辉	马冬梅
	赵　欣					

世界图书出版公司

图书在版编目（CIP）数据

幼儿园安全教育活动指导．中班／张继科，关彦然，
陈晓鹭主编 . -- 北京：世界图书出版公司，2019.8
　　ISBN 978-7-5192-6634-9

　　Ⅰ . ①幼… Ⅱ . ①张… ②关… ③陈… Ⅲ . ①安全教
育—学前教育—教学参考资料 Ⅳ . ① G613.3

中国版本图书馆 CIP 数据核字 (2019) 第 174796 号

书　　　　名	幼儿园安全教育活动指导．中班	
（汉语拼音）	YOUERYUAN ANQUAN JIAOYU HUODONG ZHIDAO. ZHONGBAN	
主　　　编	张继科　关彦然　陈晓鹭	
总 策 划	吴　迪	
责 任 编 辑	邰迪新	
装 帧 设 计	赵廷宏	
出 版 发 行	世界图书出版公司长春有限公司	
地　　　址	吉林省长春市春城大街 789 号	
邮　　　编	130062	
电　　　话	0431-86805551（发行）　　0431-86805562（编辑）	
网　　　址	http://www.wpcdb.com.cn	
邮　　　箱	DBSJ@163.com	
经　　　销	各地新华书店	
印　　　刷	小森印刷霸州有限公司	
开　　　本	710 mm × 1 000 mm　1/16	
印　　　张	37	
字　　　数	559 千字	
印　　　数	1—5 000	
版　　　次	2019 年 9 月第 1 版　　2019 年 9 月第 1 次印刷	
国 际 书 号	ISBN 978-7-5192-6634-9	
定　　　价	168.00 元（全 3 册）	

目录

3

概　述

第一章　幼儿安全教育的重要意义

党的十九大报告中明确指出，要树立安全发展理念，弘扬生命至上，安全第一的思想。安全就是生命，安全是人类最基本、最重要的需求。

党中央、国务院高度重视中小学生和幼儿的安全工作。自 2006 年教育部、公安部等十部委共同发布《中小学幼儿园安全管理办法》，2007 年国务院办公厅转发教育部《中小学公共安全教育指导纲要》，到 2013 年教育部颁布《中小学校岗位安全工作指南》，2014 年 2 月印发的《中小学幼儿园应急疏散演练指南》，教育部对中小学校的安全工作提出了更具体化、可操作化的要求，为保障广大师生的安全又树起了一道坚固的屏障。2017 年国务院办公厅印发《关于加强中小学幼儿园安全风险防控体系建设的意见》明确要健全学校安全教育机制，将提高学生安全意识和自我防护能力作为素质教育的重要内容，着力提高学校安全教育的针对性与实效性，将安全教育与法治教育有机融合，全面纳入国民教育体系，把尊重生命、保障权利、尊重差异的意识和基本安全常识从小根植在学生心中。

《幼儿园教育指导纲要（试行）》（以下简称《纲要》）中明确指出："幼儿园必须把保护幼儿的生命和促进幼儿的健康放在工作的首位。"幼儿安全教育是幼儿园教育工作的重中之重，是幼儿园教育工作的基础和关键内容。

《3—6 岁儿童学习与发展指南》（以下简称《指南》）中健康领域学习与发展目标：结合活动内容对幼儿进行安全教育，注重在活动中培养幼儿的自我保

护能力；减少意外伤害的发生，提高幼儿的生存质量，是家庭、幼儿园乃至整个社会关注的问题，关系到每个幼儿的健康成长，关系到家庭的幸福、社会的稳定。

一、重视安全教育就是重视生命

2010 年 2 月国家颁发《全国家庭教育指导大纲》明确指出"抓好安全教育，减少儿童意外伤害"。联合国《儿童权利宣言》原则二提及"儿童应受到特别保护……"。儿童应该享有安全教育的权利。

在日常生活中，不安全的隐患时有发生，如爬高时的意外坠落、误食有毒物品、摔倒、溺水等。当伤害发生时，我们经常会责备自己没有看好孩子，其实，我们更应该思考为什么不能做好预防工作，教会孩子认识到什么是危险以及遇到危险时自己该怎么做。

据调查统计，我国在 0 ~ 14 岁的儿童中因意外伤害而死亡的儿童数量每年大约 20 万人，而每三位死亡的儿童就有一位因意外伤害而身亡。经统计，意外伤害产生的原因有多种，主要原因有火灾、溺水、中毒、车祸等。现实中的例子或事件也足以引发研究者对幼儿安全的思考。如近几年经常被曝光的幼儿园校车事故、幼儿园喂药事件、幼儿教师虐童事件、幼儿食物中毒事件等，这些事件的频频发生，无时无刻不为幼儿在园安全敲响警钟。人的生命仅有一次，幼儿的生命安全和健康与否关系到民族的未来与希望，幼儿安全教育迫在眉睫、责任重大。

二、幼儿安全关系每个家庭的幸福

中国疾控中心慢病中心数据显示，全球平均每天有 2000 多个家庭因非故意伤害而失去孩子。在我国，伤害是 1 ~ 17 岁孩子的首位致死原因。主要包括道路交通伤害、跌倒跌落、打人或被人击伤、刺伤或割伤、溺水、烧烫伤、中毒、误吸伤害等，不仅给儿童造成了无法弥补的身体和心理创伤，也给社会、家庭造成了沉重的负担和巨大的经济损失。幼儿健康成长是父母的最大盼望，孩子的安全问题涉及千家万户，学校的安全事故以及对学生造成的伤亡会震动全社会，会给社会和谐稳定造成严重负面影响。孩子的安全关乎每一个家庭的希望和快乐，幼儿的安全教育是一项基本工作，也是其他工作的基础。

三、幼儿的身心发展特点凸显幼儿安全教育的重要性

学前期，幼儿的身心发展有着自身的特点。

1. 知识经验不足

幼儿知识经验不足使幼儿辨别是非能力差，有时意识不到危险状态的存在。例如，幼儿玩滑梯时应该从上往下滑，但有些幼儿偏爱从下往上攀，有时会被上面急速滑下来的幼儿踹伤。

2. 自控能力差

幼儿的神经系统发育不成熟，注意力的稳定性差，容易转移和分散。表现为活泼好动、爱跑爱跳，很容易脱离保教人员的视线，发生磕碰等事故。

3. 好奇心强

幼儿对新异刺激性事物容易感兴趣，探究欲望强，常常身不由己地用手触摸感兴趣的物体。但是，由于幼儿的知识经验不足，对处于危险状态的物体也会进行触摸，如可能触摸裸露的电源开关等导致事故发生。

4. 自我保护能力较差

由于幼儿知识经验和个人力量不足等原因，一旦发生危及自身安全的状况，他们不知道如何保护自己或者没有力量保护自己。

5. 抵抗能力差

由于幼儿身体发育不健全，身体功能较差、免疫能力低，同样的外力抗击或细菌感染，成人不会出现问题，幼儿则难以抵御。如幼儿骨骼发育不健全，容易发生骨折事故；幼儿消化系统发育不健全，容易食物中毒等。

由以上几点可以看出：幼儿是容易受到伤害的人群。这就凸显了幼儿园安全工作在幼儿园整体工作中的重要性，凸显了幼儿园保教人员对幼儿开展安全教育和对幼儿进行精心保护的必要性。广大教师要牢牢树立"安全第一"的教育观念，

把安全教育工作作为重要内容列入班级工作中。

四、系统化的安全教育能有效培养幼儿安全行为习惯

幼儿安全教育是根据幼儿动作发展、认知发展以及已有生活经验等方面的特点，加强幼儿对周围环境中潜在危险的认识，提高其预见性和保护技能，减少意外伤害发生，提高生命质量的教育。行之有效的安全教育能使幼儿避免许多伤害性事故的发生，幼儿园安全教育的实施也是学前儿童感知生命之不可逆的过程，防火、防电、防水等一系列防止灾害性事故的教育能使幼儿提高安全认知水平。

系统的安全教育，可以在潜移默化中不断提升幼儿的自我保护能力，培养幼儿的安全意识。例如，关于消防安全知识的掌握，让小班幼儿了解电是危险的，中班幼儿了解火的危险性，认识消防电话"119"，大班幼儿要初步掌握遇到火灾自救的能力，如"法定助我渡险情""逃生自救"等活动，让幼儿逐步学习和掌握基本的安全知识，具备一定的自我保护能力，形成安全的行为习惯。幼儿的安全行为习惯是保证自身生命安全、维护自身健康必备的基本能力。

总之，幼儿的安全工作是各项工作的重中之重，幼儿安全教育的有效进行，能增强幼儿安全意识和自我保护能力，减少事故的发生，确保幼儿健康成长，关乎亿万家庭的幸福和祖国的未来与民族的希望。

第二章　幼儿园常态化安全教育机制

近年来，中小学生和幼儿的安全问题已成为社会各界关注的热点问题。教育部每年下发《关于做好中小学安全教育的通知》要求加强中小学生和幼儿安全教育，并将中小学生安全教育摆在重要位置，不断增强安全教育工作的针对性和实效性，持续深入开展安全教育。各地市严格依据国务院的工作部署，深入贯彻落实《关于加强中小学幼儿园安全风险防控体系建设的意见》，深化安全教育，打

造安全、阳光的校园成长环境，促进幼儿健康快乐成长。

一、健全幼儿园安全教育制度，实行党政同责、一岗双责

　　制度是确保各项工作稳步开展的基础保障。幼儿园通过建立各项安全制度，整体提升幼儿园的安全工作管理水平。在安全管理中将教师履行安全管理和教育责任的情况纳入年度工作考核内容，与评优评奖结合起来，使安全工作与幼儿园的日常工作融为一体，做到逐级负责，实行安全工作"一票否决制"，通过"一岗双责制"的全面实施，督促各岗位人员自觉地执行各自的岗位安全责任，及时发现、控制、消除园内的各类安全隐患，形成幼儿园安全管理"全员参与、履职尽责、齐抓共管"的安全工作局面，减少各种意外伤害事故发生。

二、安全教育与法治培训有机融合，教师安全理念逐步提升

　　随着社会的发展，幼儿园的安全问题呈现出多样化，如意外伤害、暴力伤害、性侵、虐童等。家长维权意识逐步增强，多数家长把在幼儿园发生的安全问题归责于幼儿园。同时，越来越多的幼儿园管理者意识到依法办园的必要性和重要性，注重安全教育与法治教育相结合，从法律的角度明确幼儿受保护的权利及幼儿人格尊严，依法办园，依法对教师进行安全教育。制定了较为系统的教师安全教育工作。如每年开展两次教师安全急救技能的技术演练赛，通过每年重复练习使教师熟练掌握基本的安全急救常识，并固化为内在安全知识技能。重视岗前培训、岗位培训及师德培训，使教师的教育教学行为合乎规范标准。利用开学初、防灾减灾周、安全教育月、消防教育月及每周例会对教师进行安全教育，每月教职工大会联系身边发生的安全事件及媒体报道的安全事故进行分析，将安全意识入脑入心等，通过法律法规的培训从内心提高了教师的责任意识，提高了教师依法教学的意识和能力。

三、安全教育渗透在一日活动中

在一日活动中注重对幼儿进行安全教育，入园——"小刀、小物件我不带"；进餐——"细嚼慢咽不说笑"；睡眠——"外衣鞋帽摆整齐，上床躺好不逗闹"；行走——"轻声、慢步、礼让、右行、不猛跑"；游戏活动——"游戏规则要遵守，人数满了要等候"；如厕——"进出厕所守规则，看清标记不滑倒"；区域活动——"使用剪刀要注意，不用就要把口闭"；服药——"服药原因要记牢，吃多少要知道""如有不舒服要上报"；洗手——"七步洗手法"；离园——"小手拉大

我爱喝水

手，安安全全出校门""不跟陌生人回家"等。厕所、楼梯、盥洗室、区角等候区都贴有小脚丫的标志，通过标志传递给幼儿养成一种排队的行为习惯。抓小事、抓细节，把幼儿安全行为和安全习惯的养成作为日常安全教育的重点工作。

同时，教师在一日活动安全教育中要注意避免出现过度保护的现象，因为担心幼儿出现安全事故，采用限制幼儿自主活动的方法达到不出事故的目的，使幼儿束手束脚，束缚幼儿的发展。教师要保护幼儿的生命安全，最根本的还是要教育幼儿，告诉幼儿应注意的安全事项，让幼儿学会识别危险、远离危险和安全自救，把安全知识融入到游戏、儿童剧表演中，创新更多的安全教育模式和经验，使安全教育全面融入幼儿的日常生活，有效提升幼儿的安全防护能力。

四、安全教育蕴含在环境创设中

幼儿思维具有具体性、形象性，通过直观、形象的安全标志与幼儿对话，让环境发挥安全教育的作用。幼儿园在大型玩具、楼道、饮水处用幼儿看得懂、易明白的图片或照片制成步骤图示意幼儿在使用的过程中注意安全，在园内区域游戏和玩玩具时作为示例图，按提示操作步骤进行等，也可以通过集体讨论和孩子

们共同商量用绘画的方式来表示，如在幼儿园的电器插座旁，可以贴上幼儿自制的"小手禁止触摸"安全标志，"当心滑倒"的标志挂在易摔倒的盥洗室里，时刻提醒幼儿注意安全，这种安全教育的形式自然融于活动之中，幼儿积极参与，幼儿对自己讨论设计的标志更愿意遵守，逐步使幼儿从"要我这样做"转变为"我应该这样做"，内化为幼儿良好的行为习惯。

区域游戏注意事项

不能坐在护栏上

小手拉大手，排队走

指示方向过小桥

大人陪同去打水

幼儿园安全标志

五、开展专项安全教育活动

开展安全主题教育活动，如3月和9月开学"幼儿园生活安全"、4月交通安全、5月防灾减灾教育等，通过主题教育加大安全宣传与教育，营造安全教育氛围。

1. 开展道路交通安全课堂

结合"12·2全国交通安全日"活动，组织幼儿开展交通规则体验游戏活动，让幼儿知道安全过马路、安全乘车等交通安全知识。邀请交警在幼儿园开展道路交通安全课，直观、生动地向小朋友介绍交通规则，交通警察的任务。

2. 消防知识安全教育

充分利用"全国中小学生安全教育日""防灾减灾日""11·9消防日"等集

交警叔叔来了

中开展消防宣传教育活动，如参观消防中队，模拟消防游戏等，让幼儿懂得玩火的危险性以及让幼儿掌握简单的自救技能。引导幼儿了解消防栓、灭火器的用途，知道幼儿园的安全通道出口。

利用国旗下讲话、网站、电子显示屏、板报等，经常向家长和幼儿宣传消防安全内容和安全知识。组织家长和幼儿亲子制作《消防知识我知道》手抄报，制作家庭消防逃生疏散图等，通过活动引导家长积极了解消防安全知识，提高家庭消防安全的防护意识。定期组织开展教职工灭火演练活动、幼儿应急逃生演练等活动，指导教师学会查找火灾隐患、扑救初起火灾和组织幼儿疏散逃生的方法，确保全体教师掌握消防设施器材使用技能和全体师生应急逃生的能力。

3. 食品安全教育

邀请医生妈妈讲述我们饮食习惯的培养，让幼儿知道不吃腐烂的、有异味的、包装不完好的食物，同时还教育幼儿不随意捡拾别人遗弃或掉在地上的食物，也不能饮用不明液体，学会拒绝陌生人给的食品。

4.防溺水安全教育

溺水是造成孩子意外死亡的第一杀手。就溺水事故要开展防溺水安全教育专项行动，发放《致家长的一封信》，向家长宣传防溺水注意事项，增强家长防溺水安全的意识和监护意识，切实承担起监护责任，加强对幼儿的教育和管理，特别是加强放学后、周末、节假日期间和幼儿结伴外出游玩时的管理，认识常见的标志，做好预防溺水的安全教育。

六、定期组织应急演练活动

幼儿园每季度至少要开展一次应急疏散演练，内容有灭火应急演练、防震应急疏散演练、消防应急疏散演练、防暴力应急疏散演练等。演练前根据主题，通过专题会议等多种途径和方式，向全体教职工和幼儿宣讲疏散演练方案，让教师和幼儿熟悉疏散程序、疏散信号、疏散路线、疏散顺序、疏散后的集合场地和时间要求等。有针对性地组织教师和幼儿学习安全知识，掌握避险、撤离、疏散和自救互救的方法、技能。通过定期开展应急演练，锻炼教师和幼儿掌握快速应急逃生的方法。

七、开展"警校共建"，构建安全教育联合机制

开展"警校共建"活动，幼儿园积极主动地联系公安、消防、交警、辖区派出所等部门，有针对性地开展相关的安全教育、安全技能培训和紧急疏散演练等活动。定期组织幼儿参观警务站、消防中队，了解相关安全机构，可以把消防员叔叔、警察叔叔请进幼儿园，请他们指导幼儿学习专业的安全知识，通过"警校共建"，构筑专业的安全教育堡垒，进而起到"教育一个孩子，带动一个家庭，影响整个社会"的安全宣教作用。

第三章 适于其时的幼儿安全教育

《指南》中结合幼儿年龄特点，针对幼儿的生活环境和需要，从与他人的交往安全，对环境中危险物或事情的认识、活动与活动中的安全、交通安全以及求助，防灾等角度指出了各年龄段幼儿在安全和自护方面的典型表现。结合中班幼儿的年龄特点和安全教育工作实际，本书设定了幼儿园生活安全，人身安全，消防安全，交通安全，饮食安全，运动安全，社会安全，自然灾害安全，触电溺水安全和居家安全十个安全主题。在主题设计中体现出与幼儿生活、主题教育、认知发展规律紧密结合的三个特点。

一、与幼儿生活紧密结合

安全蕴藏在幼儿一日生活之中，幼儿的饮食、出行、游戏活动、家庭生活中处处存有安全的因素。培养幼儿的安全自护意识应从培养其良好的常规习惯开始，习惯养成好，终生受其益。生活是培养幼儿对安全的认知和自护能力的最佳渠道。

随着年龄增长，中班幼儿的动作能力得到明显发展，活动的积极性、参与性有了极大的提高，喜欢提出自己的想法，喜欢关注生活中的各种事物、现象，有自我服务，自我管理的意识，但是，由于中班幼儿自我管理的能力较弱、对生活中的安全知识经验不足，生活中仍存在很多安全隐患，对中班幼儿的安全常识教育、安全行为的规则教育显得尤为重要。

对于中班幼儿可以利用图片、谈话、讲故事等形式，教给他们安全知识和自我保护的办法，讲一些因为缺乏安全意识而酿成灾祸的实例，加强幼儿安全教育。例如讲一讲生活中安全用电的注意事项，安全防火的相关知识，安全运动避免摔伤、碰伤等自我保护的方法，教给幼儿意外发生时的应急措施，让幼儿懂得遇到意外时，可以采取应急措施，拨打报警电话、急救电话，学习一些自护自救方法，做好自我保护。

中班幼儿运动安全案例"趣味篮球"，通过游戏让幼儿学会使用正确的拍球方法，认识到用不正确的方法拍球容易造成伤害事故，教育幼儿学习运动中的自我保护。中班饮食安全"不明食物我不吃"，让幼儿知道在公共场所中捡到的，或者不认识的人给的食物都属于来历不明的食物，这样的食物或是过期变质的、或是对身体有害的，都是坚决不能吃的食物，从而学习主动抵制来历不明食物的诱惑，增强幼儿的安全防护意识。生活案例"工具的使用"，让幼儿知道使用小剪刀时要注意的安全事项，从而了解生活中很多工具的使用是有操作要求的，只有遵守工具的操作规则，才能确保工具使用中的安全，确保自己不受伤害。

生活即教育。及时发现捕捉幼儿生活中的安全问题，从饮食、游戏、居家等生活环节入手，既贴近幼儿，又生动鲜活，潜移默化中培养了幼儿的安全意识，增强了他们自我安全防范的能力。

二、与安全主题教育紧密结合

为了增强全民安全教育意识，国家各部门设立了各类安全日、安全月，如3月全国中小学安全教育月、5月12日全国防灾减灾日、11月9日全国消防日等，这些主题的安全教育日、安全教育月是幼儿安全教育的丰富资源。借助安全教育月和安全主题教育等契机，根据幼儿不同的年龄特点，可以开展丰富多彩、生动形象的安全教育活动。

结合防灾减灾主题教育月活动和夏季季节特征，让幼儿了解生活中安全用电、防溺水、防雷电等安全知识，掌握相应的安全防护方法。例如，夏天雷雨天气较多，中班案例"打雷下雨怎么办"让幼儿知道雷电是自然现象，了解雷电的形成和危害，掌握简单的防雷电知识。炎炎夏日，游泳是深受孩子们喜欢的运动项目，溺水也是每年危及幼儿生命安全的高发事故。"防溺水总动员"让幼儿了解防溺水的有关知识，认识防溺水警示牌，知道其作用，提高幼儿的自我预防能力。

结合消防安全主题教育月活动，让幼儿了解消防安全知识，增强幼儿在生活中防火的安全意识。例如，中班案例"有用的消防器材"让幼儿认识常见的消防用品及其作用。"幼儿园逃生小能手"让幼儿了解火灾发生时幼儿园周围环境的变化，初步掌握幼儿园集体逃离火灾的自救方法，培养幼儿遇事不慌的镇定精神和自我保护能力。

中班幼儿的生活经验有了一定积累，对生活中的各种交通工具有了一定认知，结合交通安全主题教育，开展认识火车、飞机等不同的交通工具的乘坐安全、乘坐礼仪等交通安全教育活动，让幼儿正确理解交通规则及交通安全常识，培养幼儿文明的乘车行为习惯和危险状态下的应变能力。例如，中班安全案例"过马路要走斑马线"通过角色扮演，让幼儿了解斑马线的作用，知道过马路要走斑马线，培养幼儿良好的出行习惯。"乘车要系安全带"知道安全带的作用和正确使用安全带的方法，树立安全乘车的文明意识。"飞机上的安全""火车安全我知道"等了解乘坐飞机、火车等多种交通工具的乘坐礼仪，增强安全意识的同时，养成遵守公共场所礼仪的文明习惯。

三、与幼儿认知发展紧密结合

幼儿的成长是一个螺旋式提升的过程，不同年龄幼儿的思维发展水平不同，学习方式不同。小班幼儿以具体形象思维为主，动作能力较弱；中班幼儿仍以具体形象思维为主，动作能力有了一定提升，开始喜欢合作、探究，对新奇的事物感兴趣；大班幼儿开始出现抽象逻辑思维的萌芽，喜欢表达，有一定的判断推理能力。伴随着幼儿的年龄增长，在生活中的学习、实践中，幼儿的认知经验得到了一次次建构、重组、再建构，幼儿的认知能力也随之不断提升，形成了相对稳定的意识习惯。结合不同年龄幼儿的认知发展特点，安全教育内容采用递进式活动设计，同一内容小、中、大班各有6个教育案例，做到既有主线贯穿，又有不同梯度的教育内容，由浅入深、层层递进，适用于不同年龄段幼儿的安全教育需要。

以饮食安全为例，小、中、大班就同一主题设计了适用于该学段幼儿不同的教育内容：小班"细细嚼，慢慢咽""小餐具，我会用""洗洗手，吃饭香"等，从认识餐具，卫生饮食等饮食卫生习惯入手，培养幼儿良好的进餐习惯；中班"'垃圾'食品危害多""这些东西有危害""文明进餐静悄悄"等，通过认识多种食品，初步学会辨别健康食品，养成健康、文明的饮食习惯；大班"冷饮美味要适量""学做小小营养师""食品中毒需谨防"等，从营养膳食，饮食健康知识等方面，丰富幼儿认知经验，提高自我饮食安全的防护意识。

　　安全是人类最基本和最主要的需求。确保幼儿安全，重在帮助幼儿树立安全意识，重在教育引导幼儿具备对危险的预见性及保护技能，将意外伤害降到最低，提高生命质量。选择适合幼儿年龄的教育内容和方法，有目的、有意识地进行安全教育，提高幼儿自我保护能力，关系到每个幼儿的健康和安全，关系到每个家庭的幸福平安。只有牢记安全教育责任，避免幼儿危险和意外的发生，才能真正做到让每个幼儿健康、快乐地成长！

9月 幼儿园生活安全

活动一　我会使用筷子

设计意图

　　《指南》中指出，引导幼儿生活自理或参与家务劳动，发展其手部的动作。上了中班以后幼儿的小肌肉逐渐发展起来，为了锻炼幼儿正确使用筷子的方法，于是我特意设计了这节活动，让幼儿学习尝试使用筷子进行各种活动并体验使用筷子带来的乐趣。

活动目标：

1. 了解筷子的用途，感受筷子的多样性，知道筷子是中华民族的传统餐具。

2. 学习使用筷子，尝试用筷子进行各种活动，体验活动带来的乐趣。

3. 锻炼手部肌肉的灵活性和手指配合的协调性。

活动准备：

筷子若干、练习夹物用的材料，如小木筷、小泡沫筷、纸团、玻璃球等。

活动过程：

一、谜语导入

"兄弟俩，一样长，是咸还是淡，它们先来尝。"

二、观察筷子，了解筷子的特点、制作材料和作用

1. 出示一双筷子，请幼儿说一说它是什么样子的。

2. 出示多双筷子，引导幼儿观察筷子，说一说有什么不同。（长短、颜色、材料）

三、学习使用筷子

1. 用右手执筷，大拇指和食指捏住筷子的上端，另外三个手指自然弯曲扶住筷子，并且筷子的两端一定要对齐。先将筷子拿在手上，细的一头向下，粗的一头向上，且两只筷子的两端要对齐，然后用大拇指及食指夹住，将中指放在两根筷子之间，这样，我们的筷子就能够自由开合，夹取东西了。

2. 幼儿练习拿筷子：每个幼儿用右手拿一双筷子，按筷子的使用方法学拿筷子，练习用筷子夹小纸团。老师巡回指导，纠正不正确的动作。

四、游戏"看谁夹得多"

幼儿分组，在规定时间内比一比哪一组夹得多，练习使用筷子。提醒幼儿注意：筷子不能指到别人的脸上，以免划伤。不能拿着筷子跑，以免碰伤别人和自己。不把筷子含嘴里，以免戳伤喉咙。

五、讨论

平时我们用筷子吃饭时应注意什么？

小朋友们真能干，学会了一样新本领，能用筷子夹住东西，真是不容易。但是也要知道，我们用筷子吃饭的时候也要注意安全，不可以咬筷子，不能用筷子和小朋友打闹。要是你们天天在家里吃饭的时候都用它，你们的小手会越来越灵巧，脑子会越来越聪明。

活动延伸：

世界上还有哪些国家的人也用筷子？了解异国的生活和文化。和幼儿讨论一次性筷子好不好？渗透环保教育。

活动反思：本次活动是一堂既有趣又考察幼儿生活的课题。在课堂教学时，幼儿表现出对筷子的喜爱和熟悉，回答问题也十分踊跃积极，因为生活中，筷子是幼儿非常熟悉的一样东西。但是在课堂教学中发现，幼儿虽然对筷子十分熟悉，但是会正确拿筷子的却不多，大部分幼儿只是用右手握着，不知道怎么用手指头自如地操作。

安全提示：吃饭时不玩筷子，不把筷子咬在嘴里或放进鼻孔里，更不能把筷子当作"武器"和小朋友嬉戏打闹。吃饭时坐在固定的地方，不边走边吃，不拿着筷子到处走动。吃完饭后将筷子轻轻放回指定的地方。

家长课堂：在家把文明用筷子的行为挂图贴在餐厅里，随时为幼儿提供模仿的范例。家长鼓励孩子在家吃饭自己用筷子夹菜，并能正确地掌握握筷子的要点。并提醒幼儿吃饭养成好习惯，不使用筷子玩耍，家长随时提醒幼儿使用筷子的安全。

我会使用筷子

（教师　庄向荣）

活动二 爬楼梯

设计意图

　　走廊和楼梯是每个幼儿每天的必经之路，小朋友一天要上下好几次楼梯，由于幼儿的心理特点——喜欢争先、不乐意等待，所以在走楼梯的过程中难以做到一个跟着一个走，而往往因为争抢存在很大不安全的因素。孩子在上下楼梯的时候在楼梯上会发生打闹、跑跳，或者和别人撞在一起的现象，导致幼儿撞倒、摔伤等一系列的危险行为。《指南》中指出："要为幼儿创设安全的生活环境，提供必要的保护措施。"为了保障孩子的安全，我们开展了这次安全教育活动。

活动目标：

1. 懂得在走廊和楼梯上打闹的危险性，培养幼儿的安全意识。
2. 能够正确地上下楼梯，不在走廊内大声喧哗、打闹。
3. 养成良好的安全文明的好习惯，树立自我保护意识。

活动准备：

1. 幼儿在走廊、楼梯嬉闹的图片一幅。
2. 幼儿各种不良行为、良好行为的图片若干。

活动过程：

一、故事导入

听故事《小猴小猴上楼梯》并进行提问：

1. 故事中的小猴发生了什么事情？

2. 它是怎么受伤的？

3. 谁在走廊或楼梯上摔倒过？

4. 为什么会摔倒？

小结：走廊和楼梯都是公共场所，又比较狭窄，来往的人特别多，如果在这些场所打闹、跑跳，会发生许多危险，或者和别人撞在一起，或者撞倒、摔伤，后果会很严重。

二、组织幼儿讨论——在走廊和楼梯上的正确行为

讨论：在走廊和楼梯上我们应该怎样做？你是不是这样做的？

小结：在走廊上不能大声喧哗、打闹，你追我赶，上下楼梯要靠右边走，眼睛看着台阶，不在楼梯上跑跳，不滑栏杆，上下楼梯靠右走，你也靠右走，我也靠右走，不要急，不要挤。

三、游戏——加强幼儿良好行为习惯

出示幼儿在楼梯和走廊上的一些良好的和不良的行为习惯的对比图片，引导幼儿分辨哪些行为是正确的，哪些行为是错误的。（幼儿可以分组进行比赛，看哪组做得又对又快）

活动延伸：

可以举办一个"文明小礼仪"活动，幼儿可以轮流当"小小值日生"，在孩子们上下楼梯的时候，监督或纠正一些上下楼梯的不良行为。

活动反思：孩子在上下楼梯的时候在楼梯上会发生打闹、跑跳，或者和别人撞在一起的现象，导致幼儿撞倒、摔伤等一系列的危险。这些危险的举动，潜藏着许多的安全隐患，图片对比能直观地让幼儿发现走楼梯的正确规范的方法，在选择与辨识中建立正确的认知。实践活动能让幼儿将意识转化为行为。在练习中学习与巩固正确的方法，从而直接得到纠正，谈论活动也是经验的拓展。

安全提示：

1. 在走廊上不能大声喧哗、打闹，你追我赶，眼睛看着台阶。

2. 不在楼梯上跑跳，不滑栏杆，上下楼梯靠右走。

家长课堂：与幼儿讨论在什么地方还会碰到楼梯，增加幼儿的安全意识。

讨论如何正确地上下楼梯

上下楼梯的正确做法

（教师　王丽卿）

活动三　工具的使用

设计意图

《指南》指出，幼儿"能使用简单的劳动工具或用具"。在上美工课时，我们发现中班的幼儿手部控制能力还不太好，对剪刀的使用有些困难，活动中有的幼儿畏惧剪刀，不敢去尝试剪东西。有的幼儿则拿着剪刀当玩具，互相打闹，对剪刀的使用没有安全意识。有的幼儿剪的还是折线，没有变化性。因此我设计了此次活动，目地是发展幼儿的小肌肉群，提高幼儿的动手和手眼协调能力。

活动目标：

1. 幼儿知道使用小剪刀时要注意的安全事项。

2. 发展幼儿手部小肌肉活动能力。

3. 体验剪纸活动带来的乐趣。

活动准备：

幼儿人手一把剪刀、小剪刀儿歌、各种图片。

活动过程：

一、儿歌导入——让幼儿知道小剪刀的用途

小剪刀

小剪刀，手中拿，注意安全记心上。

尖尖剪刀不要碰，轻轻拿来轻轻放。

递给别人要当心，先把柄儿伸向他。

一点一点细细剪，剪出一个大西瓜。

1. 儿歌里出现了什么？（剪刀）

2. 剪刀是用来干什么的？（剪东西）

3. 你们用过小剪刀吗？（用过）

4. 剪刀可以用来做什么？（剪纸、剪树叶、剪头发、剪菜、剪衣服、剪指甲）

小结：剪刀在我们的生活中的用途很大，它能帮我们干很多的事情，是大家的好帮手。

二、出示各种图片——让幼儿知道并练习剪刀的正确使用方法

剪刀在我们生活中随处可见，那我们怎么来正确运用我们的小剪刀呢？用小剪刀的时候需要注意什么？小朋友一起交流分享，引导孩子说说使用剪刀的正确方法。（剪刀的尖不能朝上也不能对着人、不能拿剪刀乱跑、不能抢剪刀）

1. 今天老师带来了一些小图片，这些图片上有什么呀？（西瓜、苹果、香蕉、小狗、大象、花）

2. 今天给小朋友一个任务，请小朋友用小剪刀剪下你喜欢的图片。

3. 教师示范怎样正确拿剪刀。

师：小朋友仔细观察老师手的动作，我们首先把右手拇指和其他四指放在剪刀的手柄里，然后通过手指的带动来学习张开与闭合剪刀，现在老师慢慢使用剪刀，小朋友仔细看哦。

小结：生活中有各种不同的剪刀，剪刀给我们的生活带来了很大的方便，但是在使用剪刀的时候我们要注意安全，一定要记住：不能抢剪刀，不能用剪刀对着别人，不能拿着剪刀乱跑，剪刀尖儿更不要朝上。小朋友使用剪刀时右手的食指和拇指放在剪刀的手柄里，然后通过手指的带动来学习张开与闭合剪刀。小朋友用完剪刀后要将剪刀的"嘴巴"合上，不然它的"嘴"该累了。

4. 幼儿动手使用剪刀。（教师重点协助能力差的幼儿，同时提醒能力强的幼儿剪不同的图形）

三、作品赏析

幼儿展示自己的作品，能够大胆地讲解自己用小剪刀剪出的作品。

活动延伸：

找一找生活中有什么东西是用剪刀剪出来的，可以尝试剪出不一样的图形。

活动反思： 在这一活动中，充分调动了孩子们的积极性，通过提问，激发了他们的想象力，丰富了他们的经验。我们从剪刀的正确使用方法入手，激发孩子使用剪刀的兴趣，本次活动也是一个分享交流的过程，分享同伴的经验、分享老师的经验，在分享的过程中体验剪刀给我们带来的方便，以及正确使用剪刀的方法，提高孩子在活动中的安全意识。

安全提示：

1. 不能抢剪刀，不能用剪刀对着别人，也不能拿着剪刀乱跑，剪刀尖儿更不要朝上。

2. 右手的食指和拇指放在剪刀的孔里，然后通过手指的张开和闭合来学习合拢与闭合剪刀。

家长课堂： 可以与孩子尝试用剪刀剪弧线，在剪的过程中家长要对幼儿的作品给予鼓励及评价。

 学习正确使用剪刀

熟练使用剪刀

（教师　王丽卿）

活动四　我会跳皮筋

设计意图

　　《指南》中指出："利用多种活动发展幼儿身体平衡和协调能力。"现在大部分的孩子是独生子女，娇生惯养，不愿意运动。跳绳是一项需要全身运动的体育活动，对幼儿的身心健康发展和智力发展有好处。为了促进幼儿身体正常发育和动作功能的协调发展，逐步发展幼儿的体能，增强幼儿的体质，我设计了此次活动。

活动目标：

1. 学习双脚跳绳，初步掌握跳绳的动作要领。
2. 增强幼儿的弹跳力，发展幼儿动作的协调性和灵活性。
3. 激发幼儿参加跳绳活动的乐趣。

活动准备：

每位幼儿一根跳绳、音乐律动。

活动过程：

一、热身运动，在音乐伴奏下，教师带领幼儿做热身

　　师：向上跳、蹲跳、向前跳、向后跳、上肢运动、下蹲运动、体侧运动、体转运动、跳跃运动、放松运动。

二、引导幼儿一起探索跳绳的多种玩儿法

1. 出示跳绳：小朋友看老师今天带来了什么？（跳绳）

2. 那你们会玩儿跳绳吗？（会）

3. 跳绳都可以怎样玩儿，谁来说一说？

幼儿1：可以一个人玩儿，也可以两个人玩儿。

幼儿2：可以把跳绳摆在地上围成一个圈，我们可以跳圈圈，可以单脚跳，也可以双脚跳。

4. 跳绳有很多的玩儿法，现在请小朋友用手中的跳绳玩儿一玩儿，看看可以怎样玩儿？

请幼儿说一说可以如何玩儿，并请幼儿到前面进行示范。

小结：我们可以自己两只手拿着，单人双脚并拢向上跳；也可以两个人甩绳一起跳；也可以2人、3人或多人合作跳绳。我们可以单人单脚跳、双脚跳、左右脚交替，利用绳子进行跑跳的玩法。

三、重点学习单人双脚并拢向上跳

1. 师：今天我们来学习单人跳绳，谁会跳？请你到前面来跳一跳，我们来看看他是怎么跳的？看清楚他是怎么跳的了吗？谁来试试？

小结：我们跳绳的时候双手要拿着绳子两端的绳柄，双手摇起绳子并且向前甩，同时双脚并拢跳过绳子。（教师一边讲解，一边示范）

2. 幼儿自由练习双脚并拢跳的动作。

师：现在请小朋友一起来练习双脚并拢跳绳的动作，幼儿互相观察双脚并拢向上跳的方法练习跳绳。

3. 每个幼儿一根跳绳，练习跳绳的动作。

小结：我们在练习跳绳的时候，要注意旁边的人，小朋友和小朋友之间要保持距离，以免跳绳的时候甩到别人。

4. 教师巡回指导幼儿练习跳绳。

活动延伸：
尝试学习跳大绳。

活动反思：在这一活动中，我为孩子提供了跳绳，通过让幼儿动脑筋，想办法，创造出绳子的多种玩法，激发幼儿参加体育活动的兴趣。通过这样的活动能够让幼儿探索出绳子的多种玩法，并且促进幼儿身体正常发育和动作功能的协调发展，逐步发展幼儿的体能，增强幼儿的体质。

安全提示：

1. 练习跳绳的时候，要注意旁边的人，小朋友和小朋友之间要保持一定的安全距离，以免跳绳的时候甩到别人。

2. 跳绳结束后，自己整理好放回原位。

家长课堂： 与幼儿一起探索跳绳的多种玩儿法，激发幼儿参与跳绳活动的兴趣，对幼儿的表现及时地给予鼓励。

我和老师双脚跳

我会自己跳绳了

（教师　王春燕）

活动五　我会荡秋千

设计意图

　　《指南》中指出："利用多种活动发展幼儿动作的协调性和灵活性。"荡秋千是备受幼儿喜爱的户外运动之一。常常看到秋千周围的幼儿不愿意等待，挤着、抢着上秋千玩耍的情景。然而，由于幼儿天性好动，自控能力较差，玩的时候往往会有些危险动作而又不能自控，常发生从荡起的秋千上掉下来摔伤的事故，严重的还会造成骨折，摔伤头部导致昏迷。因此，学习并掌握荡秋千的正确方法，是幼儿玩秋千的重要保障。

活动目标：

1. 幼儿学习并掌握荡秋千的正确方法。

2. 知道荡秋千时要适当用力，会躲避荡起的秋千。

3. 体验玩秋千的乐趣。

活动准备：

1. 幼儿绘画《荡秋千》。

2. 儿歌《荡秋千》。

3. 幼儿玩秋千的图片、裁判牌。

活动过程：

一、出示绘画作品，引导幼儿介绍绘画作品

1. 谁来展示一下你的绘画作品，并介绍一下你是怎样荡秋千的？

2. 请小朋友说一说谁的做法更安全，为什么？

二、讲解并演示荡秋千的正确做法

1. 荡秋千时，要先做什么？请小朋友示范。（引导幼儿找出"坐稳、抓牢"信息的作品排放在一起。）

2. 坐稳、抓牢后，怎样把秋千荡起来？请小朋友示范。（排放有"适当用力推秋千"信息的作品。）

3. 秋千荡起后，身体和手应该怎样做？请小朋友示范（排放有"一直坐稳、手抓紧绳子"信息的作品。）

4. 站和跪在秋千上荡秋千对吗？为什么？（排放有"站和跪在秋千上"信息的作品。）

5. 等待荡秋千的小朋友应该站在什么位置？（排放有"站在秋千两边等待"信息的作品。）

6. 荡秋千结束时应该怎样做？（排放有"松开手、离开秋千"信息的作品。）

小结：荡秋千之前，要先在座椅上坐稳，两手分别抓紧秋千的绳子；秋千荡起来以后，身体要一直坐稳，两手一直抓紧绳子不松开；站或跪在秋千座上荡秋千很危险，会跌到地上摔伤；推秋千时不要用力过猛，不要荡得过高，荡得过高会让坐秋千的小朋友害怕或摔下来；观看等待的小朋友要站在秋千碰不到的两边，防止被撞倒受伤；荡秋千结束时，要等秋千停下不动之后，两手才能松开绳子，身体慢慢地离开秋千。

三、游戏"我会荡秋千"

将幼儿分成四组，每组每轮派出一位代表参加游戏，教师出示图片，幼儿根据图片中的行为正确与否举牌。

四、播放《荡秋千》节奏儿歌，引导幼儿欣赏、说唱

活动延伸：
带领幼儿到户外实地玩秋千。

活动反思： 通过这一节安全教育活动，幼儿学习并掌握荡秋千的正确方法，

知道荡秋千的时候应该抓紧绳子，秋千荡起来以后，身体要一直坐稳，两手一直抓紧绳子不松开；推秋千时不能用力过猛，不能推得过高，那样会让坐秋千的小朋友害怕或摔下来，孩子们学会了用正确的方法荡秋千。

安全提示：荡秋千之前，要先在座椅上坐稳，两手分别抓紧秋千的绳子；秋千荡起来以后，身体要一直坐稳，两手一直抓紧绳子不松开；荡秋千结束时，要等秋千停下不动之后，两手才能松开绳子，身体慢慢地离开秋千。

家长课堂：家长应在幼儿身旁保护好幼儿的安全，及时制止危险的做法，提醒幼儿安全荡秋千。

➤ 互相帮忙荡秋千

我会荡秋千啦 ◀

（教师 贾乐）

活动六　进餐安全我知道

设计意图

　　我们发现，有些幼儿吃饭时随意说话，没有正确的坐姿，把勺子含在嘴里玩耍等现象，这些不良进餐习惯将会影响幼儿身体的正常发育，甚至发生不安全事故。《指南》中指出："为有效促进幼儿身心健康发展，成人应为幼儿提供合理均衡的营养，保证充足的睡眠和适宜的锻炼，满足幼儿生长发育的需要。"为了提高幼儿进餐时的自我保护意识，我设计了本次安全活动。

活动目标：

1.通过小实验，培养幼儿慢慢吃，细嚼慢咽的文明进餐习惯。

2.通过观看幼儿进餐视频，了解进餐过程中的安全注意事项。

3.提高幼儿进餐时的自我保护意识。

活动准备：

小实验《食道里的面包》、幼儿进餐视频、小小安全员的徽章、儿歌《进餐安全我知道》。

活动过程：

一、幼儿观看小实验《食道里的面包》，了解细小的食物容易进入食道

1.小实验：提出问题：面包渣和面包块哪个更容易进入食道？

2.实验开始：把面包渣和面包块同时放进"食道"（玻璃试管）里，请幼儿仔细观察，什么样子的食物更容易进入"食道"中。通过实验，幼儿会发现细小的面包渣更容易进入食道。

3.教师小结：既然大家发现细小的面包渣更容易进入"食道"中，所以在吃东西的时候一定要慢慢地吃，用牙齿把食物磨碎嚼细了再让食物进入食道，这样才容易消化。

二、我是"小小安全员"

观看幼儿进餐视频，找出视频中的不安全行为，了解进餐中要注意的安全。和幼儿讨论这些不安全行为的危险后果，及解决策略。

1. 不安全行为一：边吃饭边说话。

安全隐患：人在吃饭时，饭宝宝都要经过气管，再到胃，如果吃饭时说话，疯闹，饭宝宝就会走错路，也就容易呛伤，严重者饭卡在气管里，会因为喘不上气来导致窒息而死亡。

解决策略：小朋友吃饭、喝水时，一定要安静，不能说笑，打闹。

2. 不安全行为二：吃饭时东张西望。

安全隐患：吃饭时东张西望，容易将饭菜撒出来，如果饭菜比较烫，撒到小朋友身上容易烫伤。

解决策略：吃饭时，眼睛看着自己的饭菜，一手扶碗，一手拿筷子，安静进餐。

3. 不安全行为三：吃饭时，将筷子长时间含在口中。

安全隐患：吃饭时将筷子长时间含在口中，如果小朋友不小心碰一下，筷子会直接插入咽喉，后果很严重。

解决策略：不能把筷子长时间含在口中，小筷子把饭菜送到嘴巴里后赶紧出来，不需要使用筷子时，要把筷子放旁边。

教师小结：小小安全员们，把进餐视频中不安全的行为全部找了出来，我们以后吃饭的时候要避免这些不安全的行为出现。现在为小小安全员颁发安全员徽章。

三、学习《进餐安全我知道》小儿歌

巩固幼儿对进餐安全的认知，提高自我保护意识。

进餐安全我知道

开饭啦！开饭啦！小朋友，请坐好，美味饭菜摆桌上。

小筷子，手中拿，不乱摆，不乱放，尽职尽责我最棒。

小眼睛，看饭菜，不左瞅，不右瞧，饭菜安全在桌上。

一口饭，一口菜，小嘴巴呀吃饭忙，细嚼慢咽很重要，进餐安全我知道。

活动延伸：

每次进餐前，小朋友们都要一起朗诵《进餐安全我知道》儿歌，帮助幼儿养成良好的进餐习惯。

活动反思：幼儿对于新鲜事物都是很感兴趣的，在第一个环节，我采用了小实验的方式吸引了幼儿的注意力，通过实验的对比让幼儿了解到吃饭时不能着急，要细嚼慢咽，食物才能很好地被消化。中班的幼儿模仿能力较强，又有一定的求胜心理，所以请幼儿当安全员，寻找视频中的不安全行为，并说明其导致的后果及解决策略，只有幼儿亲自参与进来他才能记忆深刻。最后的安全小儿歌时刻提醒幼儿进餐时的安全注意事项，帮助幼儿养成良好的进餐习惯。

安全提示：

1. 进餐前要将小手清洗干净。

2. 进餐过程中要保持安静，细嚼慢咽好消化。

3. 餐后记得要漱口。

家长课堂：

1. 布置温馨的进餐环境，要保持愉快的心情。

2. 鼓励幼儿养成良好的进餐习惯。

安静进餐

正确使用餐具

（教师　谷冉冉）

10月

人身安全

活动一　防止烫伤

设计意图

　　中班幼儿的年龄特点为活泼好动，对周围的事物充满好奇，总想探究其中的奥秘，却不知危险的来临。为了帮助幼儿了解周围环境中不安全的事物，不做危险的事情，防止和减少幼儿烫伤，我根据中班幼儿的年龄特点，设计了本次活动。通过直观的图片和生活经验的讨论，以及游戏的体验，让幼儿轻松了解烫伤的严重后果和处理方法，学会保护自己，远离危险。

活动目标：

1.初步了解烫伤对身体的危害。

2.了解简单的预防烫伤和自救的方法。

3.初步懂得做事要小心，遇到意外不慌张并想方设法解决。

活动准备：

1.预防烫伤的图片。

2.收集易烫伤的物品的图片，如开水壶、保温桶、煤气灶、热水器、热水瓶等。

活动过程：

一、幼儿观察图片，初步了解烫伤的原因

1.教师：图片上的人怎么了？他们怎么会这样的？

2.教师：你被烫伤过吗？被烫伤时有什么感觉？（引发被烫伤过的幼儿回忆自己当时的感受）

3.烫伤后是怎样的后果？

教师小结：这些人都是因为自己或别人大意把皮肤烫伤了。烫伤后皮肤会很疼，会溃烂，也很容易感染，对身体造成很大的伤害，还会留下难看的疤痕。

二、幼儿根据自己的生活经验开展讨论，了解烫伤事故发生的原因以及注意事项

1.幼儿说一说，家里有哪些东西会烫伤我们，教师出示相应的图片或画出简易图。

2.师幼共同讨论：这些东西怎么把我们烫伤的？怎样做才能避免烫伤？

3.请幼儿在班上，找一找或说一说，有哪些东西可能会烫伤我们？

4.师幼共同观看图片并讨论，当我们到其他地方时，如饭店、宾馆、车站等，有哪些东西也会烫伤我们，对这些东西我们要注意些什么？

教师小结：在我们生活中有许多带给我们便捷的生活物品，有时候也可能给我们带来伤害，我们只有小心安全地使用，才能体会到它们的便捷，而不遭受其伤害。

三、通过游戏体验，让幼儿了解一些处理轻度烫伤的方法

1. 讨论：如果不小心被烫伤了应该怎么办？有哪些正确的处理方法？

2. 幼儿选择角色及道具，并进行实际操作，了解处理轻度烫伤的方法。

教师小结：如果不小心烫伤时，首先要用冷水冲，如果烫得很厉害，要隔着衣物直接用冷水冲，不要急着直接脱掉身上的衣物，不然会造成更大的伤害。接着送保健室或医院涂抹药膏，千万不能随意揉、搓烫伤的地方，最好有专业的医生直接处理伤口，最后进行包扎，防止伤口受伤感染。

四、幼儿排队接水

要求：幼儿排成一队，一手拿杯子，一手背后，先接凉水再接热水，接完水后回到座位喝水，一个跟着一个不拥挤，不争抢，注意自己及他人安全。

活动延伸：

幼儿在家里给爸爸妈妈讲解烫伤小知识，并和他们一起寻找家里还有哪些东西会烫伤我们，思考这些危险物品如何放置。

活动反思：幼儿活泼好动，往往对眼前的危险观察不到位，尤其是烫伤，更是在不经意间就发生的事情，且后果很严重，本次活动就是让幼儿对烫伤后果有直观的认识和了解，使幼儿真正理解烫伤对身体的危害，唤起幼儿对烫伤的防范意识。通过讨论活动，了解简单的预防措施和自救的方法。游戏环节，更让幼儿直观地体验被烫伤后的感受及处理方法，让幼儿遇事小心谨慎，不慌张，有序处理，以便等专业人员进行更好的护理。

安全提示：如何预防烫伤：

1. 将可能造成烫伤的危险品移开或加上防护措施。如热水瓶不要放在桌子上，熨斗等电器用具要放在孩子够不到的地方。桌子上不要摆放桌布，防止孩子拉下桌布，弄倒桌上的饭碗、暖瓶等而烫着自己。

2.家庭成员要定期进行急救知识培训，并检查落实情况。时常提醒孩子自我防烫伤。

家长课堂：

1.生活中，孩子不小心碰倒热水瓶、热水杯，很容易被水烫伤，家长要提高警惕，在家里危险物品要放好。

2.刚刚烧好、滚烫的菜（汤）放在桌子上，如果小孩自己用手去拿，导致菜汤翻下也是烫伤的常见原因。一般为前胸部、头面部烫伤，要看护好幼儿，提前做好防护措施。

排队接水，一手拿杯子，一手背后，防止烫伤

先接凉水，再接热水，时刻注意自己及他人安全

（教师 赵凤岩）

活动二　安全使用文具

设计意图

《指南》中指出："应创造条件和机会，为幼儿示范拿筷子、握笔的正确姿势以及使用剪刀、锤子等工具的方法，促进幼儿手部动作灵活协调，并引导幼儿注意活动安全。"文具是孩子常用工具，但孩子天性好奇、活泼好动，在生活中难免会看到孩子们使用铅笔、剪刀时说笑、打闹，递文具时尖对着别人，这样非常容易受到伤害。为了让幼儿了解使用文具的不安全行为以及产生的危险，我设计了本次教学活动。

活动目标

1. 了解使用文具的不安全行为以及产生的危险。
2. 会安全使用文具，能够遵守文具使用的安全规则。
3. 通过活动提高幼儿的安全意识。

活动准备

图片。

活动过程

一、谈话导入

教师：文具是我们学习的好帮手。小朋友们想一想，你们经常使用的有哪些文具，你们知道文具使用不当会很危险吗？下面我们看看书上的小朋友在做什么。

二、观察图片，讨论

教师：图上的小朋友在做什么？他们在使用哪些文具？他们使用文具的方法

对吗？

这个男孩在做什么？咬铅笔会有什么危害呢？

铅笔不能咬，会把细菌等有害的东西吃到肚子里，还会使小朋友的牙齿歪斜。

不能用笔尖对着自己和他人。

不能用油画棒、水彩笔在皮肤或衣物上乱画。

使用剪刀要小心，不能一边说笑一边使用剪刀。不要拿着剪刀对着别人乱晃。剪刀用完放到安全的地方。

画画写字不离开桌椅，不拿着文具乱跑。用完文具要收拾整齐。

教师小结：这几位小朋友使用文具的方法不正确，这样会对他们的身体健康造成危害，严重的还会威胁生命安全。

三、讨论制定规则

通过刚才的讨论，我们该怎样安全使用文具？我们一起制定安全使用文具规则吧！

不咬铅笔，笔尖不对着人；

彩笔不在墙面、家具上乱画，保持桌面、衣服的清洁；

安全使用剪刀；

用完文具要收整齐。

四、幼儿绘制规则提示图

活动延伸：

1.张贴安全使用文具规则。

安全使用文具规则的参考范例：

（1）使用文具时，保持坐姿端正，正确使用。

（2）不玩弄文具，不吃或咬文具。

（3）不用笔尖对着自己和他人。

（4）不用油画棒、水彩笔在皮肤或衣物上乱画。

（5）用完文具要收拾整齐。

（6）写完字或画完画要把手洗干净。

（7）使用剪刀要小心，不能一边说笑一边使用剪刀。不要拿着剪刀对着别人乱晃，剪刀用完放到安全的地方。

2.美工区投放剪刀与彩纸若干，并与幼儿一起制定美工区使用剪刀、油画棒、铅笔的规则，将制作好的规则图片贴在彩色卡纸上，布置在活动区域的墙上，鼓励幼儿共同交流，共同遵守。

活动反思：本次活动通过游戏的形式让幼儿了解使用文具的特殊性、危险性，通过讨论，初步建立班级的文具安全规则，从而学会使用文具的正确方法和注意事项。本次活动是根据幼儿的需要，开展的一次安全教育活动。根据既定的教育计划实施，基本达成了教育目标。教师从孩子的实际生活经验出发，通过形式丰富的教学手段，提高了幼儿的安全意识，收到了较好的教学效果。

安全提示：

1.画画写字不离开桌椅，不拿着文具乱跑。

2.使用剪刀时，一定要集中精神，眼睛看着剪刀，不能一边说笑，一边剪东西。

3.手里拿着剪刀时不要乱晃和四处奔跑。

4.剪刀用完后，要放在安全的地方。

家长课堂：父母可以依据孩子的动作发展和年龄，让他们尝试使用文具，在家里也要遵守使用规则。可以训练孩子的手眼协调能力，对孩子将来的精细动作发展也有所助益。

正确用剪刀

正确递剪刀

（教师 王萌萌）

活动三 护栏、围栏我不爬

设计意图

最近，经常在新闻里看到有儿童坠落事件，很让人痛心，一条条鲜活的小生命就这样陨落了，是谁的责任？是家长的疏忽，还是孩子对危险的认知不足？针对这一现象，我根据《指南》健康的目标"具有基本的安全知识和自我保护能力"设计了此次活动，让幼儿了解攀爬、翻越栏杆的危险性，增强幼儿自我保护意识。

活动目标：

1. 让幼儿了解一些护栏、围栏、楼梯栏杆的主要功能。

2. 知道不能攀爬、翻越栏杆或在其附近打闹。

3. 培养幼儿秩序感和遵守社会规则的意识。

活动准备：

经验准备：小朋友都看过绘本《幸运的米拉——不要攀爬阳台》。

图片《不要攀爬护栏、围栏》、笑脸和哭脸牌各一个，情景图片4张。

活动过程：

一、出示绘本，谈话引入

小朋友看过这本书吗？今天我们看一看还有哪些地方是不能爬的。

1. 观看图片《不要攀爬护栏、围栏》。

2. 听故事《不要攀爬护栏、围栏》。

3. 引导幼儿根据故事内容讨论。

（1）米拉在楼梯栏杆附近做什么？

（2）米拉做了什么动作？这样做危险吗？

（3）护栏、围栏能攀爬吗？

总结：不能在护栏、围栏周围玩耍，更不能攀爬翻越围栏，会卡住或摔下去。

二、幼儿了解护栏、围栏的主要功能，知道必要的注意事项

教师：楼梯栏杆有什么用？其他马路上的隔离护栏有什么用？动物园围挡动物的栏杆有什么用呢？

总结：所有设置加装围栏、护栏的地方都是需要特别注意的，它们能起到对人身安全及设备设施的保护与防护作用。避免摔下楼梯；马路上的隔离护栏是将行人与机动车分离，保证安全；动物园的栏杆是提醒小朋友和动物保持距离，避免受到伤害。各种施工围挡护栏以及围墙的栏杆都是保护大家安全的，小朋友们一定不要靠近，以免发生危险。

三、游戏：我是小法官

1. 幼儿看图片，教师讲解故事情景，小法官用笑脸或哭脸判断对错，并说出解决方法。

情景1：乐乐在爬楼梯栏杆并玩溜滑梯，发生了什么情况？

情景2：马路上一个顽皮的小哥哥在翻越安全护栏。

情景3：爸爸带宝宝去动物园，宝宝非要自己趴在围栏上和大猩猩握手。

情景4：地铁施工地段，东东想看看高高的围挡里有什么，趴在外面不停地敲击挡板。

2.教师总结：

（1）在楼梯栏杆上爬有可能掉下去。一定不要这样做。真的非常危险！

（2）马路上翻越安全护栏会被车撞到，也是非常危险的。

（3）不能将手伸进围栏触摸动物，会受到伤害。

（4）施工地段会设置围挡，要远离围挡和围栏，不要在附近玩耍。外出时有些地段有安全隐患但还未摆放护栏，小朋友们一定要跟紧成人，不要为了好奇独自留在不熟悉的地方玩耍。

活动延伸：

安全教育不光要让幼儿有防护意识，也需要家长有更强的防护意识来保护我们的孩子。活动以后每个小朋友都要把绘本《幸运的米拉——不要攀爬护栏、围栏》带回家，给父母和爷爷奶奶、姥姥姥爷等全家讲解，并请家长做一个简单的回馈，记录讲解时间和内容，以及反思家里的安全隐患。

活动反思： 中班的幼儿活泼好动，对新奇的事物感兴趣，有一定的安全知识，在此基础上，运用幼儿的原有经验，从情感入手引发共鸣，激起幼儿对围栏、护栏的警示，这样才能使安全教育真正转化为自觉的安全行为。

首先，通过课件"小熊米拉的遭遇"开始关注围栏、护栏的安全；其次，了解使用围栏、护栏的注意事项；最后，通过当小法官的游戏，判断出一个个故事情境。幼儿在故事情境各环节通过和同伴的讨论，老师的引导，真正内化了在围栏、护栏、围挡处玩耍时的安全意识。

安全提示：

1.不在有围栏、护栏的区域追逐打闹。

2. 不攀爬楼梯栏杆、安全护栏。

家长课堂：外出时拉好孩子的手，不要将孩子独自留在某处，尤其设置围栏、围挡的地段。

|»»»——➤不在栏杆处玩耍

老师讲解楼梯栏杆的用途◄——《《《|

（教师 郑晓娜）

活动四 安全小乘客

设计意图

《指南》中指出："让幼儿具备基本的安全知识和自我保护能力。"低碳生活已经走进千家万户，很多家长以自行车作为接送工具接送幼儿上下学。为了增强幼儿安全意识，同时呼吁家长能让这种文明健康的低碳生活方式继续保持下去，我组织开展了本次教育活动。

活动目标：

1. 教育幼儿懂得安全乘坐自行车的重要意义。

2. 学习乘坐自行车的正确方法。

活动准备：

1. 教师自绘《涵涵的脚受伤了》图片一、二。

2. 自行车一辆、放在自行车上用的儿童座椅两张。

活动过程：

一、看图片，讨论涵涵的脚受伤的原因

1. 小朋友，你们每天坐什么车来上幼儿园？

2. 有一位小朋友叫涵涵，他也是坐妈妈的自行车上幼儿园的。可是有一天他却没来幼儿园上学，是怎么回事呢？我们一起来看看（指导幼儿看图片）。

3. 看图一：涵涵的脚怎么了？

4. 看图二：为什么会被轮子卡住？脚受伤了会给自己带来哪些不便？

教师小结：涵涵是因为两手没有抓住扶把，两脚没有踩住踏板，坐在车上乱动才把脚卡在轮子里受伤了。脚受伤了就不能走路，不能玩游戏了。

二、请幼儿看挂图《涵涵的脚受伤了》，并进行讨论

1. 让幼儿学习如何安全地坐自行车，并教会幼儿自我保护的方法。

教师推出自行车，取出两个座椅装好。

怎样坐在自行车上就不会有危险呢？我们的脚应怎么放？手应放在哪里？身体应怎样？能不能坐在车上睡觉？能不能坐在车的前杠上？

2. 幼儿讨论怎么正确乘坐自行车。

双手握住扶手，双脚放平，身体坐正，手脚勿乱摆，有事先要告诉大人。

三、学习儿歌

安全小乘客

自行车铃铃铃，安全乘坐要记清。

手扶稳，脚踩牢，身体坐正不乱摇，

胳膊不乱晃，小腿不乱伸，

困了累了赶紧说，抱紧大人不会错。

> **活动延伸：**
> 在户外活动中，让幼儿自己骑行四轮车，感受安全规则带来的乐趣。

活动反思：交通工具是现代人社会生活中不可缺少的一部分，这些交通工具给我们的生活带来了便利，也会给我们人身安全带来危害。于是对幼儿进行交通安全教育成了一种必要的活动。为了让幼儿懂得遵守乘坐规则的重要性，增强自我保护意识，所以我选择孩子们生活中最常见和亲身体验过的交通工具"自行车"来设计本次活动，让幼儿了解交通工具与我们每一个人生活的关系，懂得坐车时应遵守哪些安全规则。

安全提示：当我们坐自行车时，应把脚放在踏板上，两手抓住扶把，身体不能来回地转动或摇晃，不在车上睡觉，不坐在前杠上，这样坐车就不会有危险了。

家长课堂：

1.不要让孩子站在踏板上，这种情况在路上很常见，其危险性极高。由于站在踏板上的孩子身前空间大，缺乏足够的保护，一旦出现意外，极容易被甩出去导致受伤。

2.建议不要让孩子坐在车头，这样会遮挡家长的视线，容易发生交通事故。

（教师　周玉）

活动五 小心陌生人

设计意图

《指南》中明确指出："为幼儿创设安全的生活环境，让幼儿具备基本的安全知识和自我保护能力。"所以，设计这节安全教育活动，旨在提高孩子的安全意识和自我保护意识，学习自我保护的方法，并培养孩子的思考问题和解决问题的能力。

活动目标：

1. 知道不能轻信陌生人的话，防止上当受骗。

2. 不能跟陌生人走，独自在家时不给陌生人开门。

3. 学习简单的求救方法，培养幼儿自我保护意识和能力。

活动准备：

1. 三组课件。

2. 情境表演《陌生人来了》，由一名家长扮演的"陌生人"。

活动过程：

一、歌曲导入

1. 播放课件《小兔子乖乖》。

2. 师幼讨论：小兔子做得对吗？为什么？

教师小结：在生活中也有些像大灰狼一样的坏人，他们是怎样哄骗小朋友的呢？我们来看一看。

二、观看课件片段，展开讨论

1. 播放课件《陌生人的东西》。

（1）火帽子为什么晕倒了？什么是陌生人？

（2）陌生人的东西能吃吗？为什么？

小结：不认识的人叫"陌生人"，有的陌生人是坏人，坏人会用好吃的食品、有趣的玩具或者说好听的话骗人，骗走小朋友就再也回不了自己家，所以不能轻信陌生人的话，更不能要陌生人的东西。

2. 播放课件《丢丢和陌生人》并讨论。

（1）丢丢跟谁走了？结果怎么样？

（2）如果是你，你会怎么做？

教师小结：不能相信陌生人的话，更不能跟陌生人走。

3. 播放课件《陌生人来敲门》。

（1）来敲门的是谁？亮亮做得对吗？

（2）如果是你，你会怎么做？

教师小结：大人不在家时，要学会自我保护，不能相信陌生人的话随便开门。

三、情境表演

1. 教师借故离开教室，家长扮演"陌生人"。

2. "陌生人"通过各种方式（给糖果、好玩的玩具等）引诱幼儿离开教室。

3. 教师返回，"陌生人"离开。

教师小结：老师对幼儿的表现给予鼓励表扬，并告诉幼儿陌生人不全是坏人，只是因为年龄小无法判断真正的好人和坏人，所以要注意安全，学会保护自己，不能轻信陌生人的话，更不能随便跟陌生人走。

活动延伸：

为增强幼儿的防范意识，请幼儿根据课件片段，把保护自己的方法画下来制作成"安全日记"张贴在家园互动中，联合家长将幼儿安全教育做得更深入，让幼儿时刻做到自我防范和保护。

活动反思：本次活动首先用儿歌导入，激发了孩子们对坏人的憎恶感。然后通过三个情境课件的展示，围绕着生活中随时都可能发生的意外问题开展活动，逐步让幼儿进行讨论和交流，发现、去解决问题。最后在情境表演中，幼儿积极参与，针对陌生人的各种谎言都能应对自如。从活动效果来看，完成了预期的目标。情境编排有一定的局限性，因此，在平时生活中，还需要和家长一起加强对幼儿安全自护教育，提高孩子们的自护能力。

安全提示：

1. 陌生人指不认识的、不了解的人。

2. 不要随便给陌生人指路，陌生人的礼物不能要。

3. 会拨打报警电话"110"，牢记家长电话。

家长课堂：

1. 锻炼孩子的胆量，加强幼儿的警惕意识。

2. 带孩子外出时一定随时注意孩子的行踪，确保孩子在自己的视线范围内。

3. 平时和孩子多沟通，时刻对孩子进行安全教育，告诉孩子除非是家人亲自来接他，否则不管是谁都不要跟人家走。如果觉得不保险的话，可以和孩子约定一个暗号。

4. 让孩子单独在家的时候叮嘱好孩子，不管谁来敲门，都不要理会，爸爸妈妈自己有钥匙可以开门。

5. 带着孩子遇到陌生人聊天时，要注意保护孩子，不把孩子信息外露。

6. 教孩子记住家庭地址、父母姓名、家庭电话等信息。

7. 告诉孩子如果在商场、超市之类的公共场所与父母走失，可立刻找穿制服的工作人员求助。

|》》》➡ 不随便接受别人的礼物

拒绝引诱 ◀ 《《《

（教师 王红）

活动六 皮筋、卡子、小线绳

设计意图

　　《指南》中指出："创设安全的生活环境，提供必要的保护措施，培养幼儿具备基本的安全知识和自我保护能力。"午休值班的老师一定见过这样的情景，总会有好奇宝宝们趁老师不注意将自己的被子上的线拆下来玩，缠绕在自己的手指上玩，若不是老师及时发现，会引起手指缺血，甚至引起手指坏死；或者爱漂亮的小姑娘午休时把自己头上的小卡子、小皮筋放进嘴巴里，极易发生危险。为了避免此类危险的发生，提高幼儿安全意识，我们设计了此次活动。

活动目标：

1. 知道皮筋、卡子、小线绳的作用，不把它们放进口鼻等处。

2. 吃饭，睡觉时不偷玩这些小东西，以免受到伤害。

3. 如果不小心受到伤害了，赶紧告诉老师，告诉爸爸妈妈，帮忙脱离危险。

活动准备：

1. 多媒体教学资源《皮筋、卡子、小线绳》。

2. 线绳、皮筋、卡子。

3. 积极参与活动，提高安全意识。

活动过程

一、创设情境，激发幼儿参与活动的兴趣

1. 游戏《指五官》。

2. 教师带领幼儿分别闭上眼睛走一走，捂着耳朵听老师唱歌，轻轻捏住鼻孔，闭着嘴巴呼吸，藏起小手做事情，具体感知一下五官的作用。

二、认识各种各样的皮筋、卡子、小线绳

1.提问：小朋友，你们见过这些东西吗？谁来为大家介绍一下？

2.它们都是做什么用的？

看看下面的故事里都发生了什么？

三、讲述故事《皮筋、卡子、小线绳》，引导幼儿感知玩弄线绳、皮筋、小卡子的危险

1.明明睡觉的时候偷偷地玩什么？他在玩被子上的什么东西？拿它做什么了？这样做对吗？为什么？

2.芳芳午休的时候把什么放进嘴巴里了？这样做对吗？

3.乐乐把姐姐的橡皮筋放在手上做什么？发生了什么？

小结：把皮筋线绳缠在手指或四肢上会影响肢体血液循环，不及时解决会发生危险；把卡子含在嘴巴里会划伤口腔食道，更加危险。

四、引导幼儿说一说

怎样才能避免小物品给自己带来的伤害？

1.哪些东西不能放在耳朵、鼻子或嘴巴里，为什么？

2.进餐和吃水果的时候要注意什么？

3.入园时不能带什么？午休时不能玩什么？

师小结：笔帽、扣子、棋子、发卡、图钉、硬币等一些小的物品不能往耳朵、嘴巴、鼻子里塞；进餐吃水果的时候不能大声说笑，不然小饭粒就容易进入气管；早上入园不带小物品；午休时不咬拽衣服扣子、拉链，不玩被角、线头、棉花等，有异物进入口、鼻等处时要及时告诉老师；看到同伴不小心把小物品放入口、鼻等处时，要及时告诉老师。

活动延伸：

幼儿观看老师给小姑娘梳辫子，了解皮筋的用途；回家可以看奶奶是怎么缝被子的，知道线是用来固定布料的，缝好的被芯和被罩不能随意拆开。

活动反思： 幼儿年龄比较小，对一切事物都会感到好奇，尤其是对于小小的物品，好奇的时候就想用嘴巴去感知。活动中孩子们了解到了这些小物品的用途，好奇心得到满足，同时了解到不正确使用带来的危害，通过活动帮助幼儿建立良好的卫生习惯，培养安全意识，提高自我保护能力！

安全提示：

1. 看上去好看或感觉好奇的东西不要随便尝。

2. 吃东西时要获得家长的允许。

3. 不要带过多的卡子来幼儿园。

家长课堂：

1. 给孩子购买小卡子时尽量选择质量过关、造型简单大方的产品，有些卡子制作粗劣，粘贴不牢固，在孩子们误放口中时，极易滑入食道发生危险。

2. 日常对孩子进行教育，不把物品放入口中。

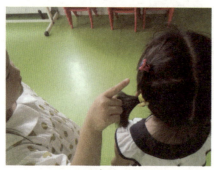

用来梳头发用的小皮筋，不能含在嘴里

（教师 刘敏）

11月

消防安全

活动一　身边的小火苗

设计意图

　　火是日常生活中必不可少的，它给我们的生活带来了许多好处，但如果使用不当也会给我们带来危害，甚至是灾难。我们身边也会时常有火灾的现象和报道。随着中班幼儿的生活和知识经验的不断积累和丰富，他们对火并不陌生，但对于火灾发生的原因认识不够充分，缺少一定的自我保护意识。本活动就是想让幼儿在充分认识火的特点的基础上，让幼儿知道不要玩火，懂得安全用火的重要性，并提醒身边的人小心用火，避免火灾的发生。当火灾意外发生时，自己应该怎样做，建立起初步的自我保护意识和基本的自救能力。

活动目标：

1.认识火能发光发热的特征，了解火在人们日常生活中的用途。

2.了解一些常见的发生火灾的原因。

3.知道安全用火的重要性。

活动准备：

蜡烛、火柴、有关火燃烧的图片（烧饭菜、水、炼制钢铁、照明、取暖、发电）、火灾现场图片。

活动过程：

一、感受火，教师将屋内灯关掉并拉上窗帘，让教室处于较暗的状态

1.老师出示一根蜡烛和火柴，并点燃蜡烛，感知火发出的光，注意火焰的颜色。

2.感知火发出的热。让幼儿在火附近伸手试一下，说说自己的感受。

小结：蜡烛点燃后发出光和热，火焰是红色的。

二、火的用途和危害

1.我们的生活中离不开火，请幼儿说出火的用途。（烧饭、取暖、照明等）

2.出示火灾现场图片，讨论火对人类有什么危害。（烧伤皮肤，烧毁财物、房屋、森林等）

刚才，大家说了许多火对人类的好处。你们知道吗，如果用火不当，火也是很危险的，它一旦发起脾气来，就会形成火灾，谁也管不住？（让幼儿知道用火不当会造成火灾，会给国家和人民的生命财产造成危害。）

三、讨论发生火灾的原因

1.出示情景图片让幼儿观察，分析图片中的行为，想一想容易发生什么样的事情。

图一：拿着点燃的蜡烛在床底找东西的小朋友。

图二：炒菜时，离开厨房去打扫卫生的妈妈。

图三：在沙发上躺着抽烟的爸爸。

图四：丢在垃圾桶里未熄灭的烟头。

图五：在干草堆旁放鞭炮的小朋友。

图六：在树林中野餐时点燃的火堆。

图七：窗台上点燃的蚊香。

2. 根据以上情况引导幼儿说出预防火灾的方法：

火柴、打火机等能产生火的东西都不能玩；小孩玩火是非常危险的，不仅自己不玩火，看到小伙伴玩火也要及时阻止。

蚊香等带火的东西不能靠近容易着火的物品。（窗帘、床、木地板等）

提醒家人不在沙发上抽烟，不随地丢烟头，确定烟头熄灭后再离开。

不带火种进入山林，以免发生火灾。

提醒家人做饭时，不能离开厨房做其他家务，以免发生危险。

小朋友不能随便放鞭炮，放鞭炮和烟花时也要选择空旷的地方。

……

小结：火的好处还是很多的，如取暖、做饭、照明、发电……但有句话一定要记得：水火无情。一旦发生火灾，那后果是非常严重的。所以一定要在安全的情况下使用火，以防发生火灾。

活动延伸：

1. 讨论发生火灾后安全逃生的方法。

2. 组织幼儿进行消防逃生演练，提高幼儿自我保护能力。

活动反思： 幼儿园的教育内容应符合幼儿的现实需要，又有利于其长远发展，既贴近幼儿的生活来选择幼儿感兴趣的事物和问题，又有助于拓展幼儿的经验和视野。"火"在我们的日常生活中很常见，是幼儿比较熟悉的。但幼儿对"火"的认识只是停留在表面，对"火"的用途及危害了解得还不是很多。作为老师有必要引导幼儿更深入地了解，分析常见的几种容易引起火灾的现象，知道安全用火的重要性。教会幼儿遇到火灾时该怎样应对。因此这个活动既来源于生活，又服务于生活，既有利于调动幼儿学习的主动性和积极性，又丰富了幼儿的认知经验，激发了他们对周围事物积极探索的热情。

安全提示：

1. 教师点燃蜡烛时避免靠近可燃物。

2. 提醒幼儿在感知火时手不要离火苗太近，以免烫伤。

3. 及时熄灭蜡烛，避免碰到发生危险。

家长课堂：

1. 监护好幼儿不玩火，不靠近火源。

2. 使用明火时检查附近是否有可燃和易燃物品，确定安全的情况下使用。

3. 使用天然气或煤气做饭时，要专心看管，离开时断火断气。

4. 提醒家人不在沙发上、床上抽烟，以免烟灰掉落，发生火灾。

|))))▶ 幼儿感知发出的热

分析图片中小朋友的行为是否正确 ◀《《《|

（教师　陈亚坤）

活动二　有用的消防器材

设计意图

　　《指南》中指出："要为幼儿提供安全的生活环境和保护措施，并结合生活实际对幼儿进行安全教育。"在一次安全月活动中，消防车进入幼儿园，消防叔叔为幼儿讲解了消防器械及作用，幼儿很感兴趣。为此，我抓住幼儿的好奇心，对幼儿加强了安全教育，让幼儿了解常见消防器材及其作用，鼓励幼儿大胆表述，发展幼儿语言表达能力。根据中班幼儿年龄特点，本次活动通过形象生动的视频动画故事，直观的图片及讨论之后的感受体验，让幼儿在轻松愉快的环境中学习，提高了幼儿的消防安全意识。

活动目标：

1. 培养幼儿喜爱、尊敬消防员的情感。
2. 了解常见消防器材及其作用。
3. 鼓励幼儿大胆表述，发展幼儿语言表达能力。

活动准备：

谜语、消防员图片、蜡烛、火柴、水、沙子、湿布、扇子。

活动过程：

一、通过谜语，激发幼儿兴趣

教师："今天小雪老师给小朋友带来了一个谜语，让我们一起猜一猜！"

教师："身穿红衣裳，常年把哨放，遇到紧急事，他们来帮忙。"

教师："在我们生活中，消防员除了灭火之外还做了哪些工作？"

教师："你喜欢消防员这种职业吗？"（引导孩子们说出敬佩、感恩等情感）

教师小结：因为消防员叔叔非常英勇，除了灭火之外，消防员还会到处宣导，巡逻来保护大家的安全。

二、出示图片，让幼儿了解消防员及消防器材

1. 认识消防员。

教师："你们说得很对，他们就是消防员。"

教师："消防员叔叔在做什么？"

幼儿："他们在灭火。"

教师："他们使用什么工具来灭火？"

幼儿："高压水枪来灭火。"

2. 教师出示高压水枪图片，让幼儿了解高压水枪的用途。

高压水枪：用于和消防水带、消防车相连喷射出密集充实的水流将大火扑灭，它的优点是灭火能力强速度快，像仓库、商场、机场等大型场所发生的火灾可以用高压水枪来灭火。

3. 教师出示室内消火栓图片，让幼儿了解室内消火栓的用途。

消火栓主要作用是控制可燃物、隔绝助燃物、消除着火源。

室内消火栓是室内管网向火场供水的，它是室内固定消防设施，主要安装在工厂、仓库、高层建筑等地方，里面带有阀门的接口、消防水带和水枪需要连接使用。

4. 教师出示灭火器图片，让幼儿了解灭火器的用途。

灭火器是常见的防火器材之一，存放在公众场所可能发生火灾的地方，不同种类的灭火器内装填的成分不一样。

干粉灭火器适用于易燃、可燃液体、气体及带电设备的初起火灾。

二氧化碳灭火器主要用于扑救贵重设备、档案资料、仪器仪表。

教师："今天我们认识了这些常见的消防器材，让我们和它做个游戏吧！"

游戏1：翻翻乐

将消防器材卡片反面朝上，请几位幼儿翻开后，用语言表达出器材的作用。

游戏2：抽抽乐

将不同的火灾险情图片放在盒子里，请几位幼儿抽取，并大胆地表述图片内容。

三、结束活动

今天我们认识了常见的消防器材，你最喜欢哪一个呢？请你画下来。幼儿绘画，教师巡视，绘画完之后，请幼儿同伴间分享为什么喜欢这种消防器材。

活动延伸：

家园合作，带幼儿参观消防队，让幼儿了解不同的消防车都有哪些消防器材。

活动反思：《指南》中指出："要让幼儿认识常见的安全标志，提供安全的生活环境和必要的保护措施，结合生活实际对幼儿进行安全教育。"本节课目标有三点，分别是：情感价值观目标——培养幼儿敬佩、感恩消防员的情感。知识目标——了解常见消防器材及其作用。技能目标——鼓励幼儿大胆表述，发展幼儿语言表达能力。首先，在活动的开始部分我通过故事激发幼儿兴趣，让幼儿体会舍己为人的博爱精神，并对消防员有敬佩和感恩之情。其次，通过图片让幼儿认识消防器材及作用，通过游戏和图片加深幼儿对消防器械的认识。最后，通过绘画的形式让幼儿画出喜欢的消防器材，并和同伴分享喜欢的理由是什么，发展了幼儿的语言表达能力。

安全提示：

1.不破坏消防器械。不乱扔烟头、不随处放鞭炮、不使用大功率的电器。

2.发现火灾时，我们要拨打"119"消防电话。

3.小朋友发现火情时，及时向附近大人求救。

家长课堂：

1.在家庭中父母可以让宝贝搜集适合于家庭中的消防器材。（灭火毯、报警手电筒等）

2.利用图书让幼儿了解如何正确使用消防器材。

（教师 白琳雪）

活动三　厨房里的小怪物

设计意图

《纲要》中指出："幼儿园必须把保护幼儿的生命和促进幼儿的健康放在工作的首位。"保护幼儿生命、促进幼儿健康都离不开安全教育，生活中的安全问题无处不在。在现实生活中，厨房，对于幼儿来说，接触得少之又少，但越是神秘的地方幼儿的好奇心就越强，所以幼儿出入厨房里的安全问题无处不在。为了满足孩子们对厨房的好奇心，我结合了火灾中孩子们了解的逃生自救方法，为进一步增强孩子们的防范意识和应对能力，设计了本次活动。

活动目标：

1. 认识厨房着火的严重性。

2. 学习厨房火灾中自救的方法。

3. 培养幼儿勇敢、坚强、遇事不慌的良好品德。

活动准备：

厨房火灾视频、毛巾、PPT。

活动过程：

一、让幼儿在视频中了解厨房的危险性，增加对厨房着火的应对经验

"小朋友们，今天厨房里来了一个小怪物？你们看！"播放视频。

"它是谁。""小火苗。"

"它出现在了哪里？""锅里。"

"厨房着火了我们要怎么做呢？"

让孩子们知道，如果是锅里着火了先关燃气，再用锅盖盖严锅，让火熄灭。切记油锅着火不能用水扑灭。

二、看 PPT 找出厨房中的危险物——燃气

1. 让幼儿找出燃气灶的位置，想想厨房中燃气泄漏会有哪些危险。

2. 如果小朋友自己在厨房里去开燃气炉，爆出了火光会怎么样？

3. 告诉幼儿自己不能开燃气炉，因为小朋友们年龄小，掌握不好开关，燃气泄漏会中毒，还会引发燃气爆炸。

三、了解厨房发生大火灾后应该做的事情

1. 拨打"119"。

2. 使用灭火器。

3. 用湿毛巾捂住口鼻。

4. 找到安全出口逃生。（注意在楼道里要有序逃跑，不能拥挤。）

四、带领幼儿正确使用灭火器

正确使用灭火器：首先需要拔掉插销（也就是灭火器上的铁环），接着要迅速握住瓶把及橡胶软管，之后瞄准火焰根部，最后扫灭火焰部位。

五、正确使用湿毛巾逃生

火灾逃生时用湿毛巾或湿衣服捂住口鼻，毛巾叠成八折最有效。在逃跑过程中不要使用电梯，要跑向有安全出口的楼梯，弯腰逃生。

活动延伸：
让幼儿把所学到的知识在娃娃家进行演习，并体验一次模拟的厨房逃生演练。

活动反思： 本次活动以厨房为导线，带领幼儿进行体验、学习，深刻感受到厨房的防火安全是十分重要的。幼儿大胆参与，积极回答，让原本复杂的厨房有了足够的空间来满足孩子们的好奇心，很多孩子回家后把在园的体验与学习内容讲给爸爸、妈妈听。本次活动让幼儿对厨房防火安全意识有了初步的萌芽，让孩

子们体验到了厨房安全要最先保护自己。

安全提示：

1.远离着火的火源，有火苗进锅里要快速拿锅盖灭火。

2.家长引导孩子，厨房着火快速关掉燃气，拨打"119"火警电话。

|>>>>——→老师与幼儿交流厨房里的危险

老师讲解天然气漏气，要快速关闭阀门◀——《《《|

（教师　陈曦）

活动四　会着火的电

设计意图

　　随着我国经济的高速发展，人民生活水平不断提高，越来越多的家用电器进入百姓日常生活，由此引发的火灾也随之增加。从近年来我国的火灾统计情况来看，每年家用电器引发的火灾已经占全国火灾总数的近20%。为让幼儿从小了解电器，引导幼儿学习发生紧急情况的自救方法，逐步提高幼儿自我保护意识，设计了此活动。

活动目标：

1.通过活动增强幼儿的自我保护意识。

2.了解电器着火的原因，安全使用电器。

3.引导幼儿学习发生紧急情况的自救方法。

活动准备：

物质准备：多媒体课件、电器着火视频、引起电器着火的图片、安全用电的图片、多功能电线插座。

经验准备：知道火警电话。

活动过程：

一、谈话导入

师：电给我们人类带来了许多方便，我们的生活离不开电。它是我们的好朋友，但这位电朋友有时候也会发脾气伤人。我这里有几幅图，请小朋友们仔细观察，说一说他们都在干什么？

二、出示图片，引导幼儿观察、讨论

1.观察图片一：小熊用剪刀剪电线。

师：这只小熊做得对不对？这样做会怎样？为什么？根据画面内容，引导幼儿思考、讨论：

（1）如果你家有破损的电线怎么办？

（2）能不能把电线放在靠近炉子的地方使用？为什么？

2.观察图片二：小老鼠将手指伸进电源插座的孔内。

师：这只小老鼠在干什么？他这样做对不对？会发生什么事情？根据画面内容，引导幼儿思考、讨论：

（1）如果电源插头一直在插座上插着，并且发热，还能不能用？

（2）如果电源插座冒烟或散发异味，还能不能继续使用？

3.观察图片三：一个小朋友在浴室洗澡，一台电暖气放在了潮湿的位置，小朋友伸出带水的手想要触碰电暖气。

师：这位小朋友在干什么？这样做会怎样？根据画面内容，引导幼儿思考、

61

讨论：

（1）电器内不小心弄进了水，还能不能用？为什么？

（2）如果在选用家用电器时，忽略了电器质量，使用假冒伪劣电器产品，电器本身配电控制系统保护程度低，可靠性能差，会发生什么事情？

4.观察图片四：一幼儿在台灯下看书，另一幼儿把台灯放在被子里看书。

师：这两位小朋友谁是正确的，谁是错误的？为什么？根据画面内容，引导幼儿思考、讨论：

（1）电器能不能放在易燃物附近？如纸、木屑等。

（2）在使用电脑、电视机、音响等家电时不拔电源插头，致使电器本身仍处于局部通电状态，长时间蓄热会怎么样？

三、出示多功能电线插座

1.请小朋友看一看这个插座有没有通电？

师：我们应该怎样正确使用它？不用的时候应该怎样放？

2.请小朋友找一找，我们教室里有没有插座？

师：为了我们的安全和节约用电，老师请小朋友们监督，有不用的插座还在接通电源就请告诉老师，我们及时把它拔下来。

3.如果电源线着火了，我们应该怎么做才能实现自我保护与逃生自救？

（1）发现电源线着火后，不要惊慌，迅速拨打火警电话"119"，报警时要说清楚家庭住址、姓名。

（2）如果身上着火，不要奔跑，可就地打滚或用厚重衣物压灭火苗。

四、防火自救小游戏

小朋友站成一个圈，选几个小朋友带着火焰头饰，沿着圈外走，和孩子一起朗读防火儿歌，当儿歌停止后，带火焰头饰的小朋友迅速抱住圈上任意一位小朋友，表示他的衣服着火了，"着火"的小朋友迅速想办法自救，如就地打滚，脱掉外衣，或假装用水将衣服淋湿。做完后摘下头饰，走到圈外，游戏从头再做。

活动延伸：

预防火灾

小朋友，不玩火，莫让大家吃苦果；

是电器，都有电，手湿不要动电线；

不玩火，不动电，自我保护是关键；

发生火灾不乱走，及时拨打"119"；

心不慌，意不乱，镇定冷静快疏散；

湿毛巾，捂口鼻，身体前屈头伏低；

逃生术，要记清，家长孩子都放心。

活动反思：活动围绕幼儿所需要的、感兴趣的、急于想知道或解决的，且在生活中随时都能发生的安全自护问题来有目的地开展，使幼儿能充分调动所有的智慧去探索，去发现，并有效地建构新的认知结构。且活动取材于生活并运用到生活，具有很强的真实性与实用性。

在活动中教师能给予幼儿充足的、自由的探索的时间和空间，并创设有利于并能推进活动开展的教育氛围。从活动的效果来看，活动完成了预期的目标，达到了预期的效果，取得了预期的成效，是一次成功的安全教育活动。

安全提示：

1. 凡是金属制品都是导电的，千万不要用这些物品直接与电源接触。

2. 不靠近脱落的电线，不自行拆装配电设施，见到脱落的电线时，请绕行，更不能用手碰。

3. 学会触电急救常识。儿童懂事后，要使其知道电源总开关的作用与位置，学会在紧急情况下切断总电源。

家长课堂：

1. 不得随意乱接电气线路，随意增加线路负荷和不按标准安装使用电气设备。

2.家用电器一定要购买合格产品，并定期维修保养。不能贪图一时的便宜，而疏忽了电器的质量。

3.家中长时间无人时，家用电器要切断电源。

告诉孩子水也是导电的，电器着火后，不可以用水浇灭

教育孩子湿手不要靠近电的源头

（教师　王婧）

活动五 我是文明小游客

设计意图

中班幼儿随着生活经验的不断丰富，有了一定的保护环境、热爱自然的情感。同时，幼儿和家长出游的过程中，能够看到大家的一些不正确用火行为，有可能导致山林发生火灾。本次活动，主要让幼儿了解山林火灾发生的原因以及危害。其实山林自然环境也需要我们的保护，倡议大家文明出游，保护山林环境，人人有责。

活动目标：

1. 培养幼儿保护环境、热爱自然的情感。

2. 了解山林火灾发生的原因以及危害。

3. 知道山林防火的重要性，倡议幼儿文明出游。

活动准备：

经验准备：幼儿有出游的体验。教师准备：山林自然环境以及着火照片。

活动过程：

一、图片导入

1. 教师出示一张山林美丽自然环境的图片，让幼儿说一说这是什么地方？

师："小朋友们，你们看一看图片上是什么地方？"（美丽的山林）你们看着这么美丽的山林自然环境内心有什么感受？

2. 教师再出示一张森林着火的图片。

师："你们再看一看，现在的山林发生了什么变化？"（山林着火了）"你们看到美丽的山林着火，这时候心情是什么样子的？""你们知道这里为什么会发生火灾吗？"

二、组织幼儿讨论山林火灾的发生以及防护，对幼儿进行安全知识教育

1.接着教师抛出去的问题"山林为什么会发生火灾"进行讨论。

山林发生火灾的情况有很多种，除自然灾害以外，还有很多人为的原因，如游客出行时吸烟，没有及时将烟头熄灭，引发火灾；小朋友放烟花爆竹，火星掉落在干燥的小草、树枝上，引发火灾；出游时游客私自在山林间进行野炊、烧烤等活动，引发火灾，这都是火灾发生的人为原因。

2.山林火灾会引发哪些严重的后果呢？

教师引导幼儿说一说山林火灾会引发树木着火，生态环境遭到严重破坏并且污染环境；山林火灾能烧毁珍贵的野生植物，使其数量显著减少；山林火灾会伤害野生的小动物，让它们无家可归等。

3.请幼儿讨论我们在出行时怎样才不会引发火灾。

山林间出游时，告诉家长不要吸烟或者看见没有熄灭的烟头要及时踩灭；不要在山林间进行野炊和烧烤等活动，文明出行，保护环境；小朋友不要玩烟花爆竹，减少火灾的发生。做到预防火灾，人人有责。

三、出游时看见山林着火了，我们应该做什么？

教师总结：如果我们出游时看到山林着火，火势不大，可以和爸爸妈妈以及他人将火扑灭；如果火势很大，应该告诉爸爸妈妈及时地拨打救火电话"119"，让消防员叔叔利用专业的救火器具将火势扑灭。我们都要做到文明出游，争做文明游客。

活动延伸：

　　幼儿将了解到山林火灾发生的原因以及如何预防火灾发生等知识与家长进行分享，同时家长可以向教师反馈有关其他火灾发生的原因以及预防措施，让幼儿学习和了解到更多关于消防安全的知识。

活动反思：本次消防安全教育活动，幼儿从开始欣赏山林的美景到山林发生火灾，最后到如何预防火灾的发生，深刻了解到山林火灾的相关内容。培养幼儿保护环境、热爱自然的情感，知道山林防火的重要性。

安全提示：

1.注意出游安全，遵守游玩要求。

2.出游时，不能玩火，以免发生火灾。

3.当真正发生火灾时一定要通知家长，拨打救火电话。

家长课堂：

1.家长带幼儿出游时，一定要注意幼儿的安全，眼睛视线不离幼儿。

2.尽量不在山林景区吸烟或使用明火，如果想吸，请在吸完烟后将烟头踩灭，注意山林用火安全。

3.遇到火灾时，及时拨打救火电话"119"，保证人身安全。

（教师　刘蒙蒙）

活动六　逃生小能手

设计意图

　　幼儿好奇心强，喜欢探索，但又缺乏对危险事物或行为的认识和判断能力，自我保护的意识和能力也较弱，因而意外伤害事故时有发生。成人注意保护和照顾固然重要，但随着幼儿年龄的逐渐增长，幼儿还需要在成人的指导下掌握基本的安全知识，具备一定的自我保护能力。幼儿安全生活的能力是保障自身生命安全、维护自身健康必备的基本能力。《指南》针对幼儿的生活环境与发展需要，从与人交往的安全、活动或运动的安全、交通安全以及求助、防灾等角度提出了不同年龄段幼儿学习与发展的目标。然而，健康与安全不能被动地等待给予，而应该让孩子主动地获得。

活动目标：

1. 了解火灾发生时幼儿园周围环境的变化。

2. 初步掌握幼儿园集体逃离火灾现场的自救方法。

3. 锻炼幼儿遇事不慌的勇敢精神和自我保护能力。

活动准备：

1. 认识"119"火警电话标志、安全通道标志等。

2. "119"火警电话什么时候用、湿毛巾在着火时怎么用。

3. 每个幼儿准备一块湿手帕。

活动过程：

一、出示幼儿园标志图片，引导幼儿了解标志的含义

1. 师：小朋友们观察图片，这是在幼儿园的哪里？

2. 师：这个标志为什么放在这里，它是什么意思？

3. 幼儿园有关的消防标志图片，让幼儿知道标志的含义。

二、学习知道发生火灾后怎么办及如何保护自己

1. 听火警铃声，激发幼儿兴趣。问：这是什么声音？

2. 我们看一看哪里失火了？

师：这是我们幼儿园，我们应该怎么办？

3. 教师小结。

4. 讨论当火灾发生时应如何保护自己。

5. 教师演示逃生方法：用一块湿的毛巾或手绢掩着鼻子、嘴巴，猫腰沿着安全通道撤离火灾现场。撤离时千万不要惊慌失措，不要拥挤，要有秩序地撤离。

6. 教师总结逃生的要求和方法。

三、现场演示

如果教室着火了……要求幼儿听到警报声，立即放下手中物品，用湿毛巾掩着口鼻，一个跟着一个有秩序地离开教室，跑到户外草坪集合。

四、教师总结

活动延伸：

利用晚离园时间进行谈话活动时进行"逃生小知识分享"，在家和爸爸妈妈收集一些逃生知识和小朋友进行分享讨论。

活动反思：这次消防演习活动，给幼儿留下了深刻的印象，而且让幼儿在活动中增强了自救能力，也巩固了消防安全知识和培养应急能力。在演习完以后孩子们特别兴奋，各自讨论着刚才逃生的情景。让幼儿知道，万一遇到火灾不要盲目乱逃，一定要采用安全的逃生方法，才能避免造成人身伤害。

安全提示：

1. 着火要拨打"119"火警电话。

2. 远离火灾现场，去紧急避难区域。

3.听从老师指挥逃离火灾现场。

4.用湿毛巾捂住口鼻，弯腰逃离。

家长课堂：

1.让孩子在做游戏的过程中学习消防知识。

2.通过讲故事、背儿歌，教会孩子防火知识。

3.通过称赞孩子记住火警报警电话、家庭电话等信息，调动孩子的积极性。

➤幼儿观看火灾警示标志

幼儿进行逃生演习◀

（教师　王娟）

12月

交通安全

活动一　飞机上的安全

设计意图

　　随着人们生活水平的不断提高，全家人远途旅行的计划越来越多，乘坐飞机出行的机会也越来越多，通过日常交流发现幼儿对于乘坐飞机的注意事项了解甚少，希望通过本次活动可以帮助幼儿了解基本的登机流程和坐飞机出行时需要注意的安全事项。

活动目标：

1. 了解登机的一般流程。

2. 通过充当安检员的游戏，进一步认识乘机安全。

3. 遵守公共场所礼仪和保持良好习惯，并增强安全意识。

活动准备：

绘本《奇妙的飞机之旅》、剪刀、衣服、鞋子、水果、饮料、烟花和打火机的图片。

活动过程：

一、绘本故事《奇妙的飞机之旅》

1. 师：小朋友们，你们有谁坐过飞机吗？今天我们来欣赏一本关于乘坐飞机去旅行的绘本故事《奇妙的飞机之旅》。

2. 通过师幼一起阅读，初步了解乘坐飞机的流程，包括：办理机场的各种手续，如安检、行李托运、出入境等；飞机及机场设施，如跑道、滑行道、控制塔、廊桥以及垃圾回收车等；乘机须知事项，包括乘坐飞机时会经历的事情，如飞行中碰到气流颠簸怎么办、起飞时耳朵不舒服怎么办等；飞机是如何飞起来的，包括飞机的结构、飞行原理等；飞机是如何驾驶的，包括驾驶员是如何控制飞机的、飞机是怎样做到在空中不碰撞的等。

二、了解登机的一般流程

1. 办理登机手续。2. 安全检查。3. 候机。4. 登机。5. 找位置。

三、我是安检员

1. 扮演乘客的幼儿将准备好的图片放入包中准备等待安检。

2. 扮演安检员的幼儿开包安检，找出不让带上飞机的危险物品。

活动延伸：

了解按用途划分，飞机可以分为民用飞机和军用飞机。

活动反思：活动的设计和绘本的选择是按照幼儿感兴趣的程度来安排的，幼儿能够积极地参与到活动之中。在活动的结束环节中，幼儿对角色扮演的游戏很感兴趣，同时也满足了幼儿的模仿心理。

安全提示：

1.行李或者违禁物品可以在值机柜台办理托运。

2.起飞和着陆根据提示系好安全带。

3.留意最近的紧急出口位置，出现紧急情况时，有秩序地撤离。

家长课堂：

1.乘机外出时，家长尽量和工作人员沟通把座位调成相邻位置。

2.不要将3岁以下婴幼儿用安全带系在座位上。

3.进入客舱后为孩子脱去冬衣。

4.不要让孩子在客舱内四处走动。

（教师　李玉倩）

活动二　过马路要走斑马线

设计意图

　　大部分孩子认识斑马线，但是不知道斑马线的意义，针对这种情况，我设计了这节活动，目的是让孩子们知道斑马线的意义，从小就具备较强的交通安全意识。

活动目标：

1.认识斑马线的作用。

2.通过角色扮演的游戏知道正确过马路的方式要走斑马线。

3.过马路时能注意安全，具备自我保护的意识和能力。

活动准备：

黑色和白色卡纸条各 10 条、红绿灯道具。

活动过程：

一、故事导入

斑马叔叔带小朋友过马路。

在森林幼儿园的对面是一条大马路，为了小动物们的安全，斑马叔叔每天都背着小动物们过马路，斑马叔叔很辛苦，那怎么办呢？小袋鼠想到了一个好办法，在马路上涂上跟斑马一样的花纹。

二、讨论：斑马线的作用

1. 有没有看到过斑马线？哪些地方有斑马线？

2. 为什么要走斑马线？斑马线有什么作用？

3. 小结：过马路要走斑马线，斑马线是专门为行人准备的，来来往往的车辆看见我们从斑马线上过马路，就会放慢车速，行人就能安心地过马路了。

三、游戏：过马路要走斑马线

1. 幼儿每人一条黑色或白色卡纸，合作拼出斑马线。

2. 游戏规则：一名幼儿控制红绿灯，其他幼儿扮演路人，看信号灯，走斑马线。

活动延伸：

作为斑马线"守护者"，到其他班进行"过马路要走斑马线"的安全教育宣传。

活动反思：这次活动通过讲故事《辛苦的斑马叔叔》和讨论活动，使幼儿认识了斑马线，明白了斑马线对行人安全的重要性，让幼儿知道过马路要走斑马线。通过"过马路要走斑马线"的游戏活动强烈地吸引了孩子们的注意，收到了很好的效果。

安全提示：

1.在红灯时，行人应该在等待区等待通行。

2.穿越马路时，应该在保证安全的前提下，快步通过。

家长课堂：

1.对于机动车来说，看到斑马线就要自动减速缓行或停下，车让人，让行人先行。

2.杜绝"中国式过马路"。

|>))) ➤铺设斑马线

走路要走斑马线◄—《《《◦|

（教师 李玉倩）

活动三 不向车窗外扔垃圾

设计意图

车窗扔垃圾看似小事，其实很危险，车辆在高速行驶的过程中，从窗外扔出苹果这样的物体时，其威力接近"子弹"的冲击力。而且在马路上向窗外扔垃圾不仅污染了我们的环境，也给环卫工人增加了巨大的工作量。

活动目标：

1. 认识窗外抛物的危害性。

2. 养成垃圾扔进垃圾桶的卫生习惯。

3. 懂得尊重环卫工人并爱惜他们的劳动成果。

活动准备：

马路上的垃圾图片、环卫工人工作的图片。

活动过程：

一、观看图片引发讨论

出示马路上的垃圾和环卫工人在道路上清扫垃圾的图片。提出问题：看到这些图片有什么感受？垃圾从哪里来？环卫工人在马路上清理会有什么危险？

二、向车窗外抛物产生的后果

车窗抛物行为，不仅污染了城市环境，而且危及行车安全，威胁行人和环卫工人的生命安全，影响城市形象，是城市环卫工人最厌恶的陋习之一。那些从车窗里抛撒下来的杂物，要么落在马路中间的快车道上，要么飘在靠机动车道一侧的绿化隔离带上，这些垃圾飘落的地方，都是车速快、安全隐患大的地方。环卫工人要在密集的车流中避让飞驰而过的车辆，清扫垃圾真是险象环生，一不小心就会有生命危险。

三、如何杜绝车窗外抛物

1. 提高文明出行意识，拒绝车窗抛物行为，珍惜他人生命安全。

2. 在出租车、公交车等公共交通工具内设置温馨提示，放置简易垃圾箱为乘客提供方便。

3. 私家车内放置一个小垃圾桶专门丢弃垃圾。

4. 大家互相监督，从自身做起，从现在做起。

活动延伸：

搜索车窗抛物的不文明行为，利用休息时间为环卫工人送温暖。

活动反思：本次活动由看图片引发孩子讨论车窗抛物的危害，引导幼儿讨论如何拒绝车窗外抛物，孩子们童心可爱，激发了热爱环境，感恩环卫工人的情感。

安全提示：

1. 垃圾扔进垃圾桶。

2. 不在公共交通工具上吃东西。

家长课堂：

1. 带孩子乘坐公共交通工具时，垃圾扔进垃圾桶。

2. 私家车上设置装垃圾的器具。

3. 开车过程中不向窗外扔垃圾。

|》》》➤交通安全课

幼儿讲解◀━━《《《|

（教师 李玉倩）

活动四　乘车要系安全带

设计意图

　　小孩都爱模仿，看着大人系安全带自己也非要系上，但车配的安全带是为成人设计的，小孩由于身高不够，使用成人安全带如果发生碰撞时，安全带刚好处于孩子脖颈位置，这样就会紧紧勒住孩子的脖子，此时的安全带犹如一把架在孩子脖子上的钢刀，导致孩子窒息的可能性也大，这就需要孩子们了解安全带的使用方法和适用人群，避免安全事故的发生。

活动目标：

1. 知道安全带的作用。

2. 通过观察图片初步掌握如何正确使用安全带。

3. 乐于宣传交通规则，学习安全利用交通工具。

活动准备：

PPT。

活动过程：

一、故事导入

1. 爸爸接明明放学，在转弯的时候迎面来了一辆自行车，爸爸赶忙打方向，没系安全带的爸爸一头撞到挡风玻璃，头上撞开一条口子。

2. 幼儿分析：故事中的爸爸为什么会受伤呢？

二、安全带就是生命带

1. 你都在什么交通工具上见过安全带？

2. 安全带的由来。

3. 安全带是用来保护驾驶员和乘客的安全装置。当发生事故时安全带会瞬间收紧，将乘客牢牢拴在座椅上，避免碰撞和被抛出车外，减轻伤害。

三、安全带的用法

1. 检查安全带状况。坐在车座上，拉出安全带，将卡扣片与卡扣处卡紧。

2. 调整坐姿。

3. 调整安全带。不能卡着脖子，也不能放在胳膊下，应舒适地斜挎在锁骨处。

4. 调节松紧。

5. 确认安全带锁扣已经扣好。

6. 解开安全带。一手握住卡扣片，一手按下红色"释放"键，将安全带送回卷收器中。

四、儿童应使用安全座椅

汽车上的安全带适合身高140厘米以上的人使用，儿童不能使用，应使用儿童安全座椅。

活动延伸：

向父母讲解如何系安全带，观看父母系安全带的方法是否正确。

活动反思：在组织教学内容时从幼儿的生活出发，拓展幼儿学习、思维的空间，将教学内容带向日常活动，带向家庭，有利于幼儿的自主学习和自主实践。

安全提示：

1. 用安全带时不要让其压在坚硬易碎的物体上。

2. 座椅上无人时，要将安全带送回卷收器中，将扣舌置于收藏位置，以免在紧急制动时扣舌撞击在其他物体上。

家长课堂：

1. 孩子12岁之前，在乘车旅程中都需要儿童座椅的保护。

2. 儿童安全椅一定要安装在后座，绝对避免贪图一时照顾方便，把座椅放在前座。

教师引导

幼儿演示

（教师　李玉倩）

活动五　火车安全我知道

设计意图

　　随着铁路运输的快速发展，火车出行已经常态化，但是由于人们遵守交通规则意识的淡薄，交通问题接踵而来，这些问题时刻威胁着人们的生命健康安全，尤其处于幼儿期的孩子在行为上还处于他律阶段，他们并不懂得什么是对的，什么是错的，别人这样做，他们也会模仿做。作为老师应该用各种方式让幼儿获得正确的认识，要让幼儿明白不遵守交通规则的行为对我们的生活及生命所造成的危害。通过本次活动的开展，让幼儿在知道基本的铁路安全知识，形成正确的行为意识的同时，养成自觉遵守铁路安全的好习惯，从而使每个孩子都能健康、快乐地出行。

活动目标：

1. 学习有关火车安全知识，掌握一些铁路安全知识。

2. 通过观看视频和图片，引起幼儿对火车安全的重视。

3. 形成自护和自救的意识。

活动准备：

铁路安全常识视频、乘车安全常识图片、音乐《开火车》。

活动过程：

一、播放铁路安全视频，了解铁路安全常识

1. 不要在轨道上行走、坐卧和玩耍。

2. 不要在车下钻来钻去。

3. 铁路隧道禁止行人通行。

二、观看乘车安全图片，了解乘车安全常识

1. 候车时站在安全线内，等火车停稳了再排队上车。

2. 上火车时不要翻爬车窗进入车厢。

3. 进入车厢后，赶紧找位置坐下，不要穿行打闹。

4. 火车行驶中，不要把头、手伸出窗外。

三、游戏——开火车

在《开火车》的音乐伴奏中，进行开火车游戏。

活动延伸：

绘本阅读《两列小火车》。

活动反思：考虑到中班幼儿的年龄特点及他们的接受能力，所以在活动中采用了综合性、趣味性、直观性较强的视频和图片，充分调动孩子的各种感官，让他们更直观地了解火车出行的安全。

安全提示：

1. 上下火车时注意脚下的缝隙，以免被卡住脚。

2. 周围有人吃泡面或喝热开水时，尽量让孩子不要乱动或远离，以免被烫伤。

3. 幼儿不靠近吸烟区。

家长课堂：

1. 不要让孩子到处走动，车厢内人员混杂，要以防孩子被拐骗或受到意外伤害。

2. 家长不要只顾着自己休息，应时刻保持警惕，观察身边是否有行为不轨的人。

3. 不管遇到什么情况都不要把孩子交给陌生人代为看管。

4. 万一在乘车时遇到火车出现事故，要叮嘱孩子不要慌乱，更不要到处乱跑。

"开火车"游戏

（教师 李玉倩）

活动六 水上安全我知道

设计意图

　　如今水上交通发展突飞猛进，不管是运输、出行，还是旅游观光，都需要乘船，甚至是划船。在水上交通中我们又该注意些什么呢？通过活动让幼儿学会如何注意水上安全。

活动目标：

1. 知道在划船中如何保护自己并能够遵守安全规则。

2. 通过儿歌对唱加深对水上安全的印象。

3. 增强水上安全意识，学会自我保护。

活动准备：

关于乘船安全的图片。

活动过程：

一、划船安全

1. 师：小朋友们出游时有没有划过船呢，在哪儿划的？

2. 划船时应该注意什么呢？出示图片，幼儿看图理解。

（1）不要在雨天、风大浪急时划船。

（2）不要在船上站立和打闹。

（3）不要集中坐在船上的一侧。

二、了解乘船的安全知识

1. 要乘坐证件齐全的船只。

2. 乘船时听从指挥。

3. 不要乘坐超载的船只。

4. 不要在船上嬉戏打闹。

5. 不要冒险乘船。

三、游戏——过河

两组幼儿面对面坐，脚顶脚，手拉手，一前一后推拉着说儿歌：

> 防溺水，五不准，牢遵守，定安稳。
>
> 看小河，多秀美，私下水，危险随。
>
> 水泥岸，直且立，力不支，无处栖。
>
> 黑淤泥，藏水底，如陷入，难逃离。
>
> 大河流，轮船行，水流急，波涛滚。
>
> 漩涡多，暗流行，被卷入，活不成。
>
> 不会游，远离水，同学邀，立拒绝。
>
> 会游泳，莫逞能，下水前，想亲人。
>
> 学救助，提技能，遵规章，享太平。

活动延伸：

绘画《划船》，请幼儿分组讲述当时的状况和自己的心情，有意识地提醒幼儿讲述划船安全注意事项。

活动反思：本次活动中对幼儿喜欢的划船和外出游玩乘船时的水上安全进行了归纳总结，幼儿意识到了水上活动的危险所在，远离能预见的潜在危险，学会保护自己。

安全提示：

1. 不要私自在河边、湖边、水库边、水沟边、池塘边玩耍、追赶，以防滑入水中。

2. 严禁私自下水游泳，未成年人游泳必须有大人的陪同并带好救生圈。

3. 遇到大风大雨、大浪或雾太大的天气，最好不要坐船，也不要在船上玩耍。

家长课堂：家长和幼儿务必牢记游泳"七不"。

1. 不准私自下水游泳；

2. 不擅自与同学结伴游泳；

3. 不在无家长或监护人带领的情况下游泳；

4. 不到无安全设施水域游泳；

5. 不到不熟悉的水域游泳；

6. 不到水边玩耍嬉戏；

7. 不盲目下水施救。

|❂》》》——➤划船注意事项

"过河"游戏◀——《《《❂

（教师　李玉倩）

1月

饮食安全

活动一 "垃圾"食品危害多

设计意图

"民以食为天"，食品卫生和安全是与我们日常生活息息相关的话题。许多学校门口有小吃摊，那里卖的东西既好吃又便宜，很多小朋友禁不住"美食"的诱惑，每天上学和放学，总喜欢买那里的零食吃。对此，家长也十分无奈。随着近年来一个个触目惊心的食品安全问题频频曝光，让我们更加担心孩子们的饮食健康。针对这些情况，我设计了这次活动，让幼儿了解哪些零食属于垃圾食品，以及垃圾食品对身体的危害，让幼儿远离垃圾食品，保护身体健康。

活动目标：

1. 知道哪些食品吃起来美味，但是对生长发育有害，被称为"垃圾"食品。

2. 通过听故事、与同伴讨论，了解哪些食品是"垃圾"食品，以及如何拒食"垃圾"食品。

3. 克制自己吃"垃圾"食品的次数和数量，提高自我保护意识及自控能力。

活动准备：

零食薯片、故事《馋嘴皮皮猴的梦境之旅》PPT、多种零食图片。

活动过程：

一、导入

老师出示一袋薯片。

师：小朋友们，你们看，这是什么？

你们爱吃零食吗？都爱吃哪些零食？

将幼儿说的零食一一出示张贴在板子上。

二、听故事《馋嘴皮皮猴的梦境之旅》

师：有一只小猴子叫皮皮，他也特别爱吃零食，他都喜欢吃哪些零食呢？我们一起来听一听。

师：1. 刚才故事里面说皮皮猴梦见自己去哪里了？

2. 皮皮猴的肚子怎么了？为什么会肚子疼？

三、垃圾食品的危害

师：零食虽好吃，但是如果吃质量和卫生不合格的零食就会有很多健康隐患。你们知道零食对我们的身体都有哪些危害吗？

幼儿自由讨论。

师：像炸薯条、炸鸡、糖果、膨化食品、果冻、碳酸饮料等，这类零食和饮品不仅营养含量少，而且糖分、盐分和脂肪含量极高，色素、防腐剂、糖精都对儿童健康成长不利，吃多了就严重威胁我们的健康，让我们营养不良，抵抗力减弱容易生病，还会越来越胖，甚至引起食物中毒。所以我们要少吃或不吃这些不健康的零食。

四、零食大分家

我们来看一看，小朋友们喜欢吃的这些零食中，哪些是健康的，哪些是垃圾食品。将零食分为健康和垃圾食品两类，幼儿将零食图片张贴到相应区域。

五、拒绝垃圾食品

垃圾食品对我们的身体有危害，那我们该怎么做呢？怎样才能做到拒食垃圾食品？

幼儿自由讨论。

教师小结：自觉拒食垃圾食品，不吃膨化、方便的食品，少吃饼干面包，不去路边摊、流动商贩买东西，不吃"三无"零食。我们不仅自己不吃，还要把这些告诉其他的小朋友，保护身体，远离垃圾食品。

活动延伸：

回家和爸爸妈妈一起讨论还有哪些零食属于垃圾食品，相互提醒和监督。

活动反思：本次活动中，通过故事让幼儿了解到零食味道鲜美，却让小猴子肚子疼了，对身体造成了伤害。通过零食大分家，了解了哪些零食属于垃圾食品，哪些属于绿色食品，幼儿意识到了保护身体的重要性，基本完成了活动目标。由于幼儿年龄小，自制力弱，自觉抵制垃圾食品对于幼儿来说，还有一定的难度，还需要老师和家长共同配合，耐心地对幼儿正确引导，达到教育幼儿拒食垃圾食品的目的。

安全提示：

1. 买零食要去正规的商店或超市。

2. 不买过于鲜艳、好看的零食，越鲜艳色素越多。

3. 在购买零食时要认真查看生产厂家、生产日期、保质期，不吃"三无"

零食。

家长课堂：

1. 家长经常给幼儿讲蔬菜水果的营养。

2. 提醒幼儿多喝白开水。

3. 家长提醒幼儿少吃零食，不吃垃圾食品。

4. 家长给幼儿准备种类丰富的水果，保持营养均衡。

（教师 杨欣会）

活动二 带棍食品小心吃

设计意图

　　幼儿时期需要加强体育锻炼，补充必要的营养，合理膳食，才能够促进幼儿身体的生长发育。但是现在人们的生活水平提高了，琳琅满目的食品吸引着幼儿，家长为满足孩子经常给他们买零食，如棒棒糖、棉花糖、烤肠、竹签羊肉等一些带棍的食品。天气炎热，家长就给孩子买雪糕、冰棍儿等一些带棍的冷饮食品，孩子们边走边吃、边吃边笑，还有的孩子把棒棒糖等放在嘴里边吃边跑。看到这些现象，我深知不当进食存在的危险隐藏其中，为让幼儿了解饮食安全的重要性，增强幼儿饮食安全意识，同时懂得有些食品是不健康的，平时要少吃，甚至不吃，教育幼儿养成良好的饮食习惯，我设计了此活动。

活动目标：

1. 了解吃带棍的食品，如糖葫芦、棒棒糖、羊肉串、雪糕时，要从顶端一个挨着一个吃等安全事项。

2.通过观察图片和视频，模拟吃带棍的食品等活动，学会用正确的方法吃带棍的食品，养成自我保护的安全意识。

3.学习预判带棍的食品有哪些安全隐患，体验保护自己的成就感。

活动准备：

带棍的食品正确食用方法图示、图片故事、带棍的食品若干。

活动过程：

一、请幼儿观察图片故事，建构知识经验

1.看图片讲故事，了解故事中发生的事情。

2.引导幼儿根据故事内容讨论。

（1）小花刚走出幼儿园大门，看到一个卖棉花糖的就让奶奶给她买了棉花糖，小花可高兴啦，兴奋地拿着棉花糖，边跑边吃，还跟旁边的小朋友说，棉花糖可甜啦！

（2）在超市门口南南嘴里含着棒棒糖，正抬头看天上的小鸟，一不小心被地上的石头绊倒了趴在地上，棒棒糖扎到嘴，他哭了。

（3）在花园小区的门口，小强一只手捂着肚子、弯着腰，另一只手里还拿着一根没有吃完的雪糕，爸爸正在着急地送他去医院。

教师小结：帮助幼儿梳理知识经验。

小花吃棉花糖的时候，边跑边吃，这是很危险的；南南被棒棒糖扎到了嘴，哭得好伤心呀；小强吃了冰冷的食品，肚子疼，要去看医生。所以小朋友在吃带棍的食品时应当注意安全，做好自我保护。

二、让幼儿观看带棍的食品正确食用方法图示，了解安全正确的食用方法

根据课件逐幅讨论：

1.认识了解图片上带棍的食品名称，这些食品是如何制作的。

2.分析讨论哪些食物不健康，不吃或者少吃。

3.如何正确食用带棍的食品，幼儿看图示讲述正确的食用方法。

教师小结：通过观察、讨论梳理食用方法。

三、品尝带棍的食品，练习正确地食用带棍食品的方法

1.请你看一看带棍的食品认识吗？有糖葫芦、棒棒糖、烤肠、烤羊肉串、骨肉相连、铁板鱿鱼、竹签羊肉、雪糕冰棍等。

2.说一说，食品上的棍是什么样子的？食品上什么样的棍比较危险？

3.引导幼儿讲一讲食用带棍的食品有哪些注意事项。

4.请幼儿选择带棍的食品，采用正确的方法，慢慢地、小心地食用，同时教育幼儿要少吃不健康的食品。

教师小结：在食用带棍的食品时，小朋友能慢慢地、小心地吃，安静地坐在座位上吃，没有嬉笑、打闹等现象。

活动延伸：
小朋友们在幼儿园学会了如何正确地食用带棍的食品，还懂得一些食物是不健康的要少吃，那么，请你回家跟家长进行讨论：带棍的食品安全、健康的食用方法，哪些食品不利于身体健康？要能做到食用利于身体健康的食品，也请你的家人少吃油炸、烧烤、冷的带棍的食品。

活动反思：利用身边的事件对幼儿进行幼儿园安全教育有着极强的说服力，由于幼儿年龄小，缺乏自我保护意识，再加上家长的娇生惯养，只要孩子喜欢吃，就满足要求，不管食品是否健康，是否安全，因此通过这样的活动，帮助幼儿以及家长提高饮食安全意识，提出注意事项；本次活动通过看图片，讲故事，分析讨论，使幼儿懂得了食用带棍的食品要注意安全，学会吃带棍的食品的正确方法：安静，坐好，小心地慢慢地吃带棍的食品；同时幼儿有了一定的自控力，知道有害健康的食品不吃，养成良好的饮食习惯。

安全提示：

1.带棍的食品好吃，但是如果我们在吃的时候不注意，也会很容易发生危险。

2. 只要我们在吃带棍的食品时慢慢吃、小心吃，就不会发生危险。

家长课堂：

1. 请家长参加"带棍的食品小心吃"的安全教育活动，介绍如果不采用正确的方法食用带棍的食品会带来哪些危害。

2. 宣传食品安全注意事项，加强家长的食品安全思想意识，切实认识到食用带棍的食品具有一定的危险性。

3. 教育家长树立正确的安全思想意识，以身作则，不利于健康的食品不吃。

（教师　燕静华）

活动三　不明食物我不吃

设计意图

《纲要》中指出："幼儿园必须把保护幼儿的生命和促进幼儿的健康放在工作的首位。"保护幼儿生命、促进幼儿健康都离不开安全教育，生命中的安全教育问题无处不在，培养幼儿良好的安全意识尤为重要。从一些新闻中，我们看到儿童因为误食不明食物而中毒身亡的案件屡屡发生，造成这些悲剧的根源就是孩子们缺少生活经验和常识，缺乏自我保护的意识。因此我根据中班幼儿的年龄特点，设计了本次活动。希望通过直观的课件、生动的故事以及针对性问题的讨论，使幼儿轻松学习，增强自我保护的意识。

活动目标：

1. 知道在公共场所中捡到的、不认识的人给的食物是来历不明的食物，这样的食物或者是过期变质的或者是对身体有害的，都是坚决不能吃的食物。

2.通过观看视频、模拟情景、讨论总结等方式，学会判断来历不明的食物的方法。

3.主动抵制味道甜美食物的诱惑，增强自我保护意识。

活动准备：

1.多媒体课件。

2.各种不明来历的食物照片。

活动过程：

一、让幼儿在观看课件中理解故事内容，建构经验

1.看课件，听故事：捡食路边糖果，两人中毒身亡。

2.引导幼儿根据故事内容讨论：

（1）鹏鹏他们捡到了什么？糖果发出香味，他们吃了吗？

（2）他们吃了之后发生了什么？

（3）肚子疼后应该怎么办？

教师小结：被人丢弃在路上的食物就是来历不明的食物。鹏鹏他们不听劝告，捡食来历不明的糖果，结果两人中毒身亡，这多么令人心痛啊！我们一定要吸取这个惨痛的教训，千万不能捡食来历不明的食物。

二、看图片

知道还有哪些东西是来历不明的食物。根据课件逐幅讨论：哪些东西是不明来历的？

1.哪些是来历不明的食物？

2.别人遗弃的食物能吃吗？

3.如果你看到别人丢在汽车、火车、公交车等交通工具上的食物怎么办？

教师小结：被人丢弃在汽车、火车、公交车等交通工具上的食物也是来历不明的食物。发现同伴想要吃来历不明的食物，我们要及时劝告和制止。如果误食了来历不明的食物要及时告诉大人，出现肚子疼、恶心、呕吐、头晕等症状，赶紧打"120"去医院。

三、故事表演

通过表演故事"捡食路边糖果，两人中毒身亡"，进一步让幼儿了解所学的知识。通过表演故事加深幼儿对误食来历不明食物的危害的认识。

活动延伸：

不明食物我不吃

不明食物莫伸手，鲁莽食用出事故。

同伴要食不明物，坚决制止别相助。

误饮误食若中毒，快找医生来解除。

活动反思：通过这次活动，幼儿知道了什么叫作来历不明的食物，学会了判断来历不明食物的方法，通过故事让幼儿体会到吃了来历不明食物的危害。当然对于安全这个话题，一节课是不够的，我们必须要对幼儿经常进行教育，不要为了一时嘴馋，最后发生不可挽回的悲剧，时刻帮幼儿树立安全意识，掌握自我保护的方法。

家长课堂：

1.家长要做好教育和监督工作。

2.家长对幼儿的安全教育要具有持久性。

（教师　安云霞）

活动四　文明进餐静悄悄

设计意图

　　幼儿园进餐看似简单，实则非常重要。要让幼儿吃饱吃好，保证他们身体所需营养，除了科学合理的膳食搭配以外，文明进餐礼仪也尤为重要。我们都知道，在进餐时，要细嚼慢咽，不能够说笑，不然食物易误入气管，导致危险发生。因此，教育幼儿正确地进餐、安静地进餐是非常重要的。营造安静、舒适、秩序良好的进餐环境，可使幼儿专心进食，互相之间不打扰，不影响他人进餐，避免造成集体进餐的安全隐患。因此进餐时，我们要给幼儿营造舒适的环境，教育幼儿静悄悄地进餐，不但能保证幼儿营养的摄入可以充分吸收，还能避免一些危险发生。而且静悄悄的文明进餐习惯也可以使幼儿之间互不影响，能够获得一种愉快的进餐体验。因此我设计了本次活动。

活动目标：

1.了解并坚持做到餐前洗手，进餐时安静坐在小椅子上，不乱跑，不大声喧哗，不挑食，细嚼慢咽，保持桌面、地面干净的文明进餐礼仪。

2.通过实验和情景表演等方式，能够学会静悄悄的进餐礼仪，并知道静悄悄就是声音要小、动作要轻，要慢一些。

3.体验静悄悄的文明进餐既让自己专心吃饭，避免噎着等安全隐患，又不打扰他人进餐，在安静的环境中感受愉悦的情绪。

活动准备：

米饭、饺子、玻璃管、草莓、菠萝、苹果等胸饰若干，饼干、水果、盘子若干，智慧帽一顶。

活动过程：

一、复习儿歌《吃饭时》《小瓷碗》，激发幼儿的兴趣

出示儿歌的图谱，用抓阄的形式，男女生分组表演儿歌。

二、做实验，通过观察实验现象进行提问

1. 实验一：把面包屑放进"食道"（玻璃管）里。

提问：怎样才容易把面包屑放进"食道"（玻璃管）里？为什么？

2. 实验二：把面包块放进"食道"（玻璃管）里。

提问：怎样才容易把面包块放进"食道"（玻璃管）里？为什么？

3. 实验三：面包渣和面包块同时往"食道"（玻璃管）放。

提问：比较面包渣和面包块哪个更容易进入"食道"？为什么？

教师小结：我们在吃东西的时候，一定要慢慢吃，通过牙齿把食物磨碎嚼烂，也就是细嚼慢咽，这样才容易消化，食物中的营养也更容易吸收。

三、观看视频"小动物进餐"

1. 认真观看小兔进餐过程并提问。

请你描述一下小兔子是怎样进餐的？它做得好吗？为什么？

2. 认真观看小猫进餐过程并提问。

（1）请你描述一下小猫是怎样进餐的？它做得好吗？为什么？

（2）说说小兔和小猫进餐时表现一样吗？你觉得谁做得好，为什么？

教师小结：小朋友们都觉得小兔子做得好，因为小兔子做到了文明进餐的礼仪，餐前洗手，进餐时左手扶碗、右手拿勺，不撒饭粒，保持桌面地面干净。而且在整个进餐过程中能安静坐在自己小椅子上，不乱跑，不说话，能够做到静悄悄进餐，不影响别人，是我们学习的榜样。

四、观看小朋友们的进餐视频，然后进行讨论

1. 在进餐过程中，谁做得好，好在哪里？

2. 在进餐过程中，谁做得不好，为什么，我们该怎样做？

教师小结：在视频中我们除了看见小朋友们在家吃饭、在幼儿园吃饭的视频，还看到有的小朋友和爸爸妈妈一起在饭店吃自助餐，这个时候取餐就需要离开座位，但是视频中的小朋友表现非常好，她轻轻离开椅子，很小心地慢慢穿过桌子之间的过道，安静地跟妈妈去取餐。没有打搅到旁边桌的人，非常值得我们学习。所以小朋友在公共场所用餐的时候，除了做到进餐的文明礼仪，而且一定要做到静悄悄地文明进餐。

五、玩过家家的游戏，巩固好的进餐习惯

活动延伸：

进餐礼仪

做个文明好宝宝，进餐礼仪不能少。

吃饭之前洗洗手，排队进入小餐厅。

双手接物说谢谢，耐心等待静悄悄。

左手扶碗右握勺，一口饭来一口菜。

不挑食来不剩饭，自己吃饭真能干。

要添饭菜举举手，不撒不漏真干净。

餐后收拾少不了，比比谁是好宝宝。

活动反思：通过这个健康活动，让幼儿进行情景表演，掌握了正确的进餐姿势，饭前洗手，保持小手干净，桌面清洁的良好的行为习惯。通过小实验，使幼儿懂得了细嚼慢咽的重要性。最后通过情境游戏，激发了大家参与的热情，同时巩固了文明进餐的好习惯。让孩子们了解了文明进餐不仅仅是对自己文明礼仪的培养，还避免了造成集体进餐的安全隐患。能够知道在公共场所安静进餐时，要坚持坐在自己的餐椅上，如果需要走动，动作要慢一些，注意不要影响邻桌的人进餐及碰翻热饭菜等。明白"静悄悄"就是声音要小、动作要轻、慢一些。这样给自己也给他人营造一个安静舒适的进餐环境，对自己和他人都是有益的。

家长课堂：

1.家长以身作则，起到榜样的作用。

2.为幼儿营造愉快的进餐环境。

文明进餐

（教师　于文莉）

活动五　这些东西有危害

设计意图

　　《指南》中指出："为幼儿提供营养丰富、健康的饮食。"安全教育应当直接告知幼儿有哪些做法是安全的、健康的，还有哪些做法是对身体有损害的，为了保证幼儿身心健康，我们在日常饮食工作中应时时进行安全教育。中班饮食安全教育"这些东西有危害"就是活动之一。通过本次活动，小朋友将学习一些判断方法，并通过亲身体验、观看课件等方式实践验证，从而养成良好的自理能力，增进安全意识。

活动目标：

1. 了解并初步掌握清洗食材的方法及如何做好防蝇、防尘措施。

2. 通过观看视频或课件，结合已有生活经验，用统计表的方式记录清洗食材及防尘、防蝇的常用方法。

3.通过活动，初步养成为自己和他人身体健康负责的态度。

活动准备：

多媒体课件、食材、小苏打、淘米水、防尘罩。

活动过程：

一、观看有关苍蝇的视频，了解苍蝇污染食品的途径

1.观看视频。

2.引导幼儿根据内容讨论：

（1）这段视频的主人公是谁？你喜欢它吗？为什么？

（2）苍蝇不飞行时落下来是在做什么？

（3）你看到这些画面想到了什么？

（4）怎样判断苍蝇来了？——观察模样、听辨声音。

老师小结：帮助幼儿梳理生活中的零散经验。苍蝇飞来飞去，在很多物体上停留，尤其在粪便或者腐烂的食品上会沾染大量的细菌，当它再次降落在食品上时，很快将细菌传播出去，会让吃下这些食物的人生病。

二、结合生活经验，找一找、说一说有哪些防蝇、防尘措施

1.保持环境卫生、空气清新。

2.防蝇、防尘门、门帘、窗帘，粘蝇虫的专用粘板、防蝇罩、带盖子的餐具等。

3.做好的食物及时吃，不长时间暴露存放。

教师小结：进一步帮助幼儿巩固防蝇防尘的经验，关键在于提前预防。

三、举例

以西红柿为例，如果已经发现食物被苍蝇污染，怎样清理干净、符合卫生要求呢？

1.如何清洗？——从盆装水、流动水、淘米水、小苏打水当中选择适宜的清洗方式；从冲洗、搓洗、用专用毛刷刷洗当中选择更加卫生的方式；从生水洗、热水泡、沸水煮当中选择更加卫生的方式。

2. 如何去除污染部分？——挖、削等方式。

3. 如何判断是否能够食用？——看、摸、闻。

四、通过游戏，进一步让幼儿了解所学的知识

游戏：走迷宫，每一关二选一，每一步选择正确答案，可以顺利走出迷宫。

教师小结：食品卫生要时刻注意，关键在于预防，科学细致地清洗、消毒、保存是确保健康的重要方法。

> **活动延伸：**
> 清洗午点水果，练习使用刨刀去皮。

活动反思： 幼儿生活当中很少有机会主动关注食品的洁净，也很少亲自体验清洗、加工食材，对于常见的苍蝇，也不太了解到底有哪些危害。卫生习惯和能力的培养，应以激发幼儿主动性为主，所以，确保自身健康、安全的第一关应当逐渐由幼儿自己负责。通过观看视频、亲自体验、游戏等方式，让幼儿能直观感知这些生活常识，并且锻炼动手自我服务的能力。活动内容与幼儿的实际生活密切相关，活动形式动静交替，幼儿学得轻松而投入，不同程度习得良好的生活卫生习惯。

安全提示：

1. 吃食物前自己检查是否洁净，看一看、摸一摸、闻一闻。

2. 在家庭当中清洗食材，可能需要踩椅子，要防止摔倒及弄湿衣袖。

3. 使用刨刀，要在成人看护下，练习双手配合，可以先从主要部位、大一些的菜品开始练习。

家长课堂：

1. 家庭成员有良好的生活卫生习惯，保持卫生、洁净的环境。

2. 做好防蝇、虫措施，并及时和孩子一起分享这些方法。

3. 在预先做好保护措施情况下，鼓励小朋友参与到家务劳动当中。

（教师 李晓梅）

活动六 这些东西我会吃

设计意图

　　《指南》中指出："幼儿阶段是儿童身体发育和机能发展极为迅速的时期，也是形成安全感和乐观态度的重要阶段。发育良好的身体、强健的体质、良好的生活习惯和基本生活能力是幼儿身心健康的重要标志，也是其他领域学习与发展的基础。"幼儿的饮食安全尤为重要。因此，我根据中班幼儿的年龄特点，设计了本次活动。通过模拟真实的故事情节以及讨论之后的梳理总结，现场体验，轻松学习，增进幼儿的安全意识。

活动目标：

　　1.懂得用不正确方法进餐造成的伤害有鱼刺卡喉咙，小骨头硌牙齿，坚果皮、小米粒呛嗓子等。

　　2.通过同伴间的讨论、讲述、表格记录，了解安全进餐的方法，学会用正确的方法吃鱼、排骨及坚果等。养成自我保护的安全意识。

　　3.喜欢参与讨论活动，体验和小朋友一起活动的快乐。

活动准备：

物质准备："这些东西我会吃"的记录表格；水彩笔；多种实物坚果。

经验准备：幼儿有记录表格的经验；和家长讨论过饮食安全我知道的储备经验。老师和幼儿排演的情景剧录像。

活动过程：

一、导入

播放情景剧录像《热闹的小医院》，让幼儿根据已有生活经验，想象小朋友们发生事故的原因。

师：今天老师给小朋友带来了一个情景剧，我们来看一看里面的小朋友发生了什么意外。

1. 播放情景剧前半部分。

娃娃家的小医院里今天可忙了，刚送走了一位患者，又来了一位小朋友，见小朋友难受的样子，老师医生关心地问：小玉，你哪儿不舒服？小玉指指喉咙说不出话来，老师医生拿起手中的手电筒和压舌板对小玉说："张开嘴，让我瞧瞧。"老师医生用压舌板压住小玉的舌头，打开手电筒一照，看见一根鱼刺卡在了喉咙里。老师医生刚用镊子取出鱼刺，接着又有两个小朋友跑了过来，一个说是被骨头硌着了牙，一个不停咳嗽说是被瓜子呛着了。

2. 引导幼儿讨论、梳理、总结。

请小朋友们说一说，情景剧中的小朋友怎么会被鱼刺卡住、被骨头硌着了牙齿、瓜子呛着了呢？

3. 播放情景剧后半部分。

师：那我们来看一看小朋友发生事故的原因和我们说的是一样的吗？

小玉说："今天小雨请我们去她们家玩儿，她妈妈为我们准备了许多好吃的东西，小朋友们非常高兴，就一边吃一边唱呀、说呀、玩儿呀，结果小丽她们被骨头硌着了牙、瓜子呛着了，我不会吃鱼，被鱼刺卡住了。"

二、了解安全进餐的方法，初步学习吃鱼、排骨、坚果等的正确方法

师：刚才看到的小朋友多危险呀，我们怎么提醒他们不再发生危险呢？

1. 请幼儿说一说小朋友在吃鱼时要注意什么？为什么？我们小朋友应该怎样做？怎样吃红烧的鲤鱼（带鱼）？老师将幼儿生活中的零散经验，用图示的方式记录在"这些东西我会吃"的记录表格中。

教师小结：在吃鱼的时候要专心进餐，把能看见的鱼刺先取出来，然后吃进嘴里，当你感觉还有鱼刺时要慢慢吐出来。饭和鱼不混在一起吃，便于取出鱼刺。

2. 请幼儿说一说小朋友在吃排骨时要注意什么？为什么？我们小朋友应该怎样做？怎样吃红烧的排骨？老师将幼儿生活中的零散经验用图示的方式记录在

"这些东西我会吃"的记录表格中。

一名幼儿看着表格里的记录小结：在吃排骨的时候和鱼的吃法有相同的地方，要专心进餐，要把能看见的骨头先取出来，然后再放进嘴里，当你感觉还有骨头时，要慢慢地吐出来。饭和排骨不混在一起吃，便于取出骨头。

3.请幼儿说一说小朋友在吃坚果时要注意什么？为什么？我们小朋友应该怎样做，怎样吃坚果？老师将幼儿生活中的零散经验用图示的方式记录在"这些东西我会吃"的记录表格中。

一名幼儿小结：吃坚果时用手慢慢剥开、用牙轻轻嗑开，将皮和果肉分开，皮扔进垃圾箱，果肉放进嘴里慢慢嚼烂，然后咽下去。并请这名幼儿示范正确的食用坚果的办法。

三、通过亲身体验，进一步让幼儿了解知道的常识

出示准备好的多种坚果，请幼儿分组品尝，一组一种，品尝结束后，请小组一名幼儿讲述吃坚果的方法及注意事项。

活动延伸：
回家体验吃鱼、吃排骨、吃坚果的正确方法。

活动反思：幼儿年龄小、缺乏生活经验与自我保护意识，这个年龄是幼儿一生中最容易出现危险的时期，所以对其进行安全教育十分必要。幼儿园作为这一时期幼儿生活的重要场所，需要迫切关注安全教育活动。第一部分情景剧激发幼儿积极思考并大胆地回答问题，同时意识到不正确的进餐会有许多危险。第二部分通过讨论、梳理、总结、记录懂得用正确的方法吃鱼、排骨、坚果等食物，培养幼儿的安全意识。第三部分亲身体验吃坚果的正确方法，让幼儿实际操作对知识进行巩固。幼儿生活经验少，回答问题比较零散，有时答非所问，老师引导得较多。

安全提示：

1.养成良好的进餐习惯，不打闹，不说笑，不东张西望，细细嚼，慢慢咽。

2.吃鱼和排骨时与饭菜分开，不要混在一起吃。

3.吃坚果时皮和果肉分开，皮扔进垃圾桶，肉嚼烂了慢慢咽进去。

家长课堂：

1.孩子在进餐和吃坚果时家长一定要陪伴在孩子左右。

2.可以用手指或筷子轻轻刺激舌根部，引起剧烈咳嗽，甚至呕吐，这样就可以把鱼刺吐出来。如果此办法行不通，就要立即到医院找医生处理。

专心进餐，不边吃边笑

吃坚果后，皮扔进垃圾桶

（教师 王素贞）

3月

运动安全

活动一　快乐攀爬

设计意图

　　《指南》在健康领域中提出："结合活动内容对幼儿进行安全教育，注重在活动中培养幼儿的自我保护能力。"可见，安全在幼儿活动中的重要性，怎样让幼儿在户外活动中感知安全，并探索安全的运动规则呢？我根据中班幼儿的年龄特点，设计了本次活动。

活动目标：

1. 掌握玩攀爬架的正确玩法，在游戏活动中遵守安全规则。

2. 幼儿玩攀爬架的过程中学会手脚交替向上攀爬。

3. 喜欢参与活动，体验活动的乐趣。

活动准备：

攀爬图片、攀爬架。

活动过程：

一、通过谈话活动进行导入

1. 你们喜欢玩攀爬架吗？

2. 玩攀爬架的时候要注意哪些事情？

3. 怎样玩才是安全的？

老师小结：帮助幼儿梳理生活中的经验，在攀爬时如果方法不正确就会受伤，我们在攀爬时应当注意安全，做好自我保护。

二、观看图片（教师玩的各种示范图，正确的和错误的）

1. 我们应该怎样玩？（出示攀爬墙的图片）

2. 这样玩对吗？（出示正确的攀爬图片）

3. 这样玩错在哪里？（出示错误的图片）

4. 我们在玩的时候如果攀爬架不小心倒了，怎么办？（幼儿自由阐述）

小结：立即告诉老师，听老师的指挥，靠攀爬架的另一边，有秩序地撤离。

5. 我们在逃生的时候应该怎样做？（不抢道，不惊慌，沿小路回教室）

6. 如果有人受伤了要及时告诉老师。

教师小结：进一步帮助幼儿巩固正确攀爬的经验。

小朋友在玩攀爬架时一定要用正确的攀爬方式，攀爬时脚不能勾在绳子里，拉绳时身体不能过于后仰。

三、幼儿玩攀爬架，教师观察指导

我们在玩攀爬架的时候要排队一个接一个玩儿，等前面的小朋友爬过去了再接着爬，不要挤在一起。

活动延伸：

教师带领幼儿到攀爬区进行攀爬。掌握玩攀爬架的正确方法，知道怎样保护自己，体验攀爬的快乐。

活动反思：我班幼儿对于一些挑战性较大的活动，如攀爬、攀登等技能掌握不好，并且有部分幼儿不敢大胆尝试，同时很多幼儿意识不到，不正确的攀爬姿势会对自身产生哪些危害，也不懂得用正确的方法进行攀爬，因此我们设计了攀爬活动，发展幼儿的攀爬能力，磨炼幼儿的意志品质的同时，还让幼儿掌握正确的攀爬方法，培养幼儿的安全意识。

安全提示：

1. 玩攀爬人多时要先排好队，一个跟着一个，按规则、有秩序进行攀爬。

2. 攀爬时双手要扶好，脚要踩稳，手脚交替协调攀爬。

3. 幼儿之间要保持适当距离，禁止翻越攀爬架，禁止在攀爬架上打闹。

家长课堂：

1. 幼儿攀爬时服装应以宽松、舒适、吸汗，便于运动的棉质运动装为主。

2. 家长提醒幼儿不能在攀爬架上打闹，学会等待、谦让。

➤ 攀爬时，小朋友们要排队

攀爬时，手要握紧，手脚交替攀爬 ◄

（教师　刘红阁）

活动二　快乐足球

设计意图

《纲要》明确指出："幼儿园必须把保护幼儿的生命和促进幼儿的健康成长放在工作的首位。"这表明幼儿园应站在生命教育的视角重视幼儿的生命健康与安全，让安全教育与幼儿园领域活动有机整合，自然渗透，提高幼儿自我保护意识与能力，才能切实促进幼儿的身心健康成长。为了让孩子能与同伴快乐游戏，获得运动经验，培养幼儿良好的品质和安全意识，我设计了这个游戏活动，就是在安全第一的前提下，鼓励幼儿在愉悦的情绪下，积极动脑，大胆参与，主动地探索足球的不同玩法，在不断地尝试、游戏中，提高幼儿对体育活动的兴趣。

活动目标：

1.幼儿在运球过程中学会控制身体重心，能保持身体平衡避免摔跤。

2.在游戏中锻炼走、跑、踢、顶、守等方法，学习左右脚交替运球。

3.培养幼儿勇敢、顽强的意志品质，体验团队合作的乐趣。

活动准备：

4条绳梯、16个标志盘、16个中号标志桶。

活动过程：

一、热身运动，学习控制跑

1.慢跑。

教师带领幼儿成一路纵队沿着跑道慢跑一圈。

2.机器人舞蹈。

教师带领幼儿随音乐原地左右晃动身体，可根据幼儿熟悉程度，加入左右脚交替踢球动作。要求幼儿控制好身体重心。

二、通过游戏活动学习基本技能

1.游戏一：上学去。

幼儿园要开学啦，小足球们都迫不及待地要去上学啦，让我们护送它们去幼儿园吧。幼儿分成四组，成四路纵队站在起点线后等待。游戏开始，每组第一名幼儿左右脚交替运球前进，遇到倒在路上的树枝时（5格绳梯），夹球跳过后继续左右脚运球前进至终点，每组的第二名幼儿开始，以此类推。共2轮。

注：每组一条绳梯，打开5个格子即可。

2.游戏二：抢凳子。

教师：小足球们顺利地来到了幼儿园，接下来要开始玩"抢凳子"游戏了，快带它们去玩吧。

所有幼儿手拉手围成一个大圆圈，圈内设16个凳子（标志盘）。游戏开始，幼儿同一个方向左右脚运球行进，一边唱儿歌。教师吹响口哨时，幼儿便停止运球去抢占凳子（找到一个标志盘站好），没有抢到凳子的幼儿做下蹲动作5次。共3轮。

注：可适当调整标志盘之间的距离，避免幼儿拥挤争抢。

3.游戏三：去春游。

教师：今天天气真好，所有足球宝宝都要参加春游活动，经过"Z"字形小路、跳桥，还要穿越一片树林，才能到达终点。

幼儿分成四组，成四路纵队站在起点线后等待。教师吹响口哨，每组第一名幼儿左右脚交替运球出发，沿"S"字形小路（绕过标志桶S线）运球，再夹球跳过跳桥（绳梯），最后左右脚交替运球绕过树林（标志盘4个）到达终点。每组的第二名幼儿依次进行。共3轮。

注：小路、跳桥、树林各间隔1米。

4. 结束部分。

（1）幼儿以轻松的姿势坐在体操地垫上，做动作放松身体：拍一拍腿、揉一揉胳膊、抖一抖小手等。

（2）全体幼儿围成圈，教师进行课堂小结，结束后幼儿将材料归放好。

活动延伸：

教师带领幼儿到户外玩球。让幼儿在实践玩耍中体验各种玩球的方法，理解自我保护的重要性，体验玩球的快乐。

活动反思： 这个游戏很新颖，独特。吸引了很多幼儿的注意力，特别是小男孩非常喜欢，争相效仿，参与到游戏中来。幼儿在游戏中，自主参与意识被充分调动起来，游戏热烈而有序，进而在游戏中获得了满足与快乐，达到安全与游戏的结合。这次足球活动回归了幼儿园游戏的本质，重视活动过程中孩子的体验与感受，让孩子真正主动参与，他们身体的平衡与协调能力才能得到发展。

安全提示：

1. 游戏过程中，要求幼儿运球要稳，对运球速度不作要求。如果球从幼儿双脚之间离开，要求其自行捡回继续游戏。

2. 教师可根据场地大小，适当增多或减少障碍物。

3. 游戏中教师要注意观察幼儿的面部、出汗量和精神状况，若幼儿表现得较疲劳，可适当调整运动量。

家长课堂：

1. 家长们一定要先检查场地的安全设施。

2. 场地安全，足球大小是否适合孩子的尺寸，检查好以后再带孩子玩。

3. 家长合理指导孩子们在玩球时不玩闹、争抢，避免受伤。

游戏一：上学去

游戏二：抢凳子

游戏三：去春游

（教师　齐雪红）

活动三　超级玛丽

设计意图

为了让孩子能与同伴快乐游戏，获得运动经验，培养幼儿良好的品质和安全意识，我们在降低户外游戏设施危险性的同时，带领幼儿开展一系列安全教育活动，让幼儿能够在玩中学。为了培养中班幼儿耐心、专注的品质，增强幼儿的爆发力、弹跳力及体耐力。我根据中班幼儿的年龄特点，设计了本次活动。通过教师的示范讲解进行现场体验、轻松学习、自然习得，增进幼儿的安全意识和规则意识。

活动目标：

1. 了解自身的身体状况及精神状态，懂得运动前做好热身活动。

2. 幼儿练习（用头）摸高、练习匍匐前进。

3. 通过游戏，让幼儿喜欢参加游戏，初步建立幼儿的自我保护意识。

活动准备：

教师准备：飞跃墙3片、标志杆组合3组、海绵垫1个、音响及音乐（热身操）、哨子。

幼儿准备：舒适透气的运动鞋、宽松有弹性的长裤。

活动过程：

一、与幼儿讨论

讨论在本次课程当中需要准备和注意的地方。

请小朋友们观察一下老师：

1. 看看老师今天穿了什么样的衣服和鞋子呢？（运动衣，粘扣运动鞋）

2. 为什么我要穿运动衣和没有鞋带的运动鞋来上体育课？

3. 小朋友们在户外运动的时候要穿什么样的衣服和鞋子呢？

4. 有小朋友发现了，今天的老师和平常不太一样（长头发盘了起来，眼镜也摘掉了），为什么呢？

5. 我们在户外运动的时候还需要注意什么可以保护我们的身体不受伤害？

教师小结：咱们参加户外活动的时候要穿舒适的运动鞋，这样不容易扭伤脚，要穿上有弹性的长裤，一方面可以保护自己的腿，避免擦伤以及一些小磕碰，另一方面可以更好地去做一些幅度比较大的动作。女孩子要把自己的头发梳整齐，防止长头发甩起来误伤到别人，不能穿裙子，因为不方便做大幅度的动作。还有要及时检查自己的口袋、手腕、脖子，如果佩戴了小饰品也要全部摘下来，以免这些东西弄伤自己，戴眼镜的小朋友一定要把眼镜摘下来，避免运动时对眼镜造成破坏并可能进一步对自己造成二次伤害。

二、音乐热身操

接下来我们就要一起来做一些活动，让自己的身体舒展开，做热身操之前，老师有几个小问题想要问问咱们小朋友们：

1. 为什么先要让自己的身体舒展开来呢？

2. 我们的热身操都有哪些动作呢？（头部运动、扩胸运动、振臂运动、腹背

运动、弓步压腿、仆步压腿、膝关节运动、手腕脚踝运动等）

3. 做热身操的这些动作对我们的身体有哪些好处？

4. 如果我们不做拉伸运动，直接去跑、跳会出现什么情况？

5. 我们要怎么站队才能不打扰其他小朋友做动作呢？

教师小结：我们在进行跑、跳或者其他剧烈运动的时候一定要先做热身运动，告诉自己的身体我要准备去做剧烈运动啦，你要准备好哦！在做热身的时候每名幼儿站一个圆点（一臂距离），以免在拉伸过程中误伤他人。

三、游戏"超级玛丽"

1. 难点前置：练习原地纵身跳。

讨论在纵身跳的过程当中需要注意的事项以及出现的问题：

（1）为什么要先做预摆动作？

（2）有些小朋友在落地时摔倒了是什么原因导致的？

（3）怎么做才能保证落地时不摔倒？

（4）怎么会出现两个人撞到一起的情况？

教师小结：起跳之前一定要先做预摆动作，要等到前面一名小朋友回到队伍后面下一名小朋友才能出发，落地时，一定要前脚掌先着地，并顺势屈腿，让自己的腿有个准备，这样才不会对自己的身体造成伤害。

2. 游戏"超级玛丽"：今天老师把所有的小朋友都变成超级玛丽，超级玛丽闯关的时候会跳起来打小怪兽，但是超级玛丽开始打怪兽之前要先吃饱了，刚好咱们的"飞跃墙"上有补充能量的"食物"，顶到的越多就越强大，变强大了才能学会匍匐爬哦！

游戏准备：将"飞跃墙"用3组标志杆与地面平行固定住，距离地面1.3米教师做示范，在起点处开始出发，在有"飞跃墙"的地方跳起来，用头顶，没有"飞跃墙"的地方站起来直走，以此类推，然后在海绵垫上匍匐前进。让幼儿进行游戏，第一名幼儿完成练习后从右侧返回到队伍的后面站队，第二名幼儿听到哨声出发，以此类推。

（1）我们在玩超级玛丽的过程中需要注意哪些地方？

（2）要走到什么地方才能进行纵身跳？为什么？

（3）如果不这样做会出现什么情况？

（4）为什么要等到前面一名小朋友回来，下一名小朋友才能出发？

（5）还没有参加游戏的小朋友应该怎样做？

教师小结：（1）玩"飞跃墙"游戏时，注意要走到飞跃墙的正下方才能进行纵身跳，不然容易卡到脖子。

（2）强调游戏规则，要等到前面一名幼儿回来站到队伍后面，下一名幼儿才能出发（以哨声为准），这样才能避免碰撞。

（3）还没有轮到的小朋友要排成一队等待小队友回来。

活动延伸：

让幼儿在实践玩耍中体验正确原地纵身跳的方法，理解自我保护的重要性。也可根据幼儿的完成情况增加或者降低"飞跃墙"的高度，增加或减少海绵垫的个数，调整标志杆之间的距离。

活动反思： 中班幼儿活泼好动，规则意识萌发，但还不太稳定需要教师的引导和提醒，并且幼儿初次接触原地纵身跳，对于动作要领的把握上不太好控制，容易摔倒，所以需要教师在旁边进行随时观察和指导，用言语去帮助和提醒幼儿。第二部分用游戏的方式集中了幼儿的注意力，同时让幼儿在轻松愉快的环境中，让知识得到进一步巩固，同时进一步加深了幼儿的安全意识和自我保护意识。

安全提示：

1. 在幼儿做完匍匐前进时，提醒幼儿慢慢站起来，慢跑（走）回来，防止因眩晕而跌倒。

2. 提醒幼儿在游戏过程中保持距离，初步学会自我保护。

3. 提醒幼儿检查口袋中是否有硬物，手腕、脖子上是否有饰品，戴眼镜的小朋友，提前取下。

家长课堂:

1.掌握幼儿的身体状况与精神状态,询问并判断是否适合参加活动。

2.观察幼儿所穿的鞋子和裤子是否合适。

|»»» ➤课程之前要认真做拉伸运动

要走到"飞跃墙"正下方才能进行纵身跳 ◀—◀◀◀|

（教师　臧昕）

活动四　滚筒向前冲

设计意图

　　《指南》中提出："开展幼儿体育活动时一定要全面、认真地做好幼儿的安全保护工作，并根据活动的需要以及幼儿的个体差异做好相应的安全指导和教育。"为了实现幼儿体育活动的价值，增强幼儿的体质，其关键就是要为幼儿提供尽可能多的身体运动的机会，吸引幼儿参与其中，鼓励和支持幼儿主动练习与体验。中班安全活动"滚筒向前冲"就是基于幼儿的年龄特点及中班幼儿具有一定的运动探索能力设计，通过直观的户外玩教具和生动有趣的故事情境，鼓励幼儿积极探索，大胆尝试。

活动目标：

1. 自由探索小滚筒滚动的正确方法，增强自我保护意识。

2. 学习并掌握用手、脚或身体其他部位让小滚筒沿直线滚动。

3. 幼儿乐于参与游戏活动，体验团队合作的乐趣。

活动准备：

多媒体课件、玩滚筒的图片、滚筒玩教具。

活动过程：

一、让幼儿在观看生动的课件中理解故事内容，习得经验感知

1. 看课件，听故事《小猫咪摔倒了》。

2. 教师引导幼儿根据故事的具体内容谈论：

（1）小猫咪为什么会受伤？

（2）滚筒前进的过程中小猫咪是怎么上滚筒的？

（3）小朋友想一想，我们在玩滚筒游戏时应该如何保护自己？

教师小结：教师从幼儿的讨论中归纳及梳理幼儿生活经验。

小猫咪因为在滚筒前进的过程中直接就上了滚筒，没有及时让滚筒停下来再上去，所以才会挤到脚。小朋友们在玩滚筒时，一定要先告诉滚筒上所有的小朋友，等滚筒停止下来再上滚筒，还要注意自我保护。

二、看课件

引导幼儿认真思考后并找出滚筒游戏的正确方法，巩固前期经验。

指导幼儿根据课件逐一讨论：

1. 小朋友们在做什么？

2. 滚筒前进时直接上滚筒的小朋友对不对？

3. 直接站立在滚筒上玩游戏的小朋友对不对？

4. 等滚筒停下来再上去的小朋友对不对？

教师小结：教师进一步帮助幼儿巩固正确玩滚筒游戏的经验。

小朋友在玩滚筒游戏时一定要等滚筒停下来再上滚筒，在滚筒上要双手抓住滚筒前横杠，坐稳后双脚与滚筒一同向前行进。

三、通过游戏，再次巩固所学的运动安全小常识

游戏：聪明的小猫咪，教师随机将滚筒游戏时的图片播放，引导幼儿对图片中小朋友滚筒时的动作及具体做法进行判断，并说明正确的游戏方法。

活动延伸：
　　教师带领幼儿到户外玩滚筒游戏，让小朋友们在亲身实践中体验滚筒游戏时应采取的正确方法，增强自我保护的意识，体验团队合作的乐趣。

活动反思：基于幼儿的年龄特点及对户外大型玩具的好奇心与自我探索的愿望，"滚筒向前冲"活动既可以满足中班幼儿勇于尝试、敢于探索的学习品质，又在寓教于乐的游戏中潜移默化地开展了安全教育，游戏中渗透安全教育引导幼

儿学会基本的自我保护，并乐于参与其中，体验与同伴团结合作的重要性。本次活动在师幼良好互动的过程中引导幼儿逐渐意识到玩滚筒游戏会存在诸多危险，每个幼儿懂得运用正确的方法玩滚筒游戏至关重要；第二部分教师将生动直观的课件与幼儿的户外滚筒游戏紧密结合，集中了幼儿注意力的同时也不断激发幼儿的运动兴趣，最后幼儿在户外亲身体验玩滚筒游戏的合作乐趣。

安全提示：

1. 滚筒游戏在人多时要依次排队，不推不挤。

2. 脚掌向前用力带动滚筒向前行进。

3. 双手抓握滚筒前横杠，坐稳扶好，所有小朋友目视前方匀速前进。

家长课堂：

1. 家长一定要先检查滚筒的安全设施。

2. 时刻关注幼儿在滚筒行进中的动态，防止踩空跌落。

3. 滚筒行进中家长要在幼儿身旁保护，防止幼儿从滚筒上滑跌。

玩滚筒游戏时，坐稳扶好

双脚脚掌用力带动滚筒向前行进

（教师 刘璐）

活动五　快乐足球

设计意图

　　《纲要》中指出："用幼儿感兴趣的方式发展基本动作，提高动作的协调性、灵活性。"幼儿园的一日活动要根据幼儿的特点组织生动有趣、形式多样的体育活动，吸引幼儿主动参与。球类游戏是幼儿最喜爱的体育活动之一，具有会滚动，能弹跳等特性，不仅发展幼儿走、跑、跳、爬等动作和能力，而且帮助幼儿积累运动的经验。基于中班幼儿的年龄特点，设计了本次活动。通过丰富多彩的游戏活动引导幼儿在游戏中自然习得运动经验，增强自我保护的意识。

活动目标：

1. 幼儿在学习运球中掌握动作要领，能按口令有序运球，提高安全规则意识。

2. 通过抱球、踩球、坐球等动作，使足球与身体不同部位接触，感知球性。

3. 幼儿愿意用耐心、专注的态度进行练习。

活动准备：

足球若干、哨子、不同颜色标志碟。

活动过程：

一、暖身运动及伸展

　　1. 将幼儿分成四组，每组分别站在一个固定区域，听到哨声后，一组、二组同时对换位置，三组、四组同时对换位置，再吹哨，一组、三组和二组、四组同时对换位置，练习4个轮次，下一轮之后，加快节奏再循环练习。

　　2. 教师带领幼儿齐做徒手操，将球放在身体右侧的地面上，进行头部运动、扩胸运动、振臂运动、腹背运动、膝关节运动、弓步压腿、仆步压腿、腕踝关节运动，依次活动，每个环节四个八拍。

老师小结：热身运动时动作规范，每个环节的徒手操指导幼儿伸展到位，减少足球运动课程中的受伤概率。

二、指导训练

1. 动作讲解与示范。

教师带领幼儿练习原地脚背正面踢球及脚内侧踢足球，幼儿听哨子开展节拍练习，等幼儿熟练动作要领后尝试行进中脚背及脚内侧踢足球。

2. 队形安排。

幼儿调整队形前后间距和左右间距各1米，开始练习时教师喊节拍应该慢一些，幼儿熟悉后可加快一点节奏，在练习时教师可与幼儿同时练习。

教师小结：进一步帮助幼儿巩固踢足球时触球的正确方法。

小朋友在踢足球时一定要排队有序进行，不能推挤，确定身体平衡后再触球，以免身体不稳摔倒。

三、游戏巩固练习

今天我们和足球宝贝一起做游戏，足球宝宝出去玩的过程中迷路了，今天每个小朋友都是足球宝宝的保护神，当小朋友们听到老师说"癞蛤蟆来了"，所有小朋友就把足球单脚踩在脚底；当听到"老鹰来了"，所有小朋友把足球坐住；当听到"熊猫来了"，所有小朋友把足球抱住。小朋友们一起比一比哪个小朋友听到教师口令后最快地做出反应并做出相应的动作。

教师小结：组织游戏中强调运球时的不同触球点，玩中学，学中乐，运球中每个幼儿保持间距，避免跑起来相互碰撞以免摔倒。

活动延伸：

幼儿在运球过程中增强对触球点的感知，同时亲身体验足球与身体部位接触的感觉，增强游戏的乐趣，激发幼儿主动参与其中，乐于运动的情趣。

活动反思：中班幼儿对足球游戏活动充满了参与的兴趣，本次活动以幼儿为主体，为幼儿提供更多的练习机会，丰富足球游戏内容的同时，提高了幼儿对足球运动的认识和喜爱，足球运动主要是下肢训练，所以课前的热身运动尤为关键，确保幼儿下肢肌肉、膝关节、踝关节的安全情况下才能有序开展，运球过程中要时刻确保幼儿保持间距，避免拥挤中运球摔倒。本次活动中幼儿在运球练习时注意力比较集中，最后开展的运球游戏更是将足球技能练习更好地融入游戏之中，玩中学，学中乐，课堂氛围极为活跃。

安全提示：

1. 幼儿在练习时可能会用力过猛或者没踢到球而伤到其他幼儿，教师应组织幼儿拉开前后左右的间距。

2. 行进间练习时，应避免幼儿运球中过于拥挤，所以左右间距需拉得更大些。

3. 运球时注意适时躲避，以免碰撞他人。

家长课堂：

1. 运动前家长们一定要先检查幼儿的身体状况及舒适的着装及是否穿运动鞋。

2. 运球过程中保持适当间距，以免碰撞。

3. 家长合理引导孩子们运球中提高专注力。

游戏中双手护球，双膝跪地保持平衡

运球行进中适当保持间距

（教师 刘璐）

活动六　趣味篮球

设计意图

　　《指南》在健康领域中指出："开展丰富多样，适合幼儿的体育活动来发展幼儿的身体平衡、协调能力。"篮球是幼儿非常喜爱的一种运动，通过形式多样的篮球活动，可以丰富幼儿的经验，锻炼幼儿的身体，但是篮球是一项高强度的体育运动，易发生擦伤、扭伤、鼻出血、关节脱位等伤害。为减少和避免活动中发生伤害事故，根据中班幼儿年龄特点，特开展本次教学活动。通过直观的 PPT、有趣的故事、好听的儿歌以及讨论之后的现场体验，轻松学习、自然习得，增强幼儿的安全意识和规则意识。

活动目标：

1. 懂得用不正确的方法拍球易造成的伤害，养成自我保护的安全意识。

2. 学会右手五指分开，掌心稍屈合在球表面，手腕、前臂恰当用力按压球。

3. 乐于参与活动，体验和小朋友一起活动的乐趣。

活动准备：

PPT、拍球的图片、篮球若干。

活动过程：

一、让幼儿在观看 PPT 中理解故事内容，建构经验

1. 通过观看 PPT，理解故事内容。

2. 引导幼儿根据 PPT 内容讨论。

（1）小花猫为什么会受伤？

（2）它在拍篮球时有没有听从指挥？

（3）小朋友在拍篮球时应该怎样做？

老师小结：帮助幼儿梳理经验。

小花猫在拍篮球时没有按老师要求进行，大家在做热身运动时，小花猫在一边玩耍，也没有遵守规则，所以我们在拍篮球的时候应听从指挥，注意安全，做好自我保护。

（4）看课件，让幼儿找对错，掌握拍球的正确方法，巩固经验。

3. 根据课件逐幅讨论：

（1）老师在检查什么？

（2）拍球时小朋友挤在一起拍对不对？

（3）图片上小朋友拍球的手法对不对？这样玩会发生危险吗？

（4）拍球时小朋友的站姿对吗？应该如何站？

教师小结：进一步帮助幼儿巩固正确拍球的经验。

小朋友在拍球时一定要剪短指甲，五指分开，手腕、前臂用力按压球，两脚与肩同宽站立，手脚动作协调一致。

二、通过儿歌和图片，进一步让幼儿了解所学的知识

儿歌《球宝宝跳舞》："我有一个球宝宝，拍一拍，跳一跳；拍的重，跳得高，拍的轻，跳得低；一拍一跳真有趣。"

老师出示图片，小朋友来判断图片上拍球的做法是否正确。

教师小结：强调拍球的正确方法，两脚分开与肩同宽，腰弯下一点点，右手五指分开，掌心稍屈合在球表面，手腕、前臂恰当用力按压球。

活动延伸：

教师带领幼儿到操场拍球。让幼儿在实践玩耍中体验正确拍球的方法，理解自我保护的重要性，体验拍球的快乐。

活动反思：根据中班幼儿的年龄特点，我们设计了拍球的安全教育，使幼儿在游戏中理解拍球的安全注意事项。幼儿能够通过图片、游戏意识到不正确的拍球会有很多危害，懂得拍球前检查好指甲是否剪了，衣服鞋子是否舒适，培养幼儿的安全意识。最后带幼儿到操场亲身体验拍球，幼儿体验拍球带来乐趣的同时知道拍球的正确方法。

安全提示：

1. 拍篮球前进行热身运动，如慢跑、扭动脚踝、下蹲运动、活动手腕脚踝等。

2. 拍篮球人多时要先排好队，再一个跟着一个，不拥挤推拉。

3. 在拍球时注意手法和落脚位置，防止手、脚部关节和眼部受伤。

家长课堂：

1. 不要穿塑料底的鞋或皮鞋，应当穿球鞋或一般胶底布鞋。勤剪指甲，避免划伤。

2. 衣兜不装东西，身上不挂饰品。上衣、裤子口袋里不要装坚硬、尖锐锋利的物品。

3. 家长合理引导孩子们保护自己不被伤害，赛前正确佩戴个人护膝、护腕装备。

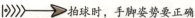
拍球时，手脚姿势要正确

拍球时，小朋友要有序排队

（教师 刘红阁）

4月

社会安全

设计意图

在《指南》健康领域中指出："帮助幼儿养成良好的生活与卫生习惯，提高自我保护能力，形成使其终身受益的生活能力和文明生活方式。"孩子需要去游乐场所，放松身心、认识新伙伴。但是，游乐场里也存在一些安全隐患，需要引起家长和小朋友们的注意，学习和掌握一些安全知识，不断丰富自己的认知，让孩子在游乐场里有一定的自我保护技能，当发生危险状况时，知道自己应该怎么做，学会自我保护和自救，确保在开心玩的同时，保证幼儿的身体健康。因此，设计了本节活动，通过集体讨论、观察图片、情境模拟表演等方式，提高幼儿的自我保护意识。

活动目标：

1. 认识游乐场里的设施，知道在玩耍过程中存在的各类安全隐患，提高防范意识。

2. 提高幼儿遵守游乐场规则的自控能力。

3. 能冷静应对游乐场中出现的突发情况，学会一些简单的处理办法。

活动准备：

游乐园安全标志、游乐场的照片。

活动过程：

一、谈话引入

师：游乐场是我们最喜欢去的地方，你们都去游乐场玩过什么游戏？有没有遇到过危险的事情，或者看见别人发生过危险的事情？在游乐场里也会隐藏着很多危险的地方，请小朋友们结合自己的生活经验，一起说一说，想一想，讨论一下，游乐场里会有哪些危险呢？

1. 组织幼儿进行小组讨论交流，集合大家的意见进行汇总，让各小组派幼儿代表发言，最后由老师归纳总结。

2. 为了减少安全隐患，教师提出去游乐场时提前制订方案的要求，让孩子们讨论，怎样做才能保证出行及游玩时的安全。

3. 以小组为单位，幼儿共同商定，一起制订游乐场安全出游方案，教师指导各组幼儿。

4. 小组汇报，师幼共同对小组制订的方案进行讨论，大家说一说，听一听，哪个小组制订的方案最切合实际，而且容易操作。

二、安全卫士我来当

1. 教师创设情境，宣布竞赛规则。

2. 幼儿以小组为单位参与活动。

（1）游乐场里规矩多。让每组幼儿指定说出一条游乐场里游玩的注意事项，说过的不重复。

（2）案例分析。教师出示意外事故案例，让幼儿对其进行分析，并说出自己的感受。

（3）意外来临怎么办。教师利用课件模拟游乐场里可能出现的意外情况，幼儿说出应对办法。

3.评出优胜者。

三、制作安全提示卡

1.幼儿展示收集到的有关游乐场的安全提示语。

2.全班交流：哪些提示语给你留下的印象最深？说出理由。

3.选出最佳提示语制成卡片。教师指导幼儿绘出游乐场模拟图，并将提示语贴在适合的位置。

活动延伸：

1.在建构区活动中，搭建游乐园的场景，加强幼儿安全意识。

2.请家长带一些关于游乐场玩的照片，说一说是怎么玩的，并布置到主题墙上，提醒幼儿注意安全。

活动反思：本次活动从幼儿生活经验导入，引导幼儿说出游乐园有哪些危险，再结合身边的事，然后融入情境故事中，让幼儿感受游乐场的规矩是什么，遇到危险怎么解决，说出应对的办法。让幼儿在玩中学，学中玩，掌握安全知识。在讨论环节，幼儿积极性比较高，能够根据自己的生活经验，进行简单的讲述，语言表达能力有了很大的进步。在动手制作安全标志环节，每一名幼儿都充分参与到活动中，大胆地操作、大胆地尝试。在语言表达能力、动手操作能力、逻辑推理能力三个方面都有了很大的提高。

安全提示：

1.游玩时不要拥挤，互相谦让，注意安全，特别注意通道、滑道、秋千与平台边沿有跌倒的危险，游戏时应有成年人在此接应。

2.严禁有追逐打闹或影响他人的行为。

3.本游戏只供3～12周岁幼儿在成人的保护下游玩。

家长课堂：

1.在游乐场游玩时，如果游乐设施是湿的，就要告诉宝宝不要玩耍，因为潮湿的表面会让这些器械非常滑。

2.幼儿在游乐场玩耍时，不要穿带绳或腰带系绳的衣服，细绳、背包带、项链都有可能无意中挂在器械上，导致危险。

游乐场的小火车

游乐场的攀爬架

（教师 段旭鑫）

活动二 安全标志会说话

设计意图

　　中班幼儿有了一定的逻辑思维能力，能够把抽象的符号和现实生活相结合，而标志就是生活中人们行动的一种指示，是简单形象的图画语言，尤其是安全标志在生活中能对我们起到提醒警示的作用。通过开展活动，组织幼儿观察、讨论、探索、了解禁止标志、警告标志、指令标志和提示标志的意义，使幼儿知道要按照安全标志的要求去做，这样才能保护自己，避免受到伤害，同时加深幼儿对身边标志的关注度，了解标志在生活中的重要作用，培养幼儿初步的规则意识。

活动目标：

1.认识生活中几种常见的安全标志，培养幼儿安全意识。

2.通过动手制作安全标志，培养幼儿的想象力和创造力，提高幼儿的理解能力和推理能力。

3.大胆地介绍自己在日常生活中所见到的各种标志，体验成功的快乐。

活动准备：

每组一套安全标志图片：注意安全、禁止烟火、禁止攀爬、当心夹手、当心碰头、当心中毒、当心扎脚。美术操作材料：画纸、水彩笔、剪刀等工具材料。

活动过程：

一、寻找生活中的安全标志

1.小故事引起幼儿兴趣：小淘淘和妈妈去公园玩，公园的一角正在施工，上面有一个三角形的黄色标志，里面是一个大大的感叹号，小淘淘问妈妈这是什么意思，妈妈告诉他这是注意安全的标志，我们生活中还有很多标志，一起去寻找吧！

2. 提出问题，请幼儿思考：

为什么要有这些安全标志？你在哪里看到过这些安全标志呢？幼儿讨论并回答老师的问题。

二、了解安全标志的意义

1. 将幼儿分组，每组一套安全标志，请幼儿从中寻找自己感兴趣的安全标志，并介绍这些标志所表达的意思。

2. 教师依次讲解这些安全标志的含义，并请幼儿模拟场景，想想这些安全标志应该放在哪里。

3. 讨论安全标志的用途：我们生活中为什么有这么多的安全标志，它们有什么作用，能给我们生活带来什么影响？

教师小结：我们的生活都离不开安全标志，只有按标志上的要求行动，才能既方便自己又不影响他人，如果不遵守安全标志指令，会出现很多安全问题。

三、安全标志分类

1. 小游戏："我说你猜。"教师说出安全标志的名称，幼儿迅速从卡片中找到对应的安全标志。

2. 小游戏："小标志分分类。"小朋友们，这些标志中，有些是禁止标志，有些是提示标志，你们试着来分分类吧！

四、设计安全标志

1. 想一想我们生活中还会遇到什么危险，需要什么样子的安全标志来提醒大家。我们自己动手来尝试做一个安全标志，一看到这个标志就明白在这样的场合要注意什么安全。

2. 幼儿利用准备好的美术材料，来设计并制作安全标志，并把自己制作的安全标志用简明的语言讲述给老师和同伴。

活动延伸：

1. 寻找生活中的其他安全标志，并用拍照片的形式记录下来，来园后与其他小朋友分享自己的感受。

2. 利用区域活动时间和同伴一起制作幼儿园安全标志，并把自己制作的安全标志贴到幼儿园的角角落落。

3. 利用幼儿搜集的安全标志制作主题墙：小标志，大学问。

活动反思： 本次活动，由幼儿认知经验的小故事导入，引出安全标志，再请幼儿回忆自己生活中见到的安全标志，自选图片讲述自己感兴趣的安全标志，到最后的安全标志小游戏，动手制作安全标志，游戏环节层层递进，让幼儿在玩中学，学中玩，掌握了几种常见的安全标志。在讨论环节，幼儿积极性比较高，能够根据自己的生活经验和自己选择的标志，进行简单的讲述，语言表达能力有了很大的进步。在动手制作标志环节，每一名幼儿都充分参与到活动中，大胆地操作、大胆地尝试。幼儿的语言表达能力、动手操作能力，逻辑推理能力都有了很大的提高。

安全提示：

1. 外出活动时要注意观察周围环境，在有安全标志的地方一定要按标志要求去做，否则会发生危险，对我们的生命安全产生威胁。

2. 幼儿园操场和大型玩具区这类容易发生危险的地方，设置安全警示标志，一定要注意安全。

3. 平时要做一个善于观察的有心人，发现安全隐患，及时告诉成人。

家长课堂：

1. 家长朋友带幼儿外出游玩时，应有意识地引导幼儿认识安全标志，告诉幼儿或请幼儿讲述标志的名称和含义，家长要带头遵守标志上的规则，为幼儿树立正面榜样。

2. 在家中寻找安全隐患，如尖利的桌角等，和幼儿一起设计制作安全标志张贴在家中，时刻提醒幼儿注意安全。

自制安全标志"小心走路不踏空"

自制安全标志"上下楼梯不推挤"

（教师　张亚静）

活动三　不一样的电话号码

设计意图

　　在日常生活中，经常会出现一些意外的危险情况，如火灾、遇到坏人、意外伤害和突发疾病等一系列危险事件，由于中班幼儿年龄小，生活经验缺乏，有些孩子虽然知道了一些急用的电话，但还不懂得正确的使用方法，不知道打电话时怎么说。因此，我设计了本次活动"不一样的电话号码"，让幼儿学习拨打特殊电话时能清楚、连贯地表述内容，能在最短的时间内进行求救，增强幼儿的自我保护意识，提高幼儿自我保护能力，为消除一些安全隐患争取时间。

活动目标：

1. 认识一些特殊的电话号码，知道在紧急的情况下能帮助人们解决一些特殊事情。

2. 学习使用电话号码，培养幼儿具备初步的自救能力。

3. 在情境扮演中体验与同伴合作的快乐。

活动准备：

　　"110""120""119""114""122""12121"电话卡片和相应的图片、玩具电话。

活动课程：

一、活动导入

1. 请小朋友观看课件，激发幼儿的兴趣。

（1）图片中有哪些危险的场面，我们遇到这样的情况应该怎么办？

（2）有什么样的办法能最快地找到帮助的人？

二、认识不一样的电话号码和用途

1. 你都知道哪些紧急的电话号码？（幼儿自由回答，教师并出示相应的电话图卡。）

（1）小朋友们很聪明，知道"110""120""119"这些紧急电话，什么情况下可以拨打这些电话？（有危害财产和生命安全的警情时拨打报警电话"110"；有人生病、受伤时拨打急救电话"120"；有火警或者需要救援时拨打消防电话"119"）。

（2）教师出示玩具电话，师幼一同用电话拨打"120""110""119"，并引导幼儿将具体情况以及具体位置说清楚。

教师小结：不同的紧急情况可拨打不同的号码，紧急电话的共同特点是特殊、易记、在紧急情况下提供帮助。

2. 果果小朋友遇到了一些问题，想请小朋友们来帮帮他。（认识查询电话"114"、交通事故报警电话"122"、天气预报查询电话"12121"，并会正确使用这些号码。）

（1）果果明天要去上海旅游，想知道那边的天气怎么样，他应该拨打哪个电话呢？（如果幼儿回答不出来，教师可以直接出示天气预报电话"12121"。）

（2）电话号码"12121"是天气预报查询电话，小朋友们可以通过拨打"12121"来查询各地的天气情况。

3. 果果一家想要去××饭店吃饭，需要提前预订，可是饭店的预订电话找不到了怎么办？需要拨打哪个电话来求助呢？（如果幼儿回答不出来，教师可以直接出示电话查询"114"。）

"114"是电话查询台，小朋友们可以通过拨打"114"来查询其不确定的电话号码（如某饭店、某酒店、某车主等电话）。

4. 果果一家出去游玩，在路上遇到了交通事故，应该拨打哪个电话来寻求帮助？（如果幼儿回答不出来，教师可以直接出示交通事故报警电话"122"。）

"122"是交通事故报警电话，如果小朋友们遇到了交通事故，即可拨打"122"来寻求帮助。

三、游戏：连连看

1. 我们今天认识了这么多的电话号码，一起来想一想，说一说都有哪些？（幼儿说出一个电话号码，教师就出示此电话卡。）

2. 除了这些电话卡，老师这里还有图片，请小朋友来看一看。（着火的图片、受伤的图片、交通事故的图片、小偷偷东西的图片等。）

3. 现在老师将电话卡和图片分别摆放在黑板的两侧，请小朋友们开动自己的小脑筋来连连线，将与电话卡相对应的图片连在一起。

四、教师小结

1. 刘老师将这些号码分成了两组，请小朋友们看一看这两组电话有什么不同。（"110""119""114"为一组，"120""12121""122"为一组。）

2. 一组是"11"开头的，在中国大陆"11"开头，代表着特种服务号码。另外一组是"12"开头的，"12"开头代表民用特殊号码。

3. 只有在危险和紧急的情况下才可以拨打这些特殊的电话。

五、结束

老师这里还有另外的一些特别的电话（如消费者投诉热线"12315"……），下次老师再介绍给你们认识。

活动延伸：

1. 与幼儿一起认识一些投诉类的电话号码，如"12315"消费者投诉热线；"12345"市长投诉热线；"12358"物价局投诉电话等。

2. 教师在角色区为幼儿添加道具，请幼儿分角色轮流选择人物和道具创编表演，增强幼儿的安全意识和自我保护能力，同时提高幼儿的语言表达能力。

活动反思：中班幼儿对特殊的电话号码略有了解，但对其功能可能不是很熟知，对于如何正确地使用这些号码，缺乏常规的意识，在这次活动中以"果果的困难"为切入点，创设情境，以帮助果果为主线，用情境的模式和游戏贯穿整个教育活动中，让孩子们在情境中，掌握了特殊的电话号码和正确的使用方法，体现了寓教于乐。

安全提示：

1. 遇到危险后，请小朋友不要慌张，要冷静，先保护好自己，再想办法拨打电话请求帮助。

2. 在拨打特殊电话时，需要说清楚在什么地方、发生了什么事。

3. 特殊电话不可以随意、恶意拨打，否则会受到拘留和罚款的处罚。

家长课堂：

1. 紧急情况下的自救或互救能力也是生命教育中的重要内容之一，为了更好地提高幼儿这方面的能力，家长也要帮助幼儿增加自我保护意识，如让幼儿事先记住家庭地址、家庭电话等，让幼儿进行更加真实的尝试。

2. 除了常用的急救电话"120"、匪警"110"、火警"119"、交通事故报警"122"是免费的，其他的电话是收费的，如电话查询"114"、天气预报查询"12121"。

（教师　刘烨）

活动四 我不认识你

设计意图

　　为了深入了解幼儿对自我保护和防范意识的已有经验，设计了这节活动。孩子们很单纯，看到自己爱吃的食品会失去自制力，一给就要，身边没有家人一哄骗就走。所以，日常我们必须做好安全防范工作，教会孩子观察、分析陌生人接触自己时会带来的危险，学会自我保护，提高应对骗子的能力。

活动目标：

1. 知道不跟陌生人走，不轻易相信陌生人的话。

2. 了解一些遇到陌生人应对的方法，树立初步的安全防范意识。

活动准备：

情境演习视频《不跟陌生人走、不吃陌生人给的东西》、化装的"陌生人"、好吃的道具：棒棒糖、饮料。

活动过程：

一、导入

　　请幼儿观看情景演习视频："给你好吃的，你妈妈在那里等你，我带你去找妈妈，跟我走吧！"

　　一天，琪琪妈妈带琪琪出去玩，忘记带水了。琪琪妈妈说："琪琪你在自行车这里等妈妈一下，妈妈去给你买水，一会儿就回来。"琪琪在自行车旁等妈妈时，一位阿姨手里拿着果汁饮料和棒棒糖走过来，对琪琪说："琪琪，我是你妈妈同事，这是你妈妈给你买的水和好吃的棒棒糖，妈妈在那边接电话，让我带你过去，跟我走吧！"琪琪跟着这个陌生阿姨离开自行车处......

二、集体讨论

1.琪琪认识刚才那位阿姨吗？那个阿姨是谁？（不认识的陌生人）

琪琪轻信了陌生人的话，猜一猜，结果会怎么样呢？

请小朋友们说一说……

2.想一想，如果你是琪琪，遇到了这样的情况你会怎么做？陌生的阿姨给你好吃好喝的你会怎么办？等待妈妈的时候，突然出现的陌生阿姨说的妈妈的情况好像很真实，你会怎样选择呢？

三、结束部分：幼儿分组展开讨论，请幼儿说出自己的看法

"当遇到陌生人跟我们说话时，一定要这样做：不要和陌生人说话，不要相信陌生人，不跟陌生人走。可以大声地告诉他'我不认识你'，更要大声叫自己的家长，告诉家长刚才发生的事。"

小结：当陌生人来到身旁时，不管他说什么都不要相信，不要跟陌生人走，不要接受陌生人给的东西。

活动延伸：

请别的班级老师或者家长化装成爸爸妈妈的同事或朋友去接触幼儿，进行哄骗、给好吃的，让幼儿在实践中体验如何应对陌生人的吸引，让幼儿深刻了解不上陌生人的当，不跟陌生人走，不吃陌生人给的东西。

活动反思：中班的幼儿年龄小，当这类弱势群体脱离成人视线范围时，遇到陌生人的哄骗容易上当是很正常的事，因为他们的自我保护安全意识薄弱。我们结合观看视频画面，进行防拐骗的安全教育，主要目的也是让幼儿知道除了家人以外，不认识的人都是陌生人。不要轻易相信陌生人的话，知道不跟陌生人走，不吃陌生人给的食物。经过本次活动加深了幼儿对陌生人的了解，应对陌生人的一些简单方法，如不和陌生人说话，遇到陌生人时大声呼喊自己的家长，让家长知道你发生了什么事。即使家长没有听见，由于你的大声呼喊也会引起身边人的

注意，从而吓走陌生人，让陌生人无机可乘。

安全提示：

1. 在日常活动中组织类似的拐骗活动"化装拐骗"，增强幼儿的防拐骗意识。

2. 不定时对班级幼儿强化安全意识：不跟陌生人走，不吃陌生人给的东西，不要轻易相信陌生人。

家长课堂：

1. 家长提高警惕意识，经常提示幼儿，除了家里的重要成员以外的人都不要相信。

2. 没经过家长同意不要跟陌生人走，即使是认识的人也要先经过家长同意。

3. 家长日常生活中告诉幼儿一些"骗子"的表现：（1）你的爸妈没有时间接你放学，叫叔叔（阿姨）来接你。（2）你还记得我吗？上次我们见过，叔叔（阿姨）带你去游乐场玩，好吗？（3）小朋友，你真可爱，来，阿姨给颗糖……

|))))) ➡ 不跟陌生人走

不要陌生人给的好吃的 ⬅ ((((|

（教师　纪翠红）

活动五　特殊天气这样做

设计意图

《纲要》中指出："幼儿应知道必要的安全保健常识，学习保护自己。""能努力做好力所能及的事，不怕困难，有初步的责任感。"遇到困难不畏惧，相信自己能克服困难。随着盛夏的来临，防暑降温成了我们关注的焦点。幼儿年龄小抵抗力差，活泼好动的他们一旦中暑会让家长和老师很担心。同样，冬季的严寒也是幼儿需要在寒冷中适应的环境，提高抗寒体质，增强自我保护意识，防寒保暖也是教师应该教给幼儿应对的本领。针对在酷暑、严寒中耐受能力的培养和自我保护的方法，开展了特殊天气安全教育活动。让幼儿从中了解和应对特殊天气环境时的安全防范措施。

活动目标：

1. 了解特殊天气：酷暑、严寒对我们的健康带来的影响。
2. 鼓励幼儿用语言大胆表达出应对酷暑严寒的方法。
3. 增强幼儿在特殊天气中的安全防范意识。

活动准备：

酷暑场景中人们的图片、严寒场景中人们的图片。

活动过程：

一、出示夏季酷暑场景的图片，引导幼儿观察图片讨论

请小朋友观察一下图片，这是什么季节？天气怎么样？你从什么地方看出来了？

幼儿自由说一说，引导幼儿了解夏季酷暑天气的特征。

图中的人们在什么地方？他们的表情怎么样？

在太阳底下玩耍的小朋友，大汗淋漓，满脸通红……

看一看他们的表情，试着说说他们有什么感受。

太阳光很强，晒得皮肤特难受，热得浑身出汗都粘住衣服了……

如果你是图中的小朋友，你会在酷暑天气时选择在什么地方玩耍？

二、请幼儿结合已有经验大胆说出自己的想法

师幼小结：夏季天气酷热暴晒时，我们应该注意防暑防晒。比如，选择有阴凉的场地玩耍，利用遮阳帽、遮阳伞、防晒衣等物品保护自己，预防晒伤。天热出汗后要及时补充水分，多喝凉白开或者温开水、绿豆汤等。

出示冬季严寒场景的图片，引导幼儿观察图片讨论。

小朋友看一看这幅图画是什么季节，天气怎么样，你是从哪里看出来的。

三、引导幼儿说出冬季严寒天气的特征

图画中的人们在做什么？看他们的表情怎么样？猜猜他们在说什么呢？

如果你在冬季严寒的天气里，你外出会怎样做呢？幼儿分组讨论，请出每组里一名幼儿代表全组发言。（其他幼儿可做补充）

师幼小结：冬季天气严寒时，我们应该穿着棉衣、棉鞋，戴上棉帽、棉手套等，注意保暖。路滑时尽量减少出门，或者穿上防滑雪地靴，专心走路。

活动延伸：
　　教师带领幼儿观看夏季酷暑和冬季严寒时人们的一些做法图片，请小朋友们选择正确的图画并打"√"。巩固幼儿对特殊天气的防范意识。

活动反思： 中班幼儿平时都是在家人无微不至的呵护下成长的，面对特殊天气时不会主动地想出应对的策略。在幼儿园我们通过开展社会安全活动：特殊天气，帮助幼儿了解特殊天气如酷暑、严寒的天气特征，及特殊天气对我们的健康带来的影响，结合幼儿已有的生活体验鼓励他们用语言大胆表达出应对酷暑严寒

的方法，最后师幼一起总结出在特殊天气中的安全防范策略。通过本次活动，孩子们对特殊天气如酷暑严寒有了深刻的了解，结合总结出的一些应对策略让孩子们对特殊天气的防范有了更强的意识。在讨论和谈话过程中能看出孩子们的社会经验在不断提高，语言表达能力也更上一层楼。

安全提示：遇到夏季酷暑天气时，我们应该注意防暑防晒。选择有阴凉的场地，或者在室内开窗通风、吹电扇，吹空调时温度不要和室外温度相差太多，10℃左右为宜，不可直吹空调。还可以利用防晒工具保护自己，如遮阳帽、遮阳伞、防晒衣等物品。天热出汗后要及时补充水分，多喝凉白开或者温开水、绿豆汤，也可以吃含有维生素 C 的水果补充水分。

家长课堂：

1. 家长引导幼儿养成看天气预报的习惯，让幼儿提前预知天气的变化。

2. 遇到特殊天气时提醒幼儿要注意安全防范措施。

3. 家长在应季的天气时给幼儿讲一些关于天气特征的小知识。

▷〉〉〉〉➤防暑防晒选择阴凉场地

严寒保暖穿戴整齐◀——〈〈〈〈

（教师　刘雪莹）

活动六 危险的地方我不玩

设计意图

《纲要》指导要点中提出："树立正确的健康观念，在重视幼儿身体健康的同时，还要高度重视和满足幼儿受保护、受照顾的需要，又要尊重和满足他们不断增长的独立要求，避免过度保护和包办代替，鼓励并指导幼儿自理、自立的尝试。"生活中有很多危险的地方就在小朋友身边，虽然中班幼儿已经具有一定的认知能力，但是经验少，智力又处在迅速发展阶段，对周围的事物非常好奇，所以很容易发生一些意外，尤其是在一些危险的地方，很容易引起幼儿的好奇心和探究欲。为了贯彻落实《指南》和《纲要》精神，提高幼儿自我保护能力，丰富生活经验，特设计了本次活动。

活动目标：

1. 知道有些地方很危险，不能去玩。

2. 能说出不适合玩耍的地方以及存在的安全隐患。

3. 提高社会经验，增强幼儿自我保护意识。

活动准备：

1. 教学挂图四张：建筑工地、矮墙和高台、冰面、仓库。

2. 事先用纸板制作棋盘、大骰子、棋子。

活动过程：

一、谈话导入

1. 教师：每逢节假日，爸爸妈妈带着小朋友可以去许多地方玩儿。但是，生活中有的地方非常危险，是小朋友不能去玩的，你们知道是哪些地方吗？

2. 请小朋友自由发言，并做讨论。

3. 教师小结：刚才小朋友说出了许多不适合玩耍的地方，还有哪些地方不能玩耍呢？让我们一起来看看。

二、出示图片请幼儿观察并讲一讲

1. 图示一，了解在建筑工地玩耍的危险。

教师提问：这是什么地方？建筑工地有什么？能在工地上玩耍吗？

教师小结：建筑工地有大吊车、搅拌机、水泥和钢筋等建筑材料，不小心会被刮伤，磕伤和砸伤。新建的建筑物没有安装门和窗，进入里面可能会发生从高处坠落的危险。所以建筑工地非常危险，不能去玩。

2. 图示二，了解在矮墙和高台上玩耍的危险。

教师提问：小朋友，这些矮墙和高台你们见过吗？在哪儿见过？幼儿结合生活经验说一说生活中见到的矮墙和高台。在这些地方玩耍会发生什么危险？能在这些地方跑着玩吗？为什么？

教师小结：在高台上追逐打闹很危险，摔下来就会骨折甚至有生命危险，更不能从上往下跳，超过自己腰部的高度就很危险了。

3. 图示三，了解在冰面上玩耍的危险。

教师提问：这是什么季节？池塘里的水怎么了？池塘里的水结冰以后小朋友可以在上面玩耍吗？为什么？

教师小结：冬天有的小朋友喜欢滑冰，这是很有意思的事情。但是冰面有厚的有薄的，如果不小心踩在薄的冰面上，就会掉进去。要是掉进冰窟窿里那就更危险了。怎么避免危险又能玩得开心呢，要让大人陪同我们，告诉我们哪里是安全的区域，我们玩的时候严格遵守不越界，就不会发生危险的事情了。

4. 图示四，了解在仓库里玩耍的危险。

老师提问：这是什么地方？仓库里有什么危险？为什么不能在仓库里玩耍？

教师小结：仓库里有很多货物，大箱小箱堆得满满的、高高的，如果货物堆得不牢固容易滑落下来砸到自己。还有的仓库存放着化工材料，这些材料会释放出毒气，人吸入了这些有害气体会中毒或者过敏。

三、玩游戏——安全大闯关

通过小组玩游戏，进一步强化幼儿的记忆，让幼儿知道这四个地方是存在危险的，不能去玩。

1. 打开棋盘。

教师：小朋友，棋盘上的图片中有危险的地方吗？哪些地方是危险的？请小朋友看一看，讲一讲。

2. 教师向幼儿讲解游戏玩法。

3. 游戏结束，请幼儿将骰子及棋子放到教师指定的地方。

教师小结：小朋友要懂得保护自己，找一找生活中还有哪些危险的地方，不去危险的地方玩耍，把这些危险的地方告诉身边的小伙伴，让他们也避免受到伤害。

活动延伸：

1. 教师带领幼儿寻找身边有危险的地方，并用绘画的形式表现出来。

2. 鼓励幼儿把危险的地方编成小故事讲给大家听。

活动反思：通过观察讲解，故事引导，闯关游戏等活动，一方面提高了幼儿的安全意识和社会经验，另一方面满足了幼儿爱玩的天性。在游戏闯关环节，幼儿观察棋盘画面，自己组织语言分享给同伴，既锻炼了观察能力，又锻炼了语言表达能力。闯关游戏中，可以自由找人挑战，还可以交换玩伴，加强了全班幼儿之间的互动，避免幼儿只有固定的玩伴。幼儿在玩中学，学中玩的过程中，增长了见识，提高了自我保护意识。

安全提示：

1. 幼儿出去玩耍的时候，一定要有大人陪同。

2. 超过自己腰部的高度就不能往下跳了，会受伤。

3. 从高处跳下的时候姿势要正确，先向上起跳，用前脚掌先着地，同时屈膝半蹲，轻轻落地，可以起到保护自己的作用。

家长课堂：

1.家长带幼儿到单位玩的时候，一定要先给幼儿指定一个安全范围，确保幼儿安全。

2.家长带幼儿在户外玩耍的时候，先检查活动场地并排除安全隐患。

3.平时多给孩子讲一些有关安全知识的小故事和看一些绘本。

冰面玩耍须谨慎

仓库危险我不去

（教师　李济艳）

5 月

自然安全

活动一　高温天气也要防

设计意图

　　夏天到了，天气越来越热，在户外活动时，有些幼儿会出现满头大汗，有的幼儿不听家人劝说会在中午去户外，幼儿年纪比较小，身体抵抗力差，天气炎热，容易生病。因此，根据中班幼儿的年龄特点，设计了本次活动。通过本次活动让幼儿了解高温天气对人体的伤害，提高幼儿的安全意识。

活动目标：

1. 通过观看图片，帮助幼儿了解高温天气可以用不同的方法使自己凉快。

2. 通过讨论、分享、总结，掌握几种防暑降温的方法。

3. 喜欢参与集体活动，积极大胆地表达自己的想法。

活动准备：

高温图片、小动物们避暑的图片、准备冷饮、电扇、绿豆汤等防暑的物品和食品，课前通知家长给幼儿介绍一些关于动物如何防暑降温的方法。

活动过程：

一、观察高温图片，了解什么是高温天气，什么是高温预警

幼儿观察图片，教师提问：

1. 这是什么天气？身体会有什么感觉？

2. 我们长时间在这种天气中，身体会怎样？

3. 什么是高温预警？

教师小结：这是夏天，天气很热。长时间在烈日下，身体会不舒服。

二、教师出示图片，请幼儿看图片认识小动物如何度过夏天的高温

1. 夏天到了，天气越来越热了，你们知道树林里和草原上的小动物们是怎样度过这个炎热夏天的吗？

2. 请幼儿观察图片，说一说常见的一些小动物是怎么避暑的。

教师小结：在夏天，河马去水塘里泡澡，小狗吐舌头喘气，大型动物在阴凉的树下避暑，小动物喝许多的水，等等。

三、引导幼儿了解人类用哪些方法度过夏天的高温

小动物们用这么多的方法防暑降温，小朋友在夏天是用什么方法防暑降温的呢？

教师小结：我们在夏天可以吹空调、吹电风扇、游泳、吃冷饮、洗澡等让自己凉快起来，这些都是防暑降温的好办法。

活动延伸：

游戏"火焰山"：幼儿围成一个大圆，手拉手一个跟着一个走，边走边说"123，扇一扇，扇一扇，停一停"。教师站在圈内拿扇子扮演铁扇公主，当说到"停"的时候对面的幼儿扇风，被扇到的小朋友要说出一种防暑降温的方法，说出者通过火焰山，继续游戏；说不出的就进圈内扮演铁扇公主，游戏继续。

活动反思：活动让幼儿从不同的角度知道和了解哪些方法可以让我们在炎热的夏天变得凉快起来，孩子们结合自己的生活经验通过讨论、分享、总结，将已有生活经验进行了提升，在愉快的情绪下学习安全知识，提高了幼儿的安全意识。

安全提示：

1.多喝水，利用物理降温设备。

2.避开阳光，少运动。大量出汗后，要及时补充水分，多喝水。

3.外出活动前，应该做好防晒的准备，备好太阳伞、遮阳帽，穿浅色透气性好的服装。一旦有中暑症状，立即采取措施，寻找阴凉通风处避暑。

家长课堂：

1.及时关注天气，高温期间避免带领幼儿外出。

2.降温。外出活动前，应该做好防晒的准备，最好准备太阳伞、遮阳帽，穿浅色透气性好的服装。外出活动时一旦有中暑的征兆，要立即采取措施，寻找阴凉通风之处，解开衣领，降低体温。

3.备药。可以随身带一些仁丹、十滴水、藿香正气水等药品，以缓解轻度中暑引起的症状。如果中暑症状严重，应该立即送医院诊治。

（教师　王军丽）

活动二 防震避震有方法

设计意图

　　幼儿健康成长离不开安全教育，安全工作是幼儿园工作的重中之重，而且自然界的灾害是毁灭性的灾难。幼儿通过看电视、听大人讲述对地震有一定的了解，但因幼儿年龄小，缺乏安全意识，遇到危险不知道怎么办。根据中班幼儿喜欢探究、喜欢学习的年龄特点组织了此次活动，培养幼儿自护能力。

活动目标：

1. 了解震灾的危害，发生地震时不要惊慌失措。

2. 懂得遇到地震时听从成人的指挥，掌握基本的自救方法。

3. 激发幼儿关爱灾区人民的情感，提高自护能力。

活动准备：

1.搜集有关地震的资料或图片。

2.了解地震中自救的基本常识。

3.防空警报声一段。

活动过程：

一、观看图片，了解地震给人类带来的灾难

结合图片讲述地震来临时的情况。

二、引导幼儿如何安全有效地撤离

1.学习正确的撤离动作。

我们撤离时如何保护自己？

教师小结：双手抱头，上身向前弯曲，快速撤离。

2. 出示班级撤离图，带幼儿观察并找出撤离的路线。

引导幼儿讨论：为什么撤离时要走图中标注的路径？

教师小结：图中标注的撤离路径是离户外安全地带最近的一条通道。

3. 引导幼儿讲述撤离方法和注意事项。

（1）分成两队，沿楼梯两侧迅速撤离。

（2）按顺序，不拥挤。

（3）听老师的指挥。

三、游戏活动："模拟地震逃生演习"（播放防空警报声音）

如幼儿在撤离情况下出现拥挤，用时过长等情况，教师带幼儿查找原因，再次演习，使幼儿掌握正确、快捷的撤离方法，即到空旷的广场避难。在室内逃不出去的幼儿，由另一名老师组织躲在墙角、厕所、坚固的家具旁蹲下，低头。告诉幼儿这个时候千万不能进电梯。

教师小结：逃生时要注意别惊慌，双手抱头，上身向前弯曲，快速撤离，别撞到别人。

活动延伸：
可与幼儿讨论怎样帮助灾区受伤的小朋友。献爱心捐赠物品。

活动反思：通过这一次活动，幼儿对地震有了很深入的了解，学会了一些自救的方法，增强了幼儿自我保护意识。孩子们对活动也很感兴趣，但个别幼儿比较兴奋，没按照自救方法去演练，所以以后在这方面仍须继续加强。

安全提示：

1. 帮助幼儿掌握一些地震发生时自我保护的方法。

2. 如果发生了地震，不惊慌，听大人的话，安全撤离至安全地带。

家长课堂：

1. 家长一定要和幼儿一起巩固学习避震的逃生技巧，防患于未然。

2. 为了家人的安全，请家长在家和幼儿一起进行避震的实操演习，加深幼儿的印象。

3. 家长和幼儿适当观看一些地震的视频和图片,培养幼儿爱护生命的情感。

|>>>> ➤ 双手抱头,上身向前弯曲逃生

按逃生路线有序撤离 ◄ <<<<|

（教师　高密林）

活动三　暴雪天气少外出

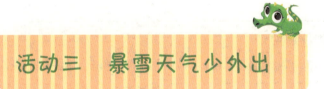

设计意图

冬季,会有大雪的天气,我们幼儿园的小朋友特别喜欢下雪天,喜欢在雪天嬉戏玩耍,但是小朋友们对大雪天的危害以及在这样的天气应注意哪些问题不是很了解,此次活动,重在让孩子们了解大雪天须注意哪些方面。

活动目标:

1. 通过观看视频,在巩固幼儿原有经验的基础上引导幼儿懂得暴雪天尽量少外出,必须出门时,要安全出行。

2.通过讨论活动，帮助幼儿了解暴雪天可能遇到的各种情况。

3.培养幼儿养成良好的自我保护意识。

活动准备：

暴雪视频、各种防暴雪防摔倒的图片、笑脸若干。

活动过程：

一、幼儿观看视频，理解故事内容

播放视频，引导幼儿根据内容讨论。

1.视频中的天气是什么样的？

2.图中的人们是怎么做的？

3.他们做得对吗？为什么？

教师小结：暴雪天气尽量不出行，出行选择安全的出行方式。

二、出示图片

让幼儿观察防暴雪防滑倒的正确方法，巩固知识。

出示图片，幼儿逐幅讨论：

1.怎样选择出行方式？

2.马路上如何步行？

3.暴雪天如何安全乘坐公交车？

4.汽车如何安全出行？

教师小结：进一步帮助幼儿巩固防暴雪安全出行的经验。

三、通过游戏，让幼儿进一步了解所学的知识

游戏："小卫士闯关"。教师随机出示图片，幼儿抢答，判断对错，看看谁回答得又对又快。

活动延伸：

请幼儿讲一讲，在雨雪天气怎样安全出行。

活动反思： 幼儿通过观看视频初步了解了暴雪天气对人类的危害。幼儿在观看图片后明白这样的天气还是要减少出行，如果出行要选择合适的出行方式。中班幼儿虽有一定的生活经验，但在语言表达上仍有所欠缺。

安全提示：

1. 在路上行走时，要选择安全的交通工具。

2. 路上有冰雪，汽车容易失去控制而侧滑，远离车辆。

家长课堂：

1. 行走时要远离临时搭建物、危房、危墙和老树，以免被砸伤。

2. 雪后步行外出穿鞋底粗糙的鞋，行走步幅要小。

（教师 杨茜）

活动四 暴雨天气知多少

设计意图

《纲要》中指出："幼儿园必须把保护幼儿的生命和促进幼儿的健康放在工作的首位。"保护幼儿生命、促进幼儿健康都离不开安全教育，生活中的安全问题无处不在。随着天气的升温，暴雨、雷电、大风等天气也随之来临。本次活动，通过直观的视频和形象生动的故事情节以及讨论之后的现场体验，让幼儿了解防暴雨防雷电的知识，提高幼儿的自我保护意识。

活动目标：

1. 通过观看视频，在巩固幼儿原有经验的基础上引导幼儿了解大暴雨带来的危害。

2.通过讨论活动，帮助幼儿了解雷雨天可能遇到的各种情况。

3.培养幼儿养成良好的自我保护意识。

活动准备：

暴雨视频、各种防暴雨防雷电的图片、笑脸若干。

活动过程：

一、幼儿观看视频，理解故事内容

播放视频，引导幼儿根据内容讨论。

1.视频中的天气是什么样的？

2.小朋友们在干什么？

3.他们是在哪儿躲雨的？

4.他们做得对吗？为什么？

教师小结：如何躲雨呢？

1.不可以跑到大树下躲雷雨闪电。

2.不可以躲在电线杆下。

3.不可以躲在高危的地方。

4.不可以躲在潮湿的地方。

二、出示图片

1.让幼儿观察防暴雨防雷电的正确方法，巩固知识。

2.出示图片，幼儿逐幅讨论：

（1）家中如何防暴雨防雷电？

（2）马路上如何防暴雨防雷电？

（3）水边如何防暴雨防雷电？

教师小结：进一步帮助幼儿巩固防暴雨防雷电的经验。

（1）禁止触碰一切金属、含水的导体。

（2）切勿站于楼顶、铁栏杆、广告牌下，高大建筑物的外墙下。

（3）远离水边。

三、通过游戏，让幼儿进一步了解所学的知识

游戏："小卫士闯关"，教师随意点击图片，幼儿抢答，判断对错，看看谁回答得又对又快。

教师小结：强调防暴雨防雷电的方法，严禁雷雨天接打电话。

活动延伸：

教师可带领幼儿到户外玩躲避闪电的游戏，巩固防暴雨防雷电的知识。

活动反思：暴雨雷电天气可以说是孩子们生活中会遇到的自然天气，所以了解暴雨和躲避雷电是非常重要的。在活动中孩子们通过观看视频了解暴雨雷电天气，通过游戏活动进行抢答，让幼儿巩固防暴雨防雷电的知识，提高幼儿自我保护意识。

安全提示：

1.雷雨天不使用防雷措施不足的电视、电脑等电器，不接打电话。

2.雷雨天不在大树和高大建筑物下避雨。

3.雷雨天不在户外拿金属物。

家长课堂：

1.雷雨天尽量留在室内。

2.雷雨天不要带孩子在高大建筑下避雨。

3.雷雨天不要带孩子停留在游泳池、河边和小船上。

（教师 杨玲）

活动五　不能随意砍伐树木

设计意图

随着环境的污染，自然灾害也越来越多。由于幼儿缺少生活经验和常识，缺乏保护环境的意识。因此，根据中班幼儿的年龄特点，设计了本次活动。通过直观的课件和形象生动的图片，让幼儿了解砍伐树木的危害，提高幼儿的环保意识。

活动目标：

1. 通过看图片让幼儿认识沙漠，了解沙漠形成是因为人类滥砍滥伐。

2. 通过音乐游戏引导幼儿知道种树能控制风沙以及预防水土流失。

3. 激发幼儿探索大自然的愿望。

活动准备：

介绍沙漠的录像、音乐、各种沙漠图片。

活动过程：

一、组织幼儿观看介绍沙漠的录像，了解沙漠的特性以及沙漠里的动植物

二、引导幼儿根据录像内容讨论

1. 沙漠是什么样子的？它是如何形成的？

2. 沙漠里有什么？

教师小结：沙漠是因为人类乱砍滥伐而形成的，由于沙漠的温度非常高而且水土流失，因此沙漠中只有一些耐旱、耐热的动植物可以生存，如仙人掌、蝎子、骆驼等。

三、播放人为砍伐树木、破坏草原，致使土地沙化的录像

幼儿讨论：

1. 沙子是从哪儿来的？

2. 用什么方法才能减少和控制沙尘暴？

注：引导幼儿说出种植花草、保护树木、建防护林、保护绿色植物，可以适当阻挡"沙尘暴"。

教师小结：土地沙漠化会造成城市沙尘暴，沙尘暴不仅会影响空气质量，而且对人类的危害性非常大。因此我们要加强环保意识，种植大量的树木花草，建更多的防护林，才能防止沙化，减少沙尘暴。

四、音乐游戏

游戏：教师出示小树苗图片，请幼儿一起做"大象浇花"的音乐律动。每做一次律动，小树苗就会长高一些。

教师小结：不要伤害花草树木，因为它们可以保护我们不被沙尘暴伤害。爱护自然环境，从我做起。

活动延伸：

在班级贴一张"我们的环保行动"记录表，让幼儿记录自己保护花草树木的行动时间和内容，并与同伴交流。

活动反思： 本次活动遵循了幼儿的认知特点及已有经验。活动中，通过对课件和录像片段的播放以及老师的启发引导，提高了孩子的学习兴趣及探索欲望，让幼儿在直观形象的观察中，了解什么是沙漠以及砍伐树木的危害，然后通过游戏对知识进行巩固。

安全提示：

1. 沙尘暴如果伴有大风，行人要远离高层建筑、工地、广告牌、枯树等，以免被高空坠落物砸伤。

2. 沙尘暴时，幼儿要远离水渠、水沟、水库等，避免落水发生溺水事故。

3. 从风沙天气的户外进入室内，应及时清洗面部，用清水漱口。

家长课堂：

1. 少砍伐树木，保护环境。

2. 砍伐树木易造成风沙肆虐，在荒漠地区没有了植被的保护，很快荒漠就会变成沙漠，加大了治理难度。

3. 关注媒体有关沙尘暴的报道，及时采取预防措施。

（教师　闫丽娟）

活动六　冰雹并不可怕

设计意图

由于幼儿缺少生活经验和常识，缺乏自我保护意识，因此，根据中班幼儿的年龄特点设计了这一活动内容。通过直观的课件和形象生动的故事情节以及游戏互动，让幼儿在边看边玩中学到冰雹天的预防知识，提高幼儿的安全意识。

活动目标：

1. 了解冰雹会给庄稼和人带来很大的伤害，被称为一种自然灾害。

2. 听故事《下冰雹了》与同伴讨论，了解冰雹来了怎样减少对人的危害。

3. 掌握安全出行的方法，提高自我保护意识。

活动准备：

PPT课件、各种防冰雹图片、报纸卷的小球、透明胶带、书包、雨伞、硬纸板。

活动过程：

一、观看视频，了解冰雹对人类及庄稼带来的危害

幼儿观看视频，讨论视频内容：

1. 幼儿回顾冰雹是什么样子的？

2. 冰雹对我们的生活有什么影响？

3. 冰雹对农作物有什么影响？怎么保护农作物呢？

教师小结：冰雹圆圆的，像冰块一样。它对农作物产生的危害比较大。

二、让幼儿听故事，理解故事内容，建构知识经验

听故事《下冰雹了》并引导幼儿根据故事内容讨论：

1. 故事中的天气怎么样？

2. 小朋友们在干什么？

3. 发生了什么事？

教师小结：下冰雹时，小朋友要待在家里不要外出。在户外要用雨具或其他物品保护头部，赶紧跑到室内避险。

三、观察防冰雹图片，让幼儿掌握防冰雹的方法，巩固知识

出示图片逐幅讨论：

1. 在家中遇到冰雹天气怎么办？

2. 在广场、公园、马路上遇到冰雹怎么办？

3. 在旅游途中遇到冰雹怎么办？

教师小结：进一步帮助幼儿巩固防冰雹的经验。在家中遇到冰雹天气要关闭门窗，不要外出，尽量不使用电器；在公共场所遇到冰雹要学会保护头部，躲入室内；在旅途中遇到冰雹要远离水域，躲入建筑物内。

四、游戏："闯过冰雹区"

道具：报纸球若干、书包、硬纸板、雨伞。

游戏玩法：请幼儿分为两组，一组幼儿每人手里拿两个报纸球，分成两纵队面对面站好，另一组幼儿拿道具从队伍的中间穿过，一个跟着一个走，当教师发出口令"下冰雹了"，拿报纸球的幼儿依次往中间扔报纸球，这时，正在行走的小朋友要及时拿出道具放在头顶保护自己。

> **活动延伸：**
> 教师可在户外活动时继续组织幼儿玩"闯过冰雹区"的游戏，既提升幼儿自我保护的技能，又锻炼幼儿的肢体协调和反应能力。让幼儿在实践中体验躲冰雹的方法，理解自我保护的重要性，提高安全意识。

活动反思： 活动中首先用播放动画视频的方式，让幼儿在轻松愉快的环境下回顾什么是冰雹以及它的危害，然后通过图片对知识进行巩固。最后通过"闯过冰雹区"游戏，让幼儿在玩中学，掌握在冰雹天躲避的能力，同时提高幼儿的安全意识。

安全提示：

1. 冰雹天气，尽量减少外出，避免被砸伤。

2. 冰雹天气，注意避开高压线、避开破旧的危房等。

家长课堂：

1. 下冰雹的时候不要带幼儿外出游玩。

2. 在街上突然遇到冰雹，要尽快就近躲到室内，避免砸伤。

（教师　闫伟园）

6月

水电安全

活动一　安全用电我知道

设计意图

　　《纲要》中提出，遵循中班幼儿身心发展特点和个体差异，根据幼儿不同的发展水平，运用已有经验的学习方式引导幼儿了解电的用途，懂得电的危险，做到不去危险的地方，知道日常生活中常见的安全标志，自己能掌握避免触电的基本常识，提高自我保护意识。

活动目标：

1. 了解安全使用和区分日常电器的方法，知道电的用途。

2. 懂得安全用电的常识。

3. 增强自我保护意识。

活动准备：

电器照片若干、安全用电照片、"有电危险"标志。

活动过程：

一、谈话导入，激发兴趣

1. 了解日常生活中的电器，激发幼儿兴趣。

导入：小朋友你们会猜谜语吗？我们一起来猜一猜。

谜语：屋子方方，没门没窗，屋外热乎，屋内冰霜。（打一电器：冰箱）

小朋友你们家里有电器吗？都有哪些电器呢？

（播放照片）和老师一起看看家中常用的家用电器都有哪些，分别有什么用？

教师小结：生活中有很多电器，厨房电器可以帮我们做饭，冰箱能让食物保鲜，洗衣机能让我们衣服变干净，它们都是我们的好帮手，有了这些电器的帮助，我们可以又快速又方便地生活。

2. 游戏："分一分"。

引发幼儿思考：哪些物品属于家用电器，哪些不属于（教师为幼儿提供家用电器和各类物品图片若干，幼儿每人一张图片，请幼儿找出家用电器）。

教师小结：小朋友们刚找到的家用电器都是需要用电的，电为我们的生活提供方便，可是电也是很危险的，很多东西是会导电的，人若触电后会受伤或被电死，因此小朋友不能随便玩电器，电器要在爸爸妈妈的指导下使用。

二、了解电的危害，学习正确使用电的方法

出示图片，请幼儿看看用电正确和不正确的图片，说说这样做对吗？应该怎样安全用电？

教师小结：

1. 小朋友不能把东西插在插座孔，这样会触电。

2. 金属制品都是导电的，千万不要用这些物品直接与电源接触。

3. 电器不能沾水，所以不用湿手触摸电器，更不能用湿布擦拭电器。

三、幼儿一起绘画电的安全标志

1. 教师出示"有电危险"图片，幼儿绘画自己的安全标志。

2. 绘画完成后，请幼儿介绍自己绘画的"有电危险"标志可以怎样提醒别人安全用电。

活动延伸：

教师可与幼儿一起在科学区探索"导电小实验"，利用小实验了解金属导电的原理。

活动反思：安全教育活动重在激发幼儿的安全意识和自我保护能力，在活动前，幼儿与家长的前期准备经验非常重要，安全用电的经验储备让幼儿对电有了更具体的了解。活动时，幼儿可以准确区分家用电器和其他物品的不同，对电有了深入了解，当知道电的危害时，幼儿可以和老师一起寻找避免触电的方法，积极主动地参与学习，最后将自己认识的安全标志进行绘画制作，让幼儿生动地感知电带给人的好处和危害。

安全提示：

1. 不用手或导电物（如铁丝、钉子、别针等金属制品）去接触、探试电源插座内部。

2. 不用湿手触摸电器，不用湿布擦拭电器。

3. 不能用湿手接插头，这样容易触电。

家长课堂：

1. 在家长的帮助下，幼儿能正确使用常用的家用电器，如电视、洗衣机等。

2. 家长随时检查家里电源开关是否关闭，以免幼儿触电。

3. 家长和幼儿对家庭中易发生触电的隐患要及时检查。

（教师 秦晔）

活动二　我爱游泳

设计意图

　　《指南》中指出："为了有效促进幼儿身心健康发展，成人应帮助幼儿提高自我保护能力，形成使其终身受益的生活能力和文明生活方式。"现实生活中每一位幼儿都喜欢与水为伴，但是不少幼儿因为游泳发生意外，游泳戏水时如何保护自己的安全呢？遵循幼儿以游戏为主的学习方式设计了本节活动，采用观察图片、理解故事情节等环节，让幼儿了解游泳时的注意事项。活动中通过游戏知识竞赛、亲身感受等方式，让幼儿在课堂上轻松学习，同时培养幼儿的规则意识与自我保护的安全意识。

活动目标：

1. 知道在安全的游泳场所内由大人陪同下水游泳。

2. 了解游泳时的注意事项，学习抽筋、耳朵进水时简单的处理方法。

3. 培养幼儿的规则意识与安全意识。

活动准备：

1. 游泳场所的图片。

2. 泳衣、泳帽、泳镜、泳圈等物品。

3. 游泳安全课件。

活动过程：

一、谈话活动，引导幼儿说一说已知经验

你游过泳吗？和谁一起去的？在哪里游泳？游泳有什么好处？游泳前做什么？在游泳的时候有没有发生过不舒服的事情？你是怎么做的？

二、经验交流：练习处理手脚抽筋和耳朵进水的方法

1. 体验感知。

小朋友，你们体验过手抽筋的感觉吗？（以老师的口气讲解"手部"抽筋的感觉，讲解抽筋的原因。）

2. 看图听故事《我爱游泳》，有两个小朋友去游泳了，他们发生了些什么呢，我们一起来听一听。

提问：安安在下水前做了些什么？佑佑有没有做？后来发生了什么事情？

如果在游泳时我们真的抽筋了要怎么办？我们一起来试一试：

（1）手部抽筋：先握拳，再用力张开，反复做几次。

（2）腿部抽筋：坐在地上，将抽筋的那条腿伸直，并把脚尖指向自己，双手交叉放在前脚掌，用力向自己方向拉，反复做几次。

（3）耳朵进水：把头歪向进水的一边，用手拉住耳垂，然后同侧的腿单腿跳。

三、游戏体验：智慧闯关

游戏玩法：幼儿分为两组，准备6张游泳图片，让幼儿判断图片中小朋友的做法是否正确，答题正确游戏继续，如果答错闯关失败，换另一组幼儿开始闯关。

四、观看视频，幼儿跟随音乐律动回忆游泳时的注意事项

活动小结：游泳真开心，不仅能在炎热的夏天带来清凉，还能让小朋友锻炼身体，但是一定要注意游泳时要遵守规则，这样才能让我们更好地享受游泳时带来的乐趣。

活动延伸：
美工区：《我爱游泳》，利用撕贴、超轻黏土等材料制作游泳时需要的泳具，如游泳圈、游泳镜等。

活动反思：本次活动让幼儿知道了游泳时应注意的安全和卫生，这样就会降低对我们的伤害，才能愉快地享受游泳给我们带来的好处。在教师与幼儿一问一答的互动环节中考虑幼儿的年龄特点，在讲述故事的过程中图文并茂地呈现，更能让幼儿理解并掌握故事中的知识点。安全问题并非一朝一夕就能达成的教育目标，我们还需与家长共同努力，在日常环节中多引导教育幼儿，提升幼儿的自我安全意识，才能真正达到安全教育的目的。

安全提示：

1.下水前应先穿好泳装，戴好泳镜、泳帽和游泳圈。

2.游泳前要做热身运动，下水前要先适应水温再慢慢入水。

3.不要离开家长的视线，在浅水区游泳。

4.在游泳过程中突然觉得不舒服应及时告诉家长。

家长课堂：

1.提醒幼儿在游泳前后不要吃太多食物。

2.提醒幼儿在厕所内小便，不要在水池内小便污染水中环境。

3.提醒幼儿从楼梯处上下泳池，不在水池边追逐打闹。

（教师　刘亚琳）

活动三　碰一碰

设计意图

中班幼儿对幼儿园的各种物品充满了好奇，什么都想玩一玩、试一试，摸一摸，但是他们缺少生活经验和常识，缺乏自我保护意识，动作的协调性和敏捷性都还很弱，不能很好地把握尺度，特别容易发生意外损伤。因此，我根据中班幼儿的年龄特点——幼儿可以认识常见的安全标志，能遵守安全规则，设计了本次活动。通过直观的图片和讨论之后的现场体验，轻松学习、自然习得，增进幼儿的安全意识和规则意识。

活动目标：

1. 了解电的用途，知道安全用电不会发生危险。

2. 增强自我保护意识。

3. 学习认识常见的与电有关的标志。

活动准备：

电线一段、插座一个、"电"的标志一个、安全小视频。

活动过程：

一、引言

电是我们生活中不可缺少的，它给我们带来光明和方便。随着生活水平的不断提高，我们生活中用电的地方越来越多，但如果不注意安全，电也会给我们带来危险和灾祸。

二、在教师提问的基础上，初步了解电器的用途

1. 在我们日常生活中，有很多家用电器产品，你知道哪些家用电器呢，这些家用电器又有什么作用？

2. 这些电器给我们的生活带来方便，那小朋友们知道这些电器是靠什么来工作的吗？

3. 你知道电从哪里来？

4. 教师小结：电给我们人类带来了许多方便，我们的生活再也离不开它了。它是我们的好朋友，但这位电朋友有时候也会发脾气伤人的。

三、出示电线，向幼儿介绍有关知识

1. 小朋友们认识这是什么吗？你见过它吗？请仔细看一看它的里面和外面有什么不一样的地方？

2. 教师介绍：这叫电线，里面是铜线，会导电。外面是塑料，包裹着铜线，是保护层，我们抓在手里没有电。但是如果外面这层保护层塑料坏了，我们就会碰到电，我们一旦碰到电就会发生危险。

3. 组织幼儿讨论：

（1）如果万一家里的电线破了，怎么办？（用专用胶布包裹）

（2）如果看见有电线断落在路上，小朋友们应该怎么办？（绕过去）

4. 出示插座，向幼儿介绍有关知识。

（1）请小朋友们看一看这是什么？在哪里见过它？它有什么用？

（2）教师介绍：这是插座，里面有铜丝或铜片，可以导电，外面是塑料做的盒子，是保护层。如果将手伸进去，就会碰到铜片，电就会传到人的身上，发生危险。除了人和铜会导电，水也会导电，所以小朋友不能用潮湿的手接触电源。

（3）出示"电"的标志，让幼儿认识，并知道看见"电"的标志就要提高警惕，注意安全。

5. 引导幼儿观察图片。看图说说：图片上的小朋友在做什么？他们这样做对吗？使幼儿知道简单的安全用电常识，学会保护自己。

6. 请幼儿们看防触电视频，知道安全用电的自我保护。

活动延伸：

教师带领幼儿探索班级里各种电器开关的使用。让幼儿在实践玩耍中体验正确使用电器的方法，理解自我保护的重要性，体验用电安全的重要性。

1. 带领幼儿寻找班级里的电器开关。

2. 请个别幼儿尝试使用电器，引导幼儿正确使用电器开关。

3. 会画出正确的防触电的标志图。

活动反思：幼儿由于年龄小，心情不稳定，会大哭大闹，所以根据幼儿的年龄特点，我们安排了防触电的安全教育，一方面可以稳定幼儿情绪，另一方面可以进行安全教育，达到安全与游戏的结合。幼儿很积极思考并大胆地回答问题，同时意识到不正确地触碰电器开关会产生的危险，懂得用正确的方法保护自己，培养幼儿的安全意识。第二部分用播放动画视频讲解用电安全的方式，再次集中了幼儿的注意力，同时让幼儿在轻松愉快的环境下对知识进行巩固。最后带幼儿到教室里亲身体验如何正确地使用电器开关，幼儿体验到正确地使用电器开关能给我们的日常生活带来很大的方便。

安全提示：

1.插头开关不能碰。

2.不能随便玩电器，不拉电线，不用剪刀剪电线，不用小刀刻划电线，不将铁丝等插到电源插座里，等等。

3.要告诉幼儿，一旦发生触电事故，不能用手去直接拉触电的孩子，而应及时寻求大人的帮助并立刻切断电源，或者用干燥的竹竿等不导电的东西挑开电线。

家长课堂：

1.家长们一定要先检查电器开关的安全性。

2.及时检查家里电器开关插座等是否有漏电的现象。

3.家长正确引导幼儿在家时如何远离电器，正确安全地感受使用电器给我们带来的方便。

4.教导孩子不用湿手触摸电器，不用湿布擦拭电器。

5.家长在电器使用完毕后应拔掉电源插头或关闭电源开关。

（教师　牛垡涛）

活动四　停电了怎么办

设计意图

"电"为我们的生活带来了很多方便，生活中我们处处离不开它。作为中班小朋友，能结合自己的生活经验说出很多"电"的用途，但是潜意识里他们对节约用电、安全用电等概念比较模糊，针对这一现象我设计了中班安全课程"停电了怎么办"，结合幼儿的已有经验，利用图片以及模拟演习，让幼儿深刻感受晚上停电后带来的不便以及停电后我们应该怎么做。

活动目标：

1. 了解电在生活中的广泛用途，认识电是我们生活和工作中常用的重要资源。

2. 学习一些简单的停电时的应急处理办法，培养幼儿安全用电、节约用电的安全自护意识。

3. 通过模拟演习让幼儿切身体验停电后的正确做法。

活动准备：

动画视频《停电了》、家用电器图片。

活动过程：

一、认识"电"在我们生活中的用途

1. 出示家用电器图片并请幼儿说说家中都有哪些电器，他们都有什么作用。

2. 这些电器给我们的生活带来了许多的方便，但是这些电器要工作都离不开什么呢？

3. 你知道我们生活中还有什么离不开电？

教师小结："电"给我们人类带来了许多方便。有了电，我们可以看到精彩的电视节目，可以打开空调，带来清爽的风。如果没有电，电梯就不能正常工作，电冰箱就无法使用，我们骑的电动车也无法行驶，世界将陷入一片黑暗，所以我们的生活再也离不开它。

二、学习停电后的应急处理方法

1. 小朋友们，你们家里有没有停过电啊？停电的时候是什么样的？说说平时家中停电了爸爸妈妈是怎么处理的。

2. 假如是你一个人在家，你打算怎样应对？

3. 观看动画视频初步了解停电后应该怎样做。

教师总结：突然停电不要紧张，小朋友要留在原地别动，适应黑暗后慢慢地就能看到一点光。如果没事的话就不要走来走去，如果一定要走动，如拿手电、上厕所，黑暗中行走的时候一定要小心，不要碰到家具等障碍物，小心碰伤或者摔倒。

三、模拟停电，组织幼儿现场演习

1. 现在我们都知道停电该怎么办了，下面我们一起来玩一个"停电"的游戏。

2. 教师：停电啦，我们先在原地等一会儿。（在园内找一间最暗的房间，关掉所有的灯，拉上窗帘，尽量接近黑暗。）

3. 教师：我们要小心地去上厕所，注意不要碰到桌椅，也不要撞到小朋友。

四、节约用电

1. 幼儿讨论：幼儿谈论为什么会停电？

2. 针对停电的原因，讨论自己怎样可以做一些力所能及的事情。（重点：节约用电，爱护电力用具等）

活动延伸：

安全儿歌

小朋友们要谨记，突然停电莫慌张。

用上安全小知识，爸妈夸我本领强。

活动反思： 结合动画视频幼儿直观看到了停电后的场景，同时初步了解了停电后应该怎么做，结合自己的已有经验、老师的总结，体会到了停电后带来的不便，知道了电的重要性，初步懂得生活中要养成节约用电的好习惯；通过情景演习幼儿切身感受了停电后需要注意什么，应该怎么做。整个活动基本完成了预期的活动目标。

安全提示：

1. 用蜡烛照明时，应注意远离窗帘等易燃物品，并将蜡烛固定在不易碰翻的地方。

2. 预备一支手电筒，以应对突发停电情况。

3.小朋友一个人在家时停电了，一定不要开门，以防有犯罪分子。

家长课堂：

1.家长应该试着打开其他房间的照明灯，看看有没有电，确认是否停电。

2.看邻居家里有没有灯光或者去邻居家询问，如果邻居家有电，那么有可能是电闸跳断或保险丝烧掉。

3.如果夜里停电，没来电之前，可以打开手电筒或应急照明灯进行照明，尽量不要点蜡烛，以免发生火灾。

（教师　彭红艳）

活动五　打雷下雨怎么办

设计意图

　　幼儿园安全是幼儿园工作的重中之重，让幼儿从小就认识如何防止雷电造成的意外，是教师必不可少的教育工作。雷电是一种常见的自然现象，在炎热的夏季，雷雨天气比较多，雷击经常发生在我们身边，为了让幼儿了解雷电，知道雷电来了如何保护自己，增强幼儿自我保护意识和能力，我根据中班幼儿年龄特点设计了这节课，中班的幼儿在生活中对这一现象已有初步的认识。教会幼儿如何避免雷电造成的意外是幼儿必须掌握的安全知识之一。

活动目标：

1.让幼儿知道雷电是自然现象，提高幼儿预防雷电的意识。

2.了解雷电的形成和危害，掌握简单的防雷电知识，增强幼儿安全意识。

活动准备：

1.幼儿与家长一起搜集了解雷电的知识和资料。

2.图片：大树下避雨，空旷的地方游泳，在家玩电脑，打雷时打电话。

3.室外场景。

4.视频：《雷电不可怕》。

活动过程：

一、正确认识雷电

1.出示闪电的图片，请幼儿说一说这是什么现象。

2.请幼儿听一段打雷的声音，引导他们认识了解打雷，知道打雷是自然现象。

师：什么时候能听到打雷的声音？（个别幼儿模仿打雷的声音，全体一起学）

二、知道雷电来了怎么办

1.请幼儿说一说，如果遇到打雷下雨我们应该怎么办，怎么保护自己。

2.观看视频《雷电不可怕》，知道雷电发生了，该怎么做，如何保护自己。

师：这位小哥哥遇到了雷电，看看他是怎么做的？

3.说一说雷雨天气给你的感受。

三、正确应对打雷

师：我们了解了这么多的打雷知识，那我们看看下面的人做得对不对？

观察图片：

1.雷雨天，大树下避雨。

2.雷雨天，在空旷的地方踩水。

3.雷雨天玩电脑，打电话。

教师总结如何避雷电：不可以跑到大树下避雨，不可以躲在电线杆下，不可以躲到高危的地方，不可以躲在潮湿的地方，不可以玩电脑，打电话。

四、师生小游戏

教师和小朋友在室外游玩，突然打雷下雨了（播放打雷的声音），看看小朋友怎么避雷雨。做得好的小朋友，教师给予表扬。

五、学习儿歌

我们学了这么多保护自己的方法，你们能不能一下子都记住呢？老师将这些内容编成了一首小儿歌，我们一起来学一学吧！

雷电安全我牢记

打雷下雨不要急，安全口诀要牢记：

大树底下不避雨，电线底下不能去，

路边积水不要踩，河边湖边很危险，

小步慢行不乱跑，手中工具要拿低，

注意观察别滑倒，雷声近时蹲在地。

活动延伸：

小朋友们回家后告诉爸爸妈妈雷电的危害，并一起上网查阅一些资料，告诉身边的人雷电来了不要怕，如何保护自己。

活动反思：这节课，幼儿对防雷电的知识掌握得很好，大部分幼儿有这方面的意识，幼儿对表演性质的游戏非常感兴趣，让幼儿亲身经历后，再让他们了解巩固正确的方法，玩中学，效果更快更好。

安全提示：

1. 在家要关好门窗，拔掉电器插头。

2. 远离电线，吊着的灯头。

3. 切忌使用电器。

4. 雷雨时，尽量避免外出。

家长课堂：

1. 家长们一定要保护幼儿的人身安全。

2. 家长们在雷电发生的时候，检查家里的电源是否断电，门窗是否关好。

3. 家长们一定要告诉幼儿雷雨天气不要外出，以免发生雷击现象。

（教师　魏朝毓）

活动六　防溺水总动员

设计意图

　　炎热的夏季，下水游泳、嬉水成了孩子们一件有趣的活动，但其存在的安全隐患却是最令人担忧的。为保障孩子的生命安全，预防孩子溺水事故的发生，我们开展了"防溺水"安全教育活动。中班的小朋友行动力强，而且胆子大，对自己的能力判断有时存在偏差，大部分幼儿能感受到溺水的严重性，但是对溺水的概念又很模糊，不理解。所以我设计了本次活动。

活动目标：

1. 初步了解防溺水的有关知识，提高孩子的自我预防能力。

2. 认识防溺水警示牌，知道其作用。

3. 增强安全意识，预防溺水事件发生。

活动准备：

课件 PPT、图片。

活动过程：

一、谈话导入

　　1. 夏天快到了，天气渐渐地热了起来。乐乐和奇奇一块儿到公园去玩耍。来到池塘边时，乐乐看到几个小朋友在池塘里捉小鱼，高兴地脱下鞋子想要和他们一起玩。奇奇连忙拉着他说："不行，不行！"乐乐为什么这么说呢？（不能去池塘边游泳玩水）

　　2. 你觉得可能会发生什么危险吗？（幼儿议论）

二、今天老师就来考考你们，看看你们知道多少防溺水知识

1. 出示图片，你可以在哪些地方游泳？

（1）旁边有警示牌的地方。

（2）浴场、游泳馆。

2. 出示图片，下列哪种行为是正确的？

（1）周末、节假日不到江河、池塘、无盖的水井边戏水、游泳。

（2）多叫几个朋友一起到池塘边钓鱼、游泳、玩水。

三、引导幼儿遇到他人溺水时如何施救

1. 看来小朋友们已经知道了很多的防溺水知识。可是叮叮还不知道呢。抓小鱼实在太好玩了，他想："池水那么浅，没关系的。"正在这时，他们听到了呼救声，原来一个小朋友不小心掉到水里去了。这时乐乐说："我学过游泳，我去救他吧。"奇奇说："我们还是赶快去找大人帮忙吧。"小朋友们，你同意谁的说法呢？谁来说一说。

2. 除了找大人帮忙，我们还可以做一些事情来帮助落水者。（拨打"110""120"请警察和医生来帮忙，找长竹竿、长绳、漂浮物等）

3. 乐乐和奇奇叫来了大人帮忙。在大家及时抢救下，落水的小朋友得救了。乐乐和奇奇成了小英雄，大家都夸他们是聪明、勇敢的孩子。

活动延伸：

可以在爸爸妈妈的带领下去专门游泳的地方游泳，感受防溺水的重要性。

活动反思：通过一节课的学习，大部分的幼儿基本了解游泳需要注意的地方，哪些地方不能去游泳，以及游泳馆游泳需要注意的安全事项。

安全提示：

1. 应在成人带领下游泳。

2. 不会游泳者，不要在深水区游泳，即使戴着救生圈也不安全。

3.游泳前应做全身运动，充分活动关节，放松肌肉，以免下水后发生抽筋、扭伤等事故。

家长课堂：

1.不让孩子私自下水游泳。

2.和孩子一起做好下水准备。

3.选择正规、安全的游泳场所。

（教师　边晓玉）

7月

居家安全

活动一　气枪、水枪我最爱

设计意图

　　幼儿对枪类玩具充满了好奇，独自在家时小伙伴少，他们就会拿着这些玩具枪玩一玩、试一试。他们会模仿视频中的打仗片段直接瞄准对方进行射击游戏，经常因此导致意外发生。据此，我们设计了活动"气枪、水枪我最爱"。通过真实的试验，让幼儿亲身感受到危险的存在，进而通过讨论，增进幼儿的安全意识和规则意识。

活动目标：

1. 通过试验，让幼儿亲身感受到玩具枪存在的危险。

2. 通过讨论，让幼儿知道玩具枪不正确的玩法会给同伴带来危险和伤害，进而提高安全意识。

3.教幼儿学习正确使用玩具枪的方法，体验游戏带来的快乐。

活动准备：

记录表、玩具气手枪、水枪、牛皮纸、报纸、薄塑料袋。

活动过程：

一、出示玩具气枪和手枪，引起幼儿学习兴趣

提问：你玩过这种玩具吗？如何玩的？好玩吗？

教师小结：气枪手枪大家都喜欢玩，尤其是男孩子，但是他们具有一定的危险性！我们一起来试一试。

二、试验验证玩具枪的危险性

1.出示试验用品，幼儿进行猜测。

教师出示牛皮纸、报纸、薄塑料袋，装有塑料子弹的气手枪。让幼儿猜测：射击后会发生什么？子弹能穿透这些物品吗？幼儿讨论并说出原因，教师记录。

2.教师示范，幼儿将结果进行记录，如下表所示。

试验	牛皮纸	报纸	塑料袋
试验前			
试验后			
备注：能击穿就画"○"， 不能击穿就画"×"。			

教师小结：通过试验发现，气手枪很厉害，在一定距离内，能快速穿透厚厚的牛皮纸、报纸。薄塑料也出现伤痕，但是没有穿透。

三、讨论：玩具枪这么危险，应该怎样玩

1.提问：玩具枪这么危险，如果射击在我们身上会发生什么事情？幼儿发言，教师用简单的图画记录。

2.讨论：玩具枪不能瞄准什么地方射击？幼儿发言，教师用简单的图画记录。

此处注意使用红色笔。

教师小结：玩具枪不能对着人的脸、头、身体等部位，这样会给他人带来伤害。也不能对着家里的花瓶、电视、钟表等，这样很可能会损坏这些物品。

3. 进一步讨论：我们喜欢这样的玩具，可是它具有危险性，我们还能玩吗？

幼儿发言，不管答案是能玩还是不能玩，都要说出理由。

教师小结：最好不要买这种有危险的玩具枪，可以选择能发出声音的玩具枪，想要跟小朋友玩打枪的游戏，一定不要装子弹。

4. 教师将枪内子弹全部清空，幼儿选择没有危险的玩具枪，大家一起玩打仗的游戏，体验游戏带来的快乐。

活动延伸：
在户外进行水枪游戏，要求只能对物，不能对人。

活动反思：中班幼儿特别喜欢模仿攻击类和打仗类游戏，但安全意识淡薄。我们设计这个试验，通过猜测、验证的环节，让幼儿亲眼看到玩具手枪的破坏力和危险性。只堵不疏是不行的，我们又通过讨论活动，让幼儿了解到危险的玩具不是不可以玩，而是改变玩法，避开危险，拉紧"安全"这根弦，进行快乐的游戏。

安全提示：

1. 玩具手枪很危险，对人对物都不行。

2. 模拟打仗拿手枪，不装子弹要记牢。

家长课堂：

1. 家长不要主动给孩子买此类玩具，并严格检查玩具质量。

2. 家长严格控制子弹，收放到幼儿够不到的地方，妥善管理。

3. 此类游戏一定要在家长监护下进行，避免孩子受伤或给他人带来伤害。

（教师　冯春肖）

活动二 小刀、锤子需谨慎

设计意图

　　幼儿对所有的玩具充满了好奇，尤其是尖锐的刀、锤、锥子等，总想敲敲打打，玩玩试试，因此设计了本次活动"小刀、锤子需谨慎"。通过图片链接认识这些工具的名称、形状及用途。通过实际操作，发现这些工具存在的危险性。利用仿真工具，让幼儿练习正确使用。

活动目标：

1.通过图片连接认识水果刀、锤子、螺丝刀、钳子的名称、形状及用途。

2.通过实际操作，发现这些工具存在的危险性，懂得工具不是玩具。

3.使用仿真工具，学习正确的使用方法，增强幼儿的安全意识。

活动准备：

图片、刀子、锤子、锥子、仙人掌和生活中常见的尖利物品等。

活动过程：

一、出示图片连连看，认识这些工具的名称、形状及用途

1.教师出示图片，请幼儿仔细观察，然后连线，并说出连接理由。

　　图1：需要修理的椅子；图2：螺丝脱落的小车；图3：木板上有需要拔出来的钉子；图4：需要切削的水果。工具有：水果刀、锤子、螺丝刀、钳子。

　　2.让幼儿说出常用工具的名称以及用途，教师出示实物。

　　师生一起认识这些工具的名称、形状及用途。让幼儿了解这些物品都有哪些独特的作用，会给我们的生活带来许多方便。

二、实际操作，发现这些工具存在的危险性

1.教师出示各种工具，幼儿摸一摸、拿一拿，分组体验。

2.教师提问：这些工具可以当玩具玩吗？为什么？他们都存在哪些安全隐患？

教师小结：这些工具带给我们便利的同时，也存在着隐患。不注意使用方法，或者当玩具玩耍，就会给自己带来伤害。

三、使用仿真工具，学习它们的正确使用方法

1.师生讨论，说一说在使用这些工具时的注意事项。

水果刀：切水果时，要将水果放平，另一只手扶稳水果，但是离刀刃远些。小朋友使用塑料刀，不要使用厨房里的菜刀。

锤子：击打物体时，另一只手扶稳物体，但要远离锤子头，更不能把手指放到锤子头的下面。

螺丝刀：用螺丝刀时，不能将刀头对人，更不能随便挥舞。

钳子：不能拿钳子夹易碎的物品，更不能将手指放在钳子嘴里面，以免夹伤。

2.教师发放仿真工具，给幼儿安排一些简单的任务，让幼儿分组实际操作，在正确使用工具的同时，懂得避免危险。

活动延伸：

布置简单的任务，让幼儿去木工坊、小厨房等体验区完成，在真实操作工具中巩固正确的使用方法。

活动反思： 中班孩子好奇好动不知危险，协调性有待于进一步提高。本次活动通过连连看，让幼儿认识常用工具的名称以及用途。通过实际操作，让幼儿发现这些工具存在的危险性。

孩子们最喜欢的就是操作仿真工具这个环节，这让我深刻认识到，孩子是通过操作学习的，以后应尽量多地给幼儿提供操作的机会。

安全提示：

1.工具作用大，不能随便玩。

2.工具用完后要及时收拾好，不能随便乱扔，以免伤及自身和他人。

3.使用工具要小心，方法正确是第一。

家长课堂：

1.家中工具要放在工具箱里，不能随意摆放。

2.不要禁止孩子动工具，应该在成人的监护下，指导幼儿正确使用简单的工具，满足幼儿的好奇心。

（教师　冯春肖）

活动三　电器危险不乱动

设计意图

　　中班的孩子在家里已经能够独立做许多事情，家里的家用电器他们也开始使用，自己接饮水机里的水，帮家长充电，开关灯，开关电扇、空调、电视等。孩子们对使用这些电器非常有兴趣，殊不知孩子的这一系列活动背后隐藏着无形的"杀手"，如电器遇到水后引发的漏电，孩子们边看"iPad"边充电时间过长而引发的电池爆炸等。为了提高大家的防范意识，我特设此活动，希望能引起家长和孩子的关注。

活动目标：

1.初步认识常见的家用电器，培养幼儿对科技产品的兴趣。

2.通过动画片，懂得使用家用电器的注意事项，学会自我保护。

3.通过"走迷宫"游戏，巩固正确的家电使用方法，树立安全意识。

活动准备：

电插座实物、吹风机、家用电器图片：电饭锅、洗衣机、饮水机等。

活动过程：

一、游戏"电器宝贝要回家"，认识常见的家用电器

1.教师提问：请你说一说，图中的哪些物品是需要用电才能工作的。

教师小结：需要用电才能工作的物品，我们将其统称为电器。在家使用的电器，称为家用电器。

2.这些家用电器会在家里的什么地方出现？你能把它们贴到相应的位置上吗？幼儿操作。

二、说一说，家用电器给我们生活带来哪些便利

1.请幼儿说一说，这些家用电器给我们的生活带来了哪些便利，如洗衣机减轻洗衣负担，电饭锅使做饭更加便捷，电视机和电脑让我们了解外面的世界，空调解决了室内环境温度的控制问题，电冰箱解决了食物保鲜和储存问题，净水器解决了家庭用水洁净安全问题等。

2.讨论：如果没有这些家用电器，我们的生活会是什么样？

教师小结：家用电器使人们从繁重、琐碎、费时的家务劳动中解放出来，为人类创造了更舒适优美、更有利于身心健康的生活和工作环境，提供了丰富多彩的文化娱乐条件，已成为现代家庭生活的必需品。

三、通过观看图片，懂得使用家用电器的注意事项

教师提问：小朋友这样做的危害是什么？使用家用电器时应该注意什么？

教师小结：小朋友不能随意使用家用电器，要在成人监护下使用。对于正在工作的家用电器要远离，千万不可以随意触摸和打开。不要用湿手去摸灯口、开关和插座，避免触电。

四、游戏"走迷宫"，巩固正确的家电使用方法

玩法：从入口进，看到危险的做法就不能通过，要寻找正确的做法。看谁能走出迷宫。

活动延伸：

和家长一起阅读家电使用说明，了解家电的正确使用方法。

活动反思： 本次活动通过游戏"电器宝宝回家"，帮助幼儿了解家用电器以及功能。动画片中的反面案例让幼儿印象很深，孩子们开始关注身边的电器，并对小朋友错误的做法进行提醒。

安全提示：

1. 小朋友不能随意使用家用电器，要在成人监护下使用。

2. 远离正在工作的家用电器，千万不可以随意触摸和打开正在工作的电器。

3. 不要用湿手去摸灯口、开关和插座，避免触电。

家长课堂：

1. 为防止儿童用手指触摸或用金属物插插电源孔眼，一定要选用带有保险挡片的安全插座。

2. 把家中的电器遥控器放到孩子不易取到的地方。

3. 家用电器在不使用时，要切断电源，养成习惯。

|>>>>>——▷不要用手指触摸旋转的电扇

不要随便按动跑步机的按钮 ◁——〈〈〈〈|

（教师　陈立媛）

活动四　咬人的"洞洞"

设计意图

　　孩子们最喜欢小孔小洞，看见了就会用小手、小棍去摸，去捅。在幼儿眼里，电器的电源插板就像魔法盒，下水道的小孔就像神奇的迷宫，充满了神秘与诱惑。幼儿在小洞、小孔方面的安全意识比较薄弱，我们设计了本次活动。通过游戏找一找，寻找家中的小洞洞，然后知道洞洞的作用，最后通过观看视频了解洞洞的危险性。

活动目标：

1. 认识各种"小洞洞"并了解不同"洞洞"的作用。

2. 通过观看视频，了解不同"洞洞"给幼儿带来的危害。

3. 初步培养幼儿安全意识，增强自我保护意识。

活动准备：

1. 带有洞洞的物品：地漏、电插板、电插座、各种螺母、易拉罐环及图片。

2. 小洞洞咬人的视频。

活动过程：

一、游戏：找一找家庭中的小"洞洞"

　　教师提问：每个家庭都藏了许多小洞洞，你能找到吗？请你说一说。幼儿说出的洞洞，老师出示图片。

　　教师小结：家庭里藏了许多洞洞，有地漏洞、水管洞、电插座、电插板、削铅笔器、螺母、易拉罐环等。我们的生活离不开小洞洞，它们是我们的好朋友，给我们生活带来了许多方便。

二、说一说"洞洞"的作用

1. 出示插线板问幼儿，你在哪里见过？它有什么用？

教师小结：这是插线板，里面有铜丝或铜片，可以导电，外面是塑料做的盒子，是保护层。它是传输电量的主要工具，任何电子产品都不能离开它。而插线板的作用是节能、方便、安全。

2. 出示地漏问幼儿，你在哪见过？它有什么作用？

教师小结：这是地漏，在我们家里的卫生间地上就可以看到。它的作用是排水，防臭，防堵塞。地漏虽小但是它的作用很大，最主要是上面的那个金属小圆片一定不要扔掉，它可以起到预防脏物堵住下水道的功能。

3. 出示螺母问幼儿，你在哪里见过？它有什么作用？

教师小结：螺母都是和螺丝配合在一起使用的，多数用在组合的桌椅、柜子上，而螺母起到良好的固定作用。刚刚我们说了这么多小洞洞的作用，看来这些小洞洞给我们的生活带来了很多便利。

三、小洞洞的危险性

1. 播放视频，观看小洞洞是怎么样"咬人"的？

2. 说一说解决小洞洞"咬人"的方法。

3. 看到这个视频后你还那么喜欢小洞洞吗？为什么？

教师小结：原来，所有的小洞洞不是都可以用手去摸，去玩的。如电插板里的小洞洞，如果将手指伸进去，就会碰到铜片，电就会传到人的身上，发生危险。除了人和铜会导电，水也会导电，所以小朋友不能用潮湿的手接触电源。地漏的小洞洞也是不能碰的，如果你伸进去了就会像视频里的小朋友一样把手卡住出不来的，这是一件很危险的事情。而螺母也不能因为好玩而戴在手上，时间一长就会摘不掉。通过讲述提高幼儿辨别能力，知道哪些洞洞不可以动。

活动延伸：

找一找幼儿园里的小洞洞，说一说作用及潜在危险。

活动反思： 在本次活动中，我利用实物及图片，了解"洞洞"给我们带来的好处。从视频中的危险动作可以了解，生活中的"洞洞"也会给我们带来生命危险，让幼儿知道如何正确操作和使用家里带有洞洞的物品。此内容贴近幼儿生活，孩子们很感兴趣。

安全提示：

1. 小孔小洞，不摸不碰，需要使用，父母帮忙。

2. 不能因为贪玩把手、头塞进狭小的地方。

家长课堂：

1. 家庭中为防止儿童用手指触摸或用金属物插捅电源的孔眼，一定要选用带有保险挡片的安全插座。

2. 电源附近不要放置盛水的器皿，以防儿童不小心打翻，造成联电。

3. 家中地漏上的小盖子不能扔掉或拿走，以免幼儿将手伸进去，造成伤害。

地漏盖下的洞

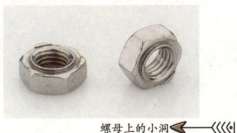

螺母上的小洞

（教师　陈立媛）

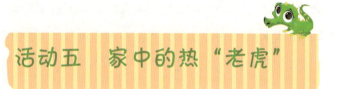

活动五　家中的热"老虎"

设计意图

　　中班的孩子自理能力逐渐增强，家长在看护的过程中，会放松，恰恰这个时候，生活中就会发生危险，比如烫伤。烫伤是幼儿最常见的伤害之一，好奇心驱使他们去摆弄高温物体，为了帮助幼儿远离伤害，设计了此活动。本活动让幼儿正确认知烫伤，并会正确处理烫伤。

活动目标：

1.通过听故事，初步了解热蒸气烫伤对身体的危害。

2.了解烫伤的预防方法。

3.知道简单的烫伤自救方法，提高自我保护意识。

活动准备：

烫伤图片、易烫伤东西的图片。

活动过程：

一、教师用自制故事图卡和手偶，一边讲述，一边提出问题让幼儿想想该怎么处理

　　1.多多的妈妈在洗衣服，多多一个人在客厅玩，这时旁边的电热水壶冒着热气腾腾的烟，多多觉得好玩就伸手抓热气？会发生什么事情？

　　2.妈妈在客厅接电话，多多走进厨房发现水滚起来了，太好玩了。这时多多该怎么办呢？

　　3.妈妈去厕所了，多多看到妈妈的挂烫机冒着热气很好玩，拿起来就给自己

身上的衣服熨烫起来。会发生什么事呢？

教师小结：生活中冒着热气的东西都是不能碰的。碰到后就会烫伤，烫伤后就会给身体造成极大的伤害。

二、体验环节

1. 出示一杯热开水，让幼儿知道烫烫的感觉。

2. 谈论身边哪些东西是烫烫的。

3. 家庭中有哪些物品可能会烫到我们？

4. 怎样做才能够避免烫伤？

教师小结：家长刚刚烧开的热水、热奶、热茶等不能触碰，家长做饭时尽量不在厨房玩耍，烤箱、电饭锅、压力锅等厨具不去触碰，妈妈的暖手宝、暖手炉等不要随意触碰，家里的暖风扇、热水器不要碰，冒热气的东西不能动。避免烫伤最好的方法就是远离这些热源。

三、烫伤后"紧急处理"

1. 如果不小心烫伤了，怎么办？应该怎么处理才好？

教师小结：烫伤了先用冷水冲，然后大声求救，以便得到成人的帮助。

2. 教师和幼儿一起模拟练习。

活动延伸：
和家长一起找一找，家庭用品中有哪些东西易引起烫伤，并画出来。

活动反思： 活动一开始先让幼儿看图片听故事，一方面可以让幼儿知道哪些东西是可以烫伤自己的，另一方面又学会很多防热蒸气烫伤的知识。为了引导孩子们从根源出发开展讨论，了解烫伤事故发生的原因以及注意事项，我们搜集了家里各种涉及烫伤的图片，让幼儿直观感知。

安全提示：

1. 不摸碰热水壶热锅。

2. 对产生蒸气的物体要远离。

家长课堂：

1. 告诉孩子滚烫的热水、热饭不摸不碰。

2. 通过日常生活教会孩子预防烫伤。

➤ 冒着热气的电热水壶不碰

冒着热气的挂烫机不能碰 ◄

（教师 冯春肖）

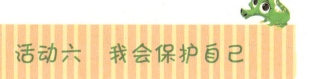

活动六 我会保护自己

设计意图

随着社会快速发展，微信、支付宝、外卖、快递……已成为我们生活常态，便利的同时，也存在安全隐患。各大报纸、媒体经常报道有入室盗窃、抢劫、拐卖等各种违法事件。设计此活动，力图使幼儿在游戏的情境中知道怎样自救，培养幼儿的自我保护意识，增强幼儿的自我保护能力。

活动目标：

1. 观看视频，感知身边的危险，建立自我保护的意识。

2. 设计具体的情境，学习不同情况下的自我保护方法。

3. 懂得生命宝贵，珍惜生命。

活动准备：

防拐骗视频资料。自救知识图片。

活动过程：

一、观看动画录像，说一说小朋友的做法对不对

1. 观看动画视频，独自在家时，陌生人进入家中，小朋友的不同做法。

视频一：小朋友与坏人正面搏斗。

视频二：小朋友对坏人大声喊叫，又踢又咬。

2. 教师提问：小朋友这样做对吗？有什么后果？

教师小结：当我们独自在家，有坏人闯入时，我们年龄小，身单力薄，尽量避免与坏人发生正面冲突，首先要学会自保。

二、师幼讨论，可以选择哪些方式自保

幼儿发言，教师点评。分析不同情况下的方法是否得当，培养幼儿随机应变能力。

教师小结：出现这种情况，必须保持冷静，切忌惊慌失措。根据当时的情况设法保护自己。

三、教师总结几种特殊情况，帮助幼儿学会基本的自我保护

情境一：你先发现了坏人，但坏人没有发现你。怎么办？

教师小结：1. 你可以悄悄地到一个房间，轻轻地把门从里面反锁好，保持安静，不要轻易开门。2. 悄悄躲藏到角落里，不发出任何声音，尽量不让坏人发现你并等待救援。

情境二：你已经被坏人控制，怎么办？

教师小结：1.不与坏人发生冲突，假装服从，他说什么你就做什么，先稳住他的情绪，不要让他激动。2.抓住一切机会逃脱，如趁他不注意悄悄溜走。

情境三：坏人把你带离家庭，来到人多的地方，你怎么办？

教师小结：1.这时你应该勇敢地大声呼救，吓跑坏人。2.尽量记住坏人的特征，并向"110"报警。

四、师幼模拟上面的情境，幼儿练习自保的方法

活动延伸：
和幼儿创编不同的情境，让幼儿在日常生活中练习自救。

活动反思：本次活动，通过视频介入，直观地让孩子们感受到危险。又根据实际情况设计了三种情境，让幼儿学会自保的方法。幼儿最喜欢的是情境练习，他们积极参与，语言应对自如。从活动的效果来看，完成了预期的目标，达成了理想的效果。

安全提示：

1.遇到坏人先自保，冷静应变不慌张。

2.不与坏人起争执，机智逃脱最重要。

家长课堂：

1.让孩子记住父母的电话、地址，紧急情况下能保持与家人的联系。

2.平时和孩子玩描述人物的游戏，让孩子学会抓住人物的典型特征。

（教师　冯春肖）

幼儿园

安全教育活动指导

小班

主　编	张继科	关彦然	陈晓鹭			
副主编	任金素	王云端	于学青	李　燕	李　炜	张培培
编　委	马红霞	庄向荣	高　丽	高密林	刘雪莹	陈雪芹
	张亚妹	李晓梅	田　玲	杨欣会	王雅静	王　笑
	李丽芳	燕静华	王军丽	闫伟园	闫丽娟	冯春肖
	孙彦娇	陈立媛	张　琳	李　娜	尹　莉	刘　璐
	刘红阁	陈瑞婵	纪翠红	段亚玲	王　莹	宋雪永
	张　钰	卢　坤	耿　旸	张　兰	苏玥姗	刘　芳
	刘　颖	谷　炜	王萌萌	郭慧慧	高　颖	吴春雪
	杨　树	汤秋菊	杨　艳	齐小菊	李银辉	马冬梅
	赵　欣					

世界图书出版公司

图书在版编目（CIP）数据

幼儿园安全教育活动指导.小班/张继科，关彦然，
陈晓鹭主编.--北京：世界图书出版公司,2019.8
　ISBN 978-7-5192-6634-9

　Ⅰ.①幼… Ⅱ.①张… ②关… ③陈… Ⅲ.①安全教
育—学前教育—教学参考资料 Ⅳ.① G613.3

　中国版本图书馆 CIP 数据核字 (2019) 第 177295 号

书　　　　名	幼儿园安全教育活动指导.小班	
（汉语拼音）	YOUERYUAN ANQUAN JIAOYU HUODONG ZHIDAO. XIAOBAN	
主　　　编	张继科　关彦然　陈晓鹭	
总　策　划	吴　迪	
责 任 编 辑	邰迪新	
装 帧 设 计	赵廷宏	
出 版 发 行	世界图书出版公司长春有限公司	
地　　　址	吉林省长春市春城大街 789 号	
邮　　　编	130062	
电　　　话	0431-86805551（发行）　　0431-86805562（编辑）	
网　　　址	http://www.wpcdb.com.cn	
邮　　　箱	DBSJ@163.com	
经　　　销	各地新华书店	
印　　　刷	小森印刷霸州有限公司	
开　　　本	710 mm×1 000 mm　1/16	
印　　　张	37	
字　　　数	559 千字	
印　　　数	1—5 000	
版　　　次	2019 年 9 月第 1 版　　2019 年 9 月第 1 次印刷	
国 际 书 号	ISBN 978-7-5192-6634-9	
定　　　价	168.00 元（全 3 册）	

目 录

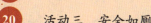

5月　自然安全

6月　水电安全

有电危险

7月　居家安全

概　述

第一章　幼儿安全教育的重要意义

　　党的十九大报告中明确指出，要树立安全发展理念，弘扬生命至上，安全第一的思想。安全就是生命，安全是人类最基本、最重要的需求。

　　党中央、国务院高度重视中小学生和幼儿的安全工作。自 2006 年教育部、公安部等十部委共同发布《中小学幼儿园安全管理办法》，2007 年国务院办公厅转发教育部《中小学公共安全教育指导纲要》，到 2013 年教育部颁布《中小学校岗位安全工作指南》，2014 年 2 月印发的《中小学幼儿园应急疏散演练指南》，教育部对中小学校的安全工作提出了更具体化、可操作化的要求，为保障广大师生的安全又树起了一道坚固的屏障。2017 年国务院办公厅印发《关于加强中小学幼儿园安全风险防控体系建设的意见》明确要健全学校安全教育机制，将提高学生安全意识和自我防护能力作为素质教育的重要内容，着力提高学校安全教育的针对性与实效性，将安全教育与法治教育有机融合，全面纳入国民教育体系，把尊重生命、保障权利、尊重差异的意识和基本安全常识从小根植在学生心中。

　　《幼儿园教育指导纲要（试行）》（以下简称《纲要》）中明确指出："幼儿园必须把保护幼儿的生命和促进幼儿的健康放在工作的首位。"幼儿安全教育是幼儿园教育工作的重中之重，是幼儿园教育工作的基础和关键内容。

　　《3—6 岁儿童学习与发展指南》（以下简称《指南》）中健康领域学习与发展目标：结合活动内容对幼儿进行安全教育，注重在活动中培养幼儿的自我保

护能力；减少意外伤害的发生，提高幼儿的生存质量，是家庭、幼儿园乃至整个社会关注的问题，关系到每个幼儿的健康成长，关系到家庭的幸福、社会的稳定。

一、重视安全教育就是重视生命

2010年2月国家颁发《全国家庭教育指导大纲》明确指出"抓好安全教育，减少儿童意外伤害"。联合国《儿童权利宣言》原则二提及"儿童应受到特别保护……"。儿童应该享有安全教育的权利。

在日常生活中，不安全的隐患时有发生，如爬高时的意外坠落、误食有毒物品、摔倒、溺水等。当伤害发生时，我们经常会责备自己没有看好孩子，其实，我们更应该思考为什么不能做好预防工作，教会孩子认识到什么是危险以及遇到危险时自己该怎么做。

据调查统计，我国在0～14岁的儿童中因意外伤害而死亡的儿童数量每年大约20万人，而每三位死亡的儿童就有一位因意外伤害而身亡。经统计，意外伤害产生的原因有多种，主要原因有火灾、溺水、中毒、车祸等。现实中的例子或事件也足以引发研究者对幼儿安全的思考。如近几年经常被曝光的幼儿园校车事故、幼儿园喂药事件、幼儿教师虐童事件、幼儿食物中毒事件等，这些事件的频频发生，无时无刻不为幼儿在园安全敲响警钟。人的生命仅有一次，幼儿的生命安全和健康与否关系到民族的未来与希望，幼儿安全教育迫在眉睫、责任重大。

二、幼儿安全关系每个家庭的幸福

中国疾控中心慢病中心数据显示，全球平均每天有2000多个家庭因非故意伤害而失去孩子。在我国，伤害是1～17岁孩子的首位致死原因。主要包括道路交通伤害、跌倒跌落、打人或被人击伤、刺伤或割伤、溺水、烧烫伤、中毒、误吸伤等，不仅给儿童造成了无法弥补的身体和心理创伤，也给社会、家庭造成了沉重的负担和巨大的经济损失。幼儿健康成长是父母的最大盼望，孩子的安全问题涉及千家万户，学校的安全事故以及对学生造成的伤亡会震动全社会，会给社会和谐稳定造成严重负面影响。孩子的安全关乎每一个家庭的希望和快乐，幼儿的安全教育是一项基本工作，也是其他工作的基础。

三、幼儿的身心发展特点凸显幼儿安全教育的重要性

学前期，幼儿的身心发展有着自身的特点。

1. 知识经验不足

幼儿知识经验不足使幼儿辨别是非能力差，有时意识不到危险状态的存在。例如，幼儿玩滑梯时应该从上往下滑，但有些幼儿偏爱从下往上攀，有时会被上面急速滑下来的幼儿踹伤。

2. 自控能力差

幼儿的神经系统发育不成熟，注意力的稳定性差，容易转移和分散。表现为活泼好动、爱跑爱跳，很容易脱离保教人员的视线，发生磕碰等事故。

3. 好奇心强

幼儿对新异刺激性事物容易感兴趣，探究欲望强，常常身不由己地用手触摸感兴趣的物体。但是，由于幼儿的知识经验不足，对处于危险状态的物体也会进行触摸，如可能触摸裸露的电源开关等导致事故发生。

4. 自我保护能力较差

由于幼儿知识经验和个人力量不足等原因，一旦发生危及自身安全的状况，他们不知道如何保护自己或者没有力量保护自己。

5. 抵抗能力差

由于幼儿身体发育不健全，身体功能较差、免疫能力低，同样的外力抗击或细菌感染，成人不会出现问题，幼儿则难以抵御。如幼儿骨骼发育不健全，容易发生骨折事故；幼儿消化系统发育不健全，容易食物中毒等。

由以上几点可以看出：幼儿是容易受到伤害的人群。这就凸显了幼儿园安全工作在幼儿园整体工作中的重要性，凸显了幼儿园保教人员对幼儿开展安全教育和对幼儿进行精心保护的必要性。广大教师要牢牢树立"安全第一"的教育观念，

把安全教育工作作为重要内容列入班级工作中。

四、系统化的安全教育能有效培养幼儿安全行为习惯

幼儿安全教育是根据幼儿动作发展、认知发展以及已有生活经验等方面的特点，加强幼儿对周围环境中潜在危险的认识，提高其预见性和保护技能，减少意外伤害发生，提高生命质量的教育。行之有效的安全教育能使幼儿避免许多伤害性事故的发生，幼儿园安全教育的实施也是学前儿童感知生命之不可逆的过程，防火、防电、防水等一系列防止灾害性事故的教育能使幼儿提高安全认知水平。

系统的安全教育，可以在潜移默化中不断提升幼儿的自我保护能力，培养幼儿的安全意识。例如，关于消防安全知识的掌握，让小班幼儿了解电是危险的，中班幼儿了解火的危险性，认识消防电话"119"，大班幼儿要初步掌握遇到火灾自救的能力，如"法定助我渡险情""逃生自救"等活动，让幼儿逐步学习和掌握基本的安全知识，具备一定的自我保护能力，形成安全的行为习惯。幼儿的安全行为习惯是保证自身生命安全、维护自身健康必备的基本能力。

总之，幼儿的安全工作是各项工作的重中之重，幼儿安全教育的有效进行，能增强幼儿安全意识和自我保护能力，减少事故的发生，确保幼儿健康成长，关乎亿万家庭的幸福和祖国的未来与民族的希望。

第二章 幼儿园常态化安全教育机制

近年来，中小学生和幼儿的安全问题已成为社会各界关注的热点问题。教育部每年下发《关于做好中小学安全教育的通知》要求加强中小学生和幼儿安全教育，并将中小学生安全教育摆在重要位置，不断增强安全教育工作的针对性和实效性，持续深入开展安全教育。各地市严格依据国务院的工作部署，深入贯彻落实《关于加强中小学幼儿园安全风险防控体系建设的意见》，深化安全教育，打

造安全、阳光的校园成长环境，促进幼儿健康快乐成长。

一、健全幼儿园安全教育制度，实行党政同责、一岗双责

制度是确保各项工作稳步开展的基础保障。幼儿园通过建立各项安全制度，整体提升幼儿园的安全工作管理水平。在安全管理中将教师履行安全管理和教育责任的情况纳入年度工作考核内容，与评优评奖结合起来，使安全工作与幼儿园的日常工作融为一体，做到逐级负责，实行安全工作"一票否决制"，通过"一岗双责制"的全面实施，督促各岗位人员自觉地执行各自的岗位安全责任，及时发现、控制、消除园内的各类安全隐患，形成幼儿园安全管理"全员参与、履职尽责、齐抓共管"的安全工作局面，减少各种意外伤害事故发生。

二、安全教育与法治培训有机融合，教师安全理念逐步提升

随着社会的发展，幼儿园的安全问题呈现出多样化，如意外伤害、暴力伤害、性侵、虐童等。家长维权意识逐步增强，多数家长把在幼儿园发生的安全问题归责于幼儿园。同时，越来越多的幼儿园管理者意识到依法办园的必要性和重要性，注重安全教育与法治教育相结合，从法律的角度明确幼儿受保护的权利及幼儿人格尊严，依法办园，依法对教师进行安全教育。制定了较为系统的教师安全教育工作。如每年开展两次教师安全急救技能的技术演练赛，通过每年重复练习使教师熟练掌握基本的安全急救常识，并固化为内在安全知识技能。重视岗前培训、岗位培训及师德培训，使教师的教育教学行为合乎规范标准。利用开学初、防灾减灾周、安全教育月、消防教育月及每周例会对教师进行安全教育，每月教职工大会联系身边发生的安全事件及媒体报道的安全事故进行分析，将安全意识入脑入心等，通过法律法规的培训从内心提高了教师的责任意识，提高了教师依法教学的意识和能力。

三、安全教育渗透在一日活动中

在一日活动中注重对幼儿进行安全教育，入园——"小刀、小物件我不带"；进餐——"细嚼慢咽不说笑"；睡眠——"外衣鞋帽摆整齐，上床躺好不逗闹"；行走——"轻声、慢步、礼让、右行、不猛跑"；游戏活动——"游戏规则要遵守，人数满了要等候"；如厕——"进出厕所守规则，看清标记不滑倒"；区域活动——"使用剪刀要注意，不用就要把口闭"；服药——"服药原因要记牢，吃多少要知道""如有不舒服要上报"；洗手——"七步洗手法"；离园——"小手拉大

我爱喝水

手，安安全全出校门""不跟陌生人回家"等。厕所、楼梯、盥洗室、区角等候区都贴有小脚丫的标志，通过标志传递给幼儿养成一种排队的行为习惯。抓小事、抓细节，把幼儿安全行为和安全习惯的养成作为日常安全教育的重点工作。

同时，教师在一日活动安全教育中要注意避免出现过度保护的现象，因为担心幼儿出现安全事故，采用限制幼儿自主活动的方法达到不出事故的目的，使幼儿束手束脚，束缚幼儿的发展。教师要保护幼儿的生命安全，最根本的还是要教育幼儿，告诉幼儿应注意的安全事项，让幼儿学会识别危险，远离危险和安全自救，把安全知识融入到游戏、儿童剧表演中，创新更多的安全教育模式和经验，使安全教育全面融入幼儿的日常生活，有效提升幼儿的安全防护能力。

四、安全教育蕴含在环境创设中

幼儿思维具有具体性、形象性，通过直观、形象的安全标志与幼儿对话，让环境发挥安全教育的作用。幼儿园在大型玩具、楼道、饮水处用幼儿看得懂、易明白的图片或照片制成步骤图示意幼儿在使用的过程中注意安全，在园内区域游戏和玩玩具时作为示例图，按提示操作步骤进行等，也可以通过集体讨论和孩子

们共同商量用绘画的方式来表示，如在幼儿园的电器插座旁，可以贴上幼儿自制的"小手禁止触摸"安全标志，"当心滑倒"的标志挂在易摔倒的盥洗室里，时刻提醒幼儿注意安全，这种安全教育的形式自然融于活动之中，幼儿积极参与，幼儿对自己讨论设计的标志更愿意遵守，逐步使幼儿从"要我这样做"转变为"我应该这样做"，内化为幼儿良好的行为习惯。

区域游戏注意事项

不能坐在护栏上

小手拉大手，排队走

指示方向过小桥

大人陪同去打水

幼儿园安全标志

五、开展专项安全教育活动

开展安全主题教育活动,如3月和9月开学"幼儿园生活安全"、4月交通安全、5月防灾减灾教育等,通过主题教育加大安全宣传与教育,营造安全教育氛围。

1. 开展道路交通安全课堂

结合"12·2全国交通安全日"活动,组织幼儿开展交通规则体验游戏活动,让幼儿知道安全过马路、安全乘车等交通安全知识。邀请交警在幼儿园开展道路交通安全课,直观、生动地向小朋友介绍交通规则,交通警察的任务。

交警叔叔来了

2. 消防知识安全教育

充分利用"全国中小学生安全教育日""防灾减灾日""11·9消防日"等集中开展消防宣传教育活动,如参观消防中队,模拟消防游戏等,让幼儿懂得玩火的危险性以及让幼儿掌握简单的自救技能。引导幼儿了解消防栓、灭火器的用途,知道幼儿园的安全通道出口。

利用国旗下讲话、网站、电子显示屏、板报等,经常向家长和幼儿宣传消防安全内容和安全知识。组织家长和幼儿亲子制作《消防知识我知道》手抄报,制作家庭消防逃生疏散图等,通过活动引导家长积极了解消防安全知识,提高家庭消防安全的防护意识。定期组织开展教职工灭火演练活动、幼儿应急逃生演练等活动,指导教师学会查找火灾隐患、扑救初起火灾和组织幼儿疏散逃生的方法,确保全体教师掌握消防设施器材使用技能和全体师生应急逃生的能力。

3. 食品安全教育

邀请医生妈妈讲述我们饮食习惯的培养,让幼儿知道不吃腐烂的、有异味的、包装不完好的食物,同时还教育幼儿不随意捡拾别人遗弃或掉在地上的食物,也不能饮用不明液体,学会拒绝陌生人给的食品。

4.防溺水安全教育

溺水是造成孩子意外死亡的第一杀手。就溺水事故要开展防溺水安全教育专项行动，发放《致家长的一封信》，向家长宣传防溺水注意事项，增强家长防溺水安全的意识和监护意识，切实承担起监护责任，加强对幼儿的教育和管理，特别是加强放学后、周末、节假日期间和幼儿结伴外出游玩时的管理，认识常见的标志，做好预防溺水的安全教育。

六、定期组织应急演练活动

幼儿园每季度至少要开展一次应急疏散演练，内容有灭火应急演练、防震应急疏散演练、消防应急疏散演练、防暴力应急疏散演练等。演练前根据主题，通过专题会议等多种途径和方式，向全体教职工和幼儿宣讲疏散演练方案，让教师和幼儿熟悉疏散程序、疏散信号、疏散路线、疏散顺序、疏散后的集合场地和时间要求等。有针对性地组织教师和幼儿学习安全知识，掌握避险、撤离、疏散和自救互救的方法、技能。通过定期开展应急演练，锻炼教师和幼儿掌握快速应急逃生的方法。

七、开展"警校共建"，构建安全教育联合机制

开展"警校共建"活动，幼儿园积极主动地联系公安、消防、交警、辖区派出所等部门，有针对性地开展相关的安全教育、安全技能培训和紧急疏散演练等活动。定期组织幼儿参观警务站、消防中队，了解相关安全机构，可以把消防员叔叔、警察叔叔请进幼儿园，请他们指导幼儿学习专业的安全知识，通过"警校共建"，构筑专业的安全教育堡垒，进而起到"教育一个孩子，带动一个家庭，影响整个社会"的安全宣教作用。

第三章　适于其时的幼儿安全教育

《指南》中结合幼儿年龄特点，针对幼儿的生活环境和需要，从与他人的交往安全，对环境中危险物或事情的认识、活动与活动中的安全、交通安全以及求助，防灾等角度指出了各年龄段幼儿在安全和自护方面的典型表现。结合小班幼儿的年龄特点和安全教育工作实际，本书设定了幼儿园生活安全，人身安全，消防安全，交通安全，饮食安全，运动安全，社会安全，自然灾害安全，触电溺水安全和居家安全十个安全主题。在主题设计中体现出与幼儿生活、主题教育、认知发展规律紧密结合的三个特点。

一、与幼儿生活紧密结合

安全蕴藏在幼儿一日生活之中，幼儿的饮食、出行、游戏活动、家庭生活中处处存在安全的问题。培养幼儿的安全自护意识应从培养其良好的常规习惯开始，习惯养成好，终生受其益。生活是培养幼儿对安全的认知和自护能力的最佳渠道。

小班幼儿年龄小、生活自理能力弱、对生活中的安全知识经验不足，在这个学段的安全教育要结合幼儿的自理生活能力进行培养，在学习自我服务的同时教会幼儿自我保护。如幼儿人身安全中小班案例"保护我的五官朋友"，幼儿通过认识自己的五官，知道五官的名称和作用，学习正确保护五官的方法，做好自我保护。幼儿园生活安全案例中"我和椅子做朋友"，教给幼儿正确使用小椅子的方法，懂得用不正确的方式会给别人带来伤害，在提高自我保护意识的同时学习怎样与同伴交往。"如厕安全"案例让幼儿懂得如厕时应该排好队，学习有秩序的如厕，学会轮流、等待的良好行为。

在学习自我服务的同时，教给幼儿一些简单、易于理解的安全知识，如教育幼儿不随便跟陌生人走，不随便吃陌生人的东西，记住家庭电话、住址及父母姓名等有基本的安全常识。幼儿居家安全中小班案例"危险的高处"，让幼儿通过观察图片了解阳台、窗台、楼梯的功能，了解在阳台、窗台、楼梯处的不正确做法会导致高空坠落的危险，积累生活中常用到的安全常识，树立初步的安全意识。交通安全中案例"不在车边玩耍"，通过情景表演，让幼儿了解在车边玩耍会给司机和行人造成很大的危害，知道玩耍时要远离车边，逐步建立自我保护的安全意识。

生活即教育。及时发现捕捉幼儿生活中的安全问题，从饮食、游戏、居家等生活环节入手，既贴近幼儿，又生动鲜活，潜移默化中培养了幼儿的安全意识，增强了自我安全防范的能力。

二、与安全主题教育紧密结合

为了增强全民安全教育意识，国家各部门设立了各类安全日、安全月，如3月全国中小学安全教育月、5月12日全国防灾减灾日、11月9日全国消防日等，这些主题的安全教育日、安全教育月是幼儿安全教育的丰富资源。借助安全教育月和安全主题教育等契机，根据幼儿不同的年龄特点，开展丰富多彩、生动形象的安全教育活动。

结合防灾减灾主题教育月活动和夏季季节特征，让幼儿了解生活中安全用电、防溺水、防雷电等安全知识，掌握相应的安全防护方法。如夏天雷雨天气较多，小班案例"打雷下雨我不怕"让幼儿知道雷电是一种自然现象，消除对雷电的恐惧感，初步了解一些防止雷电伤害的基本安全常识。案例"小猫咪咪落水记"通过故事，引导幼儿了解水边玩耍会发生危险，提高幼儿的安全意识，学习有关防溺水安全的知识。案例"神奇的电宝贝"让幼儿知道电插座里有电，不能用手触摸，认识"有电危险"的安全标志，知道标志的作用，增强幼儿生活中的自我保护意识。

　　火灾是最普遍、最常见的威胁公众安全的主要灾害之一，发生火灾时该怎么做呢？结合消防安全主题教育月活动，让幼儿了解消防安全知识，增强幼儿在生活中防火的安全意识。如小班消防安全主题"认识灭火器"让幼儿认识灭火器，了解灭火器的作用。"着火了，我不慌"让幼儿了解有关火的基本知识，知道不能随便玩火的安全常识，了解火警电话及发生火情后正确逃生的方法。

　　儿童交通安全是家长们最为关注的内容，结合交通安全主题教育，开展安全过马路、认识交通标志、过街要走人行道等交通安全教育活动，让幼儿正确理解交通规则及交通安全常识，培养幼儿危险状态下的应变能力，逐步提高交通安全防范意识。如小班安全案例"红绿灯、眨眼睛"在轻松愉快的游戏中，让幼儿认识红绿灯及其作用，积累常用的交通安全知识。"马路上的特殊车辆"通过观察图片，让幼儿了解特殊车辆，知道"110""119""120"几种特殊号码车辆的用途。"不在车上吃东西"通过集体游戏，能对各种乘车行为进行正确的判断并能说出理由，了解乘车基本礼仪，知道要做个文明小乘客。在培养幼儿安全自护能力的同时，培养幼儿良好的品格。

三、与幼儿认知发展紧密结合

　　幼儿的成长是一个螺旋式提升的过程，不同年龄幼儿的思维发展水平不同，学习方式不同。小班幼儿以具体形象思维为主，动作能力较弱，中班幼儿仍以具体形象思维为主，动作能力有了一定提升，开始喜欢合作、探究，对新奇的事物感兴趣，大班幼儿开始出现抽象逻辑思维的萌芽，喜欢表达，有一定的判断推理能力。伴随着幼儿的年龄增长，在生活中的学习、实践中，幼儿的认知经验得到了一次次建构、重组、再建构，幼儿的认知能力也随之不断提升，形成了相对稳定的意识习惯。结合不同年龄幼儿的认知发展特点，安全教育内容采用递进式活动设计，同一内容小、中、大班各有6个教育案例，做到既有主线贯穿，又有不同梯度的教育内容，由浅入深、层层递进，适用于不同年龄段幼儿的安全教育需要。

以饮食安全为例，小、中、大班就同一主题设计了适用于该学段幼儿不同的教育内容：小班"细细嚼，慢慢咽""小餐具，我会用""洗洗手，吃饭香"等，从认识餐具，卫生饮食等饮食卫生习惯入手，培养幼儿良好的进餐习惯；中班"'垃圾'食品危害多""这些东西有危害""文明进餐静悄悄"等，通过认识多种食品，初步学会辨别健康食品，养成健康、文明的饮食习惯；大班"冷饮美味要适量""学做小小营养师""食品中毒需谨防"等，从营养膳食，饮食健康知识等方面，丰富幼儿认知经验，提高自我饮食安全的防护意识。

安全是人类最基本和最主要的需求。确保幼儿安全，重在帮助幼儿树立安全意识，重在教育引导幼儿具备对危险的预见性及保护技能，将意外伤害降到最低，提高生命质量。选择适合幼儿年龄的教育内容和方法，有目的、有意识地进行安全教育，提高幼儿自我保护能力，关系到每个幼儿的健康和安全，关系到每个家庭的幸福平安。只有牢记安全教育责任，避免幼儿危险和意外的发生，才能真正做到让每个幼儿健康、快乐地成长！

9月
幼儿园生活安全

活动一　甜甜的午睡

设计意图

　　《指南》中指出："结合实际生活,对幼儿进行安全教育。"有一天中午,孩子们都睡着了,我在巡视的时候,突然看到壮壮小朋友的被子盖在头上,我赶紧掀开,壮壮已经是满头大汗了。针对这一情形,并根据小班幼儿既懵懂又求知欲很强的心理特点,我设计了本次活动"甜甜的午睡"。

活动目标:

1. 通过图片的观察、老师的讲解,知道安全午睡的重要性。

2. 引导幼儿培养良好的午睡习惯:不蒙头,不趴睡,不拿小东西上床。

3. 幼儿能在游戏当中感受到快乐。

活动准备：

多媒体课件、各种睡姿的图片、地垫、各色贴纸、小被子、各色枕头。

活动过程：

一、故事导入，激发幼儿兴趣

1.老师讲故事"甜甜的午睡"，幼儿一边听故事一边观察主人公乖乖的睡姿是否正确。

2.老师提出问题，幼儿讨论。

（1）乖乖睡着了吗？他为什么没睡着？他在干什么？这样做有什么危害？

（2）乖乖睡着后的睡姿是怎样的？这样对身体有什么危害呢？

（3）我们应该怎样睡觉？

老师小结：幼儿对午睡已经有了前期经验，随着故事的进展帮助幼儿梳理前期已有经验。

二、出示午睡图片，了解正确午睡的重要性

1.师："吃完午饭后，小朋友又准备午睡了，我们午睡前要做哪些准备工作呢？"

幼儿回答，老师进行小结和补充：（1）午睡前，要漱口，保证口腔是干净的；（2）吃完饭后不能马上上床睡觉，要活动10~15分钟再上床；（3）脱掉外套，叠整齐；（4）把鞋摆整齐。

2.老师出示日常午睡时捕捉到的本班幼儿睡姿的图片，幼儿观察图片，找出哪些小朋友睡姿是正确的，哪些是不正确的，哪里不正确。不正确的睡姿对我们的身体有什么危害呢？

幼儿讨论过后，老师进行小结：我们睡觉时不要蒙头，因为蒙头会影响小朋友呼吸；更不要趴着睡觉，这样会压迫小朋友的心脏正常工作。

3.教师请所有幼儿摸一摸自己的口袋，看看口袋里有没有什么小东西。

提问：（1）我们可以带着"小玩具"睡觉吗？

（2）能把"小玩具"放到耳朵或鼻孔里吗？会发生什么危险？

小结：因为老师出示的是本班小朋友的图片，所以幼儿会感觉很亲切、很熟悉，能更好地联系实际。通过观察、讨论，了解该怎样午睡，从而培养良好的午睡习惯。

三、通过游戏"睡觉我最棒"，进一步巩固午睡好习惯

游戏：每个幼儿胸前贴一种颜色的贴纸，老师播放欢快的音乐，当音乐开始时，幼儿自由跑步，当音乐停止时，快速找到和自己贴纸颜色相同的枕头，把鞋脱掉摆整齐，用正确的睡姿躺好，并盖好被子的幼儿获胜。

小结：幼儿以游戏的形式，在快乐中重新巩固已有的和新知的午睡经验。

活动延伸：

区域活动时，幼儿照顾娃娃家中的布娃娃睡觉，让幼儿在实践中学会正确的睡姿，感受正确睡姿的重要性。

活动反思：午睡是幼儿每天的幼儿园生活中很重要的一部分，良好的睡眠对幼儿的身体成长和发育至关重要，怎样才能让孩子们有一个高质量的午睡呢？这次的活动帮助大家有效地解决了这一问题。首先，通过故事，成功地激发幼儿的好奇心，并帮助他们回忆已有经验；其次，观察身边的小朋友，甚至是自己睡姿的图片，来找出问题并解决问题；最后，以幼儿最喜欢的游戏形式，进一步巩固已有的和新知的经验。整个过程以幼儿为主，环环相扣，完成了本次活动设定的三个目标，从而有效地培养了孩子们良好的睡眠习惯。

安全提示：

1. 午饭后要活动 10~15 分钟，睡前要漱口，保持口腔干净，没有食物。

2. 午睡前把鞋摆整齐，脱掉外套。

3. 睡觉时不要玩"玩具"，更不要把异物塞进自己或其他小朋友的耳、鼻。

4. 午睡时不要被子蒙头或趴睡。

家长课堂：

1. 家长在幼儿睡前一定要检查其口中有无食物。

2. 睡觉的被褥上有无异物，以免让幼儿皮肤受伤。

3.幼儿睡眠过程中不要蒙头、趴睡，观察睡眠过程有无异样。

➤ 平躺午睡的小朋友

侧躺午睡的小朋友 ◄

（教师　魏楠）

活动二　快乐滑滑梯

设计意图

　　《指南》中明确要求："幼儿园必须把保护幼儿的生命和促进幼儿的健康放在工作的首位。"保护幼儿生命、促进幼儿健康都离不开安全教育，生活中的安全问题无处不在。为了让孩子能与同伴快乐游戏，获得运动经验，培养幼儿良好的品质和安全意识，我们在降低户外游戏设施危险性的同时，带领幼儿开展一系列安全教育活动。小班安全活动"快乐滑滑梯"就是活动之一。刚入园的小班幼儿对新的环境充满了好奇，什么都想玩一玩，试一试，特别是户外大型游戏设施吸引着每个孩子，但是他们缺少生活经验和常识，缺乏自我保护意识，动作的协调性和敏捷性都还很弱，不能很好地把握什么事情能做、什么事情不能做，特别容易发生意外损伤。而我们祈愿每一个孩子都能健康成长，获得对一生发展有益的经验。因此，我根据小班幼儿的年龄特点，设计了本次活动。通过直观的课件和形象生动的故事情节以及讨论之后的现场体验，轻松学习、自然习得，增进幼儿的安全意识和规则意识。

活动目标：

1. 学会用正确的方法玩滑梯。

2. 懂得用不正确的方法玩滑梯易造成的伤害，养成自我保护的安全意识。

3. 喜欢参与活动，体验和小朋友一起游戏的快乐。

活动准备：

多媒体课件、各种玩滑梯的图片、室外滑梯、笑脸娃娃若干。

活动过程：

一、让幼儿在观看课件中理解故事内容，建构经验

1. 看课件，听故事"小狗受伤了"。

2. 引导幼儿根据故事内容讨论：

（1）小狗怎么啦？它为什么会受伤？

（2）它玩滑梯时有没有排队？

（3）小朋友在玩滑梯时应该怎样玩？

老师小结：帮助幼儿梳理生活中的零散经验。

是啊，小狗因为玩滑梯时不排队，方法不正确，才把头摔破了，胳膊也摔断了，我们在玩滑梯的时候应当注意安全，做好自我保护。

二、看课件，让幼儿找对错，掌握玩滑梯的正确方法，巩固经验

根据课件逐幅讨论：

1. 老师带小朋友在干什么？

2. 排队时，挤来挤去的小朋友对不对？

3. 趴着玩的小朋友对不对？这样玩会发生危险吗？

4. 排好队玩滑梯的小朋友做得对不对？

教师小结：进一步帮助幼儿巩固正确玩滑梯的经验。

小朋友在玩滑梯时一定要排好队，不能挤来挤去，小手扶好滑梯，坐好后才能滑下去，就不会发生危险。

三、通过游戏，进一步让幼儿了解所学的知识

游戏：小卫士闯关，教师随意点击图片，小朋友进行抢答，判断对错，看看谁回答得又对又快。

教师小结：强调玩滑梯的正确方法。

活动延伸：

教师带领幼儿到户外玩滑梯。让幼儿在实践玩耍中体验正确玩滑梯的方法，理解自我保护的重要性，体验玩滑梯的快乐。

活动反思： 幼儿由于年龄小，在开学初心情不稳定，会大哭大闹，所以根据幼儿的年龄特点，我们安排了滑滑梯的安全教育，一方面可以稳定幼儿情绪，另一方面可以进行安全教育，达到安全与游戏的结合。首先幼儿很积极地思考并大胆地回答问题，同时意识到不正确滑滑梯会有许多的危险，懂得用正确的方法玩滑梯，培养幼儿的安全意识。其次用播放动画视频演示滑梯的方式，可以集中幼儿的注意力，同时让幼儿在轻松愉快的环境下对知识进行巩固。最后带幼儿到户外亲身体验玩滑梯，使其感受玩滑梯带来乐趣的同时，知道玩滑梯的正确方法。

安全提示：

1. 玩滑梯人多时要先排好队，一个跟着一个，不拥挤推搡。

2. 从滑梯背面的台阶上去两手扶好了，一层层地往上爬。

3. 眼睛看好台阶，爬到顶，坐稳后，两手扶着滑梯两边，两条腿并拢，再滑下来。

家长课堂：

1. 家长们一定要先检查滑梯是否安全牢靠。

2. 滑梯表面是否光滑，检查好以后再带孩子玩。

3. 家长合理引导孩子们在玩滑梯时，不玩闹、争抢，避免碰伤。

玩滑梯时，小朋友们要排队

玩滑梯时，头后脚前仰面向下滑，上半身保持直立

（教师　甘云）

活动三　安全如厕

设计意图

　　幼儿应当了解一些基本的安全常识，学习保护自己。由于年纪比较小，幼儿在入幼儿园之前有很多事情是父母包办的，入园之后就要学会自己独立了，首先就是要学习自己如厕，尽可能不尿湿裤子，知道当厕所人多时不争抢，培养良好的行为规范。

活动目标：

1.懂得如厕时应该排好队，学习有秩序地如厕。

2.学会轮流、等待的良好行为习惯。

活动准备：

木偶小猴。

活动过程：

一、教师和幼儿共同欣赏故事《小猴尿湿了》

出示木偶小猴，讲述一遍故事。

二、教师与幼儿讨论故事内容

尿湿裤子会有什么感觉？怎样才能不尿湿裤子？

教师小结：尿湿裤子会让我们心理和身体都感觉不舒服。

三、教师和幼儿共同参观班级厕所

教师带领幼儿参观本班活动室的厕所，让幼儿知道厕所是大小便的地方。会正确识别男女厕所。分清小便池，知道男孩、女孩小便的方法是不一样的。

四、分别请男孩和女孩上厕所

男孩如厕并讨论：怎样上厕所才不会将小便弄到便池外？（不要离便池太近，以免弄脏裤子）穿有拉链的裤子小便时，要小心不要弄伤自己。

女孩如厕并讨论：怎样上厕所才不会让小便弄湿裤子？

五、教师和幼儿共同讨论如厕的注意事项

教师带幼儿回到活动室。玩游戏时想小便怎么办？吃饭时想小便怎么办？集体活动时想小便怎么办？

厕所里人多怎么办？小便急怎么办？（厕所里人多时不争先、不拥挤、依先后顺序小便。小便急时，可与其他幼儿协商如厕）

活动延伸：

教师带领幼儿参观幼儿园的公用厕所，告诉幼儿在室外活动时可就近如厕。

活动反思： 听故事是幼儿接触最多而又非常喜爱的一种学习形式，其典型的人物形象，生动的内容，优美的语言，深深吸引着幼儿。小班孩子由于年龄特点尤其爱听故事，因此在本次活动中，我利用孩子们喜爱的故事来激发幼儿的学习兴趣，他们都能积极讨论、大胆发言，使枯燥无味的学习演变为愉快的学习体验，让幼儿对活动更加感兴趣。

安全提示： 小朋友，要知道，及时如厕很重要。进出厕所守规则，看清标记不滑倒。

家长课堂： 提醒幼儿及时如厕，不憋尿；如厕时看清标识，给幼儿穿一些宽松得体的衣服，样式尽量简单。

|》》》➤ 小朋友排队上厕所

小女孩扶着杆上厕所 ◀《《《|

（教师 王素萍）

活动四　勤剪指甲防抓伤

设计意图

《纲要》指出："幼儿园必须把保护幼儿的生命和促进幼儿的健康放在工作的首位。"由此可见健康教育的重要性。我们都知道小班是培养幼儿良好生活习惯最好的阶段，因而抓住此年龄段孩子们的身心发展特征，设计适合他们的教学环节，从而达到健康教育的目的，所以我设计了这节活动。

活动目标：

1. 让幼儿知道为什么要常剪指甲和如何剪指甲。

2. 培养幼儿养成良好的个人卫生习惯。

3. 让幼儿树立爱护自己、保护身边人的观念，从自身做起。

活动准备：

故事内容的图片、指甲刀一把、香蕉、PPT。

活动过程：

一、通过听故事，了解不剪指甲对自己和他人的危害

1. 师：分享故事。

2. 师：指甲是什么样子的？为什么会把娃娃弄伤呢？（幼儿思考观察后说出指甲是尖尖的、长长的）

3. 师：指甲尖尖长长的，碰在小朋友身上会怎么样啊？（疼，还会流血）

4. 师：那小朋友们能不能留长指甲啊？

分析：幼儿亲眼看到指甲划伤香蕉的情景，明白了指甲是锋利的，会伤害人的，不及时修剪指甲，既容易伤人，也容易断裂。不及时洗手，指甲中会积存许多的脏东西，经常咬指甲会使手指变形，还会将病菌带入口腔影响我们的健康。

二、教师出示指甲刀，让幼儿通过观察明白这个东西是剪指甲用的，使我们的指甲干净卫生并且不伤害我们的好朋友

三、指甲的儿歌

小小指甲剪

指甲刀，张开嘴，咬住指甲不松开。

小小手，来帮忙，用力按下指甲断。

脏东西，露出来，清洁卫生不忘掉。

小朋友，你爱我，我爱他，一起来把指甲剪。

活动延伸：

师：幼儿园老师就像妈妈，现在自己检查一下指甲长不长？需要修剪的赶紧到老师妈妈这儿来，老师妈妈来帮你修剪喔！

活动反思： 在这次活动中，由于小班孩子年龄小，知识的积累、认知的提升，更是需要他们生活经验不断地增长，因而需进一步引导，将他们原有的生活经验迁移到这节课中来，从而达到我所预期的效果。教师讲解并让幼儿亲自体验不剪指甲会造成的危害，幼儿了解了不剪指甲的危害，开心地说着剪指甲的儿歌。

安全提示： 会引起抓伤必定有争执，争执的源头是不会协商。预防的关键首先是每位幼儿都定期剪指甲，其次是教给孩子如何和小朋友交往。比如，对于想要看其他小朋友手里的书的时候，可以教给他说："你看完以后能不能给我看看？"要知道先来后到。如果遭到拒绝，要学会说："那我等会儿行吗？"

家长课堂： 家长给孩子剪指甲时，要轻轻地、有耐心地剪，避免剪得过深、手过重让孩子感到疼痛。

每个小朋友都要检查防止抓伤

老师在帮小朋友剪指甲

（教师　董培培）

活动五　一个一个排队

设计意图

　　随着孩子们认知水平的发展、生活经验逐步扩大以及自我意识的不断增强，小班（3岁）的孩子与同伴、成人之间的交往越来越频繁。但是，由于他们缺少良好的交往技能和沟通技巧，容易与同伴之间发生矛盾冲突，甚至还会给自己的身心健康和安全造成负面影响。所以，引导小班幼儿在公共场所活动时守秩序、不拥挤、会排队等待不仅能提高他们的社交能力，更能培养他们遵守公共秩序的良好习惯，避免意外事件给他人和自己带来的伤害。

活动目标：

1.知道在公共场所活动时，要主动排队、耐心等待并且不大声喧哗。

2.有初步的自我约束意识，养成遵守公共秩序的行为习惯。

3.体验排队和同伴一起玩耍的愉悦心情。

活动准备：

1.拱形门3个，呈曲线形放在草地上。

2.幼儿排队活动的相关图片和轻松欢快的背景音乐。

3.水彩笔和绘画纸人手一份。

4.摄像机一部。

活动过程：

一、教师以谈话的形式导入游戏"钻山洞"，激起幼儿的兴趣

1.教师引导幼儿自由玩"钻山洞"游戏，体验无秩序可能带来的危险。

2.教师介绍游戏场地并告知游戏规则：这里有三个山洞，孩子们可以自由地钻，看谁能又快、又安全地钻过每个山洞，不能漏掉任何一个山洞。

3.幼儿在自由地玩"钻山洞"游戏时，教师拍摄记录幼儿在活动中的拥挤、无序、碰撞、掉鞋等行为。

二、教师播放拍摄录像，引导幼儿分析、讨论、总结快速和安全钻过山洞的办法

1.师：孩子们，看了老师刚才拍的录像以后，你们发现了什么问题？怎样才能又快、又安全地钻过山洞呢？

2.教师小结：钻山洞时，大家要从同一个山洞出发，排好队，一个跟着一个，不推不挤不掉队，这样做就能又快、又安全地钻过每个山洞了。

三、教师播放欢快的背景音乐，请幼儿再玩"钻山洞"游戏，丰富经验

1.幼儿自由游戏，教师及时鼓励幼儿排好队、守秩序的行为。

2.师：孩子们，刚才玩那边"钻山洞"有什么感觉啊？为什么呢？（教师帮助孩子梳理过程，丰富经验）

3.教师小结：当很多人一起做同样的事情时，只要大家排好队、守秩序，就会很快速、安全、开心地把事情做好。

四、教师逐一播放幼儿排队活动的相关图片，迁移、拓展幼儿的经验

1.师：孩子们，你们看这是什么地方啊？大家是怎么做的啊？为什么要这样做？

2.还有哪些地方需要大家排队、有秩序地做事？

教师小结：孩子们，我们和爸爸妈妈在商场缴费、在车站上车、在游乐场玩大型玩具时，都需要大家排好队、有秩序地进行。

五、请幼儿为需要排队的地方设计一个排队标志，提醒大家共同遵守

活动延伸：

将幼儿设计的标志张贴在活动室相应的位置，如把"排队洗手"的标志张贴在盥洗区墙面上；把"排队取水"的标志张贴在口杯橱上。

活动反思： 幼儿排队的要点和规则由教师进行单一的说教，幼儿不易理解和接受，但是如果把它们放在故事情境和游戏中，那效果就大不一样了，幼儿的学习积极性和他们的各种感官都被调动起来了，游戏中孩子们自己总结发现不排队带来的危险，并提出解决方法，在愉快的游戏中体验了有序排队带来的游戏乐趣，可见游戏的魅力所在。孩子们在玩中学，学中乐，很容易达到活动目标。

安全提示：

1.排队时一个接着一个走，不要插队。

2.排队的过程当中不推不挤，避免造成人员伤害。

家长课堂： 家长要言传身教，严格要求自己，给孩子做榜样，这样从孩子的生活入手家园共育，才能达到更好的教育目的。

➤ 看我们站得多整齐

要一个一个排队玩 ◄

（教师　郭文娇）

活动六　我和椅子做朋友

设计意图

　　常规是幼儿必须遵守的日常生活规则，而小班幼儿刚入园，很多常规需要培养。椅子是小朋友每天都要用到的东西，针对刚入园的幼儿，我发现个别幼儿会拿起椅子的一角，像开火车一样往前推，而且不一会儿，就会有好几个幼儿学他们，还经常会出现拉着椅子走、用力推椅子、踩在小椅子上等现象。这些行为有可能对自己或者同伴造成伤害，还会损坏小椅子。针对这一现象，创设了本次活动，通过活动学习如何与椅子做朋友，懂得椅子属于公共用品，我们应该要保护好他们。

活动目标：

1.学会正确搬、推、坐小椅子的方法。

2.懂得爱护小椅子，养成良好的行为习惯。

3.乐意参与活动，增强责任心。

活动准备：

小椅子人手一把、视频《小椅子哭了》、贴有哭脸的小椅子。

活动过程：

一、创设情境导入活动

出示一把贴有哭脸的小椅子，激发幼儿兴趣。

师：瞧，这把小椅子怎么了？为什么哭呢？在小椅子身上发生了什么事情？

二、播放视频《小椅子哭了》，了解小椅子哭的原因和正确的做法

1.师：让我们一起来看看小椅子到底为什么哭呢？

2.播放小椅子哭的视频，并与幼儿进行讨论。

（1）小椅子为什么哭？

（2）小朋友对小椅子都做了哪些不友好的事情？

（3）这样对待小椅子对吗？

教师总结：小椅子说，我的朋友坐在我身上时一摇一摇的，我的脚都受伤了。我的朋友离开位子时忘记把我送回家，把其他小朋友绊倒了，我很伤心。我的朋友用力推我回桌子，身上撞出很多伤，好痛啊！我的朋友搬我时在地上重重地拖着我，我好难过。

3.继续观看视频，了解正确的做法。

（1）小椅子多可怜，哭得这么伤心，我们应该怎么帮助它呢？

（2）幼儿讨论和小椅子做朋友的正确做法。

（3）师：电视里的小朋友们听了你们的话，也知道错了，我们一起来看一看，他们有没有改正呢？

（4）观看视频，初步学习正确的做法。

教师总结：

小椅子说：我的朋友坐在我身上时一动不动，我的脚也不疼了。我的朋友离

开位子，就会轻轻地把我推到桌子下面。我的朋友会用双手轻轻地把我搬起来走，再也不会拖着我走了，我好开心呀！

三、学习正确搬、推、坐椅子的方法

1. 师：老师这还有一个好听的儿歌：小椅子，双手搬，轻放好，再坐上；

人离开，椅收起，爱护它，好宝宝。

教师边念儿歌边示范搬、推、坐椅子的正确方法。

（1）学习搬椅子的方法。幼儿先站在椅子旁边，伸出左手以拇指在上、四指在下的方式握住椅子前缘的中央。再伸出右手，以同样方式握住椅背上方中央的位置。轻轻地将椅子抬起，将距离身体远方的一端先抬起，将椅子放在胸前或腹前眼睛直视前方，走向目的地。到达目的地后，将椅子轻轻放下，以靠近身体的两只脚先着地，再放下另一端。

（2）学习推椅子的方法。首先慢慢起身，并站在椅子后面，双手握住椅背，轻轻将椅子推到桌子下面。

（3）学习坐椅子的方法。胸部和腹部挺直，臀部稳重地落于椅子的正中或稍后，大腿保持水平，保持身体直立，双脚自然平放。

2. 幼儿边念儿歌边练习搬、推、坐椅子的正确方法。教师巡视指导，发现错误的做法及时纠正。

四、游戏

和椅子做好朋友：请所有的小朋友去找到自己的椅子宝宝做朋友，和椅子宝宝说说悄悄话。

活动延伸：

　　教师带领幼儿为自己的椅子好朋友洗洗澡，懂得爱护公物，培养幼儿的责任心。

活动反思：小班爱模仿的特点非常突出，模仿是这时期幼儿的主要学习方式，在这个年龄段，幼儿良好的行为习惯常常是通过模仿学习并巩固下来的。在本次活动中

通过拟人化的故事让幼儿学习理解，感受和掌握新知识。观看视频中错误及正确的做法，激发孩子们想象自己是不是也这样做过，纠正错误的同时，让自己更深一步认识到学习椅子的正确用法的重要性。通过本次活动后，经过一段时间的观察，孩子们之前一些不好的现象改变了很多，但是我们要把它真正地深入到日常的生活当中。

安全提示：

1. 搬椅子的时候一定要两只手一起搬，椅子腿朝下，幼儿身体直立，以免椅子将自己或其他幼儿绊倒。搬椅子行走的过程中眼睛直视前方，要避开其他幼儿。

2. 推椅子时注意椅子与桌子的接触位置，避免将手放在接触面上，以免夹住手指。

3. 准备坐下时，应先确定椅子的位置，并先用手扶住椅背再坐下，避免摔倒。不能左右摇晃，不能将双脚伸进椅子中间的空隙中，以免摔倒。

家长课堂：

1. 家长在家也要运用正确搬、推、坐椅子的方法，培养爱护公物的意识，养成良好的生活习惯。

2. 家长们一定要及时检查家里小椅子的腿是否松动。

▶》》》　➤ 我会坐椅子

我会搬椅子 ◄━《《《◆|

（教师　王妍妍）

10月

人身安全

活动一　防止异物进耳鼻

设计意图

《指南》中指出："帮助幼儿提高自我保护的能力，引导幼儿知道并懂得保护五官，是幼儿健康教育的重要任务之一。"小班幼儿好奇心强，活泼、好动，他们对周围事物的兴趣非常浓厚，会将一些小东西放入口鼻，导致危险发生，为了减少此类意外，需要我们对幼儿进行必要的教育和指导，我们设计了此次活动，通过故事、游戏的形式对幼儿进行安全教育。

活动目标：

1. 知道保护五官的重要性，知道不把异物放入口中、塞入鼻子或耳朵里。

2. 自己或同伴有异物塞进口、鼻等处时，知道及时告诉大人。

3.积极参与游戏活动，建立初步的安全意识。

活动准备：

故事《翘鼻子噜噜》、图片。

活动过程：

一、以猜谜引出"鼻子"。引导幼儿了解鼻子的功能

谜面：左一洞，右一洞，有它能呼吸，有它能闻味。(谜底：鼻子)

请幼儿用手捏住鼻子，闭紧嘴巴，说说有什么感觉。(注意捏住鼻子的时间不能太长)

教师小结：鼻子可以帮助我们呼吸，帮助我们辨别气味。

二、教师讲故事《翘鼻子噜噜》，了解将异物放到鼻子里的危害

教师：小猪将什么东西放到鼻子里去啦？小猪有什么感觉呢？结果怎么样？

观看图片讨论：鼻子、耳朵喜欢这些东西吗？为什么？

教师小结：我们的鼻子，耳朵都有自己的用处，不喜欢有东西打扰它们，因为这样会使它们感到难受，也会影响它们工作，而且很危险。小朋友们千万不能这样做呀。

三、向幼儿介绍一些发生意外后的自救方法

教师：如果有东西不小心塞进了鼻子里，应该赶快告诉大人，让大人按住没有塞入东西的鼻孔，然后用力往外擤，绝不能用手往外挖。

教师：如果有小虫子飞到耳朵里，也应该赶快告诉大人，让大人把自己带到暗处，用灯光把小虫子引出来；或者滴进3～5滴油(甘油或者食用油)，过2～3分钟后把头歪向患耳一侧，小虫会随着油淌出来。

活动延伸：

将异物入鼻和保护五官图片投放在区角游戏中，让幼儿看图片讲述他们的做法对与错。

活动反思：本活动是结合幼儿生活实际，通过故事、观看图片等教学方式，满足幼儿探索自我的需要。使幼儿知道不能将异物塞入鼻孔，并了解保护鼻子的方法、鼻腔进入异物的正确做法，养成良好的健康行为习惯。活动中，充分利用自然和实际生活的机会，引导幼儿通过观察，学习发现问题、分析问题和解决问题。

安全提示：

1. 提高自我保护的能力，知道并懂得保护五官。

2. 如果有东西不小心塞进了鼻子里，应该赶快告诉大人，让大人来帮忙处理。

3. 不拿危险的物品玩耍，如小豆子、纽扣、小纸团等。

家长课堂：

1. 家长入园前要检查幼儿口袋是否有异物。

2. 将危险的物品放置在幼儿够不着的地方。

（教师　郭慧慧）

活动二　安全小天使

设计意图

《指南》中指出："幼儿园必须把保护幼儿的生命和促进幼儿的健康放在工作的首位。"幼儿活泼好动，对外界事物充满了好奇，总想亲自动手去摆弄和尝试，这是他们的年龄特点，但由于他们缺乏对危险事物或行为的认识与判断能力，自我保护的意识较弱，控制身体动作的能力也十分有限，因而幼儿意外伤害事故时有发生。幼儿不能总是在成人的保护和照顾下生活，随着幼儿年龄的逐渐增长，幼儿还需要在成人的指导下学习和掌握基本的安全知识，具备一定的自我保护能力，只有这样，幼儿才能逐渐学会照顾自己，并在生活中安全健康地成长。

活动目标：

1. 学习在室内玩耍时，保护自己的方法。

2. 知道如果不遵守规则，会造成伤害，养成自我保护的安全意识。

3. 体验有秩序的室内活动给大家带来的快乐和益处。

活动准备：

情境图片（独自离开老师同伴，自己随意拿取高处的物品，上厕所时推挤，抛丢玩具，在室内乱跑）。

活动过程：

一、出示图片，导入

教师出示照片（独自离开老师同伴，自己随意拿取高处的物品，上厕所时推挤，抛丢玩具，在室内乱跑）。

二、师幼一起讨论

1. 照片中小朋友在做什么？

2. 发生了什么事情？

3. 这样做对吗？

4. 这样做会有什么后果？（这样做会出现什么不好的状况）

独自离开老师和同伴就失去了大家的保护，容易发生危险。

随意拿取高处的物品容易被砸到，极易发生危险。

卫生间狭小，推挤小朋友容易滑倒，站不稳容易跌到便池里造成伤害。

搬椅子时将椅子举过头顶，如果拿不稳掉下来容易砸到其他小朋友造成伤害，对自己或他人都很危险。

玩具需要爱护，抛丢玩具会砸伤小朋友或者自己。

在活动室里乱跑容易撞到其他小朋友，如果摔倒会磕到桌角，很容易受伤。

三、幼儿说一说应该怎样做

教师请幼儿自由发言，说一说小朋友在做照片中的事情时，怎样做才是正确的。也可以让幼儿上前讲解或做正确演示。

四、教师小结

小朋友如厕时要排队等候，不能推挤，等前面的小朋友整理完之后再上前。

搬椅子时一只手握住靠背，一只手握住坐板，两手自然放在胸前。

活动室空间有限，活动时步伐要轻，动作要稳，不可以四处乱跑。

五、带领幼儿有秩序地进行活动体验

带领幼儿进行搬椅子，如厕，室内游戏等活动。让幼儿体验有秩序的活动能给大家带来的方便和安全。

活动延伸：

教师还可以带领幼儿进行室内的其他活动的安全教育。如饮水接水时，先接凉水再接热水；使用剪刀时不要将尖头对着别人。

活动反思：通过观察照片，小朋友能发现不安全的行为，观察自己的生活照片能清楚直观地带给孩子最直接的感受，印象更深刻，安全意识也更浓。老师和幼儿一起总结多种安全行为，让幼儿在规范自己行为的同时也能监督他人。

安全提示：

1. 上厕所时不推挤，等前一个小朋友解完手自己再去。

2. 椅子不能举过头顶，不可以搬着椅子跑动。

3. 活动室内不能乱跑，不能互相追逐。

家长课堂：

1. 电源开关不用的时候，可以用保护套封好，不要让幼儿直接触摸。

2. 不要让孩子爬窗台，防止意外跌落。

排队上厕所

正确搬小椅子

（教师 王艺）

活动三 懂秩序，好宝宝

设计意图

　　小班幼儿由于年龄小，刚离开父母的怀抱来到幼儿园，缺乏一些良好的行为习惯，尤其是缺乏秩序感，不懂得上下楼梯要排队、外出活动要排队、集体喝水、如厕时都要排队，而且在排队时总是去争抢站第一、玩玩具时出现争抢的情况。蒙台梭利指出，一个具有良好秩序感的人在其成长过程中可以减少许多不必要的浪费，这种浪费包括时间浪费和生命浪费。而二到四岁是培养幼儿秩序感的敏感期，也是最佳时期，所以在小班对幼儿进行秩序感的培养，为其一生的发展奠定了良好的基础，为此，我设计了本次活动。利用游戏、观看视频等方式，激发幼儿参与活动的积极性，直观地让幼儿懂得讲秩序的重要性，学会正确排队，知道要做一个讲秩序的好宝宝。

活动目标：

1. 通过游戏体验，视频欣赏，感知讲秩序的重要性和安全性。

2. 在成人的提醒下，遵守规则，学会排队。

3. 乐意参与活动，体验与同伴相处的快乐。

活动准备：

玻璃瓶、拴线的小球、小朋友争抢玩具、喝水不排队、如厕乱挤等视频，排队与不排队的图片，笑脸和哭脸贴画若干。

活动过程：

一、幼儿尝试体验玩游戏"小球出瓶"

1. 教师出示游戏材料，激发幼儿兴趣。

2. 教幼儿熟悉游戏玩法。

3. 幼儿第一次游戏，教师观察幼儿情况。

4. 幼儿第二次体验游戏。

5. 教师引导幼儿找出能使小球提出瓶子的方法。

教师小结：因为瓶口很窄，要想把小球从瓶子中都拉出来，就得商量好了，一个一个拉出来，不拥挤，按顺序排队去拉小球。在我们的生活中，有很多情况是要遵守秩序、不拥挤，排队来完成的。

二、教师引导幼儿观看视频，组织幼儿讨论

1. 在幼儿园我们做哪些事情需要排队？为什么？

教师和幼儿共同小结：要排队接水喝，如厕要排队等候，做操时、出去户外活动时要排队、上下楼梯不拥挤等。排队既节省时间，又安全，不会发生拥挤、摔倒等现象。

2. 在公共场所时，做哪些事情不能拥挤，需要排队？排队有什么好处呢？

教师小结：我们在公共场合必须排队，懂得谦让。参与活动守秩序。

三、游戏"笑脸哭脸对对碰"

教师出示任意图片，幼儿判断对错，出示笑脸或哭脸，看谁答得又快又对。

教师小结：强调排队的好处，让幼儿进一步懂得守秩序、讲规矩的重要性。

活动延伸：

教师在一日生活的各个环节，都要注重培养幼儿的秩序感，如上下楼梯。户外活动，玩滑梯等，让幼儿在实践体验中养成良好的秩序感。

活动反思：此次活动，幼儿兴趣较浓，积极参与活动，在轻松愉快的氛围中尝试感知了秩序的重要性。在游戏过程中，由于幼儿年龄小，不能很快找到拉出小球的方法，老师适时地给予指导和帮助，既保护了幼儿的好奇心，又没有打消幼儿的积极性，使活动顺利完成。在讨论环节，幼儿能在老师的引导下，大胆发言，懂得了不论在幼儿园还是在一些公共场所都要守规矩，学会了正确排队，知道要做一个守秩序、讲规矩的好宝宝。

安全提示：

1.学会正确的排队方法，每次排队要一个挨一个按先后次序排好。

2.玩玩具时，不争不抢，学会商量，学会等待，按顺序一个接着一个地玩。

家长课堂：

1.家长要遵守社会行为规则，为幼儿树立良好的榜样。

2.家长经常和幼儿玩带有规则的游戏，遵守共同约定的游戏规则。

3.帮助幼儿了解基本行为规则或其他游戏规则，体会规则的重要性，学习自觉遵守规则。

咦！小球怎么卡住了？

接水喝时，小朋友们要排队

（教师　于欣燕）

活动四　保护我的五官朋友

设计意图

《指南》中指出："健康是指人在身体、心理和社会适应方面的良好状态。"在生活中，小班幼儿已有了运用五官的经验，但对于五官并没有系统的认知，也不知道保护它们的重要性，本活动结合幼儿生活实际，通过游戏、儿歌等教学方式，满足幼儿探索自我的需要，提高自我保护的能力，并且通过活动，使他们了解保护五官的常识。希望通过游戏的形式让幼儿认识五官，同样体验五官的重要作用以及保护它们的重要性。

活动目标：

1. 认识五官，知道五官的名称和作用。

2. 学习正确保护五官的方法。

3.乐意参与活动，与同伴感受游戏的快乐。

活动准备：

前期经验：认识五官的名称及位置。眼睛、耳朵、嘴巴、鼻子、眉毛的图片；

用来闻的香水，画有头部轮廓图、五官的图片等，歌曲《小螺号》。

活动过程：

一、游戏导入《小手拍拍指五官》

教师带领幼儿边说儿歌边拍小手，边根据儿歌用手指出相应的五官位置（不断改变儿歌顺序，如眼睛在哪里，变成嘴巴在哪里等），请幼儿根据老师说出的五官名称指出相应的位置。

二、了解五官的功能和保护方法

教师："小朋友们，刚才我们游戏中提到了我们的五官，有鼻子、眼睛、耳朵、嘴巴、眉毛，那你们知道它们的用途吗？"（幼儿通过实际生活中的经验进行回答）。

教师设置情境让幼儿充分感知五官的作用。

1.出示眼睛图片，问幼儿：这是什么？它能帮助我们做什么呢？（幼儿回答）请幼儿闭上眼睛10秒钟，让幼儿说出闭上眼睛后的感受，感知眼睛是用来看东西的。

教师：如果我们的眼睛受伤了可能就会看不见，那我们该怎么保护眼睛呢？（请幼儿回答）

总结：不能用手揉眼睛，眼睛会红；不能用东西戳眼睛，眼睛会瞎的；不能坐太近的位置看电视，也不能长时间看电视；不要在光线太强或者太暗的地方看书。

2.出示眉毛图片，问幼儿：这是什么？它有什么作用呢？（幼儿讨论，并请幼儿回答）

教师："眉毛是保护眼睛的一道天然屏障，能够防止来自眼睛上方的汗水、雨水、灰尘、异物的刺激，对眼睛有很好的保护作用。""能表现人的喜怒哀乐。""能对眼部、头部过多的热量进行调节。""美观好看。"所以，我们要好好保护自己的眉毛哦。

3. 出示鼻子图片，问幼儿：这是什么？它有什么作用呢？（幼儿回答）

教师喷洒香水，让幼儿感知鼻子是用来闻气味的。

教师：小朋友们，我们现在知道了鼻子的作用，那该怎么保护它呢？（让幼儿思考并回答）

总结：不能抠鼻子，不要把小东西往鼻子里面塞，这样会很危险也不讲卫生。有鼻涕的时候要用纸巾或者手帕擦鼻子。有时间的时候还可以给鼻子做按摩哦，这样我们的鼻子会很舒服的。

4. 播放歌曲《小螺号》，问幼儿听过这首歌吗？你是用什么部位听到的？（在幼儿说出耳朵的同时出示耳朵的图片）

教师：我们的耳朵可以听到不同的声音，那我们该怎么保护它呢？（让幼儿思考并请幼儿回答）

总结：小朋友不能自己掏耳朵，掏耳朵的时候必须让大人帮忙。也不能把小东西放进我们的耳朵里，不要听太多很尖锐的声音，那样会伤害到我们的耳朵。

5. 刚才的那首《小螺号》你们会唱吗？那你们是用哪里唱歌的啊！在幼儿说出嘴巴的同时出示嘴巴的图片。

教师：嘴巴除了唱歌，你们知道它还能做什么吗？知道了嘴巴有那么多的作用，那我们应该怎么保护它呢？

总结：嘴巴会吃饭、说话、唱歌、讲故事等。我们不能把小手、玩具、脏东西放进嘴巴里面，不能吃太烫的食物，吃完东西要漱口，早晚刷牙，讲究卫生。

教师小结：我们的眼睛、耳朵、鼻子、嘴巴是人体上最重要的器官，要学会保护它们。它们对我们都非常重要，所以，我们一定要保护好他们。

三、游戏"贴五官"

给娃娃贴上五官，并说说如何保护他们。

活动延伸：

1. 让幼儿学习正确的洗脸方法，养成良好的卫生习惯。

2. 回家后和爸爸妈妈一起玩"画五官""我说你来点"的游戏。

活动反思：此次活动来源于幼儿的实际生活，幼儿的兴趣非常浓厚。小班的幼儿有必要让他们了解五官的用途，启发他们如何保护五官；否则幼儿经常用手挖鼻孔，经常把脏东西或把类似珠子的东西放到嘴里，有灰尘、沙子进入眼用手揉，极不安全、卫生。因此，组织该活动是很有必要的，能提高幼儿保护五官的意识，对幼儿很有教育意义。在活动中教师还应观察每个幼儿的反应，鼓励那些胆小和内向的幼儿积极参与活动，大胆表达自己的想法。

安全提示：

1. 吃完东西要漱口，不乱吃脏东西。

2. 看电视不能靠得太近，有灰尘或沙子进入眼睛不能用手揉。

3. 不能用手抠鼻子。

4. 在日常生活中，不把小豆子放入耳朵、鼻子、嘴巴里；不玩尖锐的东西（刀子，剪子……），以免刺伤身体包括眼睛。

家长课堂：为幼儿讲一些有关保护五官的常识，和幼儿一起看爱护五官的书籍。

|»»»» ➤ 认识并学会保护自己的五官

学做眼保健操 ◄«««

（教师 郭慧慧）

活动五　不乱吃，不乱尝

设计意图

　　《指南》中指出："良好的生活习惯和基本生活能力是幼儿身心健康的重要标志，也是其他领域学习与发展的基础。"幼儿好奇心强，日常生活中，幼儿很喜欢把颜色亮丽、造型特别的物品放入口中，如形色各异的纽扣装饰品、成人的药丸、不知名的"饮料"、散装食品、同伴的药品等，极易发生危险。幼儿的自我保护意识差，我们设计本次安全教育活动"不乱吃、不乱尝"对幼儿进行正确引导，从而提高幼儿的安全意识，防患于未然。

活动目标：

1. 知道乱吃乱尝东西会有哪些危险。

2. 遇到问题时要先求助家长或老师 。

3. 提高幼儿安全意识和自我保护能力。

活动准备：

录像《小熊肚子疼》。图片：不知名的彩色药丸、糖豆、非正规包装的饮料、散装食物、不知由来的饮料、食物。笑脸贴画。

活动过程：

一、观看录像《小熊肚子疼》

1. 教师提问：刚刚你们看到了什么？小熊的做法对吗？

2. 幼儿相互交流讨论"它这样做了会怎样？""你有没有这样做过？"

二、出示图片

1.教师提问："这些东西你吃过吗？"（彩色药丸、不知名的散装食品、不知由来的食物）

2.引导幼儿讨论：这些东西能随意吃吗，为什么？

3.教师小结：乱吃食物会引起身体不适、中毒，对身体有伤害！

三、哪个宝宝做得对？

图1：奶奶吃的药丸好漂亮，丽丽悄悄拿一颗尝！

图2：提问：小朋友生病了，吃的是彩色的药丸，看上去好好吃呢，丁丁不乱吃！

图3：提问：超市门口有块掉在地上的巧克力，好大一块啊！没人要，军军就捡回家吃！

图4：提问：角落里发现一瓶像可乐一样的饮料，看上去好好喝啊！皮皮打开盖子……

教师小结：不生病，乱吃药对身体是有伤害的；不知名和没有来由的食物饮料不能吃、不能尝！

四、应该怎样做

在我们发现一些奇怪的东西，对他产生好奇时，可以询问身边的家长或老师，如果不小心吃下去，一定要尽快告诉大人，及时就诊。

五、我来贴笑脸

出示丽丽、丁丁、军军、皮皮的头像，小朋友认为谁值得表扬就给他贴上笑脸贴画，鼓励幼儿向他学习。

活动延伸：

1.请幼儿自由抽取图片，并说一说这些东西为什么不能吃。

2.教师巡回观察，引导幼儿互相讨论。

活动反思： 幼儿年龄比较小，对一切事物都会感到好奇，尤其是对于吃，幼儿不知道什么可以吃，什么不可以吃，也不了解随便吃东西的危害，通过活动帮助幼儿建立良好的饮食习惯，培养安全意识，提高自我保护能力！

安全提示：

1. 看上去好看或感觉好奇的东西不要随便尝。

2. 吃东西时要获得家长的允许。

家长课堂：

1. 日常生活中成人应将药品、化学品妥善放置，不要放在孩子易拿取的地方。

2. 对孩子进行教育，无论是家中还是外出，吃东西要经得家长同意。

⊩))))➤ 花花绿绿的彩色糖果小饼干、饮料

不经过大人允许不能放进嘴巴里 ◀━━⊰⊰⊰⊰⊰

（教师　周玉）

活动六　走失后，我该怎么办

设计意图

《纲要》中指出："幼儿园必须把保护幼儿的生命和促进幼儿的健康放在工作的首位。"这指明了安全问题是摆在每一位幼教工作者面前的头等大事，也指明了安全教育在幼儿园工作中的重要地位。在当前日益发展的生活环境中，安全问题无处不在，走失儿童的现象也是屡屡发生。为了提高幼儿的安全意识，增强幼儿的自我保护能力。根据小班幼儿年龄及身心特点特设计了本次活动"走失后，我该怎么办"。通过直观的课件、图片和情境表演激发幼儿参与活动的兴趣，加强幼儿的安全意识和学会简单的求助方法。

活动目标：

1. 让幼儿知道外出时要跟紧大人、不乱跑。

2. 教给幼儿简单的求助和自救方法。

3. 培养幼儿的安全和自我保护意识。

活动准备：

绘本《汤姆走丢了》课件；不同场景，幼儿走失后的图片；以及警察、保安和工作人员的图片。

活动过程：

一、幼儿观看绘本故事《汤姆走丢了》课件，激发幼儿兴趣

1. 幼儿看课件，听故事《汤姆走丢了》。

2. 引导幼儿根据故事内容讨论。

（1）汤姆为什么会和妈妈走丢？

（2）走丢后汤姆是怎么做的？

（3）我们跟大人出门时应该怎样做？

3.教师小结：小朋友和大人出门时一定要紧紧跟在大人的身后，不乱跑。如果在商店走丢了，不要着急，可以在原地等，还可以找所在商店的保安或收银员阿姨求助。

二、教师引导幼儿讨论：小朋友可能还会在哪些场所发生走失的现象

1.幼儿每说出一个场景，教师出示相应图片（容易走失场所和寻求帮助的人的图片）。

2.引导幼儿讨论：如果是你走丢了你该怎么办？

3.教师和幼儿共同小结：在不同的场所走失后，要选择合适的求助对象。例如，在幼儿园走失，可以向老师或门卫师傅求助；在户外走失，可以找警务站、派出所寻求帮助；在公园走失，可以找固定摊位的工作人员或保安求助等等。

三、幼儿分组进行情境表演"走失后，我该怎么办"。进一步掌握简单的求助方法

四、教师带领幼儿学习儿歌《小心别走丢》

小心别走丢

出门在外别乱走，宝宝拉紧爸妈手。

万一走失别恐慌，求助大人来帮忙。

警察保安制服穿，还有商店收银员。

爸妈电话记心间，千万小心别走丢。

活动延伸：

在角色游戏区进行情境表演"走失后，我该怎么办"，巩固幼儿的安全意识和自我保护能力。

活动反思： 绘本是孩子们非常喜欢阅读的图书，制作成课件，直观地将画面

展现在幼儿面前，大大提高了幼儿参与活动的积极性。本节活动，孩子们积极参与讨论，大胆发表自己的意见和策略。通过情境表演的形式，使幼儿在活动游戏当中掌握了一些简单的求助和自救方法。整个活动，环节衔接自然连贯，动静交替，让孩子在做中学、玩中学，在轻松愉快的活动氛围中增长了自我保护意识和能力。

安全提示：

1. 提醒幼儿，在跟爸爸妈妈及家人外出时，一定要紧跟着大人，不要随便乱走。

2. 如果有事需要离开爸爸妈妈，一定要跟他们打招呼，并及时回到他们身边。

3. 要记住爸爸妈妈的姓名、单位和电话号码、自己的家庭住址，如果发生走失，不要惊慌，要找警察叔叔或合适的求助对象求助。

家长课堂：

1. 家长在公共场所要注意照看好幼儿，告诉孩子不要乱走。

2. 外出时不要只顾看手机，让幼儿远离自己的视线。

3. 家长要有意识地教会幼儿辨认：警察、商场超市保安等穿制服的人员，以及一些商场收银员、公园的固定售卖亭的工作人员。

4. 可以用图书音像等材料对幼儿进行自我保护和求救方面的教育，并运用游戏的方式模拟练习。

教师讲故事

（教师　于欣燕）

11月

消防安全

活动一 燃气灶，我不动

设计意图

　　幼儿有着强烈的求知欲和好奇心，对熠熠生辉的火光总感到好奇，尤其是家里做饭的炉灶，当幼儿看到燃气灶上的开关轻轻地一转，就能蹿出红红的火苗，它是不是争着去拧，抢着去开？然而因为幼儿年龄的限制和生活经验的缺乏，导致他们不了解防火知识，不懂得安全用火，常常因为好奇和贪玩，致使小火成大灾，酿成无可挽回的悲剧。我们必须根据日常生活中常遇到的问题和孩子常犯的错，有针对性地教会他们一些实用的知识，增强幼儿防火意识，提高幼儿防火能力。

活动目标：

1.通过活动提高幼儿的安全意识，增强幼儿自我保护能力。

2.了解燃气灶的作用和危险性，知道燃气灶不能玩儿。

3.知道发生危险时，一些简单的自救方法。

活动准备：

燃气灶模型、图片、故事视频。

活动过程：

一、出示燃气灶模型，谈话导入

教师：你们认识它吗？它是干什么用的？你们家用燃气灶吗？平时都是谁在用？燃气灶有哪些用处？让幼儿自由回答。

教师：燃气灶给我们带来了许多方便，能烧水、烧饭、炒菜。如果使用不当会有哪些危险？

二、听故事

接下来我们一起来听一个故事，听一听故事里的大灰狼做了什么危险的事情，和幼儿一起观看故事视频《看不见的气魔鬼》，并引导幼儿说一说。

1.燃气灶里藏着的两个大魔鬼分别是什么？

2.大灰狼第一次打开煤气灶时，发生了什么？第二次打开的时候又发生了什么？

3.你以后会不会像大灰狼一样乱开煤气灶呢？为什么不能单独去开燃气灶？

发现燃气泄漏我们应该怎么做？（闻到燃气不能打电话、不能开灯、不能打开抽油烟机排风扇，不能点火，要开窗通风，要马上用湿毛巾捂住鼻子和嘴赶快跑到外面）

三、观看图片，判断对错

组织幼儿看图片并进行讨论：

1.小朋友不停地开关燃气灶。

2.做饭时火开得很大，汤汁都溢出来了。

3. 闻到家里有燃气味，赶紧给爸爸妈妈打电话。

4. 闻到家里有燃气味，继续待在家里玩儿。

5. 在厨房放置易燃易爆物品。

教师小结：这些行为都是不对的。引导幼儿说一说，怎样做才是对的。

活动延伸：

燃气灶

燃气灶，蓝火苗，煮菜烧汤少不了。

妈妈用它乖乖的，就是欺负宝宝小。

不但放火烧小手，还吐毒气害宝宝。

小宝宝，有高招，从来不碰燃气灶。

等我长大成人后，再给妈妈做菜肴。

活动反思： 本次活动最主要的还是让幼儿对燃气灶的作用和危险性有了一个深刻的认识，知道燃气灶是不能随便动的，活动中通过故事视频让幼儿了解了燃气灶隐藏的两种危险，形象直观，幼儿容易理解。通过图片，让幼儿再次对燃气灶的危险性有了进一步的认识，能够判断出图片中行为的错误之处，并能够说出正确的做法。活动延伸中，以儿歌的形式进行巩固，符合幼儿年龄特点和认知发展水平，提高了幼儿的安全意识和自我保护能力。

安全提示：

1. 小朋友不要动燃气灶开关，以免危险发生。

2. 不要在厨房玩耍。

3. 家里着火时，要用湿毛巾捂住口鼻，弯腰或爬出屋子，到达安全的地方。

家长课堂：

1. 家长一定要正确使用燃气灶，及时检查煤气罐有效期。

2. 日常注意气阀是否漏气，使用后关闭气阀，输气管应定期更换（最长两年）。

（教师　林平菊）

活动二 神奇的消防车

设计意图

　　车是小朋友最喜欢的玩具之一，小朋友对消防车很熟悉。孩子们知道消防车是用来干什么的。知道发生火灾之后消防车会救火等一些简单的知识。为此我设计了一节"神奇的消防车"让幼儿更清楚地知道消防车的种类及用途。

活动目标：

1. 初步了解消防车的种类及用途。

2. 学会清楚完整地描述消防车的外形特征。

3. 知道消防队员训练刻苦，不怕困难，产生热爱消防队员的情感。

活动准备：

各种消防车图片、消防车音乐、火灾视频。

活动过程：

一、导入

1. 播放音乐，小朋友们，你们听这是什么声音？你们都在哪里听见过这种声音？那里发生了什么事情？

2. 请小朋友观看视频，并说一说火灾是如何发生的。

3. 发生火灾了，我们应该怎么做？

4. 请小朋友接着观看视频，看一看视频中发生火灾以后是谁救火的？

二、认识消防车

1. 小朋友都看到了是消防车，你们都见过消防车吗？你见过的消防车是什么样的？你是在哪见过的？

2.请你看一看老师给你带来的消防车是什么样子的。（出示小型消防车、中型消防车、大型消防车、水罐消防车、云梯消防车图片）

3.你知道消防车里都有什么吗？他们都有什么用途吗？

师：请小朋友根据自己的经验说一说自己知道的消防车各部位及用途。

师：消防车上的白色管子有什么作用？

水罐消防车的水罐里装着什么？

云梯消防车的长长的梯子有什么作用？

三、请幼儿分组进行，说一说不同种类消防车的用途

每组发图片，让幼儿巩固知识，用简单清楚的语言表述消防车的用途。并知道这些消防车是如何进行灭火的。

四、向幼儿介绍灭火知识及自救方法

1.向幼儿介绍一些简单的灭火用品。（水、沙、灭火器等）

2.发生火灾的时候，我们应该怎么做？（用湿毛巾捂住自己的口鼻，弯着腰走路）

教师小结：通过观看火灾视频，我们以后一定要注意用火安全，不能玩火。

活动延伸：

1.家长可以在日常生活中，带幼儿真正走进消防站，看一看消防车。

2.在区域活动中，可以让幼儿自己画消防车，并能简单表述自己画的消防车。简单清楚地表述出来，但是个别幼儿还是没有说出来，还需要加强语言表达能力的锻炼。最后再跟幼儿说几种灭火用品及发生火灾我们应该怎么做，进一步加强幼儿对消防知识的认识。通过本次活动的开展，每个小朋友都受益良多。

活动反思：在本次活动中，幼儿对火灾的知识有了一定的了解，知道玩火会发生危险，给自己及家人带来不必要的麻烦。消防车对于幼儿很神奇，一辆车里面怎么会有那么多的工具，而且这些工具都有自己的用途。让幼儿通过看图片，对消防车有了一定的认识，孩子们很感兴趣。

安全提示：

1. 预防火灾，小朋友们不能随便玩火。

2. 别随意乱动，避免砸伤。

3. 不能随便燃放烟花爆竹。

4. 小朋友不能玩未熄灭的烟头，见了没熄灭的烟头应及时踩灭。

家长课堂：

1. 家长一定要跟幼儿讲关于火灾所造成的危害，让幼儿引以为戒。

2. 家长要叮嘱幼儿，发生火灾千万不要慌张。

各种不同的消防车

（教师　李幸）

活动三　我是防火小能手

设计意图

《纲要》中指出："幼儿园必须把保护幼儿的生命和促进幼儿健康放在工作的首位。"显然，保护幼儿的安全与健康已成为幼儿园工作的重中之重。然而由于年龄的限制和生活经验的缺乏，他们不了解防火知识，不懂得安全用火，常常因为好奇和贪玩，致使小火成大灾。我们必须根据日常生活中的实际教育幼儿，因此，我根据小班幼儿的年龄特点，设计了本次活动"我是防火小能手"。通过直观的课件和讨论之后的现场体验，轻松学习、自然习得，增进幼儿的安全意识和规则意识。

活动目标：

1.让幼儿了解防火知识，培养幼儿初步的自我保护意识。

2.让幼儿了解火有哪些作用，懂得该如何防范火灾。

3.初步掌握几种自救逃生的方法及技能，提高自我保护能力。

活动准备：

课件、图片、毛巾、电话、防火安全标志。

活动过程：

一、倾听消防警报声，引出本节课

老师：小朋友们听一听，这是什么声音？发生了什么事情？

老师：小朋友，你们见过火吗？火有什么作用？

（小结：火可以给我们的生活带来很多方便，但如果我们用火不当，就会发生火灾，危及我们的生命，所以我们一定要小心用火。）

二、出示 PPT，通过课件，引导幼儿说出发生火灾的原因和预防火灾的方法，认识防火标志

1. 小朋友们不能随便玩火。

2. 不能随意燃放烟花爆竹。

3. 小朋友们不能玩没有熄灭的烟头。

4. 认识"严禁烟火"的标志。

老师：如果你发现小纸片烧着了，起了小火苗，你会怎么做？

（组织幼儿展开讨论）

老师：我们怎么做才能预防火灾的发生？

老师：如果发生了火灾，你该怎么办？（学习拨打"119"报警。首先头脑要保持清晰，拨打"119"报警电话时，要准确说出火灾的地点、燃烧物、是否有人员被困。没有火灾时，禁止拨打"119"报警电话。）

老师：当消防员叔叔没赶到时，我们要积极地采取自救，保护自己，你有什么好办法？

探索安全自救的办法。首先要用湿毛巾捂住口鼻预防烟呛。在火灾没有伤及自己的时候，有秩序进行安全逃离，用湿毛巾捂住口鼻，弯腰跑下楼梯（安全通道）。切记不要乘坐电梯。

三、游戏

1. 请幼儿从一些物品中找出不能玩，易引起火灾的东西。

2. 创设情境表演，请幼儿进行表演。（新年到了，小朋友们很开心，一个人在一堆稻草旁边放鞭炮，玩着玩着，突然草堆冒起了浓烟。分别请幼儿模拟拨打"119"电话和自救的方法。）

活动延伸：

1. 在父母带领下参观大型超市与商场，了解安全出口等相关知识。

2. 户外游戏"英勇的消防队员"，训练幼儿在垫子上爬行和折返跑运动技能。

3.幼儿园组织消防安全逃生演习。

4.消防走进校园,请消防员叔叔讲消防知识。

活动反思:内容贴近幼儿生活,活动设计过程层层递进,层次清晰。能够充分挖掘和利用现实生活中的教育资源来展开活动。通过听消防报警器声音、观察、谈话、游戏到最后的演习形式,来提升幼儿的相关生活经验,从而增强幼儿的防火意识,获得自我保护的方法和技能。特别在思考火灾逃生时,孩子们的思维很活跃,在这节课中孩子们不仅知道了火的用途,更加注意了火的危害及防火措施,让孩子知道了自救的方法。

安全提示:

1.遇到火情,或者发现身边有火情隐患时,及时拨打"119"报警电话。

2.遇到火灾时要迅速选择正确的逃生方式,不乘坐电梯、不盲目跳楼逃生。

3.火灾中通过浓烟逃生时,要用湿毛巾捂住口鼻,弯腰低姿前行。

4.被困人员若无法自己逃生时,要尽量靠近窗户、阳台等容易被人发现的位置。通过呼救、挥舞衣物、用手电筒往外照射等方法,发出求救信号。

家长课堂:在父母带领下参观大型超市与商场,了解安全出口等相关知识。

|>)))→消防逃生演练

消防车进校园◄◄◄◄|

(教师 王亚男)

活动四　认识灭火器

设计意图

　　《指南》中提出："幼儿园必须把保护幼儿的生命安全和促进幼儿的健康放在工作的首位。"幼儿好奇心强，喜欢探索，但又缺乏对危险事物或行为的认识和判断能力，自我保护的意识和能力也较弱，因而安全事故时有发生。随着幼儿年龄的逐渐增长，幼儿还需要在成人的指导下掌握基本的安全知识，具备一定的自我保护能力。因此，我根据小班幼儿的年龄特点，设计了本次活动"认识灭火器"。通过对灭火器使用方法的简单学习，了解火灾发生时的自救逃生方法，提高幼儿自我保护意识。

活动目标：

1. 通过安全活动引导幼儿提高自我保护意识。
2. 认识灭火器的使用方法，有基本的安全意识。
3. 初步了解自救逃生的方法与技能。

活动准备：

多媒体课件、灭火器、火灾视频。

活动过程：

一、谈话导入活动主题

　　师：你们见过火吗？火有什么作用？火可以给我们的生活带来很多方便，但如果我们用火不当，就会发生火灾，危害我们的生命了，所以我们一定要小心用火。

二、观看《火灾现场》视频：教师播放视频片段，引导幼儿进行观看

　　师：下面请小朋友观看《火灾现场》视频，看看里面都说了些什么。

引导幼儿说说发生火灾时该怎么办。发生火灾时要迅速拨打火警电话"119"，并讲清楚你的详细地址、姓名及电话号码。（告诉幼儿切记不能随便拨打火警电话）

三、了解灭火器的几种使用方法，出示图片教幼儿正确使用灭火器

1. 如果火势小可以用水扑灭，火势大需要使用灭火器救火。

2. 出示图片，认识灭火器的使用方法。

3. 让幼儿感受灭火器，教师现场简单演示灭火器的使用方法。

（教师出示灭火器，向幼儿介绍其结构，教幼儿正确使用灭火器的方法：一摇、二拔、三喷，并让幼儿模仿练习）

四、通过课件，引导幼儿说出预防火灾的方法，提高自我保护意识

1. 认识防火标志，预防火灾，小朋友不能随便玩火。

2. 认识严禁烟火标志，提醒家长不乱扔烟头。

3. 认识安全出口、灭火器等消防标志。

活动延伸：
教师引导幼儿认识灭火器的种类及不同种类灭火器的相关作用。

活动反思：灭火器对于幼儿来说是比较陌生的，但是社会的迅速发展，火灾的时时发生，让更多的家庭、更多的人有了良好的安全防范意识，所以现在很多人的家里、车里等周围环境布满了灭火器，让幼儿更早、更快、更准确地认识灭火器是很有必要的。通过本次的安全活动，幼儿知道了灭火器的用处，懂得在火灾发生时消防器材是非常重要的灭火工具。增强了幼儿的安全意识，对于我们每个人来说，消防安全意识不仅仅是一时的，更需要警钟长鸣。

安全提示：

1. 幼儿园应定期进行火灾、地震等自然灾害的逃生演习。

2. 引导幼儿了解消防栓、灭火器的用途，知道幼儿园的安全通道出口；教育孩子养成到公共场所注意观察消防标志和疏散方向；知道各种报警电话，懂得如何报警。

家长课堂： 随着火灾的不断出现，全国各地逐渐健全了消防宣传教育素质基地等场所，家长可以多带孩子去这样的地方参观，让孩子见识更多的消防标志，体验火场逃生的感觉。

教师讲解灭火器的使用方法

教师示范操作灭火器的方法

（教师　白士玉）

活动五　消防安全我知道

设计意图

　　随着社会生活现代化进程的加快，加上北方冬季气候干燥，生活中存在着潜在的火灾危险。幼儿园孩子年龄小，缺乏生活经验和自我保护能力，在日常生活中很容易受到烧伤、烫伤等意外伤害。因此培养他们的防火意识和自我保护意识，使他们掌握相关防火常识及几种自救逃生的方法十分必要。除了在日常生活中注意对孩子进行这方面的随机教育外，有必要组织一次专门的教育活动，让幼儿懂得如何防火、如何自救，增强自我保护能力。为此我选择了"消防安全我知道"这个教学活动，从而真正体现《指南》中提出的将教育生活化，生活教育化的精神。

活动目标：

1. 培养幼儿初步的防火意识和自我保护意识。

2. 让幼儿了解火灾发生的几种原因，懂得如何防范。

3. 使幼儿掌握几种自救逃生的方法，提高自我保护能力。

活动准备：

1. 生活中幼儿接触过火，能了解一些火的相关常识。

2. 相关消防图片、火灾片段的录像。

3. 蜡烛、废纸等着火实物，水盆等灭火用品，湿毛巾人手一块。

活动过程：

一、激发兴趣，引出火的特性、用途及危害

1. 利用实物感受生活中的火，了解火能够发光，发热的特性。教师把蜡烛点燃，让幼儿适当靠近火焰来近距离地观察火、感知火，进而激发幼儿参与活动的愿望。

2. 引导幼儿讲一讲生活中人们是如何利用火的，教师以火的口气总结火的用途及危害："孩子们你们说得都很好！我是人人都需要又人人都害怕的火，我在你们生活中有很多用处，可以照明、烧水、做饭、发电、炼钢、治病。但是一不小心也有可能引起火灾，我一发火会把所有的东西都烧光。"

二、利用图片，了解相关防火常识

1. 播放火灾录像的片段让幼儿在感受熊熊大火气势的同时，猜一猜引起大火的原因。

2. 带领幼儿观看了解消防器械，并了解消防栓的使用方法。

3. 观看相关自救逃生的图片，掌握自我保护的方法。幼儿观看图片提问幼儿，引导幼儿说一说自救逃生的方法：万一着火了不能躲在衣柜内或床底下，要马上大声呼救，并打电话"119"找消防员，告诉着火的详细地址。在消防车没赶到之前，不能坐电梯逃生，更不能从楼上跳下去，要用湿毛巾捂住口鼻，披上浸湿的被子，俯身快速撤离到安全地区。

4.进行消防逃生演习

（1）模拟情景：我们幼儿园的小一班突然着起大火来了，大家该怎么办？

（2）带领幼儿用湿毛巾捂住口鼻，按照安全出口的指示方向进行自救逃生。

（3）将幼儿及时疏散到安全地带，教师带领幼儿进行放松活动：孩子们，由于消防人员及时赶到，大火已被扑灭，没有造成任何财产损失和人员伤亡，我们战胜了大火，我们胜利了！

活动延伸

教师引导幼儿总结出火灾的几种应对方法。

活动反思：

内容选择贴近幼儿生活，活动设计过程连贯、层次清晰。能够充分挖掘和利用现实生活中广泛的教育资源来开展活动。通过观察、谈话、演习等形式来提升幼儿的相关生活经验，从而增强幼儿的防火意识，获得自我保护的方法和技能。

幼儿参与的积极性高，能够在活动中创设一种轻松、愉快、和谐的活动氛围，并且时刻关注幼儿的情绪和参与程度。此外，动静交替的活动设计和相关情景的创设使幼儿在参与活动时能始终保持兴趣，获得发展，体验到集体活动的快乐。

安全提示：

1.不玩火柴、打火机。

2.不玩插座、插头和电线。

3.不在阳台及禁放区内放鞭炮。

家长课堂：

1.家长教育幼儿在家防火常识。

2.电器使用后及时关闭电源等。

用湿毛巾捂住口鼻，俯身快速撤离

带领幼儿观看消防器械

（教师 李佳）

活动六 着火了，我不慌

设计意图

　　消防安全不容小觑，人人都知道火源是我们生活中常见的，火源能给我们的生活带来很多方便，但是如果没有注意正确的用火方法，可能会带来很大的安全隐患：火灾、燃烧、爆炸。甚至威胁到人类的生命和财产安全，所以我们要从小培养孩子们了解有关火的基本知识，懂得不随便玩火，知道火灾来临后，要拨打报警电话和掌握正确的逃生方式；当火灾来临时做到不慌不忙，不急不乱，通过本节课的学习，了解发生火情后正确的逃生方式。

活动目标：

1. 了解有关火的基本知识。

2. 懂得不随便玩火，知道火警电话及发生火情后正确的逃生方式。

3.让幼儿通过活动了解消防员是如何灭火的,培养幼儿热爱和尊敬消防员的情感。

活动准备:

有关火灾的图片和灭火的录像视频。

活动过程:

一、谈话导入,激发幼儿探讨的兴趣,引发主题

师:孩子们,我们生活中离不开火,谁来说说火给我们生活提供了哪些方便?

师:火能带来哪些危险?

二、请幼儿观看有关火灾的录像,讨论火灾对人类的危害

师总结:火灾会烧毁我们的房屋、财产,会危害我们的健康甚至是生命。

引导幼儿讨论,如果遇到火灾怎么办?

师:火情发生时,先用附近的水源(或沙子、打湿的棉被等)隔绝空气灭火。

师:火情比较大时及时拨打火警电话"119"。

师:火情严重时,用毛巾、手帕捂住口鼻冲出烟火区。

三、请幼儿观看不正确的救火及逃生方式

师:你觉得图中这个逃生的方式对吗?为什么不对,他应该怎么做才是正确的逃生方式呢?

师总结:火灾来了不要慌,安抚内心,寻找安全快速的逃生方法才是正确的逃生方式。

播放消防人员灭火的视频,让幼儿了解消防员是如何灭火的,培养幼儿热爱和尊敬消防员的情感。

四、引导幼儿如何防火,加强幼儿的防火意识

师:我们怎么样防火呢?(讨论火灾形成的原因。看了这么多,你知道火灾是怎样形成的吗?启发幼儿如何防火。)

活动延伸

教师给幼儿讲讲消防员叔叔的工作情况。

活动反思：小班幼儿年龄尚小，但是幼儿平时在家中观看过消防员救火的新闻和接收过这些方面的信息和经验，所以在教师播放视频进行引导时，我班幼儿多数能表述出来如何救火和火警电话，还有的幼儿能说出一些正确的逃生方式。通过本次活动，幼儿表现出浓浓的热爱和尊敬消防员的情感。反思之处：多多引导并鼓励，语言表达能力较弱的幼儿大胆表述心里的想法，也许会有更棒的效果。

安全提示：

1. 看见明火要告诉大人及时扑灭火源，能预防火灾的形成。

2. 我们能找到正确的逃生方法，做到不慌不忙。

3. 灾情来临时，不贪恋金钱财务，利用身边合理的物品来施救。

家长课堂：

1. 家长们在家里可以与幼儿观看火灾视频，并探讨火灾后正确逃生方法。

2. 告知幼儿报警电话，带领幼儿找到安全逃生出口，并认识安全通道的标志。

3. 家长合理引导孩子们在家及公共场合不玩火，避免烧伤。

▷▷▷▷ 教给幼儿正确的折毛巾的方法

逃出时用毛巾捂住口鼻 ◁ ◁◁◁◁

（教师　赵静）

12月

交通安全

活动一　地铁小卫士

设计意图

　　地铁礼仪，是为了维持地铁车厢内的环境而设置的一些礼仪规范，各国地铁礼仪也各有不同。地铁作为一种快捷的现代交通工具给我们出行带来极大的方便，不过我们在享受地铁带来的方便的同时，也应遵守乘坐地铁的礼仪及规定。通过这次活动让幼儿了解乘坐地铁的流程以及地铁礼仪，从小培养幼儿文明出行的好习惯。

活动目标：

1. 了解乘坐地铁的基本流程以及乘车安全。

2. 通过观看 PPT 和模拟坐地铁的情景学会看地铁里的相关标志，知道乘坐地铁的基本规则及礼仪。

3.了解地铁是绿色出行的方法之一，感受地铁的方便与快捷。

活动准备：

1.乘坐地铁过程排列示意图（每个小组一份）。

2.乘坐地铁 PPT（地铁里的相关标志）。

活动过程：

一、导入，引起幼儿兴趣

小朋友们，你们都坐过哪些交通工具？

二、排列图片，了解乘坐地铁的流程

1.你们坐过地铁吗？怎样坐地铁呢？

2.幼儿分组操作摆放乘坐地铁流程图，并展示介绍。

小结：原来乘坐地铁的步骤是"买票→进站→坐地铁→出站→最后到目的地"。

三、在模拟坐地铁的情境中，了解地铁里的一些基本设施及相关标志

1.学习看方向坐车及等车礼仪。

（1）（播放列车进站语音提示）你听到了什么？它提醒我们注意什么？

（2）原来，坐车首先要看列车开往的方向。（出示时间提示牌）这是什么？它告诉我们什么？

（3）我们去站台等车吧！（出示列车屏蔽门的背景，幼儿模拟上车）教师与幼儿交流等车的站位，等车时应该注意的事项。

2.认识车厢里的标志，学习文明、安全地乘坐地铁。

（1）车厢里还有哪些标志，我们一起来看一看。

（3）小结：这些标志都是在时刻提醒我们注意安全，做一个文明的乘客。

活动延伸：

将乘坐地铁的流程图和地铁里的标志放在班级展示墙上，起到宣传作用。

活动反思： 活动中孩子们对于乘坐地铁这个活动热情很高，在情景演示乘坐地铁时孩子们都能谨记安全第一。在乘坐交通工具时我们首先要记住安全，配合安检人员做好安检工作。PPT中地铁里的标识让幼儿更进一步了解遵守相关的要求和规则，做一个文明有礼的出行人。

安全提示：

1. 等候地铁列车时，要站在黄色安全线后，列车进站时不要探头张望。

2. 如果物品落入轨道时，不要跳下站台自行捡取，应寻求车站工作人员的帮助。

3. 自觉遵守秩序。出入站时不要拥挤，上下车时先下后上，不要在站内追逐打闹。

4. 当车门的蜂鸣器响起、车门即将关闭时，不要用身体或其他物品挡住车门，强行登车。

5. 上车后要坐好，站立时应紧握吊环或立柱；手或身体勿扶靠屏蔽门。

6. 列车紧急停车或者发生意外情况时不要惊慌，应按照工作人员的指挥有序撤离，不要扒门，不要擅自进入隧道。

7. 要正确、安全地乘地铁站内的扶手电梯，靠右站在黄色线以内，不逆行、不拥挤。

家长课堂： 提前选择线路和计划好出行时间、留意告示和广播、听从指引守纪律、老人小孩照看好、小心行走不摔倒、上下楼梯握扶手。

（教师　周亚会）

活动二 红绿灯，眨眼睛

设计意图

交通的不断发展促使我们更应加强交通安全教育，所以对幼儿进行初步的交通安全教育不容忽视。小班幼儿认知水平较低，缺乏自我保护意识，辨别是非的能力很弱，因此极易发生意外伤害事故。为此，我设计了小班安全活动"红绿灯，眨眼睛"，让幼儿在轻松愉快的游戏中认识红绿灯及其作用，增强幼儿的交通安全意识，培养幼儿良好的出行习惯。

活动目标：

1. 认识红绿灯，知道红绿灯的用途。

2. 在情境模拟游戏中了解在马路上要遵守"红灯停、绿灯行"的交通规则。

3. 体验和同伴一起游戏的快乐。

活动准备：

1. 卡片红灯、绿灯，两辆玩具小汽车。

2. 创设马路场景。

活动过程：

一、导入

1. 教师出示两辆小汽车，并演示汽车行走在马路上相撞的情景。

2. 刚才两辆汽车为什么会相撞？怎样行驶就不会发生碰撞了？

二、认识红绿灯

1. 教师请出两个好朋友（红灯、绿灯）来帮助汽车有序地在马路上行驶。

2. 这两个好朋友是谁？他们有什么作用呢？

三、按规则行驶

1.教师借助红绿灯来演示汽车在马路上行驶，边演示边说："红灯亮我就停、绿灯亮我就行。"根据自己的口号行驶汽车。

2.请小朋友边说口号边演示汽车行驶。

四、游戏

1.请幼儿分角色情景模仿汽车行驶的场景。

请2名幼儿扮演红绿灯，其他幼儿扮演汽车。根据红绿灯的指示有序行驶。

2.游戏结束，教师总结。

行人和汽车在马路上行驶，要听从红绿灯的指挥。红灯亮了停一停，绿灯亮了才能行。

活动延伸：

请家长带领幼儿到马路上看一看汽车和行人是怎样根据红绿灯行驶的，并按照红绿灯的指示过马路。

活动反思：本活动的设计主要是从幼儿的兴趣引入，从现场模拟汽车行驶相撞的情景让幼儿更直观地看到不遵守红绿灯的危害性。游戏中幼儿参与兴趣浓厚从而进一步激发幼儿认识事物，在参与游戏中领悟遵守红绿灯的重要性。

安全提示：过马路时要根据红绿灯的指示拉好爸爸妈妈的手有序行走。

家长课堂：

1.在过马路时家长首先要以身作则遵守红绿灯，给孩子树立榜样。

2.家长要有意识地给孩子讲述红绿灯的重要性，用正确的方式引导幼儿遵守交通规则。

儿歌：

安全出行守规则

大马路上宽又宽，警察叔叔站中间。

红灯亮了停一停，绿灯亮了往前行。

（教师 周亚会）

活动三 不将头手伸出车外

设计意图

随着现代交通工具越来越发达，幼儿乘坐汽车的机会越来越多，因孩子乘车引发的伤害事故屡有发生。原因是幼儿缺乏安全乘车常识，因此，我设计了本次活动，教育幼儿学会安全乘车的方法。

活动目标：

1. 知晓乘车时不将头、手伸出窗外。

2. 在教师的引导下通过看情境表演并讨论掌握乘车时自我保护的方法。

3. 在活动中体验和同伴探讨的乐趣。

活动准备：

玩具汽车、头、手伸出车外的图片。

活动过程：

一、引出问题

师：今天天气怎么样？趁天气好，阳光很好，爸爸带着小猴闹闹一起坐车到海洋公园游玩，闹闹一想到要去海洋公园可高兴了，一路上在车上动个不停，想知道闹闹在车上都做了些什么吗？

二、看情境表演并讨论

1.情境表演：手和头伸出窗外、反向跪坐在车位上。

师：好高兴呀，马上要到海洋公园了，可以和海龟、海狮还有海豚玩，哈哈，咦？那边有个大气球啊！真漂亮呀！我要大气球，我要大气球！爸爸，你看那只小狗多可爱啊，你好，小狗！闹闹把手和头伸出车窗外，显得很兴奋，一辆车开过来（其他教师辅助当成车开过），把闹闹吓了一跳，赶紧把头缩进车里，不一会儿，闹闹又转过身，跪在椅子上玩，一个急刹车闹闹差点摔倒。

2.讨论。

师：闹闹刚才在车上做了什么事情，你觉得他做得对不对？为什么觉得他做得不对？如果是你会怎么做？

3.出示图片小结：车在路上行驶的时候，不要将手和头伸出车窗外，以免被边上开过的车子撞到或从车窗上掉出去。不要反跪在车子上玩，以免急刹车时摔倒。

三、请幼儿做文明乘车、安全乘车的小乘客

师：刚才我们一起讨论了乘车时的正确做法，知道了该怎样安全乘车。不管是自己家的车还是公交车都应该注意安全，有谁会做安全乘车的小乘客了呢？请几个小朋友来做做看。

活动延伸：

安全乘车我知道

小朋友，来坐车，上车安静坐整齐。

上车后，不讲话，安全带，要系好。

手头不能出车窗，扶紧把手莫忘记。

从小养成好习惯，安全乘车人人夸。

活动反思： 在活动中孩子们观看情境表演了解乘车时的一些不安全的行为。鼓励孩子们能够大胆积极地说出自己的想法，并能正确判断情景表演中的行为对不对，为什么不对，这样做有哪些危险，从而了解正确的乘车行为。通过这次活动小朋友们对安全乘车有了一定的认识和了解，知道乘坐交通工具时应遵守的交通规则。

安全提示：

1. 车在路上行驶的时候，不要将手和头伸出车窗外，以免被路边开过的车子撞到或从车窗上掉出去。

2. 不要反跪在车子上玩，以免急刹车时摔倒。

3. 不要在行驶的车上吃带棒的零食，如棒棒糖、串烧、糖葫芦等，以免急刹车时棒子插进嘴里。也不随便把垃圾往车窗外扔，不但会把马路弄脏，也容易挡住其他车子的视线造成车祸。

家长课堂：

1. 家长不要抱着儿童乘车。

2. 不要让儿童单独或抱坐在前排位置。在开车的时候千万不能把小孩抱在怀里，因为在突然刹车时，大人有时候会用手扶物，反而把小孩松开了。

3. 不要把儿童单独留在车内。

4. 不要让儿童绑成人安全带，正确使用儿童安全椅。

5. 不要在开车时逗引儿童。

6. 不要让孩子自己上下车。

7. 以身作则，出行系好安全带。

（教师　周亚会）

活动四 不在车边玩耍

设计意图

　　车辆来来往往，交通安全是日常生活中最值得注意的问题，孩子在外玩耍的安全尤为重要。曾经有一个事故就是小孩子在汽车尾部玩耍，结果车主没有发现，倒车时撞倒孩子，最终碾压孩子两次致使孩子死亡的悲剧。为了让孩子对安全具有深刻的认识，我设计了"不在车边玩耍"的交通安全活动。

活动目标：

1.知道玩耍时要远离车辆。

2.通过情境表演了解"在车边玩耍"会给司机和行人造成很大的危害。

3.感受和同伴一起表演的乐趣。

活动准备：

玩具汽车。

活动过程：

一、通过提问引发思考

引导幼儿对"能否在车边玩耍"的问题讨论。

二、情景练习

1.小朋友到底能不能在车边玩耍呢？今天我们自己来充当在车边玩耍的小朋友还有开车的司机，看看会发生什么事？

2.将幼儿分成两组，一组幼儿拿方向盘扮演司机，另一组幼儿蹲在车边玩耍，模拟司机开车上路的情景。

三、请幼儿交流各自的经历和心情，初步了解在车边玩耍可能造成的危害

1.请"在车边玩耍的小朋友"说一说在车边玩耍时遇到了什么事？心里怎么

想的？有没有遇到危险？

2. 请"小司机"谈一谈：开车时遇到什么困难？会发生什么危险？

3. 请大家谈一谈：小朋友能不能在车边玩耍，为什么？

小结：刚才，小朋友们都说了在车边玩耍很危险，会给司机和行人造成很大的危害。司机在启动车辆时会撞到在车边玩耍的小朋友，我们只是在表演，如果真的是汽车启动行驶就会有生命危险，所以千万不能在马路上玩耍。

活动延伸：

请幼儿交换角色表演，体验不同角色的感受，加深幼儿对不能在车边玩耍的印象。

活动反思： 活动中通过情境模拟表演使幼儿更直观地感受到在车边玩耍的危险性。幼儿体验后的交流分享加深幼儿的安全意识，了解到在车边玩耍会给司机和行人造成很大的危害。

安全提示：

1. 不在车边玩球。

2. 不在车边追逐打闹。

家长课堂：

1. 车辆启动时注意观察周围环境。

2. 告知孩子玩耍时远离车辆。

儿歌：

车边玩闹很危险

马路上面真热闹，汽车卡车来回跑。

小朋友们要记牢，不在车边玩和闹。

交通安全早知道，远离车辆不打扰。

快快乐乐入园去，平平安安回家来。

（教师　周亚会）

活动五　不在车上吃东西

设计意图

　　荀子说过："人无礼则不生，事无礼则不成，国无礼则不宁。"这句话精辟地阐述了"礼"对社会生活的重要性。我们身处在社会中，扮演着不同的角色。身为乘客是否可以想一想我们是怎样去充当这个角色的呢？绿色出行，公交车必然是中国城市居民最常用的出行工具。乘坐公共汽车，自然也有属于它的礼仪。文明应该从小培养，为了让小朋友了解乘车的礼仪，因此设计了本次活动"不在车上吃东西"。让幼儿充分了解社会交往中文明礼仪的重要性。

活动目标：

1. 了解乘车基本礼仪，知道要做个文明小乘客。

2. 通过集体游戏，能对各种乘车行为进行正确的判断并能说出理由。

3. 体验做文明乘客的乐趣。

活动准备：

公交车上吃东西的视频、文明乘车图片。

活动过程：

一、观看视频

　　图图坐公交车和小朋友们一起去春游，可是公交车上的小朋友都不喜欢他，我们一起来看一看发生了什么事情。

二、集体讨论

1. 公交车上的小朋友为什么都不喜欢图图？图图都吃了哪些食物？图图为什

么被送进医院了?

2. 我们应该怎样文明乘车?

3. 教师小结:小朋友们在乘坐公交车的时候要文明乘车,不在车上吃东西尤其是气味比较大的食物,车辆在急刹车或者转弯的时候嘴里的食物容易卡到喉咙里,所以我们要做一个文明的乘车人,愉快乘车。

三、找一找、贴一贴

1. 老师还准备了很多关于文明乘车的图片,请小朋友们找一找你认为是文明行为的图片贴到"文明乘车"的展板上。

2. 和幼儿一起看一看都找到了哪些乘车的文明行为。

活动延伸:
将"文明乘车"的展板放在语言区为其他班级幼儿讲解如何文明乘车。

活动反思: 通过本次活动加深了幼儿对于文明乘车的意识,活动中利用故事小视频的形式将小朋友们带入情境中引发幼儿参与的兴趣。通过大家集体讨论小朋友们对视频中的行为都做出了正确的纠正,同时也使幼儿了解如何文明乘车。

安全提示:

1. 上学放学自觉排队候车,注意维持候车地点的整洁,有秩序地上下车。

2. 在车内不吃东西,文明乘车,自觉保持车厢洁净。

3. 在车上不做危险动作,注意乘车安全。

4. 不在车内大声喧哗,保持安静。

5. 车上不要随地吐痰,不要乱丢纸屑果皮。

家长课堂: 家长要注意文明乘车以身作则给孩子做榜样性示范。

儿歌:

争做文明小乘客

小朋友们要记牢,上下车时排队好。

车厢里面不大叫,安安静静秩序好。

公交车上勿饮食，环境整洁凭自觉。

手持垃圾不乱扔，下车再丢垃圾桶。

讲文明又懂礼貌，争做文明小榜样。

（教师　周亚会）

活动六　马路上的特殊车辆

设计意图

　　车是一种常见的交通工具，在人们的生活中起着重要的作用。车在我们身边随处可见，孩子们也比较喜欢，但是对于不常见的特殊车辆不是很了解。为了让幼儿增长知识了解并记住"110""119""120"几种特殊号码及其作用，引导幼儿在日常生活中了解简单的交通规则，提高自我保护意识。本次活动"马路上的特殊车辆"让幼儿更深刻地认识特殊车辆在生活中的作用。

活动目标：

1.掌握并记住"110""119""120"几种特殊号码及用途。

2.通过观察图片以及幼儿讲述，了解特殊车辆的样子和在马路上行驶时的交通规则。

3.乐于与同伴讲述，感受特殊车辆在生活中的重要性。

活动准备：

特殊车辆图片、交通信号灯图片、"110""119""120"号码。

活动过程：

一、出示消防车图片

1. 消防车是什么样子的？与其他车有什么不同？

2. 消防车用来干什么？火警电话是多少？

教师小结：当发生火灾时，拨打火警电话"119"，消防队员接警后会开着消防车一路发出"呜……"的警报声。路上的行人与其他车辆都要给消防车让路，让他们赶快到达火灾现场救火，保护人民的生命与财产安全。

二、出示救护车图片

1. 救护车是什么颜色的？车身有什么特殊的符号？

2. 救护车的车门在哪里，与其他车有什么不同？

3. 救护车是用来干什么的？急救电话是多少？

教师小结：救护车是专门护送危急患者到医院的专用汽车，一般车身是白色的，车身两旁和后面车门上都有红十字标志，车头或车顶上装有警报器。车门在车厢的后面，便于患者的担架出入。急救电话是"120"，路上的行人和车辆看到以后要及时避让，让救护车赶快去救人。

三、出示警车图片

1. 警车长什么样子？有什么特殊标志吗？

2. 警车是用来做什么的？报警电话是多少？

教师小结：警车是用来抓犯罪人员的，车上有"公安"两个字，车顶上装着报警器，遇到坏人时拨打"110"电话。行人和车辆看到后要及时给警车让路。

四、讲解自己认识的车辆

将自己认识到的特殊车辆讲述给其他小朋友。

活动延伸：
画一画自己认识的特殊车辆。

活动反思： 整个活动以图片的形式为载体，让小朋友们充分认识到三种特殊车辆的样子和用途。并懂得只有在紧急情况下才能拨打这三个报警电话。通过给其他小朋友讲述自己认识的特殊车辆，加深幼儿对活动内容的印象。在轻松愉快的氛围中了解马路上的特殊车辆以及行驶规则。

安全提示：消防车、救护车、警车在道路上行驶时有优先通行权，其他车辆和行人应当让行。不得妨碍消防车、救护车、警车执行任务。

家长课堂：

1. 和幼儿介绍其他特殊车辆的用途，如洒水车、垃圾车等。

2. 遇到特殊车辆执行任务家长以身作则礼貌让行。

儿歌：

礼让特殊车辆

我是一辆消防车，我要开去灭火灾，灭火灾。快让行！

我是一辆救护车，我要开去救病人，救病人。快让行！

我是一辆大警车，我要开去抓坏人，抓坏人。呜呜呜……

（教师　周亚会）

1月

饮食安全

活动一　洗洗手，吃饭香

设计意图

　　《指南》中指出："发育良好的身体、愉快的情绪、强健的体质、协调的动作、良好的生活习惯和基本生活能力是幼儿身心健康的重要标志，也是其他领域学习与发展的基础。""健康"包括两个方面的内容——身体健康和心理健康。教师应引导幼儿养成良好的生活、卫生习惯。比如，在吃饭的时候提醒孩子们要先洗手，吃饭不挑食。

　　本次活动的产生原因是我发现在洗手时，孩子们总是用水一冲就草草了事，不但卫生安全不能保证，而且没有养成良好的生活习惯，所以设计了本次"洗洗手，吃饭香"的活动，希望孩子们都可以掌握六步洗手法，逐渐养成良好的卫生习惯。

活动目标：

1.学习正确的洗手方法，知道在饭前饭后、点心及大小便后要洗手。

2.通过为六步洗手法编儿歌和动作，帮助孩子了解正确的洗手步骤及方法。

3.通过与同伴共同学习六步洗手法，培养幼儿良好的卫生习惯及多向他人学习的品质。

活动准备：

六步洗手法步骤图、一条脏毛巾。

活动过程：

一、用故事引起孩子的兴趣

师：今天我听到毛巾架上有哭的声音，我走过去一看，(举起脏毛巾)这条毛巾对我说："有一个小朋友手没洗干净就在我身上擦了，你看，把我身上擦脏了。"

师：谁在哭啊？毛巾为什么哭？

幼：毛巾在哭，因为它觉得自己身上脏脏的。

师：怎样让毛巾不哭？你有好办法吗？

幼：要洗干净手再用毛巾擦，这样毛巾就干净了。

二、结合《洗手歌》学习正确的六步洗手法

1.出示掩盖的六步洗手图，通过游戏找出完整的六步洗手图。

老师：每一个被盖住的图片背后都有一个小动物，还有它想告诉小朋友们的关于洗干净小手的一个小办法，如果你能模仿出小动物所说的洗手"手势"就可以继续找下一个小动物喽！你们猜猜看都有哪些小动物呢，他们会告诉我们怎么样洗干净小手呢？

2.请小朋友揭开第一个小动物的遮挡物。

师：第一个小动物是谁？它给出的提示手势是什么？你们能试着做出来吗？

幼儿模仿洗手图上的动作，边做老师边说儿歌。边做动作边记忆相对应的儿歌歌词。

3. 小朋友依次找出其他五只小动物及被遮盖的洗手步骤图。

师：六只小动物和六步洗手图都被我们找到了，我们一起完整地边说边做试试吧。

幼儿在教师带领下边说儿歌边做六步洗手法相对应的手部动作。

师：在边说儿歌边做六步洗手法时，有没有小朋友遇到困难？自己记不住或者不会做的地方呢？请小朋友说一说。

4. 发现儿歌中不容易学会的歌词或动作，大家讨论记忆的方法。

师：你们在记其中的某一句时，怎么可以记得又快有准呢？

预估小朋友答案：用图像记忆的方法，想想某个小动物的外形特征相对应的洗手手法。还有的是利用动作记忆，先记住这个洗手的手部姿势，想象成代表这句儿歌歌词的小动物。

5. 通过之前总结的方法，再次记忆六步洗手图的儿歌及动作，小朋友进行初次边说边做的尝试。

三、洗手比赛

1. 分组洗手比赛，教师为每组发打乱顺序的洗手步骤图，让幼儿进行排序，巩固洗手的步骤。

师：既然我们已经会正确的洗手顺序了，那现在我为你们每组都准备了一份打乱的洗手步骤图，请你根据刚才洗手的经验按顺序排列好吧，这需要你们共同配合，看哪组排得最安静、最快、最准确，好了，开始吧！

2. 洗手时须注意的问题。请幼儿讨论后再个别回答。

师：我们都已经会正确地洗手了，但是在洗手的时候我们应该注意些什么呢？你们知道吗？现在请你们小声讨论一下，然后再告诉我好吗？别忘了讨论完后就马上坐好呦！

师：刚刚你们说得都很好，在幼儿园里洗手时我们要注意排队，不推、不挤。还不能玩水，不把水溅得到处都是，要节约用水，对吗？

活动小结：

师：今天我们帮助小毛巾解决的一个小问题，就是如何让它不那么脏，我们通过谈论发现了通过把小手洗干净时，再用小毛巾擦就不会那么脏了。还结合儿歌学习了如何正确洗手的步骤和方法，小朋友们都很感兴趣。既然我们已经学会如何洗手，了解到洗手时应注意的事项，也知道洗手非常重要，那在今后我们就要按照今天说的去做，做一个讲卫生的好孩子。

活动延伸：

良好的卫生习惯养成需要长期的坚持，可以将《洗手歌》教给自己的爸爸妈妈，也告诉他们正确的洗手方法，小朋友作为"小小监督员"，从日常生活中慢慢建立好习惯。

活动反思：本节课开始孩子们的注意力集中，热情非常高，对毛巾为什么哭很感兴趣，为本次活动的开展奠定了好的基础。在分组洗手比赛中孩子们都很投入并能做到不戏水，逐渐培养幼儿良好的生活习惯。

安全提示：

1.防止病从口入，影响身体健康，养成正确洗手的习惯是很重要的，这样才可以有效地避免疾病的传播。

2.注意打了肥皂泡还有洗手液的小手一定要冲洗干净，小手冲洗得不光滑时，才是冲洗干净的，没有残留，用小手吃东西才更放心。

家长课堂：

1.在家更要注意良好习惯的延续，在饭前、游戏后、便后都要记得洗洗手，保持卫生。

2.在家可以尝试用多种清洁物品洗手，如肥皂、香皂、洗手液等。

3.保持清洁不单单是小手，还可以让小朋友自己尝试着洗洗小毛巾，揉揉搓搓，锻炼小手的灵活性。

（教师 王帆）

活动二 小餐具，我会用

设计意图

　　《指南》中指出："协调的动作、良好的生活习惯和基本生活能力是幼儿身心健康的重要标志。"为有效促进幼儿身心健康发展，应提供合理均衡的营养，在生活中锻炼幼儿正确使用小餐具，引发幼儿的自主学习兴趣，培养幼儿的自理能力。可这些都离不开安全教育，尤其对小班幼儿来说，安全尤其重要。为了让小班幼儿获得自我服务的能力，培养幼儿的安全意识，开展了适合小班幼儿的安全教育活动。本活动通过观看视频、图片，亲身体验，讨论评价，学习正确使用小餐具的方法，锻炼幼儿的生活自理能力，增强幼儿安全意识。

活动目标：

　　1.认识勺子、筷子、叉子这三种常用小餐具，了解小餐具的外形特征和主要用途。

　　2.通过看图示，学习使用小餐具的正确姿势，锻炼幼儿的动手能力，增强自我保护的安全意识。

　　3.喜欢各种小餐具，体验使用餐具品尝美味食物的成功感以及和小朋友一起用餐的乐趣。

活动准备：

　　《小餐厅》视频资料，正确使用餐具的图片，不同食物、餐具等。

活动过程：

一、观看视频资料，建构经验

1.请幼儿观看《小餐厅》视频，通过讲解认识不同的餐具。

2.根据观看的内容引导幼儿讨论：

(1) 你们看到《小餐厅》视频里的客人用餐时都用到了哪些餐具？

(2) 客人吃了哪些食物，分别用了哪种餐具？

(3) 小亮是怎样使用餐具吃饭的？

教师小结：帮助幼儿梳理生活中各种小餐具。

小朋友认识了多种小餐具的名称和用途，知道了吃不同的食物要选择不同的餐具以及正确使用餐具的方法。

二、看图片，学习正确使用小餐具的方法

引导幼儿讨论与评价：

（1）客人用哪些餐具吃了生日蛋糕？他们是怎样使用的？

（2）豆豆用了什么餐具？是怎样正确使用餐具吃菜、喝汤的？

（3）吃西餐时需要用哪些餐具？他们是怎样正确使用餐具的？

教师小结：帮助幼儿梳理餐具的正确使用方法。

小朋友在吃饭时，要根据自己吃的食物，选择合适的小餐具，用正确的方法使用小餐具。

三、尝试体验

1.准备多种不同的食物，还有各种小餐具，引导幼儿自由地观察食物及各种餐具，说说它们的名称、形状，请幼儿尝试使用不同的小餐具正确品尝食物。

2.在亲身体验过程中激发幼儿自主学习，同时锻炼幼儿的动手能力。

教师小结：小朋友通过自己选择食物，自己选择合适的小餐具，并能正确地使用小餐具品尝食物，培养幼儿自我服务的能力，在这一过程中做到了安全地使用餐具，还懂得了不同的食物要用不同的餐具，这样吃起来既方便又安全。

活动延伸：

小朋友与家人或者朋友聚餐时，请正确使用小餐具，生活中还有许多我们今天没有见过的餐具，要学习餐具的正确使用方法，增强自我保护意识，不断提高自我服务的能力。

活动反思： 小班幼儿年龄小，喜欢跟吃饭有关的游戏活动。小餐具是幼儿每天都能接触到的物品，选择"小餐具，我会用"这样的安全教育活动，一方面锻炼幼儿手部肌肉的灵活性，另一方面又进行了餐具正确使用的安全教育。幼儿通过观察，讨论，模仿练习，亲身体验，学习了小餐具的使用方法，懂得了正确使用餐具是自我保护能力的体现，有助于培养幼儿的安全意识。"小餐具，我会用"的安全教育活动不仅有趣，更符合幼儿手指动作的协调发展的规律，尤其是手指的小肌肉动作，这些肌肉需要反复多次地练习，才能得到发展，因此，利用各种契机让幼儿玩中学、学中玩。

安全提示：

1.认识并了解各种小餐具的名称与用途。

2.日常生活中练习使用各种小餐具。

3.学习小餐具的正确使用方法，做到安全正确使用小餐具。

家长课堂：

1.开阔幼儿眼界，认识了解各种小餐具。

2.家长要有安全意识，幼儿要在家长看护下使用餐具。

3.家长应加强锻炼幼儿的自理能力，避免包办代替，合理引导幼儿自主性和独立性的发展。

（教师　燕静华）

活动三　吃果冻，要注意

设计意图

果冻是幼儿喜欢吃的一种食品，然而因吃果冻引发的幼儿窒息致死的事件屡有发生，每每看到这样的事件都非常令人痛心，为此，我国第一个颁布了果冻食品的国家标准，禁止生产体积过小的果冻，并要求在包装上注明"3

岁以下儿童不宜食用,切勿一口吞食,老人儿童应该在监护下食用"等警示语。设计本节活动意在通过真实事件和小知识让幼儿了解果冻,知道一口吞食果冻的危害性。掌握一些饮食安全知识,提高自我保护意识。

活动目标:

1.通过观看果冻的制作视频,了解果冻的成分,能够从颜色、大小、软硬、外包装等方面判断果冻类食品。

2.通过观看视频和图片知道吞食果冻的危害性,学会正确食用果冻的方法。

3.掌握饮食安全知识,提高自我保护意识。

活动准备:

因吃果冻引发的安全事件视频、各种果冻类食品图片。

活动过程:

一、观看果冻的制作过程,初步了解果冻的成分和种类繁多及软软的、弹弹的特征

(一)教师请出安全小卫士(手偶),引出活动的主题

"小熊,你今天给大家分享哪些安全知识呢?"

"小朋友们,你们喜欢吃果冻吗?我们今天一起来看看果冻是怎样做成的,它是什么样子的。"

(二)播放制作果冻的视频

1.提问幼儿。

"你在视频中看到的果冻是什么样子的?"

引导幼儿积极大胆地说出自己看到、听到的。说出果冻有大的、小的,软软的、弹弹的。里面添加了凝胶等材料。

2.小卫士总结果冻的特征。

"刚刚小朋友们看得真仔细,发现了果冻有大的,有小的,它们都软软的、

弹弹的，还有的小朋友发现了果冻里放了特殊的材料让它变成各种形状。这种特殊材料叫'凝胶'。"

"我知道小朋友们特别爱吃果冻，但是由于果冻特别柔软，小朋友吃的时候不注意咀嚼或说笑，还有的小朋友喜欢使劲地吸食小型果冻，很容易卡在咽喉里。咽喉是呼吸的地方，如果让果冻堵住就会无法呼吸，危及小朋友的生命。"

二、通过分享和观看食用果冻的方法学习正确食用果冻

"小朋友们，你们是怎样吃果冻的呢？"

引导幼儿大胆地说出自己是怎样吃果冻的。

"接下来让我们看看视频里的小朋友是怎样吃果冻的。"

（一）播放幼儿正确食用果冻的视频

1.说说刚刚视频中的小朋友是怎样吃果冻的？

2.讨论怎样吃果冻才不会发生危险？用图示方法帮助幼儿记录。

（二）和幼儿一起总结归纳讨论结果

1.买果冻要买大的。

2.不吞食果冻。

3.食用果冻，要把果冻切碎了，在大人的监护下，用勺舀着吃。

4.吃的时候不要说笑、打闹。

5.果冻要少吃，因为果冻含有凝胶，主要成分是琼脂，不易消化。

活动延伸：

　　和安全小卫士熊熊一起去给其他班的小朋友宣传安全食用果冻的方法。

活动反思：此次活动中幼儿通过观看果冻的制作过程的视频对果冻有了初步的认识，知道了不正确食用果冻会危害生命。视频《食用果冻的方法》引导幼儿讨论总结出正确食用果冻的方法，并用图示记录下来。活动延伸的设计让幼儿把自己学到的安全知识分享给其他小朋友，加深了幼儿正确食用果冻方法的印象。

活动中还存在不足的地方，教师在讲解时有的词语幼儿不太理解（如凝胶、吞食、窒息），在以后的日常活动中与幼儿多交流，多用简洁易懂的语言和方法让幼儿掌握理解更多的词汇和知识。

安全提示：

1. 不大口吞食果冻。食用果冻时要把果冻切碎了，在大人的监护下，用勺舀着吃。

2. 吃的时候不要说笑、打闹。

家长课堂：

1. 给幼儿购买果冻尽量选择比较大的，切碎放在碗里用勺舀着吃。

2. 不要让幼儿单独食用果冻，要在大人看护下安全食用。

3. 果冻不宜多食。

（教师　符萍）

活动四　细细嚼，慢慢咽

设计意图

小班幼儿的年龄小，活泼好动且自我保护意识较差，边吃边玩，一不注意就会发生被呛着、噎着的现象，造成严重后果，威胁生命和安全。开展本次教学活动的目的是要让幼儿了解进食时的注意事项，培养幼儿良好的进食习惯，杜绝伤害事故的发生。

活动目标：

1. 通过情境对话，了解不正确的进食方法可能发生的危险，懂得细嚼慢咽的进食习惯对于身体消化吸收营养的重要意义。

2.通过讨论、分享、总结进食应注意的事项及学习儿歌《吃饭歌》，掌握进餐时的安全知识。

3.喜欢参与集体活动，积极大胆地表达自己的想法。

活动准备：

1.小猴手偶一个。

2.食物图片若干。

活动过程：

一、情景对话引导幼儿发现不正确的进食方式会发生危险

（一）出示小猴皮皮手偶，教师与小猴皮皮进行情景对话

皮："小朋友们好，我是小猴皮皮，大家都叫我馋嘴猴，我……我……刚从医院出来。"

师："啊？皮皮你怎么又生病了？"

皮："是啊，上次我吃东西时又跑又叫，不小心呛到了气管，差点见不到你们。"

师："皮皮，你真淘气，吃东西时不能又跑又叫，要坐好了细细嚼慢慢咽。"

皮："嗯嗯，我知道了！"

师："这次为什么去医院呢？"

皮："我们在小狗汪汪家聚餐，我……狼吞虎咽喉咙里卡到骨头了。"

师："皮皮，你太不小心了，吃大鱼大肉的时候一定要细细嚼，把骨头和鱼刺吐干净慢慢咽。"

皮："嗯嗯，这回我真的记住了。河马医生对我说：无论吃什么东西都要专心，不说笑，不急不抢不打闹。吃花生、瓜子、枣等食物更要注意一定要嚼碎了再咽；不要一次放嘴里太多的食物，要细细嚼慢慢咽。还有吃果冻时，一定要告诉爸爸妈妈，请他们打开果冻，注意不能吞食，用小勺舀着吃。"

（二）提问幼儿

1. 皮皮为什么去医院？它吃东西的时候发生了什么事情？

2. 河马医生对他说了什么？（出示各种食物的图片）

二、幼儿讨论活动

我们以后吃东西时要怎么做？引导幼儿说出进食的正确方式，重点强调"细细嚼慢慢咽"。

1. 吃东西要专心，不说笑，不打闹。

2. 细细嚼慢慢咽，不急不抢。

3. 不一次放到嘴里很多食物，细细嚼慢慢咽。

4. 教师再次总结吃东西时要注意的事项，强调细嚼慢咽的重要性。

三、学习《吃饭歌》，帮助幼儿掌握进食安全知识

吃饭歌

小朋友，要记牢，安全进食早知道。

安静坐好不打闹，耐心等待乖宝宝。

吃东西，要嚼烂，不急不抢不说话。

吃饭时，要坐好，不能含着东西跑。

细嚼慢咽助消化，快快长大身体好！

活动延伸：

把《吃饭歌》表演给其他班级的小朋友，告诉大家进食的安全知识。

活动反思： 本节活动用情景对话的方式进入活动主题，吸引了幼儿的注意力，通过提问皮皮生病的原因，幼儿加深了河马医生对皮皮关于吃饭时要注意事项的理解，教师总结进食安全知识时再次强调"细细嚼慢慢咽"，目的是加深幼儿的印象。儿歌《吃饭歌》又一次强调了细细嚼慢慢咽的意义，帮助幼儿记忆安全知识。

安全提示：

1. 吃东西要专心，嚼碎后慢慢咽下去。

2. 吃饭不打不闹，不急不抢不说话。

3. 不能含着东西跑。

家长课堂：

1. 帮助幼儿养成良好的进食习惯，不在玩耍时吃东西。

2. 孩子在进食时，大人不要催孩子快点吃，这样会影响孩子进食和食物的消化吸收。

3. 教育幼儿不暴饮暴食，吃东西要有节制，细嚼慢咽。

吃饭时要坐好

（教师　符萍）

活动五　白开水，真好喝

设计意图

喝水对幼儿的健康成长具有重要作用。然而，很多幼儿即使在天气炎热时都不知道主动补充水分。有些幼儿虽然口渴了会主动找喝的，但在家中他们往往更倾向于选择甜甜的饮料，而非白开水，因此设计了小班"白开水，真好喝"健康安全活动。首先，从幼儿的体验入手，让幼儿在锻炼后身体出汗、身体疲劳的状态后及时喝适量的白开水，感受口渴时喝水的舒适。引导幼儿通过观察插在水瓶里的芹菜的变化，切实体会喝水对我们身体的重要性，让幼儿明白喝白开水是良好的生活习惯，白开水是我们生活中最健康的饮料。

活动目标：

1. 懂得喝白开水的好处，了解到白开水最容易解渴。

2. 通过亲身体验、观察植物等活动参与讨论、记录活动，了解何时该喝水、如何喝水，知道白开水是最好的饮品。

3. 喜欢喝白开水，在日常活动时能主动喝白开水。

活动准备：

一、物质准备：

1. 图片：分别插在两个玻璃瓶的芹菜照片。（分别插在水量充足和没有水的玻璃瓶中的新鲜芹菜）

2. 头一天分别插在水量充足和没有水的玻璃瓶中的芹菜。

3. 视频资料。

二、经验准备：区分白开水与纯净水、矿泉水。

活动过程：

一、喝水感知讨论

1. 通过回忆，感受运动出汗后的身体感受和及时补充白开水的身体体验。

（1）我们刚刚在院子里玩游戏，身体有什么感受？

（2）运动之后身体会出汗，你们感觉嘴巴有什么感觉？

2. 懂得口渴后喝水带来的舒适感，让幼儿了解水对身体的重要性。

（1）口渴的时候我们怎么办？

（2）喝了白开水之后身体会有什么感觉？

老师小结：小朋友在户外运动时，身体会出汗，会有口渴的感觉，这时及时喝白开水，我们的身体就会感觉很舒适，很有活力了。

二、让幼儿观看芹菜图片和实物的变化，讨论芹菜的变化，了解水对我们身体的重要性

1. 昨天王老师去菜市场买来的新鲜芹菜，请小朋友分别插在了两个瓶子里。

小朋友们看一看这两瓶芹菜有什么不同?

2.大家猜猜,为什么两根相同的芹菜变化是不同的?

教师小结:没有喝水的芹菜茎就会变得弯弯的、黄黄的、软软的。喝饱了水的芹菜就直直的、绿绿的,小朋友们和芹菜一样都离不开水,我们只有每天多喝水才会健健康康、充满活力。

三、看视频资料,了解白开水是最好的饮品

1.视频里的小朋友不喝白开水,每天就喝饮料,他的身体发生了什么变化?

2.喝什么水对小朋友的身体最好呢?

教师小结:小朋友喜欢喝的可乐、雪碧等饮料里面有很多化学添加剂,不是天然的物质,喝起来感觉甜甜的,是因为里面放了很多有甜味的添加剂,这样我们的牙齿很容易就产生蛀牙,眼睛也很容易近视,身体还会变得胖胖的;五颜六色的饮料是因为添加了色素,闻起来香香的,是因为加了很多香精,这些色素、香精都是对我们身体有害的,只有白开水对我们身体是最好的,最有利于健康的。

活动延伸:

设计制作"喝水小明星"表格,让孩子参与设计、制作、记录,鼓励孩子们喝水的主动性。记录表张贴在保温桶旁边,请孩子们每次喝水后用小印章记录在自己的表格中,每周评选"喝水宝贝星"。

活动反思:这几天持续的高温让我们把更多的注意力放在孩子们的健康上,水分的补充更是显得尤为重要,但是我们经常发现,孩子们对喝水的热情并不高。每次提醒孩子们喝水时,总有些孩子不情愿地拿起口杯随意应付一下,极个别甚至想方设法逃避喝水,最为明显的是有些孩子稍微不注意就趁机把口杯里的水倒掉。针对这种情况,今天讨论喝水对身体的好处时,引领孩子们了解喝水对我们身体是非常重要的,也是每天必须做的事情。孩子从芹菜的两种不同境况中观察芹菜的变化,直观地了解缺水对我们身体的危害,孩子们认真地讨论和思考水是我们生命的保证,离开水人类和植物要枯死,给孩子们带来较深刻的感触。观看视频,了解了喝饮料对我们身体的危害，最终达到了让孩子们真正认识到喝白开水对我们身体健康成长的重要性，能做到主动喝水，爱上喝白开水。

安全提示：

1. 接水时要排队，不能推搡，学会互相谦让。

2. 喝水时，不能玩水，以免洒在桌面上、地板上。

3. 要喝温度适当的水，喝水要一口一口喝，不能着急，不能说笑，避免呛着。

家长课堂：

1. 家长们要配合幼儿园工作，少让或者不让孩子喝饮料。

2. 让孩子在家也能定时定量喝水，形成良好的生活习惯。

接水时，排好队，站立好

喝水时，不说笑，不打闹

（教师　王素红）

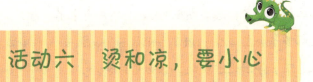

活动六　烫和凉，要小心

设计意图

幼儿园小班的孩子还比较小，他们好奇心强，对周围的一切都感兴趣。由于运动功能尚不完善，动作不协调，往往不是磕到这儿，就是碰到那儿。

如果碰倒水壶、汤锅，就会造成烫伤。烫的和凉的如果吃到嘴里，会引起更多的伤害。因此，设计了本次活动"烫和凉，要小心"。通过真实触摸体验以及讨论之后的梳理总结，轻松学习，增进幼儿的安全意识。

活动目标：

1. 通过观察、收集、整理，了解烫和凉的危害。

2. 通过看、摸等亲身实践的方式把烫、温、凉分开，并说出各有什么特征。

3. 增进有关烫和凉的安全意识，提高自我保护能力。

活动准备：

物质准备：准备两个小塑料瓶（一瓶热水、一瓶冰水）。

活动过程：

一、通过亲身体验，让幼儿了解烫和凉的常识

请两名幼儿上台用手摸一摸预先准备好的两瓶水：一瓶凉、一瓶热，并说出触摸的感觉及两种水的作用。

引入主题，激发幼儿学习兴趣和求知欲望。

二、通过讨论进一步了解烫和凉的益处和危害

师：对，我们都说出了两种水的特征与作用，但是烫水会烫伤人，凉饮喝多了也会有危害，生活中应小心。

1. 假如真的烫伤了，怎么办呢？PPT（用自来水冷却，及时去医院。）

2. 凉饮喝多了会怎么样？PPT（营养不良、喉头水肿咳嗽、慢性胃炎，导致胃痛、呕吐、厌食等消化道疾病，影响发育等。）

3. 讨论：我们平时用什么方法让烫的东西降温？

三、讨论对待烫和凉的正确做法

1. 注意饭菜和饮品的温度要适宜。

2. 不要贪凉多吃冷饮。

3. 不让皮肤直接接触到过烫或过凉的物品。

活动延伸：

回家和爸爸妈妈讨论吃了特烫和特凉的食物会怎样？注意什么？

活动反思：幼儿年龄小、缺乏生活经验与自我保护意识，这个年龄是幼儿一生中最容易出现危险的时期，所以对其进行安全教育十分必要。幼儿园作为这一时期幼儿生活的重要场所，需要迫切关注安全教育活动。第一部分通过亲身体验，激发幼儿积极思考并大胆地回答问题，同时让幼儿了解烫和凉的常识。第二部分通过观看 PPT 后通过梳理总结进一步了解烫和凉的益处和危害，培养幼儿的安全意识。第三部分通过讨论，逐步知道了对待烫和凉的正确做法。幼儿生活经验少，回答问题比较零散，有时答非所问，老师应多引导。

安全提示：

1. 养成良好的进餐习惯，不打闹，不东张西望，细细嚼、慢慢咽。

2. 注意饭菜的温度，小心尝试，如果太烫可以找大人帮助降温，也可以小口慢吃。

3. 吃冷饮要适量。

家长课堂：

1. 请家长借助幼儿用书和生活实践指导幼儿养成良好的进餐习惯，了解进餐时的安全常识，教给孩子防烫常识，从而起到自我保护的作用。

2. 日常生活中将烫源放置在孩子触碰不到的地方，吃冷饮时家长要监护。

3. 家长要掌握一些基础的急救知识，发生由烫和凉引起的伤害时不要慌乱，应正确急救并及时就医。

（教师　郝国英）

3月

运动安全

活动一　勇敢的小花猫

设计意图

　　《指南》中指出："幼儿园必须把保护幼儿的生命和促进幼儿的健康放在工作的首位。"保护幼儿生命、促进幼儿健康都离不开安全教育，同时《指南》也建议：发展幼儿的协调性和灵活性。如鼓励幼儿进行跑跳、钻爬、攀登、投掷、拍球等活动。而小班幼儿对于球类物体很感兴趣，如拍球、滚球、投掷等。但幼儿缺乏自我保护意识，动作的协调性比较弱，在活动过程中很容易发生一些意外损伤。为了让孩子能快乐、安全地游戏，获得更多运动经验和技能，并且培养幼儿良好的安全意识和规则意识。因此，我们设计了小班安全活动"勇敢的小花猫"。

活动目标：

1. 幼儿掌握对篮球的控制力。

2. 通过游戏，学习原地抛接球、原地正面单手拍球的正确方法。

3. 幼儿喜欢玩篮球，感受玩篮球的快乐。

活动准备：

1. 篮球若干个，中号敏捷圈 12 个。

2. 确认身体状况及着装。掌握幼儿的身体状况与精神状态，询问并且判断是否适合参加本次活动；观察幼儿穿的鞋子和衣服是否合适，要求必须穿运动鞋和宽松有弹性的衣服。

活动过程：

一、暖身运动与舒展

1. 跑圈：教师在队伍前面带领幼儿进行跑步热身。

2. 徒手操：头部运动、扩胸运动、振臂运动、腹背运动、膝关节运动、弓步压腿、仆步压腿、腕踝关节运动，依次活动，每个环节四个八拍。

二、指导训练

动作名称：原地抛接球、原地正面单手拍球。

1. 动作讲解与示范及教学要领。

（1）原地抛接球。

动作要领：幼儿双脚打开，与肩同宽，膝盖微屈，双手五指打开放于球下方，抛球时，下肢用力蹬地，手臂带动手指手腕将球向正上方抛出。接球时，幼儿双手靠近，掌心向上，眼睛看准来球，触球瞬间屈膝缓冲，将球用前臂和手抱住。

教学要领：教师组织幼儿原地练习，注意幼儿前后左右间距，根据幼儿掌握的情况来规定不同的抛球高度。

（2）原地正面单手拍球。

动作要领：以右手拍球为例，双脚打开，略宽于肩，屈膝半蹲，降低重心，右手将球拍在右脚外侧，左臂架起曲肘约 90°，做防护动作，有节奏的拍球，八个八拍，一拍一动。右手结束后换左手拍球，技术动作相同，重复练习。

教学要领：教师组织幼儿原地进行拍球练习，注意拍球时的手部力量，及落球体落地时的位置。

2. 缓和运动与伸展。

缓和：放松上肢的肌肉群。

调整：调整 5~10 分钟，可组织幼儿喝水或去卫生间。

三、游戏巩固训练

1. 游戏指导：今天老师把小朋友们变成一只可爱的小花猫，我们一起去闯关，看看谁厉害？

2. 队形安排：将幼儿分成四列，每一队列前摆放 3 个敏捷圈，每个敏捷圈之间的距离为 1.5 米，每一列之间的距离为 2 米。

3. 游戏组织：教师组织幼儿站成四路纵队，每名幼儿一个篮球，每队第一名幼儿站在敏捷圈内做好准备。听到哨声后，每队第一名幼儿站在敏捷圈内进行右手单手拍球 3 次（将球拍在敏捷圈右侧），然后抱球跑到下一个敏捷圈内拍球，依次进行，先完成的幼儿获胜。完成后，抱球从外侧返回至队伍最后面站队。教师吹哨示意下一名幼儿出发，依次进行。右手熟悉后，换左手进行练习。

4. 放松结束。

（1）放松全身肌肉群。

（2）组织幼儿进行站立体前屈动作拉伸。

活动延伸：

根据幼儿情况，增加拍球次数。

活动反思： 在教学活动中，大部分幼儿能按照指令要求完成规定动作，但也有小部分幼儿由于在家练习的次数较少，无法熟练地进行规定动作，在老师和小朋友的帮助之下动作的熟练度也有所提高。由于幼儿年龄较小，缺乏安全意识和自我保护意识，所以在练习抛接球和原地拍球时，应当注意幼儿间的距离，避免幼儿之间发生碰撞或是被球砸到的情况。

安全提示：

1. 确保场地无障碍物及其他安全隐患。

2. 幼儿进行抛接球和拍球运动时，注意幼儿之间的距离。

家长课堂： 在家里，家长可以跟幼儿进行一些关于你抛我接的小游戏，从而使幼儿更好地掌握抛接球的技能。

（教师　张心月）

活动二　翻越平衡木

设计意图

设计本次活动首先为了让孩子知道体育活动的安全注意事项，懂得如何在体育活动中保护自己，不让自己在体育活动中受伤，体育游戏不单单是对动作技能的训练和培养，还能帮助幼儿树立正确的运动观，满足幼儿身心发展的需要，同时也为了丰富孩子的体育活动，增强孩子对体育活动的兴趣以及提高孩子的身体素质，并且《指南》中动作发展的目标1和目标2就提出了相关的内容，要具有一定的平衡能力，动作协调、灵敏，具有一定的力量和耐力。

活动目标：

1.增强幼儿的平衡能力、弹跳力和协调性。

2.通过游戏活动，掌握两脚屈膝半蹲，上体前倾。两臂后摆，当两臂由后向前摆动时，两前脚掌用力蹬地，两腿蹬直向前下跳下，落地时屈膝缓冲，两臂向前平举维持平衡一系列动作方法。

3.培养幼儿勇敢、自信、主动、独立的态度与意志品质，及自我保护意识。

活动准备：

1.物品准备：中木箱、小木箱，20厘米平衡木、15厘米平衡木、三折彩色海绵垫等。

2.幼儿准备：确认幼儿的身体状态及着装是否适合参加运动。

本次活动为全身训练，要检查和询问孩子的身体状况是否适合参加此次活动，如有外伤或身体不适的情况不参加此次活动；检查孩子是否穿了舒适的运动鞋，穿宽松有弹性的运动裤参加此次活动（这一环节老师边检查边做简单安全常识讲解）。

活动过程：

一、热身运动

在活动开始前要让孩子的肌肉、肢体关节充分得到运动、舒展，避免在活动时造成肌肉拉伤和关节扭伤的情况发生。

师：小朋友们我们今天要做一个有意思的热身操，咱们一起让我们的身体动起来吧，跟老师一起来。

随音乐按照头—肩—大臂—小臂—手腕—腰—膝盖—脚踝的顺序做热身运动。

二、指导训练

1. 动作讲解示范及注意事项。

首先将此次活动的器械摆放好，让孩子能够清楚地看到器械的摆放位置。

师：小朋友们看到我们摆放好的器械了吗？两个木箱一矮一高我们要跨上木箱，然后从高木箱上跳下，跳到海绵垫上之后迅速跑回队伍跟下一个小朋友击掌然后到队尾站队，下一个小朋友开始（这个过程老师要边讲解边做示范）。

2. 讲解动作要领：两脚屈膝半蹲，上体前倾。两臂后摆，当两臂由后向前摆动时，两前脚掌用力蹬地，两腿蹬直向前下跳下，落地时屈膝缓冲，两臂向前平举维持平衡。

活动开始教师可将队伍排成两路纵队，分别站到两个小木箱的前2米处准备，教师喊开始后，每队的第一名幼儿开始进行游戏，等第一名幼儿完成后第二名幼儿开始，依次进行。等每一名幼儿参与完成一次游戏之后，我们可以暂停休息5~10分钟。

三、活动间调整休息

组织幼儿饮水和去卫生间，回来之后放松上肢与下肢的肌肉群，稍事休息。

四、游戏巩固环节

1. 游戏开始导入。

师：刚刚所有的小朋友都参与了我们的活动，那么接下来老师要把你们变成小花猫，小花猫要去捉老鼠，小花猫要先爬高，然后轻轻跳下，然后迅速向前爬着捉老鼠，要把所有的小花猫分成两队，我们来比赛看看哪只小花猫最厉害。

2. 队形安排：还按照刚刚练习的时候孩子们站成了两路纵队。

3. 器械调整：去掉一个小木箱，增加一段平衡木和一个三折海绵垫。

4. 游戏规则：每队第一名幼儿通过平衡木走上中木箱然后跳下，紧接着手膝爬通过两张海绵垫，完成后从外侧返回和下一名幼儿拍手，然后回到队伍的最后站队，下一名幼儿出发，人数相同的情况下用时最少的队伍获胜，第二局两队互换位置进行游戏。

五、游戏结束放松

整理运动，孩子们一起跟老师放松上肢与下肢的肌肉群。

活动延伸：

当孩子玩得熟练之后，可以适当地加大难度，比如说平衡木可以选择窄一些的，再或者小木箱的高度可以调整，或者可以鼓励孩子跳得远一些，但一切调整都要以孩子的安全为前提。

活动反思：刚开始孩子在返回的时候方向容易混淆，不知道是外侧返回还是内侧返回，这一点可能是由于教师示范的时候没有着重强调的原因，但是后来经过老师的强调和现场纠正孩子的问题，游戏中也有个别孩子平衡能力较弱，走平衡木的时候需要老师的帮助，这些孩子也要在平时多练习。

安全提示：

1. 场地安全确认，确保场地无障碍物及其他安全隐患。

2. 检查平衡木是否损坏以及连接处是否卡紧。

3. 教师要在一侧对幼儿进行保护。

家长课堂：

1. 家长在家里带孩子练习平衡能力时要根据孩子的自身情况，适当选择难易程度，给孩子可以由简单走线、走低矮的马路牙儿，然后慢慢过渡到有高度的平衡木。

2. 一定要在活动开始前检查孩子着装以及鞋子是否舒适，一定要穿运动鞋，避免孩子因鞋子不适造成伤害。

3.家长要在孩子练习时在一侧做安全保护。

（教师　赵建建）

活动三　时空隧道

设计意图

　　幼儿园小班的孩子年纪小，好奇心强，喜欢探索，但是缺乏安全知识经验，缺乏独立做事的能力，不能预见后果，遇到险境不能及时止损，我们幼师应该根据幼儿年龄身心特点，对其进行教育，提高幼儿的自我保护意识，在实践活动中不断掌握自我保护的知识。年纪越小对周边的事物越容易产生好奇，任何一种事物都很容易吸引他们的关注，但是他们的动作协调性和敏捷性能力差异不同，相对来说比较薄弱，我秉着玩中学，学中玩的思想，希望每个孩子在快乐的同时，学到应有的知识，安全意识和知识对他们终身有益。本次活动通过有趣的器械和好玩的游戏，轻松愉快地陪孩子度过一小段时光。

活动目标：

1.幼儿学习独立做事时的自我保护意识。

2.通过钻地笼的游戏，学会双手双膝钻爬。

3.喜欢参与游戏活动。

活动准备：

地笼1个、音响1个、哨子1个、秒表1个。

活动过程：

一、确认身体状况及着装

1. 掌握幼儿的身体状况与精神状态。

2. 观察幼儿是否是穿运动鞋和有弹性的长裤。

3. 查看肘关节、膝关节是否有损伤。

二、暖身运动与伸展

教师带领幼儿根据音乐做热身运动，活动开各个关节，方便全身运动。

三、指导训练

动作讲解与示范：

1. 双手双膝着地，手膝交替向前爬行。

2. 头先钻进地笼，目视前方，向前爬行。

教学要领：

1. 教师需在幼儿爬来的方向观察幼儿，提醒并鼓励幼儿一直向前爬。

2. 地笼内爬行时，手膝着地。

3. 完成的幼儿到教师指定地方排队守候。

4. 地笼展开，形成一条直线。

5. 小朋友在地笼的一侧站成一队。

四、缓和运动与伸展

缓和：放松上肢与下肢的肌肉群。

调整：调整5~10分钟，可组织幼儿饮水或去卫生间。

结束：放松时间到。

五、游戏巩固训练

1. 游戏引导。

今天老师要带着所有的小朋友去太空玩，你们想不想去啊？（想）老师听说太空上很好玩，不过要想进入太空需要穿过一条时空隧道，只要穿过时空隧道我们就能进入太空去游玩，太空里很大很大，我们现在就准备去太空。

2. 队形排列。

（1）将幼儿分成两队，队伍之间有间隔，将地笼铺到地上，先组织一队进行游戏，一对完成后另一队继续。

（2）第二队进行计时赛，全部完成后，用时最短的队伍获胜，教师要控制好行进速度，等前一名幼儿爬到中间，下一名再出发。

安全提示：

提醒幼儿保护关节。

家长课堂：

平时多带孩子参加这类活动。

活动延伸：

根据幼儿爬行熟练度可进行运送物品的练习。

根据幼儿身体素质及能力，可进行地笼倒爬。

活动反思： 幼儿由于年龄小，第一次可能会产生恐惧和退缩，甚至会哭会闹，教师需要及时给予鼓励与关怀及有效方法引导幼儿大胆尝试，并多次重复钻爬的动作要点和注意事项，保护好自己的肘关节和膝关节，打消个别幼儿的顾虑，使其很快进入状态，从中找到乐趣，积极参与，并且充分从实践活动中，培养自我保护意识，学习到一些自我保护的知识。

通过长长的地笼到终点啦

钻出地笼

（教师　龙玥）

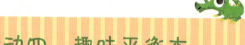

活动四　趣味平衡木

设计意图

　　保护幼儿生命、促进幼儿健康离不开安全教育。安全教育的开展要保证幼儿在玩中获得学习经验的同时，培养幼儿安全意识和自我保护能力，降低户外游戏设施危险性。小班幼儿处于身体迅速发展的时期，由于动作的发展，小班孩子非常好动。同时他们缺少生活经验和常识，缺乏自我保护意识，动作的协调性和敏捷性都还很弱，这样发生意外损伤的概率大大增加。根据小班幼儿的年龄特点，我设计了本次活动。

活动目标：

1. 在日常生活中遵守规则，学习自我保护的安全意识。

2. 通过音乐游戏，学习走平衡木的正确方法。

3. 幼儿喜欢参与运动的兴趣。

活动准备：

手指游戏"小羊过桥"、各种走平衡木的图片、室外平衡木、小熊头饰若干、小布球若干。

活动过程：

一、老师播放"小羊过桥"手指游戏，理解故事内容，建构经验

1. 看课件"小羊过桥"手指游戏。

2. 引导幼儿根据故事内容进行讨论。

（1）小羊要干什么？独木桥是什么样的？（让幼儿理解独木桥很窄，只能走一个人）

（2）两只小羊过桥了吗？结果怎样？

（3）小羊怎样做才能顺利过桥？小朋友过独木桥时应该怎样玩？

老师小结：帮助幼儿梳理生活中的零散经验。

是啊，两只小羊在独木桥进行推挤、打闹才造成了不良后果。我们在走平衡木的时候应当注意安全，做好自我保护。例如，过独木桥时，我们不推挤不打闹。独木桥太狭窄，一次只过一个小朋友。

二、看课件，让幼儿找对错，掌握走平衡木的正确方法，巩固经验

根据课件逐幅讨论：

（1）老师带小朋友在干什么？

（2）图中小朋友的做法对不对？（前三幅图）

（3）图中小朋友的做法对不对？（后三幅图）这样玩会发生危险吗？

（4）小朋友们走平衡木时应该怎么做？

教师小结：进一步帮助幼儿巩固正确走平衡木的经验。

小朋友在走平衡木时一定要排好队，一个一个排着队走，只要不推挤打闹，就不会发生危险。

三、通过情景游戏，进一步让幼儿了解所学的知识

游戏：幼儿戴头饰扮演熊宝宝过独木桥摘苹果。

教师小结：强调走平衡木的正确方法，要一个跟着一个，不推挤不打闹。眼睛向前看，双臂侧平举保持平衡走过独木桥。

活动延伸：

  教师带领幼儿到户外走平衡木。让幼儿在实践玩耍中体验正确走平衡木的方法，理解自我保护的重要性，体验走平衡木的快乐。随着活动的开展，逐渐增加难度，鼓励幼儿听音乐，自由选择动作（如侧平举、叉腰、上举等）。

活动反思： 幼儿由于年龄小，好动，动作迅速发展，但是动作的平衡性、协调能力较差，所以根据幼儿的年龄特点，我们安排了走平衡木的安全教育。一方面可以用幼儿感兴趣的方式发展基本动作，提高幼儿动作的灵活性和协调性；另一方面可以进行安全教育，达到安全与游戏的结合。幼儿认真观察并根据已有经验进行积极思考，意识到走平衡木会有许多的危险，掌握用正确的方法走平衡木，培养幼儿的安全意识。情景游戏让幼儿在轻松愉快的环境下对知识进行巩固。最后带幼儿到户外亲身体验走平衡木，幼儿体验到走平衡木带来乐趣的同时，知道走平衡木的正确方法。

安全提示：

1. 活动前，需进行场地安全确认并且检查幼儿的身体状况及着装。

2. 不可同时上多人，以免推挤碰撞，发生意外。

3. 如果从平衡木上掉下来要注意保护好自己的安全，然后要从起点重新开始。

4. 幼儿平衡木上行走过程中教师要对幼儿进行适当保护。

5. 活动时，等待参加的幼儿应在原地站好，不可随意乱跑。

家长课堂：

1. 家长要确认孩子的身体状况，如有肌肉关节损伤不能参与活动。检查幼儿着装，如幼儿所穿的鞋子和裤子是否适合参与活动。

2. 家长们一定要先检查平衡木的安全设施，平衡木是否有损坏及稳定性，检查好以后再带孩子玩。

3.家长合理教导孩子们在走平衡木时不要玩闹、争抢，避免受伤。

（教师　徐翠娟）

活动五　跳跳乐

设计意图

根据小班的年龄特征设计了这节活动，通过歌曲和图片了解蹦床的危险。通过游戏体验、轻松学习、自然习得，增强幼儿的安全意识和规则意识。

活动目标：

1.活动中培养自我保护的安全意识。

2.通过理解歌词内容，掌握正确的玩蹦床方法。

3.喜欢参与活动，体验和小朋友一起愉快游戏的心情。

活动准备：

音乐、图片、节奏卡。

活动过程：

一、导入

听音乐《三只猴子》。今天老师给小朋友带来一首歌曲，请小朋友听听歌词的内容都有什么？

1.提问：歌曲中听到了什么？（猴子）

2.猴子在干什么？（猴子在蹦）

3 猴子在什么地方蹦？这样做对吗？

4. 为什么会受伤？（非常危险、应该怎么样做？）

二、三只猴子在床上跳，有一只猴子摔了一个包，妈妈看见大声叫，赶快下来别再跳

1. 提问：猴子为什么会受伤？（有老师看护，听从老师的指挥。）

2. 我们想个什么办法，让猴子不在蹦的过程中受伤？

3. 怎么样才能不受伤？（用什么样的方式保护自己）

三、三只猴子都会受伤

1. 只有三只猴子就会受到伤害，小朋友人多一起在蹦床上跳会不会受伤呢？

2. 我们怎样避免受伤呢？（听音乐，按着音乐的节奏蹦整齐）

3. 我们根据音乐节拍跳整齐一些看看行不行？（让孩子们试一试）

4. 还要注意我们的距离，小朋友双臂伸开不能互相碰撞。

四、我们怎么样能跳整齐

让孩子们多练习尽量整齐上下蹦跳，在听音乐的过程中跟着节拍跳整齐。

拉手一起蹦，听音乐，这首歌曲 4/4 拍，一小节跳一下。

出示节奏卡让孩子尝试性跳一下。

五、反复练习，适当增加难度

一小节两下。多次练习，根据节拍来练习整齐蹦跳。

活动延伸：
我们去院子里的蹦床上试一试吧。（带着孩子们一起去尝试一下）

活动反思： 幼儿年龄小，而且在家自我意识特别强。没有礼让的意识，所以我让孩子们听音乐，根据音乐的节奏节拍来跳。孩子们一起跳，大家点评在集体游戏中能够做到哪些安全的相处方法。

安全提示：

1. 所有的孩子排队进入，一个跟着一个。

2. 孩子们要穿袜子保护好自己的脚。

3. 活动前做下肢热身运动。

4. 跟着节奏一起跳，注意孩子的距离，要确保安全。

家长课堂： 家长们尽量带孩子去安全性较高的地方，注意设施的卫生环境和安全。蹦床上没有任何异物，保护好孩子的脚，尽量不要光脚。孩子不要离开家长们的视线。

➤课堂上孩子们一起练习

老师示范◀

（教师　张静）

活动六　小猴子练平衡

设计意图

《指南》建议："要利用多种活动发展幼儿的身体平衡和协调能力。"而小班幼儿对户外运动器械如平衡木很感兴趣，但是他们缺乏自我保护意识，动作的协调性和敏捷性都还很弱，特别容易发生意外损伤。为了让孩子能快乐、安全地游戏，获得更多运动经验和技能，并且培养幼儿良好的安全意识和规则意识。因此，我们设计了这节活动。

活动目标：

1. 掌握游戏的规则意识和安全意识。

2. 通过游戏学习直走、侧走平衡木的方法。

3. 培养幼儿对参加运动的兴趣。

活动准备：

1. 物品准备：小木箱4个、黄色平衡木（15厘米）1个、蓝色平衡木（20厘米）1个、小布球若干。

2. 幼儿准备：确认幼儿身体状况及着装。

（1）掌握幼儿的身体状况与精神状态，询问并判断是否适合参加本次课程。

（2）本次课程为全身训练，须确定幼儿全身肌肉及各个关节的情况良好，如有损伤不能参加本次课程。

（3）观察幼儿所穿的鞋子和衣服是否合适，要求需穿运动鞋和宽松有弹性的裤子。

活动过程：

一、教师带领幼儿先进行热身运动

徒手操：头部运动、扩胸运动、振臂运动、腹背运动、膝关节运动、弓步压腿、仆步运动、腕踝关节运动，依次活动，每环节四个八拍。

二、指导训练

1. 教师先进行动作讲解，并进行示范。

动作讲解与示范：

a. 直走。双脚站到平衡木上，双手打开保持平衡，双脚交替沿平衡木向前。

116

b.侧走。双脚并拢侧身站到平衡木上双手自然下垂，双脚沿平衡木横走。

c.如果从平衡木上掉下，要回到起点重新开始。

2.教师强调教学要领，并请个别幼儿示范。

教学要领：

a.要让幼儿知道双手打开是保持平衡的，行进时必须手臂侧平举。

b.让幼儿明白并且学会直走和侧走。

c.如果从平衡木上掉下要注意保护自己的安全，要回到起点重新开始。

d.幼儿在前进过程中，教师要在侧面进行保护。

3.幼儿进行集体训练，教师进行个别指导。将幼儿进行男女生分组，男生排一队，练习走蓝色平衡木。女生排一队，练习走黄色平衡木。之后男女生互换。

三、解决问题

教师观察并发现幼儿练习过程中出现的问题，请个别幼儿演示出现的问题，其他幼儿观察并尝试说出正确走平衡木的方法及注意事项。

四、游戏巩固训练

1.游戏引导。

今天老师要把所有的小朋友变成一种小动物去比赛，先让小朋友们猜一猜这是什么小动物，看看谁能猜出来。这种小动物特别喜欢吃大桃子，还长了一条长长的尾巴，还有红红的屁股，谁知道这是什么小动物？（小猴子）从前，有一只小猴子特别喜欢吃大桃子，小猴子找了很多地方都没有发现桃子，它继续向前找，它发现前面有一条很宽的河，在河的对面有一棵长满了桃子的桃树，小猴子飞快地跑到河边，他看着大桃子特别高兴，但是要怎么过去摘到桃子呢？小猴子左右观察了一下，发现河上有两座很窄的桥。小猴子要想吃到桃子就要勇敢地走过去。你们想不想吃桃子啊？（想）那我们就来比一比哪只小猴子最勇敢。

2.游戏组织。

将幼儿分为两队，队伍之间间隔2米。设置好起点，两队的前面分别摆上一组蓝色平衡木和黄色平衡木，平衡木前面2米处分别摆上若干小布球。教师吹哨后幼儿从起点出发直走通过平衡木去拿一个小布球再从侧面返回（每次只能拿一个），幼儿自己拿着小布球去队伍最后面站队。后面的依次进行，完成后教师把小布球放回到终点再进行侧走接力赛，教师鸣哨后第一名幼儿出发去拿小布球，等前面的幼儿回来后下一名幼儿再出发，依次进行，最先拿完小布球的队伍就是最后的冠军。

五、放松结束

游戏结束后，教师带领幼儿进行全身放松。

> **活动延伸：**
> 走平衡木熟练后可以进行爬平衡木的练习。

活动反思： 大部分幼儿能按照指令要求完成直走、侧走平衡木，但也有小部分幼儿因为年龄小，在走平衡木时出现害怕情绪，在老师的鼓励与帮助下，克服内心害怕，慢慢走到终点，完成一项挑战。还有部分幼儿的规则意识不强，前面幼儿还未回来时，就着急走平衡木，需要在今后的活动中加强对幼儿规则意识的培养。还有部分幼儿在走平衡木时东张西望，不能专注于训练，幼儿的安全意识还需要提高。

安全提示：

1. 场地安全确认。

2. 训练之前需检查平衡木是否有损坏及稳定性。

3. 幼儿在平衡木上行走过程中，教师要对幼儿进行适当保护。

家长课堂： 家长带领幼儿在路边的马路牙子上进行平衡练习。

（教师　田静）

4 月

社会安全

活动一　地址和电话

设计意图

《指南》中指出："经常和幼儿一起参加一些群体性的活动，让幼儿体会群体活动的乐趣。"幼儿的生活离不开外部环境，引导幼儿多接触家庭、幼儿园以外的社会环境，对幼儿的成长发展起到良好的促进作用。我们生活的社会环境中恰恰存在太多潜在的危险，所以家长和教师有必要教会幼儿一些规避安全隐患的技能，那么家庭住址和父母电话号码将排在首位。现代人生活节奏加快，家长忙于工作，会出现很多疏忽，孩子和父母走散的情况常有发生，更何况还会有一些不怀好意的人，会对弱势的儿童下手，一不留神就给坏人可乘之机。所以我们有必要让孩子记住自己的家庭住址和父母的电话号码，做到有备无患。为此设计了此活动，让幼儿在活动中锻炼记忆力、增强自我保护意识和解决问题的能力。

活动目标：

1. 能记住自己的家庭住址和父母电话号码。

2. 懂得地址和电话在生活中的用途。

3. 增强自我保护意识。

活动准备：

迷路视频、请家长教幼儿记忆自己的家庭住址和父母的电话号码。

活动过程：

一、情境导入，引出住址和电话的重要性

1. 播放小鸭迷路的视频，通过提问引导幼儿讨论如何帮助小鸭子。

谁在哭？为什么哭？小鸭子找不到妈妈怎么办？我们快来帮它找妈妈吧！

引导幼儿扮演警察叔叔和小鸭子，通过给妈妈打电话或送小鸭子回家的方法帮小鸭子找到妈妈。

2. 知识迁移。如果你迷路了怎么办？组织幼儿进行讨论。找警察叔叔给爸爸妈妈打电话或者警察叔叔按地址送回家。

教师小结：地址是每个地方的名称，地址和电话是非常重要的信息，小朋友要记住自己的家庭住址和父母的电话号码，但是不能随便跟其他人透露自己家人的信息。

二、引导幼儿讨论家庭住址和电话号码在生活中的用途

1. 在网上购买物品时需要家庭住址和电话号码，这样快递员才能将物品送到自己的家里。

2. 请朋友到家里做客，要告诉朋友家庭住址。

3. 约小朋友出门玩，需要电话号码保持联系。

三、请部分幼儿说说自己的家庭住址和电话

1. 你知道自己家的家庭住址和电话号码吗？我们的家庭住址和电话号码都一样吗？

2.把自己的家庭住址和电话号码说给好朋友听。

四、游戏

做"去做客"的游戏，加深幼儿对家庭住址和电话的记忆。

1.教师示范游戏玩法：用打电话的形式邀请朋友到家里来做客："喂！我是×××，我家住在××××，我家电话号码是××××，我家有很多新玩具，欢迎你到我家来做客。"

2.请幼儿自由邀请同伴，来玩做客游戏，教师巡回指导，鼓励幼儿多邀请几位好朋友来做客。

活动延伸：

1.将幼儿家里电话号码写在便条上装订成电话本，放到娃娃家，让幼儿用玩具电话模拟与他人通话。

2.老师帮忙把自己想说的话写下来，装在信封里，写好自己的家庭住址寄到家里。

3.鼓励幼儿给自己的朋友打电话，说出地址和电话，邀请朋友到家里来做客。

活动反思：幼儿属于弱势群体，如何提高安全意识和自我保护意识值得我们深思，当真正遇到困难时，幼儿会紧张、会害怕，会不知所措，本次活动我通过小鸭子迷路的故事引出主题，让幼儿反思自己迷路时该怎么做，再通过玩游戏"去做客"让幼儿牢记家庭住址和电话，最后通过邀请好朋友做客的方式，反复巩固幼儿对自己家庭住址和电话的记忆，引导幼儿遇到困难不要着急，可以求助身边的大人帮忙。在幼儿表述自己的家庭住址和家庭电话时，由于年龄较小，一部分幼儿只能说出自己生活的城市的名字，其他的诸如小区名称，具体的街道和楼牌号等说得不太完整，需要引起家长和教师的注意，也可以把小区标志性的建筑教给幼儿认识。完整的表述不是一次安全教育活动就能够解决的，需要随着幼儿年龄的增长，再加强对幼儿的教育，可以通过早晨的晨谈活动等不断巩固幼儿对家庭地址和电话号码的记忆。

安全提示： 在外出时一定要牵着爸爸妈妈的手，不要一个人乱跑，更不要离开爸爸妈妈的视线。迷路时，不要大哭大闹以免被坏人抓走，如果在马路上可以找警察帮忙，如果在公园或商场可以找工作人员给爸爸妈妈打电话或帮忙广播或站在原地不动。

家长课堂： 在日常生活中，带领幼儿熟悉小区附近的环境，教幼儿认识家附近的明显建筑物和道路名称等。教会幼儿分辨哪些人是可以寻求帮助的，哪些人是我们需要小心的。

（教师　刘雪娟）

活动二　要去动物园

设计意图

　　《指南》指出：引导幼儿关注和了解自然，关注思考动植物的外部特征、习性与生活环境对动植物生存的意义。动物情结是孩童时期幼儿的一个年龄特点，喜欢动物是他们的天性。动物园是孩子了解大自然的最佳场地，他们在游玩的过程中，会将自己在书本上看到的动物形象和实际看到的相对应，充分满足了孩子们的好奇心和求知欲。对于小班幼儿来说，动物就是他们的朋友，他们会觉得和"朋友"相处是一件令人开心的事情，常常会忽略一些不当的行为，最终会让动物给自己带来一些伤害。结合小班幼儿的年龄特点，设计了本次活动。根据幼儿已有的生活经验，通过图片让幼儿观察了解动物园的安全注意事项，并通过小游戏来加深、巩固在游览动物园时的安全知识。

活动目标：

1. 在大人的看护下和动物保持适当距离，防止被动物抓伤、咬伤。

2. 知道在游览野生动物园时，不能将身体伸出窗外，更不能下车。

3. 培养幼儿文明游园，用正确方法爱护动物的意识。

活动准备：

普通动物园图片、野生动物园图片、自制动物园路线图 2 张（正确的游园行为和错误的游园行为）欢快的音乐、玩偶娃娃一个。

活动过程：

一、教师以普通动物园的图片导入，引起幼儿活动兴趣

1. 与幼儿讨论：图片里的动物园都住着哪些动物？除了图片上的这些动物，你还知道动物园里住着哪些动物？

2. 导入情境：小动物们发来路线图，请小朋友们选择一条路线看看能不能顺利进入动物园。

二、引导幼儿观察分析哪一张路线图可以顺利到达动物园

1. 教师提问：你会选择哪一张路线图？为什么？请幼儿说出路线图上小朋友的行为。

2. 两张路线图做观察比较，为什么大家不选另一张路线图？

三、教师小结

1. 游览动物园时要拉紧大人的手，不能随意游走。

2. 和小动物保持安全距离，尽量不要给动物投喂食物，避免动物对我们造成伤害。

3. 遵守动物园规定，避免对动物造成伤害，如使劲儿拍打玻璃吓唬动物……

四、特殊的动物园

1. 教师出示野生动物园图片，请幼儿观察比较，两种动物园的相同和不同。

2. 与幼儿讨论，去野生动物园游玩要注意哪些安全？

3. 小结：游览野生动物园时，不能将身体部位伸出车窗外，更不能下车，不要打开车窗向动物投食。

五、快乐动物园

1. 游戏"宝宝学本领"。

教师请幼儿围坐成圈，并出示一个玩偶。教师播放音乐，请小朋友听音乐轻轻地传送玩偶，当音乐停止时，手拿玩偶的小朋友就要告诉手中的玩偶，游动物园时，应该怎样保证自己的安全和动物的安全。

2. 提倡小朋友们向家人分享今天的活动。

和家人游览动物园时，要遵守动物园相关规定，文明游园。不做伤害小动物的事，更不能做让自己受伤的事情。

活动延伸：

1. 出示生活中游动物园的图片，请幼儿观察判断图片里小朋友的行为是否正确。

2. 学习儿歌：　　　**开心动物园**

　　　　　动物园里动物多，小朋友们真快乐。

　　　　　大手小手要牵好，观赏动物要记牢：

　　　　　保持距离不投喂，防止动物来抓咬。

　　　　　正确爱护小动物，文明游园记心间。

活动反思： 在本次的活动中，孩子们被各种动物所吸引，积极参与活动，能够大胆举手发言，表达自己的想法。在选择路线图这一环节时，发现小部分幼儿选择了错误行为的一张路线图，老师请这些小朋友表述了自己的观点，然后展开讨论：路线图中的行为错在哪里？错误的行为会带来哪些危险？让孩子明白看似简单的行为会给自己带来伤害。对孩子的安全教育是无处不在的，多一分教育，就会少一分不安全的因素。

安全提示：

1.拉紧爸爸妈妈的手，不要随意走动和跑动。

2.和动物保持安全距离，不要挑逗有危险性的动物。

家长课堂：

1.在可以投喂食物的笼舍地点，要购买园内出售的饲料，按照指定的方法，站在指定的位置给动物喂食，既保证孩子的安全，也不会伤了动物的肠胃。

2.不做会使动物受惊、暴躁的行为，如照相使用闪光灯，故意拍打笼舍等。

3.参观野生动物园，为孩子做好安全防护工作，一定不可以让孩子离开游览车，更不要把头和手伸出车窗外，建议不要带年纪较小的孩子去这类危险系数较高的动物园。

⏵⟫⟫⟫━━▶ 与动物保持距离

禁止攀爬栏杆 ◀━━ ⟪⟪⟪⏹

（教师　陈瑞婵）

活动三 可爱兔逛超市

设计意图

　　超市，是幼儿社会生活中接触较多的一个公共场所。鉴于小班幼儿特有的年龄和身体特点，结合具体情境，引起幼儿同理心。如何安全使用购物车，能否遵守公共秩序，直接影响幼儿社会性的发展。幼儿园要在日常生活和游戏中创造机会和情境，让幼儿通过观察和模仿潜移默化地发展社会性行为。本次活动把安全知识融入幼儿的游戏活动中，增强幼儿的自我保护意识。

活动目标：

1. 知道安全使用超市购物车的方法。

2. 通过观察、判断行为的对错，进一步提高幼儿的自我保护意识。

3. 模拟逛超市活动，培养幼儿遵守公共场所规则。

活动准备：

经验准备：幼儿有逛超市的经验。

物质准备：多媒体课件、使用购物车时各种行为的图片、举牌、音乐、小购物车。

活动过程：

一、欣赏并理解故事《逛超市》，了解安全正确使用超市购物车的知识

　　1. 教师引导幼儿观察可爱兔一家在逛超市时发生了什么事情。我们一起来看一看。

　　教师：可爱兔逛超市的时候坐在购物车什么位置？

教师：可爱兔可以自己推着购物车在超市里走吗？

教师：可爱兔最喜欢的饼干在货架最高处，它想要拿时发生了什么事情？为什么？

2. 教师引导幼儿结合生活经验，说说逛超市发生或遇到过的危险事情。

教师预先调查了解幼儿的情况，请1~2名有过类似经历的幼儿讲述。

3. 教师与幼儿进行讨论，总结避免发生危险事情的简单方法。

（1）大人来推购物车。

（2）幼儿坐在购物车儿童乘板时，要抓紧扶手不晃动，更不能站起来。

（3）请家人帮忙拿高处购物架上的商品，防止拿东西时，高处商品掉落被砸到。

（4）不乱踩、乱摸货架，以免发生危险。

（5）走在购物车的两侧，紧跟大人。

二、"小小安全员"游戏，进一步提高幼儿的自我保护意识

教师出示逛超市图片，请幼儿对图中小朋友的行为进行一一评价。幼儿手持标有"√""×"符号的举牌，安全的行为举"√"，危险的行为举"×"，巩固幼儿正确使用购物车的方法和安全拿取商品。

独自推车　　　脚蹬车梯　　　独自坐车内　　　攀登货架　　　拉大人手

拉大人衣服　　请大人拿高处物品　　抠车缝隙　　　推车奔跑

三、模拟逛超市活动，遵守公共场所秩序

播放音乐，幼儿推小购物车模拟逛超市，安全拿取商品和有序排队，通过角色扮演，进一步巩固安全知识，并知道遵守公共场所秩序的必要性。

活动延伸：

逛超市社会实践活动：

1.幼儿家庭自由结组，根据已有安全知识进行超市购物实践活动。

2.争做文明小顾客，轻拿轻放物品，选好的物品如果不想要了，物归原位或指定位置。

活动反思： 超市内开放的环境，琳琅满目的商品，最容易吸引活泼好动的孩子，其主动探索欲望会非常强烈。观看可爱兔一家在超市的动画时，幼儿有同理心，觉得同样的事情自己也经历过，比较勇于发言，体现了自信的一面。在判断正误时，幼儿以积极抢答的方式回顾了相应的安全知识，进一步巩固了安全购物的必要性。小班幼儿自我控制力以及公共秩序的遵守都有所欠缺，所以教师要通过不同的方式和方法，紧密地把家庭、幼儿园和社会联系起来，共同努力，鼓励幼儿去观察、发现和总结，提高自我保护意识。

安全提示：

1.超市人多时不拥挤推拉、奔跑，注意排队。

2.不用手指抠购物车缝隙处，以免夹手。

家长课堂：

1.家长一定检查购物车的质量，阅读安全使用须知。

2.如果一定要放孩子在车内，一定要放在婴儿座上，并用带子绑好，确保孩子不会翻出车子。

3.如果独自带孩子到超市购物，无法保证随时都能照看孩子，那么最好使用背带或者儿童车。

儿歌：

争做文明顾客

逛超市啊逛超市，我们一起逛超市；

拉拉手啊拉拉手，我们一起拉拉手。

爸妈比宝宝个子高，他们拿上面。

紧跟父母别走丢；

宝宝乖乖又听话；

高高兴兴购物回。

（教师 仲维亚）

活动四 不一样的桥

设计意图

　　随着城市交通的发展，车行交通与人行交通的矛盾日益突出，很多城市建立了过街天桥，过街天桥的设置是保证行人过街安全和主干路畅通的常用手段，现在的过街天桥已覆盖很多的地方，成为城市里的一道风景，那在过街天桥通行的时候，会有哪些安全隐患存在呢？《指南》中指出："要帮助幼儿了解周围环境中不安全的事物，不做危险的事。"幼儿跟随成人上街时，会遇见和经过不同的路况，过街天桥不同于平坦的马路，在行走时又有哪些需要家长和小朋友注意的地方呢？带着这些问题，我设计了本次活动，让幼儿认识过街天桥的外形，了解过街天桥的用途，知道在过街天桥通行时遵守什么样的秩序，培养幼儿的安全意识，确保幼儿在与社会环境接触中做好自身的防护安全。

活动目标：

1. 认识过街天桥，了解过街天桥的用途。

2. 养成初步的安全意识，知道怎样安全地走过街天桥。

3. 锻炼幼儿在众人面前大胆发言的能力，获得快乐的体验。

活动准备：

过街天桥的图片、过天桥的行为图卡、天桥标志。

活动过程：

一、通过儿歌导入，激发幼儿的兴趣

1. 小朋友们见过桥吗？桥底下是什么？一般的桥是建在河水上面的，便于人们通行。老师见过一种桥，很奇怪，这个桥底下不是水，一起来听一听这样桥底下是什么？（教师朗读儿歌：过马路，上天桥，站在桥上往下瞧，咦，桥下没有水，只见车儿跑。）

2. 这种桥底下是什么？（汽车）你们见过这种桥吗？在哪里见过？

二、欣赏天桥图片，认识过街天桥以及天桥的用途

1. 老师找到了很多这样的桥，我们一起来看看。（教师播放图片，幼儿欣赏）

2. 天桥是什么样子的？（高高的，长长的）天桥上都有什么？（台阶、栏杆扶手、桥面、桥墩）

3. 你走过这样的桥吗？天桥应该怎么走？（幼儿自由讨论）

4. 为什么要建过街天桥，它给我们的生活带来什么便利？

三、通过观察，让幼儿知道如何正确走过街天桥

1. 果果也走过这种桥，我们一起来看看果果是怎么走天桥的？果果在走天桥的过程中有哪些行为是正确的？哪些行为是错误的？（教师逐步出示行为图卡，与幼儿共同讨论）

2. 请幼儿看看果果的行为图卡，然后将"赞"贴到正确的行为图卡上。（教师给每个小朋友发一个"赞"的小贴画）

3.教师和幼儿一起总结正确的走天桥的方法。

教师小结：上下天桥要靠右行走，并扶好扶手；不在天桥上打闹、嬉戏；要拉着父母的手一起过天桥；要爱护天桥上的公共设施和卫生；人多拥挤时要懂得谦让。

4.每个天桥旁边都有一个这样的标志，这是什么标志？（出示天桥标志）带领幼儿一起认识天桥标志。我们如果想过天桥，只要抬头看看附近有没有这样的标志，就能很快找到天桥。

活动延伸：

1.将有关过街天桥的图片、图书投放在语言区，供幼儿欣赏和讲述。

2.将图片放到建构区，请幼儿用积木来搭建过街天桥。

3.以"我眼中的过街天桥"为主题，开展主题绘画活动。

活动反思： 根据幼儿的年龄特点，我采用了观察图片和朗诵儿歌的形式，来让幼儿直观地认识过街天桥。再通过果果的故事，来引导幼儿正确地走天桥，让幼儿掌握如何正确、安全地通过天桥。本次活动中，我们以天桥怎么走展开了讨论，小结了安全通过天桥的方法。整节活动，幼儿的积极性很高，好多小朋友告诉我，自己家附近有天桥，上幼儿园的路上要经过天桥；也有小朋友告诉我，自己家附近的天桥被人为破坏，天桥上的隔音玻璃都变成了碎片，很危险。可见幼儿开始关注身边的事物，并开始了解到一些不当行为给我们带来的危害。

安全提示：

1.当行人较多时，请遵守谦让原则，让他人先过，不要与路人冲撞。

2.走路应该靠右走，当前方人流拥挤不要逆行而上，不要追逐打闹，看到有人跌倒要告诉后方的人群不要靠近。

3.年轻人和老年人一起走的时候，有扶手的一侧让给老年人行走。

家长课堂：

1.过天桥时要注意安全和钱财，同时也要照看好身边的幼儿。

2.请家长在生活中教育幼儿过马路要走人行横道和过街天桥，遵守交通规则。

上下天桥要抓扶手

过天桥时要拉好父母的手

（教师　李燕）

活动五　旋转门

设计意图

　　《纲要》中指出："亲近自然，接触社会，初步了解人与环境的依存关系，有认识与探索的兴趣。"《指南》教育建议中指出："结合生活实际，帮助幼儿理解基本行为规则，体会规则的重要性，学习自觉遵守规则。""旋转门"在我们的日常生活中应用得越来越广泛，对小班幼儿来说"旋转门"也是生活中非常熟悉的，饭店、旅馆、商场等地方多数装有旋转门。幼儿独自通过旋转门时，如果不注意，很容易发生危险。幼儿对旋转门产生了好奇，走进走出玩耍时，手、脚被门夹住，孩子痛苦、家长着急。旋转门在使用的时候，即使碰到物体后，也不会立即停止，因此旋转门能给我们带来方便，但在使用时一定要注意安全。

活动目标：

1. 了解旋转门开启的特点及主要功用。

2. 学习安全通过旋转门的正确方法。

活动准备：

1. 家长带领幼儿实地观察并让幼儿尝试如何安全通过旋转门。

2. 《旋转门，小心过》课件、商场、饭店旋转门背景图。

3. 字宝宝：入口。

活动过程：

一、手指游戏"开门"，引起幼儿参与活动兴趣

开门

大门开了进不来，小门开了进不来，

前门开了进不来，后门开了进不来，中门开了请进来。

你进来、我进来，大家请进来。

二、观看课件，引导幼儿讨论安全通过旋转门

1. 出示商场、饭店旋转门背景图，提问，图片里出现了什么样式的门？

2. 幼儿观看课件，交流讨论进出旋转门的注意事项。

（1）小弟弟通过旋转门时，发生了什么事？这样做有什么危险？为什么？

（2）小姐姐通过旋转门时，有哪些地方值得我们学习？

（3）你会对小弟弟、小姐姐说什么？

三、自由发言，回忆和家长一起通过旋转门的经历

小结：旋转门可以给我们带来安全、干净、方便、温暖。通过旋转门时，看清门的入口，入口转到面前时，快速走进去；然后顺着门的方向前行，到出口时快速走到门的外边。小朋友通过旋转门时，要有家人的陪护。不能在通过旋转门时打闹。

四、情境游戏"旋转门，小心过"

1. 女孩站两队，变成两条弧线队形（做旋转门边框），一部分男孩在弧线队形里站一排（做旋转门），剩下一部分幼儿在旋转门入口处站队，准备通过。

2. 请女孩排头手持"入口"字宝宝，起到进入旋转门方向提示的作用。

3. 站在弧线里的男孩中间小朋友不动，两边小朋友以中间小朋友为中心逆时针行走，做"旋转门"旋转状。

4. 门口站立的幼儿尝试安全通过"旋转门"。

5. 交换角色，游戏反复。

活动延伸：

对周围环境多加关注，体验门与我们生活的关系。安全进出感应门、伸缩门、卷闸门等。

活动反思： 活动一开始以"开门"游戏引出，激发了幼儿对门的兴趣，接着在轻松的谈话中让幼儿知道生活中特殊的门，故事提示幼儿，不要玩旋转门，不在门边打闹，以免发生危险。最后以情境游戏的形式让幼儿亲身体验到了正确通过旋转门的方式，以及门为我们的生活带来的方便，并引发幼儿进一步探索的欲望。

安全提示：

1. 通过旋转门时，要看清门的入口。

2. 当旋转门旋转时，不要强行进入，容易发生危险。

3. 幼儿通过旋转门时需要家长陪护。

家长课堂：

1. 如果小于 5 岁的孩子想通过旋转门，家长最好抱着孩子通过。如果孩子稍大一些，最好牵着孩子的手通过。尽量让孩子站在里侧，远离门翼边缘。

2. 不要让孩子在自动旋转门里玩耍、打闹，千万不要把旋转门当成大型玩具。

（教师 谢润玉）

活动六　电影院安全碰碰碰

设计意图

　　看电影是孩子比较喜欢的一种娱乐活动，随着儿童电影新片的不断上演，我们孩子去电影院的机会也越来越多。然而，在与孩子的个别交流中，我发现孩子对去影院的路上和观影中的安全了解得并不多，孩子们只知道要和谁去哪个电影院看电影，去看什么电影，看电影需要买票等事情，而对于电影院存在的一些安全隐患和发生危险后的应对方法并不是太了解。安全问题一直是幼儿园以及日常生活的重中之重，小班幼儿更应加强安全意识的培养，避免发生危险，幼儿的安全是一切发展的保障，只有在幼儿生命健全的基础上才能保证其身心健康发展，帮助孩子了解电影院里的安全注意事项，对于孩子来说也是一个比较有益的生活经验，这是我设计这个活动的最初出发点。

活动目标：

1. 让幼儿了解在电影院注意安全的重要性。

2. 掌握在看电影路上、电影院里的安全知识。

3. 培养幼儿的安全意识及挖掘自我保护潜能。

活动准备：

课件、图片、自制电影票。

物质准备：布置游戏场地。

（1）电影宣传的大海报。

（2）电影院的大牌子。

（3）三排小椅子。

活动过程：

一、游戏导入

手影游戏，和幼儿一起用手电筒投影在墙上做手影游戏，引发幼儿对活动开展的兴趣。

二、观影过程的注意事项

老师打算带小朋友去看电影，你们愿意去吗？你们知道看电影的过程中也存在一些安全隐患吗？今天我们就一起来学习电影院里的安全知识。

提问：

（一）出示图片，了解电影院中发生危险的原因。

1. 出示图一，图中的人在干什么？发生了什么事？（买电影票，他们都挤到一起了）

2. 想一想，挤在一起会有什么样的后果？（幼儿猜测后出示图二）

教师小结：他们挤在一起会令人受伤，而且卖票的阿姨会忙不过来，买票的速度更慢。

▷▷▷ 图一：混乱无秩序的买票

图二：挤到一起会令人受伤 ◀ ◀◀◀◀

3. 挤到一起为什么会令人受伤？

（因为大家都拥挤可能会把人挤倒，但是大家仍然抢着买票，脚踩在了摔倒的人身上，那个人就会受伤。）

教师小结：买票时应该排队，一个人买完了下一个人再买，不能拥挤。

（二）分小组交流讨论：除了图中的情况，电影院中还可能发生什么样危险的事情？

椅子夹到手、上下台阶摔倒、不知道出口在哪儿、果皮乱扔使别人滑倒……

（三）在电影院中我们应该怎么做？

讨论后教师小结：

1. 买完票入场后迅速对号入座，灯光熄灭后不能在观影房内来回走动以免摔倒。

2. 散场时一个跟着一个走，不能逆着人流走，那样非常容易被人流推倒在地。

3. 在入场和离场时，如果鞋子不小心被别人踩掉了，也不要贸然弯腰提鞋或系鞋带，应该告诉大人，请大人把自己带到安全的地方再处理鞋子的事情。

4. 小屁股尽量坐稳，观看电影时不能乱动，以免摔下来。

5. 吃完的果皮带走扔垃圾桶，不能随手扔到地上。

6. 找到座位先观察，记住出口的位置。

（四）如果入场或离场时发现自己前面有人突然摔倒了，你会怎么做？

马上要停下脚步，和爸爸妈妈一起大声呼救，告知后面的人不要向前靠近，然后扶起摔倒的人。

（五）情境表演：来到电影院

请小朋友分别当电影院售票员、售货员、维持秩序的保安，进行文明排队售票、入场、看电影、散场等场景的表演，巩固在电影院中的文明安全行为，养成遵守规则的好习惯，减少危险情况的发生，最后满足幼儿观看电影的愿望。

教师小结：在电影院等公共场所时要注意安全，排着队不要拥挤，万一发生危险，学会保护自己。

活动延伸：

活动后在班级创设开展电影院区域，引导幼儿讨论游戏需要的材料，学习制作电影票、扮演工作人员、利用美劳材料制作一些冰淇淋、爆米花等，引导幼儿不断根据游戏的进程丰富活动内容，使幼儿在游戏情境中增强自己的安全意识，满足幼儿参与社会活动的需求。

活动反思： 本次活动我是通过看图猜测→小组讨论→游戏体验三个教学流程由浅入深逐步完成活动目标。首先我和幼儿通过关上灯，拉好窗帘，一起玩手影游戏，让幼儿联想到电影院看电影的场景，引出"电影院看电影"的话题。其次通过图片了解电影院中发生危险的原因，电影院中存在的危险因素等几个方面讨论总结，最后情境表演"一起去看电影"，分角色表演售票员、售货员、维持秩序的保安等，让幼儿在游戏过程中了解发生意外时电影院中的正确做法，减少事故的发生。此次活动，既让幼儿了解了电影院中存在的危险和电影院中发生意外时的正确做法，对学到的安全知识进行了巩固，又满足了幼儿观看电影的愿望。

家长课堂：

1. 在影院里不能抽烟，以免引起火灾。

2. 在影院不能大声喧哗，人群受到惊吓，产生恐慌，如听到尖叫声、爆炸声、其他刺耳的声音和突如其来的变故，出现惊慌失措的失控局面，在无序的逃生过程中，相互拥挤可能会发生踩踏。

3. 若自己不幸被人群拥倒后，要设法靠近墙角，身体蜷成球状，双手在颈后紧扣以保护身体最脆弱的部位，同时护住自己的孩子。

4. 在人群骚动时，脚下要注意，千万不能被绊倒，保障自己和他人的安全。

（教师　牛晓曼）

5 月

自然安全

活动一　争做护树小卫士

设计意图

大树不仅能净化空气，还能挡住大风和沙子。为了让幼儿懂得树木对于人们生活的重要意义，根据小班幼儿的年龄特点，设计了本次活动。通过直观的图片和形象生动的故事情节，让幼儿了解种树的重要性，增进幼儿的安全意识和环保意识。

活动目标：

1. 通过观看图片启发幼儿去感受树木的特征以及种植树木的益处。

2. 通过故事情境引导幼儿了解到树木是人类和动物的好朋友。

3. 增强幼儿爱护环境，保护树木的环保意识。

活动准备：

树木的图片、故事。

活动过程：

一、幼儿通过观看树木的图片，了解树木的特征

1. 图片上的是什么植物？

2. 你看到的大树长什么样子？

教师小结：大树有树干和树叶，树叶能净化空气，高高的大树还能挡住大风。

二、让幼儿观看故事

观看故事《小动物的烦恼》，理解故事内容。引导幼儿根据故事内容讨论。

1. 小熊住在工厂的旁边，它在为什么事情烦恼呢？

教师小结：原来树木有净化空气的作用。

2. 小猪和小鹿为什么哭得这么伤心呢？

教师小结：小树、小草可以为小动物提供丰富的食物。

3. 小狗跑来跑去在躲什么呢？

教师小结：树木能为我们带来阴凉。

4. 风沙来了，吹得小猪和小熊眼睛都睁不开，它的危害很大，怎样才能治住风沙呢？

教师小结：风沙给我们的生活带来了危险。你们看，有了郁郁葱葱的大树，风沙再也不能来捣乱了。

三、游戏："我为大树浇浇水"

道具：小水桶、小喷壶、矿泉水瓶等。

玩法：教师带幼儿到户外为幼儿园的大树浇水。提高幼儿爱护环境，保护绿植的环保意识。

> *活动延伸：*
>
> 　　幼儿回家和爸爸妈妈讲一讲树木对人类生活的重要性，可以和爸爸妈妈一起到种植园种一棵小树，为保护环境贡献自己的一分力量。

活动反思： 幼儿的年龄小，在安全方面有的时候不能注意，还需要大人的提醒，在环境保护方面幼儿还不懂得环境和生活是有连系的，所以孩子们听了故事之后都明白了树木对人类的帮助，我们要爱护树木，多种树。保护环境就是保护我们自己。

安全提示：

1. 沙尘暴来的时候要跟紧爸爸妈妈。

2. 在沙尘暴来临的时候及时躲避，听家长的指挥。

3. 做好防护措施，不大声喊叫和乱跑。

家长课堂：

1. 少砍伐树木，保护环境。

2. 家长带幼儿亲自动手种小树苗，感受到生命的成长和收获的不易。

3. 让幼儿初步懂得沙尘暴来临的时候先进行防护。

▶》》》　　亲身体验劳动

我给小树浇浇水 ◀ 《《《

（教师　闫丽娟）

活动二　下雨了，我不怕

设计意图

　　下雨天，地面上湿滑，在这时候如果匆忙向前走，很容易摔跤发生意外。雨小时，孩子们则喜欢拿上小雨伞、穿上小雨衣去嬉戏玩雨，也容易发生意外。所以本次活动重在教育幼儿安全使用雨具，雨天要注意保护自己。

活动目标：

1.通过观看《下雨啦》绘本PPT，初步认识各种雨具的用法。

2.通过观看图片，知道下雨天时要注意哪些安全事项

3.知道雨天要安全出行，增强幼儿的自我保护意识。

活动准备：

《下雨啦》绘本PPT，雨伞、雨鞋等各种雨具的图片。

活动过程：

一、观看《下雨啦》绘本PPT，激发幼儿阅读绘本的兴趣

引导幼儿观看《下雨啦》绘本PPT，进行提问：

1.这是什么天气？你喜欢这种天气吗？为什么？

2.小兔子是怎么上学的？伞怎么用？

3.小狗是怎么上学的？雨衣怎么穿？

4.下雨天，我们是怎么上学的？

二、观察图片，请幼儿找一找自己喜欢的雨具，并讲一讲使用方法

教师出示图片，请幼儿讲一讲自己喜欢的雨具及雨具安全使用的注意事项。

三、讨论：下雨天，怎样做最安全

教师和幼儿一起讨论：下雨天，怎样出行最安全？

教师小结：出门前要看天气预报，有雨时要带伞；骑车要穿雨衣；大雨时尽量不外出。

四、情境表演：下雨啦

请幼儿扮演小兔子，教师扮演兔妈妈。播放音乐，当听到下小雨时，兔宝宝和兔妈妈一起跳舞，当发现下大雨时，兔宝宝和兔妈妈一起找地方躲雨，看谁躲得快。

活动延伸：

教师带领幼儿一起观看视频《雨》，感受小雨、大雨带给人们的不同感受。

活动反思： 幼儿年龄小，缺乏生活经验，在活动一开始，我用绘本PPT的形式，通过绘本的介入让幼儿在轻松愉快的环境下学习安全使用雨具，最后通过表演游戏的形式，让幼儿在玩中学，学中玩，更快、更好地学到雨天安全小知识，提高了幼儿的自我保护意识。

安全提示：

1.下雨的时候，路上非常滑，匆忙地跑步最容易滑倒，所以要小心慢行。走坡道时，更要特别小心。

2.打雨伞时，千万不要让雨伞挡住了视线，要注意观察四周环境。

3.打开雨伞时不要对着小朋友，以免雨伞把儿的顶端戳到对方。

家长课堂：

1.刮强风下大雨时，最好穿雨衣上学，因为孩子还小，在狂风大雨天不好控制雨伞。

2.不要在马路上的小水潭中踏水或放小船玩，这样都非常危险。

3.教育幼儿打雷、闪电时，不要站在高处，不可以躲在潮湿的地方。

雨衣雨鞋穿起来

（教师 杨玲）

活动三 房屋摇晃为什么

设计意图

　　《纲要》指出："幼儿园必须把保护幼儿的生命和促进幼儿的健康放在工作的首位。"地震是自然灾害中的群灾之首！1976年7月28日唐山大地震、2008年5月12日汶川大地震等都是突如其来的大灾难，造成重大人员和财产损失。由此可见，地震小知识、避震小诀窍、如何保护自己等基本的常识，从现在开始就要让幼儿学习掌握，防患于未然。让幼儿提高防震意识，在灾难到来的时候，能更好地保护自己，更好地掌握逃生技巧。在大灾大难面前不惊慌！

活动目标：

1.通过观看视频，初步了解地震发生时的一些现象。

2.引导幼儿逐幅看图片，知道地震给人类带来哪些灾难。

3.培养幼儿相互关心的情感，增强幼儿安全意识。

活动准备：

地震视频、图片。

活动过程：

一、请幼儿观看发生地震的图片

出示图片，逐幅观察：

1.小朋友们，你看到了什么？图片上发生什么事情啦？

2.有什么现象发生？

3.都看到什么动了？怎样动？是摇晃了吗？

4.小朋友看了以后有什么感受？（害怕、担心）

教师小结：物体摇晃，人们站不稳，震感强烈的时候能感到地面剧烈震动，使房屋倒塌，地面裂开大缝。公路可能会有断层，汽车被落石砸扁，这种现象就是地震。

二、游戏："地震了"

教师播放地震警报，幼儿听到警报声后，赶紧躲在室内安全的地方保护自己，也可以用身边的坐垫、卧室的枕头等柔软物保护头部。教师引导幼儿不惊慌，有序躲避，别撞倒别人，要互相关心同伴是否脱离危险，互相护持。老师要注意引导帮助孩子们注意安全，以免发生二次伤害。

教师小结：为灾区小朋友捐赠必需品献爱心。

活动延伸：

视频里的汶川大地震，许多小朋友受伤了，他们的房子没了，爸爸妈妈没了，家也没了，全国人民都在救援帮助。如果我们遇到同胞家乡地震了，我们能为他们做些什么呢？（幼儿充分讨论）

活动反思：孩子们第一次观看这样的视频，感觉非常惊讶、害怕。大部分孩子不知道该如何是好，但经过这一次活动之后，孩子们认识了地震，知道了地震会给人类带来灾难，懂得正确逃生。

安全提示：

1. 在地震紧急逃生演习中，幼儿不拥挤不推拉，注意上下楼梯的安全。

2. 在室内避震演习中，如果幼儿躲在桌子底下时，要注意头离开桌角，以免碰伤自己。

3. 幼儿要掌握紧急逃生的动作，保护好自己的头、躯干。

家长课堂：

1. 家长们一定要和幼儿一起学习避震的逃生技巧，防患于未然。

2. 为了家人的安全，请家长在家和幼儿一起进行避震的实操演习，加深幼儿的印象。

3. 家长和幼儿适当地观看一些地震的视频和图片，培养幼儿爱护生命的情感。

躲到坚固的物体下面避震

借助外物保护头部

（教师　高密林）

活动四 雪天防护我知道

设计意图

　　雪季来临，天气寒冷，道路湿滑，给出行和生活带来很大困难。交通事故频发，给无数个家庭带来刻骨的伤痛。设计此活动是为了倡议大家珍爱生命，大雪天出行一定要慢下来，对自己负责，也是对别人的生命负责。注意安全，从自我做起。

活动目标：

1.通过观看《小恐龙的一天》PPT，知道下大雪要注意哪些安全事项。

2.知道雪天要安全出行，增强幼儿的自我保护意识。

活动准备：

《小恐龙的一天》PPT、图片。

活动过程：

一、谈话导入，激发幼儿的兴趣

　　教师：小朋友们，你们知道现在是什么季节？你们喜欢冬天吗？为什么？小恐龙也很喜欢冬天，尤其是喜欢下雪的天气，但是，下雪却给它的生活带来了很多的麻烦，让我们一起去看一看吧！

二、讲述故事

　　讲述故事《小恐龙的一天》，使幼儿了解在雪天活动时，可能出现的不安全事项。

　　提问：

　　1.森林里下雪了，小恐龙感觉非常非常冷，怎样让它暖和起来呢？

2. 恐龙宝宝在玩打雪仗的游戏，发生了什么事情？

3. 恐龙又到冰面上玩，接着又发生了什么事情？

4. 小恐龙做得对不对？那么你们在下雪天是怎样做的呢？引导幼儿结合自己实际，谈谈自己在下雪天会遇到的困难，以及解决的方法。

三、出示"人们在雪天活动"的图片，让幼儿判断对错，并说出理由

1. 打雪仗时，往同伴的头上、脸上扔。

2. 独自到冰面上玩，追逐打闹。

3. 下雪后，在马路上奔跑。

4. 玩雪后，直接将手放进热水里泡。

5. 下暴雪后，在大树下、广告牌下面玩耍。

6. 不戴帽子、手套，外出玩耍。

小结：下雪天，可以堆雪人、打雪仗，但是也要注意安全；下雪天出去玩，要注意穿上防寒保暖的衣服，戴上手套、帽子、围巾，以免冻伤；小朋友不能独自到冰面上玩，以免发生危险；打雪仗时，不要往别人的脸上、头上扔，以免打伤；玩雪后，一定要搓搓手，不能将手直接放进热水里。

活动延伸：
教师和幼儿一起演唱歌曲《下雪天》，体验下雪天有趣的情景。

活动反思： 幼儿年龄较小，缺乏生活经验，我考虑到这一点之后，采用绘本阅读的方式，让幼儿在形象直观的情境中感知下雪天的安全注意事项，最后通过观察图片的形式总结。

安全提示：

1. 要注意防寒保暖。

2. 道路很滑，要小心谨慎，预防摔倒。

3. 远离车辆，靠右侧通行。

家长课堂：

1.冬季下雪后路面易结冰且湿滑不利于幼儿行走，容易造成跌倒等意外伤害。

2.家长们要多掌握节气知识，提高季节疾病防范意识。

（教师　杨茜）

活动五　天热了，预防什么

设计意图

　　天气一天比一天热，孩子们穿的衣服也在逐渐减少，每天户外活动时会流许多的汗，空调、冷饮也成了孩子们生活里不可或缺的。夏天不仅要预防高温还要预防空调和冷饮对身体带来的伤害，因此，设计了本次活动。通过直观的图片和真实的防暑物品，增进幼儿的防暑安全意识。

活动目标：

1.通过观看图片，了解夏天的特征，引导幼儿初步懂得夏季的炎热。

2.通过观看图片帮助幼儿了解一两种常见的降温方法。

3.掌握一些基本的生活常识，提高自我保护意识。

活动准备：

夏季图片、防暑降温的图片，准备夏天日常生活用品图片及实物。

活动过程：

一、教师出示夏季图片

1.小朋友们这是什么季节呀？

2.图片里人们都在干什么？

3.夏天和春天、秋天、冬天有什么不同？

教师小结：在夏季，天气很热，人们穿的衣服少了，吃的水果多了，树叶更茂密了。

二、教师出示图片，请幼儿讨论夏天可以用什么方法降温

夏天到了，天气越来越热了，小朋友在户外玩一会儿就满头大汗，有什么方法可以让我们凉快起来呢？

教师小结：我们在夏天可以吹电风扇、吹空调，吃冷饮让自己凉快起来，这些都是防暑降温的好办法。但是小朋友在吹空调和吃冷饮的时候要注意，空调和电扇吹的时间长了很容易感冒，冷饮吃多了肠胃会不舒服。

三、游戏："夏天的物品"

教师准备一些夏季日常用品的图片及实物，让幼儿自由选择，说出物品的名称及用途，如选电扇图片，就要说出电扇，电扇可以扇风让人们凉快。

活动延伸：
回家和爸爸妈妈一起找找还有哪些方法可以防暑降温。

活动反思： 幼儿都知道夏天很热，也知道到了夏天可以借助冰糕、西瓜，还有吹空调帮我们降温，但是有一些方法是不科学的。通过本次活动，幼儿都知道了冷饮不能多吃多喝，空调也不能长时间吹，所以此次活动对大人和孩子都是很有帮助的。

安全提示：

1.夏季活动量不宜太大，避免剧烈运动。

2.出汗后及时补充水分，多喝水。

3.夏季中午温度最高，尽量避开中午高温时外出。

家长课堂：

1.家庭可以准备一些防暑药物，如藿香正气水、清凉油等。

2.茶水是传统中医学认为最佳的解暑饮料。

3.出门时，做好防晒工作，戴太阳镜、遮阳帽或使用遮阳伞，穿透气性好的棉质或真丝面料衣服。

▶活动出汗后要及时喝水

小朋友们利用小风扇进行降温◀

（教师　王军丽）

活动六　奇怪的"冰球"

设计意图

　　听到"冰球"这个词，相信大家都会很好奇，"冰球"是什么呢？能吃吗？有没有味道呢？它是软的还是硬的？许多的疑问浮现在眼前。那么对于小班幼儿来说，更是既懵懂又好奇了！因此，为了让幼儿初步地了解什么是"冰球"，以及"冰球"的特点，设计了本次活动，丰富幼儿的知识内容，掌握"冰球"的基本特征，知道它是一种自然灾害。

活动目标：

1. 通过猜谜语和观察"冰球"的图片，了解"冰球"的成分，能够从颜色、大小、形状、硬度等方面判断出"冰球"就是冰雹。

2. 通过游戏"小卫士闯关"，加深幼儿对冰雹的认识，初步了解躲避冰雹的方法。

3. 丰富幼儿对冰雹的认识，提高幼儿安全意识。

活动准备：

谜语、水冻的冰球、冰雹及其他图片、小贴画若干。

活动过程：

一、猜谜语《冰雹》

1. 教师念出谜语的谜面，请幼儿猜谜底。

谜面：大小珍珠光又亮，噼里啪啦从天降。娃娃捡起捧在手，慢慢变成水一汪。

谜底：冰雹。

2. 出示冰球实物，启发幼儿初步认识冰雹。

教师小结：这个像珍珠一样的小球叫作"冰雹"，放在手里会融化。

二、出示冰雹图片，观察并认识冰雹

教师出示冰雹图片，请幼儿观察并讨论看到的冰雹有什么特点？

（1）冰雹是什么颜色的？猜一猜它有味道吗？能吃吗？

（2）冰雹是什么形状的？像什么？

（3）冰雹的大小一样吗？

（4）猜一猜冰雹摸起来会是什么感觉？

（5）它是从哪里来的？

（6）落下来会发出声音吗？

教师小结：冰雹是一个个白色的小球，形状大小都不一样，而且很硬，摸起来凉凉的，放到手里会融化。从天上掉下来，如果砸到人会受伤，很疼，很危险。

三、游戏："小卫士闯关"

道具：冰雹及其他图片、小贴画若干。

1.教师依次出示冰雹图片（图片个数教师自定），请幼儿分别抢答图中的是否是冰雹，每一名猜对的小朋友都可以获得一个贴画，重复进行。游戏结束，谁的贴画数量多谁就是"小卫士"。

2.教师播放防冰雹的图片，请幼儿抢答谁的躲避方法是正确的，猜对的小朋友获得一个贴画，重复进行。游戏结束后，谁的贴画多，谁就是"小卫士"。

活动延伸：

　　教师可以将"冰雹"的图片放到美工区，为幼儿提供继续观察和讨论冰雹的机会，还可以动手画一画幼儿眼中的冰雹。

活动反思：通过此次活动使幼儿对冰雹有了初步的了解。通过看图片幼儿初步了解冰雹的颜色、形状、大小、硬度，也知道冰雹不能吃。通过玩闯关游戏，巩固幼儿对冰雹特征的了解，加深记忆，同时丰富幼儿对冰雹的认识。

安全提示：

1.遇到冰雹不可以在户外活动。

2.如果在户外遇到冰雹天气，找最近的房屋进行躲避。

家长课堂：

1.冰雹会致人死亡，毁坏大片农田和树木，摧毁建筑物和车辆等。具有强大的杀伤力。

2.遇到冰雹天气时，家长不要为了满足幼儿好奇心，带幼儿外出观察。

（教师　闫伟园）

6月

水电安全

活动一　神奇的电宝贝

设计意图

　　《纲要》在教育内容与要求中提到如下教育目标：幼儿知道必要的安全保健常识，学习保护自己。作为教师，我们在高度重视和满足幼儿受保护、受照顾的同时，又要帮助与指导幼儿学习自理、自立，从而提高幼儿各方面的能力。所以在设计这节课的时候，我从幼儿身边常见的插座、开关、电器设备入手，通过讲故事的方式，帮助幼儿在这堂安全教育课中了解周围环境中不安全的事物，不做危险的事儿、不触摸电源插座等。

活动目标：

1.知道电源插座里有电，不能用手触摸。

2.认识"有电危险"的安全标识，知道其作用。

3.增强幼儿的自我保护意识。

活动准备：

故事视频《神奇的电宝贝》、插线板、"有电危险"标识、标识贴若干。

活动过程：

一、让幼儿在观看课件中理解故事内容，建构经验

1.播放故事视频《神奇的电宝贝》，帮助幼儿理解故事内容。

2.根据故事进行简单活动。

（1）故事里有谁？

（2）大灰狼去小红帽家偷什么宝贝了？

（3）大灰狼为什么晕倒了？

（4）(出示电插线板) 那电插线板里会藏着什么呢？

教师小结：电插线板里藏着可怕的电，电是很危险的，人若触电后会受伤或发生更为严重的后果，因此小朋友不能随便玩电器。

二、观看图片，让幼儿认知有关用电安全的标识

认识"有电危险"的标识。

出示图片，引导幼儿认一认、说一说你在哪里见到过这样的标识？

看到这个标识我们要怎么做呢？

教师小结：这些标识经常出现在公共场所里。比如，商场、幼儿园的电闸盒、户外的电线杆等。看到这个标识我们要远离它，不要触摸。

三、通过游戏，进一步让幼儿巩固所学的知识

1.寻找并讨论如何保证安全用电：

（1）小朋友们看看我们的幼儿园哪里有电插线板、电插座、开关的地方呢？

（2）怎样才能让所有的小朋友都知道碰这些地方有危险呢？

教师小结：电插线板、电插座、开关是我们日常生活中最常见到的跟电有关的物品，小朋友可以把标识贴纸贴在这些地方，提醒大家要注意安全。

2.游戏："有电很危险"。

小朋友自主寻找教室、走廊、户外的插线板、电插座和开关，并在这些地方贴上"有电危险"的贴纸，以示提醒。

活动延伸：

教师可带领幼儿到户外或让幼儿到家中寻找有电的地方，提示幼儿禁止触碰，并贴上"有电危险"的标识。

活动反思：在本次活动中，通过故事向幼儿生动形象地讲述了电的安全知识，知道了随便触摸会发生危险。通过提问加深幼儿对故事的理解和电的认知。孩子们知道了要远离周围不安全的因素，不触摸电源。最后环节孩子们兴趣浓厚，认真地寻找室内的插座和开关等，并在上方贴上了"有电危险"的标识。希望孩子们通过此次活动，能够加强安全意识和自我保护的意识。

安全提示：

1.知道电源总开关的位置，知道在紧急情况下关掉开关。

2.不用手或导电物（如铁丝、钉子、别针等金属制品）去接触或探试电源插座内部。

3.不要自己随意触碰电源。

家长课堂：

1.家长可将家里的插座放高，尽量避免孩子触碰。

2.家长随时检查家里电源开关是否关闭，以免幼儿触电。

3.可与幼儿在家寻找电插座、电插板和开关，贴上"有电危险"的标识，以作提醒。

（教师　耿旸）

活动二　游泳安全我知道

设计意图

每到夏季，游泳是这个季节中不可缺席的游乐活动。每一个幼儿都喜欢与水为伴，那么在戏水的欢乐时光中如何保护自己的安全便是我们现在需要重视的问题。《指南》中指出："为了有效促进幼儿身心健康发展，成人应帮助幼儿提高自我保护能力，形成使其终身受益的生活能力和文明生活方式。"小班幼儿的自我保护意识薄弱，经验不足，因此，我设计了"游泳安全我知道"的安全课程就是通过图片、儿歌等形式让幼儿零星的经验得到整合，并初步培养幼儿的规则意识。

活动目标：

1. 懂得应在安全的游泳场所内由大人陪同游泳。

2. 认识游泳物品及用途，了解游泳时应注意的事项。

3. 初步培养幼儿的规则意识。

活动准备：

1. 游泳场所的图片。

2. 泳衣、泳帽、泳镜、泳圈等物品。

3. 游泳安全课件。

活动过程：

一、谈话导入活动

提问：小朋友们，在炎热的夏天你们喜欢游泳吗？你是和谁一起去的呢？小朋友能不能自己去游泳，为什么？

教师小结：在炎热的夏天，游泳会让我们感觉很舒服，但游泳时如果不注意安全就会发生危险。我们一定要在大人的陪伴下去正规游泳池游泳，如果发生危险，大人可以保护我们。

二、认识游泳物品的名称及其用途

1. 游泳时要带些什么物品呢？

教师一一出示游泳物品，引导幼儿认识物品并说名称。

2. 这些物品都有什么作用呢？

教师小结：泳帽的作用——减少阻力，便于救生员通过分辨颜色来管理游泳者；泳帽不仅能保护头发，还能保护泳池的卫生。

泳镜的作用——保护眼睛，在水下也能看清水底的情况。

泳衣的作用——一是为了美观，二是为了减少阻力。

泳圈的作用——帮助身体漂浮在水面上。（帮助身体漂浮起来的物品还有浮板、充气水袖、充气浮力背心等。）

三、引导幼儿观察幼儿用书中的图片

1. 说一说图中小朋友的做法是否正确。

2. 不正确的做法会发生什么危险？

教师小结：小朋友一定要在正规的泳池中游泳，不去危险的地方；一定在大人的陪同下，不能一个人去游泳，做好安全防护，要慢慢地从楼梯处上下水，游泳时要戴好泳圈在浅水区游戏。

四、跟随老师做律动，了解游泳要遵守的规则

小朋友们，老师要带你们去游泳馆游泳，我们要先做什么呢？边说儿歌边做律动。

游泳安全早知道

游泳前，戴泳镜，穿泳衣，拿着游泳圈，一起来游泳。

伸伸胳膊，压一压腿，扭扭屁股，转一转头，大家一起来热身。

抓紧扶手脚站稳，一步一步慢慢走，双手划一划，双脚踢一踢，游泳真快乐。

五、幼儿讨论游泳应注意的事项

教师小结：游泳前穿泳衣，戴好泳帽、泳镜和游泳圈等；换好衣服后先做热身运动，让身体做好下水准备；下水前先取一些水湿一湿身体，熟悉一下水温，慢慢地入水；随意从池边跳下水很危险，要从入口的楼梯上下；游泳时不能嬉戏打闹，在儿童区游泳。

六、音乐游戏："游泳去"

小朋友们准备好了吗？我们一起去游泳喽！

活动延伸：

益智区——将游泳装备制作成图片投放至益智区，让幼儿在区域活动时进行图片匹配"游泳时需要什么"的操作活动。

活动反思： 本次活动通过图片、儿歌等形式，使幼儿知道游泳前要做好安全防护：应佩戴泳帽、泳镜和游泳圈，并在正规的游泳场所游泳，知道游泳时应有大人的陪同。通过儿歌律动知道游泳时所需要遵守的规则。利用游戏的形式让幼儿整合散乱的知识点，增进幼儿的规则意识。活动中幼儿能积极与老师互动，知道了游泳时怎样做才最安全，达到了教育的目的。但是安全教育不是一两节课就能达到预期效果的，在教育教学工作中要将安全工作细致化、常态化。生命安全，警钟长鸣。

安全提示：

1. 下水前应先穿好泳装，戴好泳镜、泳帽和游泳圈。

2. 游泳前要做热身运动 3~5 分钟，下水前要先适应一下水温慢慢入水。

3. 不要离开家长视线，在浅水区游泳。

家长课堂：

1. 提醒幼儿在游泳前后不要吃太多食物。

2. 提醒幼儿在厕所内小便，不要在水池内小便以免污染水。

3. 帮助幼儿穿戴好泳具后再下水。

（教师　崔兴）

活动三　我不安全，别碰我

设计意图

　　保护幼儿生命、促进幼儿健康都离不开安全教育，生活中的安全问题无处不在。为了让孩子能与同伴快乐游戏，获得运动经验，培养幼儿良好的品质和安全意识，我们在降低户外游戏设施危险性的同时带领幼儿开展一系列安全教育活动。"我不安全，别碰我"就是其中的一个活动，我根据小班幼儿的年龄特点，在活动中通过直观的课件和形象生动的故事情节以及讨论之后的现场体验，轻松学习、自然习得，增进幼儿的安全意识和规则意识。

活动目标：

1. 了解电的用途，知道电在我们生活中的重要性。

2. 懂得不正确用电的危害，学会正确用电。

3. 懂得如何保护自己防止触电。

活动准备：

多媒体课件、各种用电安全图片。

活动过程：

一、观看视频动画片段

今天老师带来了一位客人，它发现了一个宝贝，你们想不想知道这个宝贝是什么呢？

　　1. 小老鼠说插排可神奇了？可以让台灯亮，可以让电视说话，你们知道是为什么吗？

2. 你还知道哪些常用的电器？可以做什么？

老师小结：帮助幼儿梳理生活中的经验。

在我们日常生活中，有许多电器产品，这些电器给我们生活带来了许多方便，但是这些电器要工作，都离不开电。

二、继续观看视频大灰狼触电片段，引出不安全用电的图片

大灰狼干什么了？这样做危险吗？

教师小结：电给我们人类带来了许多方便，我们的生活再也离不开它了。它是我们的好朋友，但这位电朋友有时候也会发脾气伤人的。

三、出示"电"的标志

让幼儿认识电的标志，并知道看见"电"的标志就要提高警惕，注意安全。

四、游戏：谁对谁错，做得对的送"笑脸"，错的送"苦脸"

老师还带来了几幅图片我们一起看一看他们这样做对吗？

依次出示不安全用电的图片让幼儿大胆发言。

教师小结：家电停止使用时，要拔掉电源插头；手、脚和身体湿的时候不要触摸电器；不要把手伸进运转的电风扇、搅拌机和水果榨汁机里。

活动延伸：

触电后怎么办？

1. 触电后应立即拉下电源开关或拔掉电源插头。

2. 迅速拨打电话，你们知道应该拨打什么电话号码吗？

3. 如果无法及时找到或者断开电源，应该怎么办？

活动反思： 在本次活动中，我利用动画和看各种家用电器的图片的方法，激发他们的兴趣。在安全用电环节上，请孩子们看使用电器正确与错误的图片，知道安全用电的重要性。幼儿的兴趣非常浓，能积极回答老师的问题。

安全提示：

1. 家电停止使用时，要拔掉电源插头。

2.手、脚和身体湿的时候不要触摸电器。

3.不要把手伸进运转的电风扇、搅拌机和水果榨汁机里等。

家长课堂：

1.家长一定要确定电器不用后断电才能离开。

2.插排不要放在孩子能轻易够到的地方。

3.给孩子多讲一些防触电安全知识。

（教师　王静丽）

活动四　停电了怎么办

设计意图

　　幼儿的发展离不开家庭的教育，家庭要努力为幼儿创设温暖、关爱、平等的家庭生活氛围；建立良好的亲子关系；让幼儿在积极健康安全的环境下成长。为了让孩子能与家人亲密接触，获得安全感，培养幼儿良好的生活品质与安全意识，设计了这节活动。小班幼儿能用各种感官或动作去探索物体。但是，遇到突发事件的时候，他们会出现慌乱不知所措，会害怕大哭、找妈妈等情况，更容易情绪上哭闹不止，有比较强烈的反应。因此，设计本次活动，通过家庭的教育和形象生动的故事情节，感受体验，增进幼儿家庭安全意识。

活动目标：

1.了解电的用处大。

2.通过停电给生活带来不便，懂得珍惜节约用电。

3.喜欢与父母一起游戏的快乐。

活动准备：
多媒体课件、停电的图片、视频、手电筒等照明工具。

活动过程：

一、请幼儿观看故事内容，感受停电

1. 看课件，听故事《停电》。

2. 引导幼儿根据故事，思考问题：

（1）屋子里怎么突然黑了？灯为什么不亮了？

（2）家里是不是停电了？电是什么？"妈妈，动画片怎么没有了？家里黑黑的什么也看不见。"

（3）停电了怎么办？

老师小结：当家里突然停电，不要害怕。停电给我们的生活带来了很多不方便。(夏天热的时候开不了空调吹风；小朋友喜欢看的动画片也看不了……）

二、根据故事，巩固经验

讨论：

1. 停电了，我们怎么办？

2. 使用什么工具，可以照明呢？

3. 电器需要电才可以工作吗？

4. 没有电的情况下，我们怎么玩呢？

教师小结：进一步知道停电黑暗的时候，小朋友需要注意安全。

小朋友在黑暗中不能乱跑动，等待爸爸妈妈借助手电筒或蜡烛照明，让我们的屋子变得明亮，小朋友不再害怕。

5. 了解节约用电的重要性。

讨论：小朋友们，如果没有电，我们的生活会怎么样？

教师小结：电的产生需要耗费大量的能源，能源是有限的。有许多地方的人们还用不上电，没有电灯、电视、空调。我们要珍惜，节约用电。

三、通过游戏，进一步让幼儿感受黑暗的乐趣

游戏：打手影。

1. 诗歌里爸爸的双手都变出了什么？

2. 你们的小手可以变出什么？请幼儿做一做。

3. 和爸爸妈妈参与说唱儿歌，借助手电筒照明。

教师小结：幼儿结合生活经验，完成不同的手影角色形象。小朋友与家长参与游戏，感受黑暗的快乐时光。

活动延伸：

在家长的陪伴下，让幼儿感受灯下打手影的神奇。懂得遇到黑暗不慌张，不害怕，体验不一样的乐趣。

活动反思：小班幼儿年龄小，对于家里突然停电心里会害怕不知道该怎么办。根据幼儿的年龄特点，首先考虑幼儿心理情绪上的波动，可适当讲述一些安全常识，达到游戏与安全相结合。本次活动中，幼儿与爸爸妈妈的亲子活动，增进了亲子关系。让幼儿知道在遇到停电时不慌张大哭，可以在与家长打手影的游戏中快乐度过。

安全提示：

1. 当停电时，不慌张乱走动。

2. 请关掉电源，拔掉电器设备的插头。

3. 停电后注意用电安全。

家长课堂：

1. 家长应第一时间看护好孩子，不乱跑。

2. 使用手电筒，应急照明灯等照明工具。

3. 使用蜡烛照明时，不要将燃烧的蜡烛放在风口处。

（教师　聂祎）

活动五 小猫咪咪落水记

设计意图

　　为了保护孩子的安全和健康，我们必须对幼儿加强安全教育的培养，教育孩子防溺水，增强孩子的安全意识和自我保护能力，因此，根据小班孩子的年龄特点设计本次活动，让幼儿初步了解防溺水安全的相关内容，提高安全意识。

活动目标：

1. 通过故事，引导幼儿了解水边玩耍会发生危险。

2. 提高幼儿的安全意识，学习有关防溺水安全的知识。

3. 知道得到别人帮助时，要学会感激别人。

活动准备：

故事、图片、视频、PPT、防溺水儿歌。

活动过程：

一、谈话活动

1. 师：小朋友们，现在是什么季节？天气是热的还是冷的呢？那天气一热你们想干什么呢？

2. 师：有一只小猫，到了夏天它也很怕热，所以呀，它就……（教师停下，让幼儿自己猜测）听完接下来的故事，你们就知道它怎么样了。

二、教师出示小猫图片，讲述故事

1.教师讲述故事，引导幼儿仔细倾听故事。

师：小猫很怕热，它去干什么了？

教师小结：小猫很怕热，它趁爸爸妈妈不注意，就跑到河里抓鱼了。

2.师：小猫为什么会落水呢？

教师小结：它在抓鱼的时候，脚一滑不小心掉了下去。

3.师：小猫落水后是谁救了它？如果没有人救它会怎么样？

教师小结：是小鸭子救了它，如果没有小鸭子小猫就淹死了。

4.师：如果你是小猫，小鸭子救了你，你会怎么对小鸭子说呢？怎么做才能不掉到水里面呢？

教师引导幼儿回答问题，初步了解当自己得到别人帮助的时候，要学会感谢别人。

三、师幼共同讨论有关防溺水的安全知识

1. 通过视频了解防溺水安全知识。

（1）小朋友们，我们怎样使自己不会发生溺水事故呢？

（2）说说日常生活中应该怎么防范溺水事故的发生。

2. 请小朋友说一说"如果不小心掉到水里了，你会怎么做"。

教师总结：当没有大人在自己身边的时候，小朋友们不能独自到有很多水的地方玩耍，即使天气再热也不能把手和脚伸到水里面，如果碰到有人掉到水里，要记得大声地叫救命，我们不能擅自下水营救，应大声呼唤成年人前来相助或拨打"110"，不然擅自下水是很危险的。小朋友们在来园、离园的途中千万不要去玩河水、下池塘去游泳。

3. 教师继续播放PPT中的图片或视频，看了这些图片后引导幼儿谈谈自己的感受。

（1）看了刚才的图片之后，你们心里有什么感受？

（2）这个事实告诉我们什么？这几个小朋友违反了哪些安全规则？我们应如何遵守安全规则？

（3）提问：我们怎样才能防止溺水？不去有水的地方玩耍，远离池塘、河

流等水多的地方。

预防溺水要知道

小河沟，小水潭，不要私自去游玩。

别看它小就大意，小沟也会把人溺。

小溪流，小水库，不要私自跑下去。

水上水下危险多，一不小心命不活。

走河边，过小桥，不要推拉不玩闹。

推拉玩闹有危险，掉进河里命难全。

小同学，小朋友，千万千万记清楚。

水潭水库与河边，预防溺水记心间。

四、活动总结

夏天是一个炎热的季节，同时也是一个多雨的季节，我们一定要在大人的陪同下进行水中活动，玩耍时远离有水的地方。

活动延伸：

请家长利用周末时间，查找书籍、上网等方式让孩子深入了解防溺水的知识，并编成故事。

活动反思：通过课件演示、师幼讨论、角色扮演等教学活动，让幼儿了解认识到了在河道、水渠、池塘、水井、水池、水库中嬉水落水的危险，掌握了一定的防溺水自救与预防知识。

安全提示：

1. 不要独自在河边、水塘边玩耍。

2. 不下水摸鱼，捡落入水中的物品。

3. 池边不可奔跑或追逐，以免滑倒受伤。

4. 池边不可玩闹推人下水，以免发生溺水事故。

5. 碰到有人溺水，不要慌乱，第一时间大声呼叫，找大人帮忙，同时拨打"110"

报警。

6. 炎炎夏日，幼儿不能自己去找避暑的地方和水边池塘玩耍纳凉。

7. 池边严禁跳水，避免因疏忽造成伤害。

家长课堂：

1. 教育孩子不到无安全设施、无救护人员的水域游泳，不到不熟悉的水域游泳，不到江边、井边、池塘边、溪流边嬉水，不到没有安全保障的水边游玩。

2. 只要孩子在水里或水边，时刻注意看管，包括水池、澡盆、水桶附近，视线不要离开孩子，因为当您去接电话，或与别人聊天时，危险就有可能发生。

（教师　范律丹）

活动六　打雷下雨我不怕

设计意图

　　夏季是雷雨的高发季节，防触电是幼儿园的重中之重，为进一步增强幼儿的安全教育，增强幼儿的安全意识，提高幼儿的自我保护能力，使幼儿知道雷电天气的一些自我保护的方法，设计了本活动。小班的幼儿具有初步的阅读理解能力，能听懂短小的儿歌或故事，根据这一年龄特点，在幼儿已有经验的基础上，我们通过故事和图片较为直观的方法，让幼儿了解雷电天气的一些自我保护方法。

活动目标：

1. 在巩固幼儿原有经验的基础上，引导幼儿了解雷电的危害性。

2. 培养幼儿养成良好的自我保护意识，掌握防止雷电伤害的基本常识。

活动准备：

打雷的声音、图片、故事。

活动过程：

一、让幼儿在听、猜、学的过程中，巩固已有经验

1. 听一听，猜一猜，学一学。

教师播放打雷的声音，请幼儿听一听，并猜一猜这是什么声音，什么时候能听到这个声音。并请个别幼儿模仿打雷的声音，全体一起学一学。

2. 教师提问："你们害怕打雷吗？为什么？"

二、听故事，交流自我保护的方法，提升已有经验

1. 教师提问："下雨又打雷时，我们应该怎样保护自己呢？"师生共同讨论雷雨时保护自己的方法。

2. 听故事，请幼儿说一说故事中的小动物在下雨又打雷时是怎样保护自己的？

3. 教师小结：我们从故事中学了这么多保护自己的方法，你们能不能一下子都记住呢？老师给大家将这些内容变成了一首小儿歌，我们一起来学一学吧！

打雷下雨不用怕

打雷下雨不要怕，安全口诀要牢记。

大树底下不避雨，电线底下不能去。

路边积水不要踩，河边湖边很危险。

小步慢行不乱跑，手中工具要拿低。

注意观察别滑倒，雷声近时蹲在地。

进入房间关门窗，屋里电源别靠近。

发现火灾早报告，热心帮助别忘记。

三、通过游戏，让幼儿进一步巩固所学经验

游戏闯关，教师随意点击图片，小朋友抢答，判断对错，看看谁回答得又对又快。

活动延伸：
回到家，可以将学会的防雷电儿歌表演给爸爸妈妈看。

活动反思： 在第一部分，我们采用了故事的形式，因为小班幼儿只具有初步的理解能力，并且喜欢听故事和看图画书，根据这一年龄特点，故事的讲述要声情并茂，并具有神秘感，来吸引幼儿的兴趣。第二部分，图片游戏环节，小班幼儿更喜欢直观的表现方式，因此用图片加上游戏的形式更能激发小班孩子的兴趣。

安全提示：

1. 不可以到大树底下躲雷雨闪电。

2. 不可以躲在电线杆下。

3. 不可以躲在高危的地方。

4. 不可以躲在潮湿的地方。

家长课堂：

1. 雷雨时，家长尽量不带孩子进行户外活动，在户外也应远离易遭雷击的高大树木、建（构）筑等场所。

2. 不要带金属物体在露天行走，不要使用金属雨伞，不宜乘坐摩托车、骑自行车。

3. 不要站在高的建筑物旁或接近其他导电性强的物体，应远离树木和桅杆。

（教师　梁珊珊）

7月

居家安全

活动一　会夹手的门

安全隐患到处有，安全教育要渗透在幼儿一日生活的各个环节。孩子们喜欢躲猫猫，在紧张的躲避环节中，孩子们会开关门，一不小心就可能夹伤手指；充满好奇心的孩子们也会翻找家中的抽屉，在关闭抽屉时同样存在危险。因此，我设计了安全活动"会夹手的门"，通过真实的图片引发幼儿兴趣；观看视频了解门给我们的生活带来了便捷的同时也带来了危险，通过集体讨论掌握开关门的正确方法。

活动目标：

1.通过视频知道不正确使用门会夹伤手指。

2.学习不同种类门的正确使用方法，增强自我保护意识。

3.学会并树立正确的做法可以避免危险发生的意识。

活动准备：

各种各样门的图片、视频、三个场景图、哭脸笑脸贴纸。

活动过程：

一、出示图片，认识生活中各种不同的门，引发幼儿兴趣

教师提问：小朋友们，你们家里都有哪些种类的门？它们有什么作用？幼儿回答，教师张贴相应的图片。

教师小结：我们的生活中有单扇门、推拉门、旋转门、自动门、折叠门等不同打开方式的门，它们的作用主要是采光、通风、保温、隔声、防风沙以及保护我们的安全等功能。

二、观看视频，了解使用门时一些不安全的行为

我们身边有这么多种类的门，给我们的生活带来了便捷的同时也带来了危险，下面的视频中小男孩就因为门受伤了，我们来看一看到底怎么回事。幼儿观看视频。

教师提问：动画片中小男孩发生了什么事？他是怎么关门的？手放在了哪里？

教师小结：我们身边有这么多种类的门，给我们的生活带来便捷的同时也带来了危险，它会夹伤我们的手，严重的还会有生命危险。

三、讨论学习安全使用不同种类门的方法

学习开关不同种类门的方法：

1.单扇门：一只手拉门把手，将门拉开或推开，不应该将另一只手放到门缝之间，会夹伤或夹断手指。

2.电梯门：幼儿不能独自乘电梯，应有成人陪同。进入电梯后幼儿远离电梯口并站到电梯里侧靠墙位置。开门时手不能放到电梯门上，否则手会随着电梯门而卡在缝隙里。

3.折叠门：两手配合轻轻推开折叠门，力度要小、要轻。否则会因力度太大撞击手指，不应该将手放到折叠门缝隙中。

4.推拉门：手握门扣手向一侧推开。不应将手放在两扇门与两侧墙壁接缝处中，否则会因推开的过程中将手挤压到门缝处。

教师小结：开关门，动作轻，慢推拉，静无声，不攀爬，不吊挂，不在门后来玩耍。

四、游戏"贴一贴"

教师提供三个场景，幼儿用手中的笑脸、哭脸进行判断，并说一说为什么？

图一：两个小孩儿捉迷藏，男孩儿从门缝往外偷看。

图二：小女孩站在电梯门口，门打开时，手扶电梯门。

图三：小男孩将一张纸放在折叠门缝隙中玩耍。

活动延伸：
和家长一起寻找家里的门，进行分类，并给家长讲解安全使用方法。

活动反思： 本次活动我结合幼儿生活经验，首先提供了图片帮助幼儿了解不同打开方式的门。其次通过真实的视频让幼儿知道门如果使用不当会给我们带来很多危害。最后利用小游戏，帮助幼儿巩固安全教育知识，逐层推进，提高幼儿的安全意识。

安全提示：

1.开关门，动作轻，慢推拉，静无声。

2.不攀爬，不吊挂，不在门后来玩耍。

3.在家玩互相追赶的游戏时也不能随便关门。

4.开关门时，注意门边上有没有人，避免发生碰撞和夹伤。

家长课堂：

1.把家中的门安装安全扣，防止幼儿关门夹手。

2.在门的外面备用一把门钥匙，以防幼儿将门反锁。

（教师　张琳）

活动二　危险的高处

设计意图

　　当您"家有小儿初长成"时，小小的他看到窗外的一只飞鸟、一只彩蝶、一朵飘然而下的落花，是否会留恋在窗前不肯离去呢？宽敞明亮的阳台上会养花、养鱼、玩游戏，透过窗户可以看到外面的风景，它们是孩子最喜欢的地方，在充满吸引力的同时也隐含危险性。本次活动通过亲身体验和讨论帮助幼儿学习掌握阳台、窗台、楼梯的危险性和安全注意事项。

活动目标：

1.通过图片了解阳台、窗台、楼梯的功能。

2.通过实地体验了解在阳台、窗台、楼梯处的不正确做法会导致高空坠落。

3.初步树立安全意识，能对他人的行为作出正确的判断，并简单地说明原因。

活动准备：

阳台、窗台、楼梯图片，三幅危险画面，笑脸、哭脸贴纸。

活动过程：

一、出示图片，正确认识阳台、窗台、楼梯的功能

1.出示阳台图片，认识阳台的作用。

教师提问：这张图片是家里的什么地方？你家有阳台吗？阳台都是做什么用的呢？你们会在阳台上做些什么？

教师小结：阳台是一个伸向屋外的平台，它可以接触到更多的空气和阳光。有的人家在阳台上晒衣服、养花、养鱼，有的人家在阳台上活动身体、进行锻炼。夏天，还可以在阳台上乘凉，大家都需要阳台。

2. 出示窗户图片，认识窗户的作用。

教师提问：这张图片是家里的什么地方？找一找我们的教室里有窗户吗？数一数教室里有几个窗户？窗户有什么用呢？

教师小结：窗户不仅可以通风，观看外面的风景，还可以帮助我们挡风遮雨，遮阳隔音。

3. 出示楼梯图片，认识楼梯的作用。

教师提问：你在哪里见过楼梯？楼梯可以帮助我们攀爬楼层以外，还可以干什么呢？

教师小结：楼梯是连接楼层的纽带，经常上下楼梯可以锻炼身体，强身健体。

二、实地体验

教师带领幼儿分别到三个地方玩一玩，并进行安全讨论，帮助幼儿了解阳台、窗户、楼梯存在哪些危险，我们应该注意什么。

1. 师幼来到楼梯处玩一玩，讨论：上下楼梯存在哪些危险？我们应该如何安全上下楼梯？

教师小结：上下楼梯靠右行，不说话不打闹，不攀爬楼梯扶手，不钻楼梯栏杆，避免从高处坠落。

2. 师幼来到阳台玩一玩，讨论：阳台上有玩具柜、植物，我们不应该做什么？会造成什么样的后果？我们应该怎么做？

教师小结：阳台上的东西不能够拉拽，以免砸到自己。阳台上的家具不能攀爬，更不能把头探向阳台外，不小心坠落，就会有生命危险。如果衣服被吹到阳台外面，自己不能伸手去拿，应该请大人来帮忙。不能往阳台外扔东西，会砸伤他人。如果被关在阳台上，应敲门请屋里的大人帮忙开门。

3. 师幼来到窗户处玩一玩，讨论：窗户有危险吗？我们应该怎么做？

教师小结：窗台和阳台存在的危险一样，特别是附近有床和桌子的窗户，在家中坚决不踩家具往高处爬，更不能因为好奇把头探向窗外，生命安全最重要。

三、游戏

游戏"贴一贴"，通过判断巩固提高安全意识。

幼儿判断画面对错，用笑脸、哭脸贴纸表示出来，并大胆说出哪里做得不对？会造成什么样的后果？

画面一：一个小女孩，正站在一个大的室内飘窗窗台上，此时窗户是开着的，她探出身体，把头手伸出窗外，冲着楼下喊："妈妈，快上来。"边喊边蹦跳。

画面二：妈妈和小女孩在阳台上讲故事，阳台上有牢固的围栏。

画面三：一个小朋友正在钻楼梯栅栏，准备抓小虫子。

画面四：一个小朋友正在往窗户外边扔东西。

活动延伸：

和爸爸妈妈一起为阳台、窗台、楼梯制作安全警示牌，以免发生危险。

活动反思： 本次活动结合幼儿的生活经验，针对居家阳台、窗台、楼梯，开展高处跌落的安全教育，通过亲身体验和讨论，让幼儿真实地感受危险的存在，提高安全意识。

安全提示：

1. 不要攀爬阳台上的家具和窗户附近的家具。

2. 不将身体探出阳台和窗户外边。

3. 不在楼梯上打闹，不攀爬楼梯扶手，不钻楼梯栏杆。

家长课堂：

1. 不要在窗台附近放置桌子和椅子，床要跟窗户保持一定距离。

2. 尽可能在窗外安装防护围栏。

（教师 张琳）

活动三　不拖拽物品

设计意图

　　小班幼儿个子小，动作协调性较差。他们充满好奇，对危险没有预见性，会做出许多危险的动作。如铺有桌布的桌上有玩具，他会拖拽桌布导致桌上的物品坠落，而被砸伤；够拿柜子上的东西时，导致柜子重心偏离而发生不可挽回的后果。针对此类安全事故，设计了本节教育活动，结合真实视频导入引发幼儿对拖拽物品的认识，通过讨论了解拖拽物品带来的危害，结合实验和游戏学会在力所不能及时懂得寻求成人的帮助。

活动目标：

1. 通过视频知道拖拽高处的东西容易造成砸伤。

2. 通过实际操作帮助幼儿懂得遇到力所不能及的事情时知道寻求成人帮助。

3. 练习说出请求的话语，体会成人的关爱。

活动准备：

视频、布娃娃。

活动过程：

一、视频导入，引起幼儿的关注

　　今天老师给大家看一个视频，一个发生在我们身边的故事。一个小女孩在家独自玩耍，妈妈在厨房做饭，因为自己的布娃娃放在了饭桌上够不到，她做了一个动作，就因为这个动作，小女孩被桌子上的绿植砸伤了头。到底是怎么回事呢？她到底做了什么动作呢？我们一起来看一看。

二、讨论拖拽高处物品带来的危害

教师提问：视频中的小女孩想干什么？她能拿到吗？她是怎么做的？结果怎样？

教师小结：如果需要拿某样东西，但又够不到时，千万不能拖拽桌布，它会带动桌子上的其他东西，导致坠落而砸伤自己。

三、创设实际场景试一试，引导幼儿懂得寻求成人帮助

我们已经了解了拖拽高处的物品带来的危害，那么我们应该怎么做才能拿到自己想要的东西呢？

教师创设拖拽物品的实际场景，请小朋友来试一试，看看谁有好的办法，既能拿到东西，又不会让自己受伤。幼儿可以用各种办法试一试，如踩椅子、爬桌子、用小棍等不同的方法，引导幼儿讨论这些方法合适不合适。

教师小结：当拿不到自己想要的东西时，不要去拖拽物品，也不要攀爬高处，要懂得寻求成人的帮助，学会保护自己。

四、游戏"来帮忙"

幼儿通过击鼓传花的方式传送手中的布娃娃，边念儿歌边传送布娃娃，说完最后一句后，布娃娃在谁手中，谁去拿老师说出的一件物品。物品有的在高处，也有的在低处，其他幼儿说一说他的做法对不对。在需要成人帮助时，练习说出请求的话语，体会成人的关爱。

活动延伸：

在生活中观看其他图片，帮助幼儿拓展安全经验。不用力拖拉抽屉，这样容易导致柜子偏离重心倾倒而砸伤人。某些物品被压在重物下，也不要用力拖拽，要懂得寻求成人帮助，不要做力所不能及的事情。

活动反思：本次活动通过真实视频引起幼儿的关注及重视，通过讨论帮助幼儿了解拖拽物品的危害，懂得自己做不到的事，要请大人来帮忙，不要自己尝试。最后通过游戏帮助幼儿巩固练习安全知识。孩子们愿意参与体验式活动，思维积极主动。

安全提示：

1. 高处的东西够不着，不要用手去拖拽辅助物，应请大人来帮忙拿。

2. 不要随意拉开高柜子的抽屉，以免柜子失去重心倾倒而砸伤自己。

3. 自己能力之外的事，懂得寻求大人的帮助，不要自作主张。

家长课堂：

1. 将家中的高柜子进行固定，以免幼儿拖拽发生危险。

2. 幼儿的玩具尽量放在低处，保证幼儿能安全拿到。

3. 小班幼儿年龄小，身高有限，家中的桌子上要减少桌布的使用。

（教师　张琳）

活动四　不可食用的危险物品

设计意图

小班幼儿对颜色鲜艳、形状多样的药品，会产生好奇心，会把包装绚丽的清洁用品误认为饮料，误食药品和有毒物品，造成永久的伤害。根据小班幼儿年龄特点，设计了本次活动，通过故事引导、实物观察，对幼儿进行安全教育。

活动目标：

1. 通过故事懂得不食用颜色鲜艳的药品，误食会造成生命危险。

2. 通过辨认了解生活中的危险物品有哪些，知道不随意食用不明物品。

3. 通过对危险的认识，提高幼儿抵御食物诱惑的能力。

活动准备：

故事课件、实物小药球、口红、干燥剂、清洁用品。

活动过程：

一、播放故事课件

在听故事前老师要提一个问题：大灰狼吃下这些东西后的反应是什么样的？我们一起听故事。

二、讨论问题并帮助幼儿理解故事内容

教师提问：大灰狼为什么吃下这些东西？吃下这些东西后的反应是什么样的？大灰狼为什么会被送进医院？

教师小结：生活中颜色鲜艳，像极了糖豆的球球是不能吃的，它们大多是治病的药品，误食后会有生命危险。对于自己没有把握的物品，食用前一定要问清楚老师和家长再决定。

三、游戏"猜一猜"，出示实物，让幼儿观察，学会区分有毒物品

教师在魔术袋中放入各种颜色、形状不同的药品、清洁剂、干燥剂、口红、装了洗涤剂的可乐瓶等不可食用的物品，以及几种包装完整和打开包装的可食用物品，让幼儿观察描述，学会区分有毒物品。

教师提问：你拿到的是什么？有什么用处？能吃吗？

教师小结：危险物品不能食用，不明确的物品不能食用，打开包装的物品不能随便食用，完整包装的物品注意看保质期然后食用。小朋友不能随便品尝物品。

活动延伸：

在生活中和爸爸妈妈一起寻找和辨认家中不可触碰、食用的危险化学物品和药品，并做标记标识出来。

活动反思： 每个家庭都会有常用药品和清洁用品，小班幼儿年龄较小，在家中对危险物品的知识掌握较少。本次活动一方面帮助幼儿了解生活中常见危险物品有哪些，另一方面，结合游戏帮助幼儿增强安全意识及自我保护能力。

安全提示：

1. 食品袋中的干燥剂要扔掉，决不可食用。

2. 家中药品不能乱动，更不能品尝。

3. 不捡地上的不明物，不能食用不明来源的食品。

4. 不明液体不能触碰，更不能因为好奇而去品尝。

5. 妈妈的化妆品不可乱动，也不要尝试使用。

家长课堂：

1. 妈妈的化妆品应放在幼儿够不到的地方，避免孩子误食。

2. 食品袋打开后，第一时间扔掉干燥剂，避免幼儿误食。

3. 家中药品统一存放在药箱并放在高处，防止孩子触碰。

（教师　张琳）

活动五　不把睡床当蹦床

设计意图

如果一个孩子老是在床上、沙发上跳个不停，说明这个孩子正需要来自地心引力的刺激，也就是说他正学习和地球相处。但是，在床上、沙发上蹦跳存在很大的危险，容易摔下来，如果附近有茶几、椅子等硬物，幼儿更容易磕碰到硬角处，发生不可挽回的后果。针对此项安全问题，我设计了"不把睡床当蹦床"的教育活动，通过生动好听的歌曲，帮助幼儿了解在床上和沙发上蹦跳容易摔伤、碰伤。

活动目标：

1. 通过生动好听的歌曲引发幼儿兴趣，懂得在床、沙发上蹦跳容易摔伤。

2.结合生活经验，懂得床和沙发的正确使用方法。

3.通过玩蹦床，让幼儿体验安全游戏的快乐。

活动准备：

小视频、床。

活动过程：

一、教师清唱歌曲，情景表演导入，引起幼儿关注

大家好，我是小白兔，妈妈今天给我买了一件新衣服，我开心极了，可是我受伤了，到底怎么回事呢？请听歌曲。

教师提问：小兔子为什么受伤？她在床上干什么了？医生怎么说的呢？小松鼠哪里受伤了？她是怎么受伤的？

教师小结：床和沙发是我们生活中不可缺少的家具，我们要正确使用，不能在上面蹦蹦跳跳，会摔下来，严重的会被送到医院。

二、讨论并总结正确的使用方法

1.了解床的作用和正确使用方法。

教师提问：床是用来做什么的？你在床上蹦跳过吗？受伤了没有？我们应该怎么使用床呢？

教师小结：在我们需要休息的时候，床是最好的休息区域，躺在床上听故事，睡觉，做一些安静的事情才是正确的方法。

2.了解沙发的作用和正确使用方法。

教师提问：沙发是用来做什么的？沙发周围有什么？我们不应该怎么做？我们应该怎么做？

教师小结：沙发是我们看电视、看书、聊天的休闲区域，小朋友应该坐在沙发上，不能在沙发上攀爬和跳跃，避免磕碰。

三、带领幼儿玩蹦床，体验安全游戏的快乐

教师提问：想玩蹦床了怎么办？教师带领幼儿到户外玩蹦床，体验安全游戏的快乐。

> **活动延伸：**
> 　　通过观看图片，知道除了床和沙发不能蹦跳，在家中也不要爬到桌椅上，在物体间跨越玩耍。

活动反思： 本活动以歌曲引发幼儿活动兴趣，让幼儿了解在床上和沙发上蹦跳容易造成摔伤和磕碰。进而了解如何正确使用床和沙发。整节活动幼儿专注力强，积极主动回答问题。在亲身体验环节，孩子们开心地享受着安全游戏带来的快乐。整节活动条理清楚，循序渐进，激发幼儿兴趣，帮助幼儿掌握基本安全知识，提高安全意识。

安全提示：

1. 不要在床上玩耍，更不能在床上蹦跳，容易摔伤。

2. 不能在沙发上蹦跳，站立不稳，容易摔伤。

3. 不能攀爬沙发靠背，容易滚落下来，磕碰到茶几上。

家长课堂：

1. 不是睡觉休息时间尽量不带孩子在床上玩耍。

2. 不在沙发靠背上存放东西，避免幼儿攀爬够拿。

3. 不要在孩子的床上放过多的毛绒玩具，容易引发窒息。

4. 睡觉前检查孩子的手中和枕头下是否有绳子、皮筋等小零件，避免孩子睡觉时玩耍。

儿歌： 　　　　　　　　　　　　**跳跳跳**

我喜欢跳跳跳，像兔子一样。

床上跳跳跳，不小心摔跤跤，

呜呜呜，呜呜呜。

医生说 No No No，床上不能跳跳跳。

地板蹦床跳跳跳，安安全全蹦蹦跳。

我喜欢跳跳跳，像松鼠一样。

沙发上跳跳跳，不小心摔下来，

呜呜呜，呜呜呜。

医生说 No No No，沙发不能跳跳跳。

地板蹦床跳跳跳，安安全全蹦蹦跳。

→ 不应该在床上蹦蹦跳跳

不应该在沙发上蹦蹦跳跳 ←

（教师　张琳）

活动六　不透气的塑料袋

设计意图

　　塑料袋在我们生活中是最常见的，也是孩子最容易接触到的，而五颜六色、哗哗作响的塑料袋，在满足孩子们好奇心的同时，也存在一定的危险性，薄薄的塑料袋一旦系紧或贴在鼻子上，就有引发窒息的危险，后果不堪设想。因此我设计了这个活动，通过游戏引发幼儿兴趣的同时充分感知塑料袋的用途，通过故事了解塑料袋的危害，学会正确地使用塑料袋。

活动目标：

1. 知道塑料袋给我们的生活带来了方便，但不正确的使用会造成窒息。

2. 提高对塑料袋危险性的认识，增强自我保护意识。

活动准备：

各种颜色的塑料袋、故事视频。

活动过程：

一、通过玩塑料袋，引起幼儿兴趣

老师准备了好多塑料袋，我们一起玩一玩。

1. 拿着塑料袋兜空气，装满气后拍打塑料袋。

2. 塑料袋接满水，在底部扎几个小洞，可以浇花。

3. 把塑料袋套在脚上，玩跳跳鼠。

4. 将塑料袋攥成团，蘸颜料画画。

5. 做成服装，进行废旧材料服装展示。

二、了解塑料袋的用途

教师提问：塑料袋是做什么用的？你在哪里见过？

教师小结：这是塑料袋，我们家里、超市里、菜市场里都有，它可以装东西，方便我们的生活。

三、听故事，知道不能把塑料袋套在头上

塑料袋是装东西用的，也可以用来玩游戏，但大灰狼偏偏把塑料袋套在了头上，好像特别好玩，你们猜猜大灰狼后来怎么样了呢？幼儿倾听故事。

教师提问：大灰狼把塑料袋套在头上发生了什么事情？是谁救了它？为什么不能把塑料袋套在头上？

教师小结：我们每天都能看到各色各样的塑料袋，小朋友玩塑料袋时一定要注意不要把塑料袋套在头上或贴在鼻子、嘴上，人呼吸不到空气就会闷得难受，时间长了会窒息死亡。塑料袋制品是有毒的，不能将塑料袋放进嘴里或长时间玩要，玩过后一定要洗手。

活动延伸：

带领幼儿玩气球，让幼儿知道气球和塑料袋是一样的，在吹时或吹爆后玩气球碎片都很危险，容易引发窒息。

活动反思： 塑料袋是孩子们生活中常见的生活用品，随手可以得到。通过玩塑料袋，激发幼儿参与活动的兴趣，再结合生动形象的故事，让孩子们更进一步地了解和认识到塑料袋给我们带来的危险与伤害，懂得合理利用，让塑料袋成为我们生活中的好帮手。

安全提示：

1. 生活中，小朋友要减少对塑料袋的运用，争做环保小卫士。

2. 塑料袋含有有毒物质，所以玩过塑料袋后应及时洗手。

3. 塑料袋中含有有毒物质，不能在塑料袋里存放高温食物，有毒物质容易渗入到食物中。

4. 小朋友玩塑料袋时一定要注意不把塑料袋套在头上或贴在鼻子、嘴上。

家长课堂：

1. 把家中的塑料袋收放好，尽量不让孩子接触塑料袋。

2. 不要将热的食物放到塑料袋中，塑料袋含有铅等物质，进入食物中如果被人吃进肚子会影响身体健康。

（教师　张琳）